西藏自治区级一流课程“计量经济学”建设教材

计量经济学基础理论与应用

主　编　巩艳红　庞洪伟

西南交通大学出版社
·成　都·

图书在版编目（CIP）数据

计量经济学基础理论与应用 / 巩艳红，庞洪伟主编
. -- 成都 : 西南交通大学出版社，2023.12
ISBN 978-7-5643-9630-5

Ⅰ. ①计… Ⅱ. ①巩… ②庞… Ⅲ. ①讲量经济学－高等学校－教材 Ⅳ. ①F224.0

中国国家版本馆 CIP 数据核字（2023）第 235867 号

Jiliang Jingjixue Jichu Lilun yu Yingyong
计量经济学基础理论与应用

主编 巩艳红 庞洪伟

责任编辑 孟秀芝
封面设计 墨创文化

出版发行 西南交通大学出版社
（四川省成都市金牛区二环路北一段 111 号
西南交通大学创新大厦 21 楼）
邮政编码 610031
营销部电话 028-87600564 028-87600533
网址 http://www.xnjdcbs.com
印刷 成都中永印务有限责任公司

成品尺寸 185 mm × 260 mm
印张 18.5
字数 460 千
版次 2023 年 12 月第 1 版
印次 2023 年 12 月第 1 次
定价 49.80 元
书号 ISBN 978-7-5643-9630-5

课件咨询电话：028-81435775
图书如有印装质量问题 本社负责退换

前　言

本书为西藏自治区级一流课程“计量经济学”配套教材。本教材从经济管理类各专业学生的实际出发，以通俗的语言讲授计量经济学基础理论，并结合 Stata 软件，以案例的形式将理论应用于实践，教材编写组在总结多年计量经济学教学经验的基础上，努力提高教材的实用性，最终形成了这本适合于经济管理专业的计量经济学教材，推动计量经济学建设成为具有课程育人时代性、针对性、实效性的一流课程。

本书充分借鉴了国内外相关教材的优点，凝聚了教材编写组多年从事计量经济学教学的经验和体会。与其他教材相比，本书具有如下特点：

1. 从西藏高校经济管理类专业学生的实际需要出发，对计量经济学基础理论体系进一步优化。作为本科阶段的计量经济学教材，本书注重经典计量经济学基础理论的讲解，为更高层次非经典计量经济学课程学习打下基础。本书在基础理论讲解过程中，秉承去数学化的思路，尽可能地避免了烦琐的数学推导。

2. 本书所有案例均提供了 Stata 实现代码,学生可使用本书提供的 dta 格式数据自行练习。本书在计量经济学理论讲解过程中，引入大量 Stata 实现案例，让学生在无形中能够熟练掌握软件的使用，进而体验实证论文写作过程。

3. 本书能够帮助学生学习完计量经济学理论后，独立解决实际经济社会问题。第十一章介绍了计量经济学“课程论文”的写作思路和方法，引导学生独立完成一篇实证论文。即从论文选题、研究设计、数据获取和处理、研究假说、实证过程等方面，一步一步让学生体验计量经济学基础理论的应用，提高其科学解决问题的能力。

本书的第一、二、三、四章由西藏大学经济与管理学院庞洪伟副教授带领魏鑫兰、李耀增、刘鑫雨、郭瑞雪、彭兰兰编写；第五、六、七、八章由西藏大学财经学院巩艳红副教授带领杨瑶、尹恒、鞠靖、王鸽、龚钰山、杨鑫、黄梓熙编写；第九、十章由西藏大学财经学院李国勇讲师带领张弛、薛华、肖昱玲、高金城、于阳阳编写，第十一章由西藏大学经济与管理学院徐爱燕、辛馨、郝玉凯、唐雨虹和财经学院贡秋扎西等教授共同完成。最后庞洪伟副教授对全书进行了统稿。

本书不仅可以作为经济管理类专业学生学习“计量经济学”的教材，也可作为其他文科类专业学习实证论文写作的辅助教材。

本教材建设受到西藏大学珠峰学科建设计划项目（ 金融学急需学科建设项目）、中央支持地方高校改革发展专项资金项目[应用经济学优势学科建设、民族学配合学科建设（应用经济学）、经管新文科实验室建设及创新团队]的支持。

由于作者水平有限，书中难免存在疏漏之处，恳请广大读者批评指正。

编　者

2023 年 6 月

目 录

第一章

Stata 基础

第一节　Stata 简介

一、Stata 软件概况

Stata 软件功能强大，操作简单，是欧美最为流行的统计与计量分析软件之一，用户众多。Stata 采用具有亲和力的窗口接口，使用者自行建立程序时，该软件能提供具有直接命令式的语法。Stata 提供完整的使用手册，包含统计样本建立、解释、模型、语法、文献等，为用户提供全面帮助。整体来看，Stata 是一个完整的、集成的软件包，它提供了所有数据科学所需的数据操作、可视化、统计和自动化报告功能。

本书使用的是 Stata17 MP 版本，比 SE、BE 的 MP 版本的运行速度更快、分析数据更多。对于绝大多数的命令和功能，Stata17 以下版本也能满足本书需求，可根据需要到 Stata 官网下载所需软件。

二、Stata 界面

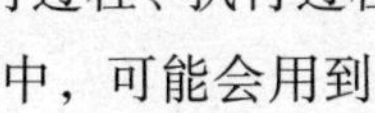

图 1.1　Stata 应用程序

安装 Stata 之后，在安装目录文件夹中有 stata17.exe 图标，如图 1.1 所示。

双击该图标打开 Stata17 软件，Stata 初始界面如图 1.2 所示。

Stata 的软件界面主要由五部分组成。一是命令窗口，所有操作基本都可以在命令窗口通过输入 Stata 脚本语言来实现。二是结果展示窗口，Stata 命令的执行过程、执行过程中与用户的交互以及执行结果都在此显示。三是历史命令窗口，在一项任务中，可能会用到多条命令，只要执行一条命令，就会在历史窗口中加入该命令，方便记录操作历史和再次执行本条命令。四是变量窗口，当录入 1 列数据时，就会在这里出现一个新的变量。五是变量的属性窗口，点击右上窗口中的变量，属性窗口将显示变量名称、类型、格式等属性。对于历史窗口、变量窗口和属性窗口，可以点击各自右上方的×号关闭相应窗口，也可以通过点击下拉式菜单中的窗口，选择打开相应的窗口，如图 1.3 所示。

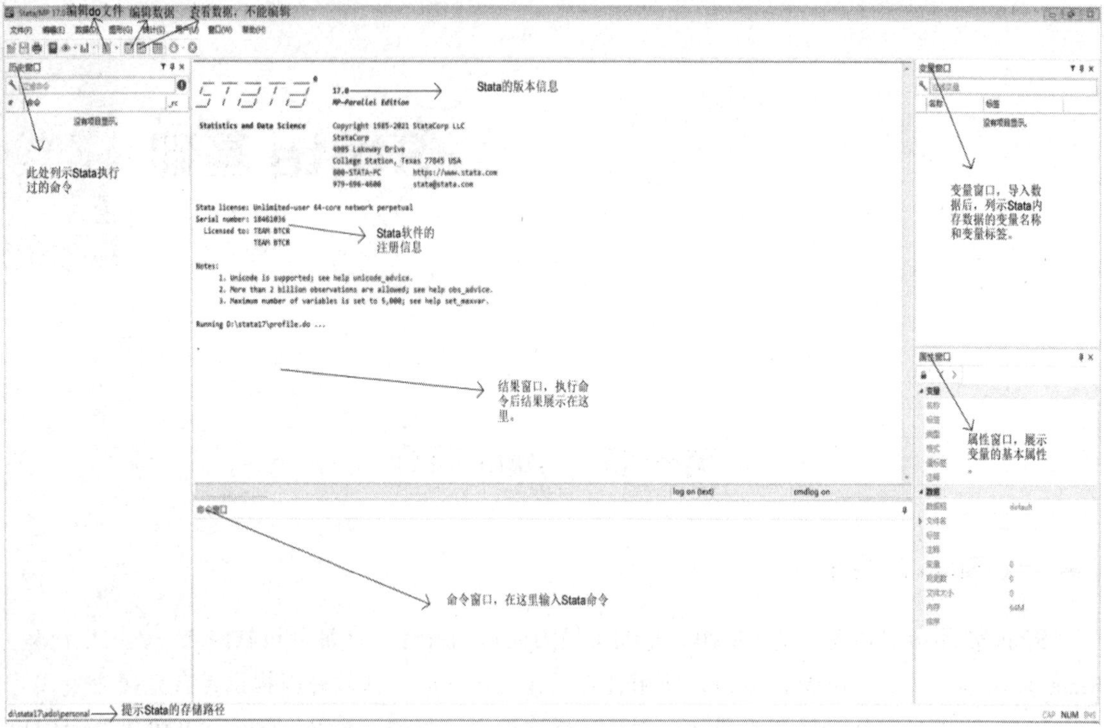

图 1.2　Stata 运行界面

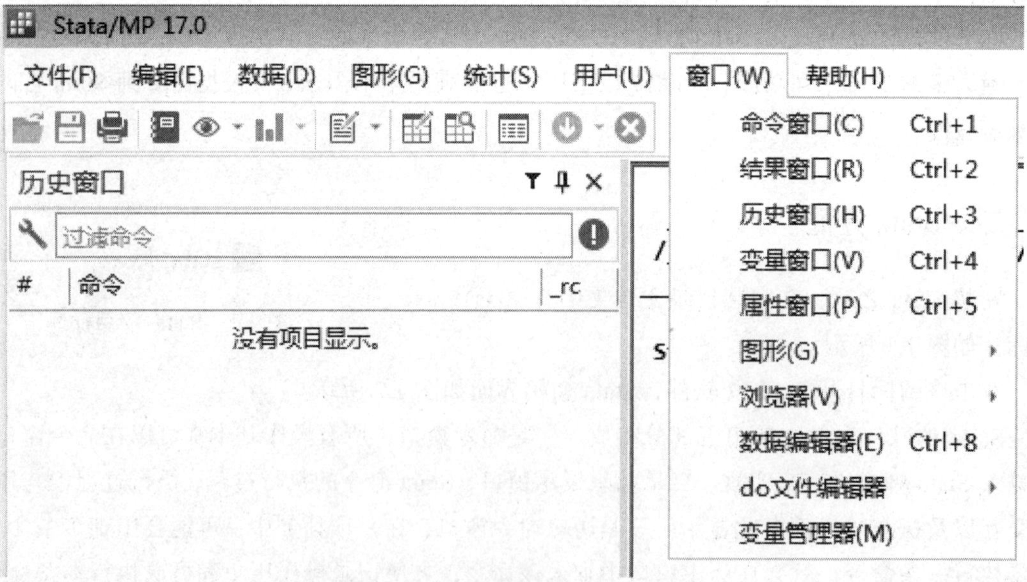

图 1.3　下拉式菜单

如查看 Stata 版本信息，可在命令窗口输入 version，在键盘上敲击 Enter，在结果展示窗口显示刚刚执行的命令 version，以及运行结果 version 17.0，详见图 1.4，表示当前的 Stata 版本为 Stata 17。同时，在左边的历史窗口中也出现了该命令，如果想再次执行该命令，直接在历史窗口双击该命令即可。

图 1.4　查看软件版本信息

第二节　Stata 数据

Stata 的基础功能是数据处理。学习 Stata 软件的第一步就是掌握数据的输入和导入，包括数据收集、存储、修改等内容。

一、输入数据

把数据输入 Stata 软件有手动输入、从 txt 或 Excel 复制粘贴以及使用 Stata 命令等方式。

（一）手动输入数据

打开 do 文档，如果输入三个变量 x、y、z，并给三个变量赋值，代码如下：

【Stata 实现】

```
. clear
. input x y z          //从键盘录入数据
        1 2 3
        4 5 6
        7 8 9
. end
```

. save mydata, replace // 保存数据

. use mydata, clear // 调入数据

选中以上代码，按 Ctrl+D 运行代码，会发现变量窗口增加了 x、y、z 三个变量名称，打开数据编辑器，会发现 1 至 9 已录入到 Stata 内存，如图 1.5 所示。

图 1.5　数据录入 Stata 内存

（二）从 txt 或 Excel 复制粘贴数据

首先用 cd 命令把 stata 工作路径转换到第一章文件夹，打开 N1.xls 文件或 N1.txt 文件，复制 txt 或 Excel 的数据，粘贴到 Stata 数据编辑器即可。

【Stata 实现】

. cd C:\Users\Administrator\Desktop\第一章 //按照实际情况调整工作路径

. shellout N1.txt // -tab-键分隔的数据，可以直接 copy-paste

. shellout N1.xls // Excel 格式的数据，亦可以直接 copy-paste

/*

//由于 shellout 是外部命令，直接运行该命令，结果窗口提示 command shellout is unrecognized

//需要先安装命令

. findit shellout

//在弹出的窗口中选择 outreg2 from http://fmwww.bc.edu/RePEc/bocode/o，点击安装

//在弹出的窗口选择中点击（click here to install）进行安装，安装完成后即可运行上方命令。

*/

在粘贴到 Stata 数据编辑器时，会提示把第一行作为变量名还是作为数据，如图 1.6 所示，可根据实际情况做出选择。

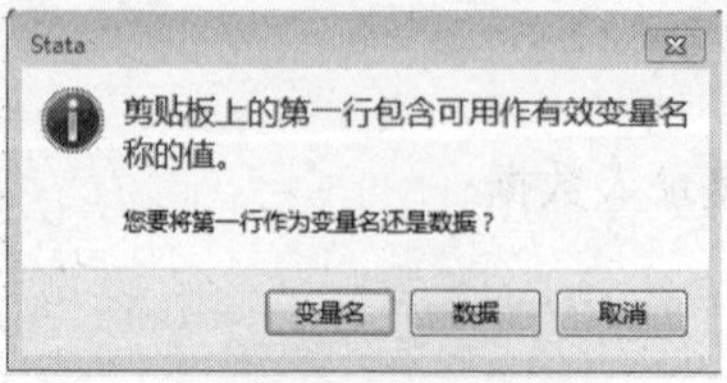

图 1.6　数据粘贴提示

（三）使用命令输入数据

Stata 软件提供了调入其他类型数据的输入命令 import、infile、insheet、infix、xmluse 等，以及 Stata 格式数据的输入命令 use、sysuse，每种数据输入命令的使用方法各不相同，可在命令窗口输入如 help infile，查看 infile 命令的使用手册，按照说明进行数据输入。

【Stata 实现】

. import excel N1.xls, clear //调入 Excel 数据 N1，默认把数据表第一行作为数据处理

. import excel N1.xls, clear firstrow //调入 Excel 数据 N1，把数据表第一行作为变量名处理

. use gdp_China.dta, clear //调入 Stata 格式数据

. sysuse auto.dta, clear //调入 Stata 软件自带案例数据

. help dta_examples //查看 Stata 自带数据详细信息

. webuse lifeexp, clear //电脑联网状态下，从 Stata 官网获取数据，结果等同于下一条命令

. use http://www.stata-press.com/data/r10/lifeexp, clear

如使用的是时间序列数据或者面板数据，还需要对数据进行特殊处理。tsset 命令用于指定时间序列数据的时间变量，xtset 命令用于指定面板数据的面板变量和时间变量。详细用法可参照 help tsset、help xtset 的帮助文件。

另外，stata 软件提供了输入 spss、sas 等数据格式的命令，如 usespss、usesas 分别用于将 spss 和 sas 格式数据导入 stata 内存。由于 usespss、usessas 是外部命令，不能直接使用，可用 findit 命令搜索下载这些命令。

【Stata 实现】

. findit usespss //搜索 usespss 命令，点击安装后即可使用

. findit usesas //搜索 usesas 命令，点击安装后即可使用

二、数据存储和导出

（一）存储数据

输入一份 Excel 数据 N1 后，为方便下次使用，可将数据存储为 stata 格式数据 N1.dta。

.import excel N1.xls, clear firstrow //调入 Excel 数据 N1，把数据表第一行作为变量名处理

【Stata 实现】

. save N1.dta //存储为 N1.dta

Stata 初学者，在存储数据时经常会遇到错误提示，如果多次运行 save N1.dta 命令，结果窗口会以红色字体提示 file N1.dta already exists，即提示 N1.dta 文件已经存在，会导致更新过的数据无法保存。为避免此类现象，一般做法是增加副命令 replace，如果该文件不存在则直接保存，如果该文件已经存在则替换该文件。

【Stata 实现】

. save N1.dta replace //该文件不存在直接保存下来，如果该文件已经存在则替换该文件

（二）导出数据

Stata 软件提供了导出其他类型数据的命令，如导出为.raw 文本格式数据，导出为 Tab 分

隔的文本数据，导出为 XML 格式数据，导出为 word、excel、tex 等格式数据，导出为 spss、rats 等格式数据，其命令分别为 outfile、outsheet、xmlsave、dataout、outdat，可通过 help 详细查看帮助文件。

三、数据浏览

（一）变量的命名规则

Stata 中的变量命名应遵守三个基本原则：一是由英文字母、数字或 _ 组成，至多不超过 32 个；二是首字母必须为字母或_；三是英文字母的大写和小写具有不同的含义。建议自定义变量名不要使用“_”作为变量名的第一个字母，因为许多 Stata 的内部变量都是以_开头的，如_n, _N, _cons, _b 等。

（二）查看数据

向 Stata 内存调入系统自带数据 auto 之后，如果想查看这份数据包含的变量、变量含义、数据存储类型等，可以用 describe 命令实现，结果如图 1.7 所示。

【Stata 实现】

```
. sysuse auto, clear
. describe //展示 auto 的数据结构
. list gear_ratio in 1/5 //查看 gear_ratio 变量的前 1-5 个样本数据
. recast int gear_ratio, force //更改 gear_ratio 变量的存储类型为 int 型
. list gear_ratio in 1/10, sep(5) //查看 gear_ratio 变量前 1-10 个数据，每五个数为一格列示
. list gear_ratio in 1/10, sepby(rep78) //按照变量 rep78 的分组列示
```

```
Contains data from D:\stata17\ado\base/a/auto.dta
 Observations:            74                  1978 automobile data
    Variables:            12                  13 Apr 2020 17:45
                                              (_dta has notes)
----------------------------------------------------------------------------
Variable      Storage   Display    Value
    name         type    format    label      Variable label
----------------------------------------------------------------------------
make          str18     %-18s                 Make and model
price         int       %8.0gc                Price
mpg           int       %8.0g                 Mileage (mpg)
rep78         int       %8.0g                 Repair record 1978
headroom      float     %6.1f                 Headroom (in.)
trunk         int       %8.0g                 Trunk space (cu. ft.)
weight        int       %8.0gc                Weight (lbs.)
length        int       %8.0g                 Length (in.)
turn          int       %8.0g                 Turn circle (ft.)
displacement  int       %8.0g                 Displacement (cu. in.)
gear_ratio    float     %6.2f                 Gear ratio
foreign       byte      %8.0g      origin     Car origin
----------------------------------------------------------------------------
Sorted by: foreign
```

图 1.7　auto 数据的基本结构

图 1.7 中，1978 automobile data 是 auto 数据的样本标签，car origin 是 foreign 变量的标签。通过样本标签和变量标签，用户能够更轻松地了解数据和变量的基本信息。

【Stata 实现】

. label data "中国汽车行业数据" //给 auto 数据更换标签

. label var mpg　百公里油耗 //给变量 mpg 添加标签“百公里油耗”

. label var foreign　"汽车产地(1 国外; 2 国内)" //给变量 foreign 添加标签，标明 1、2 的内涵

更改标签后运行结果如图 1.8 所示。

```
Contains data from D:\stata17\ado\base/a/auto.dta
 Observations:            74                  中国汽车行业数据
    Variables:            12                  13 Apr 2020 17:45
                                              (_dta has notes)
-------------------------------------------------------------------------
Variable      Storage   Display    Value
    name         type    format    label      Variable label
-------------------------------------------------------------------------
make          str18     %-18s                 Make and model
price         int       %8.0gc                Price
mpg           int       %8.0g                 百公里油耗
rep78         int       %8.0g                 Repair record 1978
headroom      float     %6.1f                 Headroom (in.)
trunk         int       %8.0g                 Trunk space (cu. ft.)
weight        int       %8.0gc                Weight (lbs.)
length        int       %8.0g                 Length (in.)
turn          int       %8.0g                 Turn circle (ft.)
displacement  int       %8.0g                 Displacement (cu. in.)
gear_ratio    float     %6.2f                 Gear ratio
foreign       byte      %8.0g      origin     汽车产地(1 国外; 2 国内)
-------------------------------------------------------------------------
```

图 1.8　更改标签后运行结果

图 1.8 中，origin 为 foreign 类别变量的文字标签，通过数字文字对应表将 1、2 和国外、国内联系起来，数据库中存储的是 1、2，显示的是国外和国内的文字。

【Stata 实现】

. label list //查看数据中标签

. browse //查看内存数据

* label define 标签名

* label values 变量名 标签名　//将变量值和标签联系起来

. label define repair　1 "好" 2 "较好" 3 "中" 4 "较差" 5 "差"

. label values rep78 repair //给变量 rep78 建立数字文字对应表

通过 label list 命令，可以查看 Stata 内存数据中所有的数字文字对应表，通过 label drop 命令，可以删除 rep78 变量的数字文字对应表，结果如图 1.9 所示。

在处理大型数据时，手动查找某个变量比较耗费时间，Stata 提供了 lookfor 命令用于查找相关变量。在一份变量和样本数量都较多的数据中查找“资产”相关的变量，用 lookfor 命令可以列示出所有与资产相关的变量信息，以供选择，详见图 1.10。

```
repair:
          1 好
          2 较好
          3 中
          4 较差
          5 差
origin:
          0 Domestic
          1 Foreign
```

图 1.9 内存数据中的数字文字对应

【Stata 实现】

. use bigdata.dta, clear

. lookfor “资产”

Variable name	Storage type	Display format	Value label	Variable label
a111502	float	%9.0g		待处理流动资产净损失
a111701	double	%10.0g		其他流动资产
a110000	float	%9.0g		流动资产合计
a130101	float	%9.0g		固定资产原价
a130127	float	%9.0g		固定资产净值
a130133	float	%9.0g		固定资产减值准备
a130147	float	%9.0g		固定资产净额
a130401	float	%9.0g		固定资产清理
a130502	float	%9.0g		待处理固定资产净损失
a130000	float	%9.0g		固定资产合计
a140101	float	%9.0g		无形资产
a140113	double	%10.0g		无形资产减值准备
a140127	float	%9.0g		无形资产净额
a140201	float	%9.0g		递延资产

图 1.10 列示与资产相关变量信息

第三节 Stata 基本统计量

一、快速生成基本统计量

Stata 是一款强大的统计软件，如果想查看某个变量或内存数据中所有变量的统计结果，可使用 summarize 命令实现，它包括样本量、均值、标准误、最小值和最大值 5 个统计指标，详见图 1.11。

【Stata 实现】

. sysuse auto, clear

. summarize //列示内存数据所有变量统计数据

. summarize price mpg //仅列示 pirce、mpg 两个变量的统计数据

Variable	Obs	Mean	Std. dev.	Min	Max
make	0				
price	74	6165.257	2949.496	3291	15906
mpg	74	21.2973	5.785503	12	41
rep78	69	3.405797	.9899323	1	5
headroom	74	2.993243	.8459948	1.5	5
trunk	74	13.75676	4.277404	5	23
weight	74	3019.459	777.1936	1760	4840
length	74	187.9324	22.26634	142	233
turn	74	39.64865	4.399354	31	51
displacement	74	197.2973	91.83722	79	425
gear_ratio	74	3.014865	.4562871	2.19	3.89
foreign	74	.2972973	.4601885	0	1

图 1.11　变量基本统计量

二、生成规范的统计表格

Stata 还能快速生成符合学术论文规范的统计表格，包括均值、标准误、p25、中位数、p75、最小值、最大值等统计量，并可设定保留的小数位数。运行如下命令后，得到统计表格，选中表格点击鼠标右键，选择复制表格，粘贴到 word 中稍加调整即可使用，详见图 1.12。

【Stata 实现】

```
. tabstat price mpg rep78 weight length, stats(mean med min max)   ///
                                         col(s) format(%6.2f)
```

*///三个反斜杠表示换行，如一条命令太长，为方便阅读可用///把上下代码连接起来

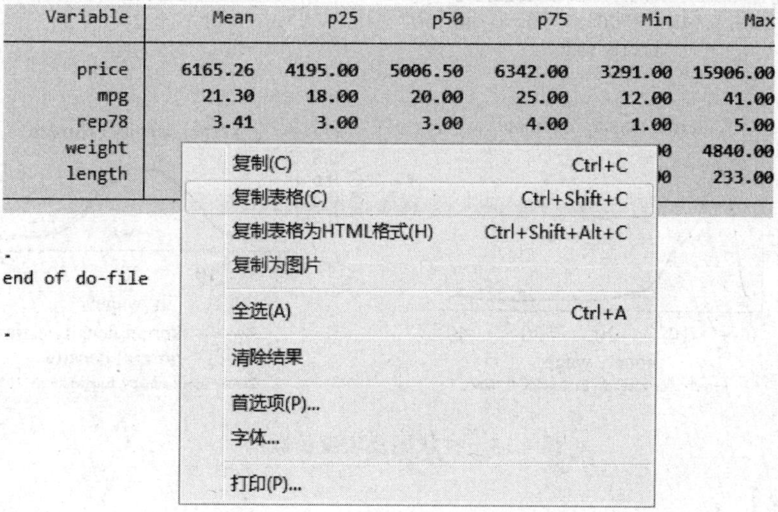

图 1.12　变量统计表格

第四节　Stata 画图

看数据最直观的方法就是画图，Stata 提供了丰富的画图命令，如查看变量的分布情况，可用 histogram 命令绘制直方图，用 kdensity 命令绘制密度函数图，用 scatter 命令绘制散点图，用 graph matrix 命令绘制相关系数矩阵图等。示例如图 1.13~图 1.15 所示。

【Stata 实现】

```
. sysuse nlsw88.dta, clear
. histogram wage, normal   //绘制直方图
. graph save wage1, replace //保存图形
. gen ln_wage = ln(wage)   //生成新变量
. histogram ln_wage, normal   // 对数转换后往往更符合正态分布
. graph save wage2, replace //保存图形
. kdensity wage   // 密度函数图，它是直方图的平滑曲线
. graph save wage3, replace //保存图形
. kdensity ln_wage, normal
. graph save wage4, replace //保存图形
. graph combine wage1.gph wage2.gph wage3.gph wage4.gph, rows(2) //把保存的图形合并在一起
```

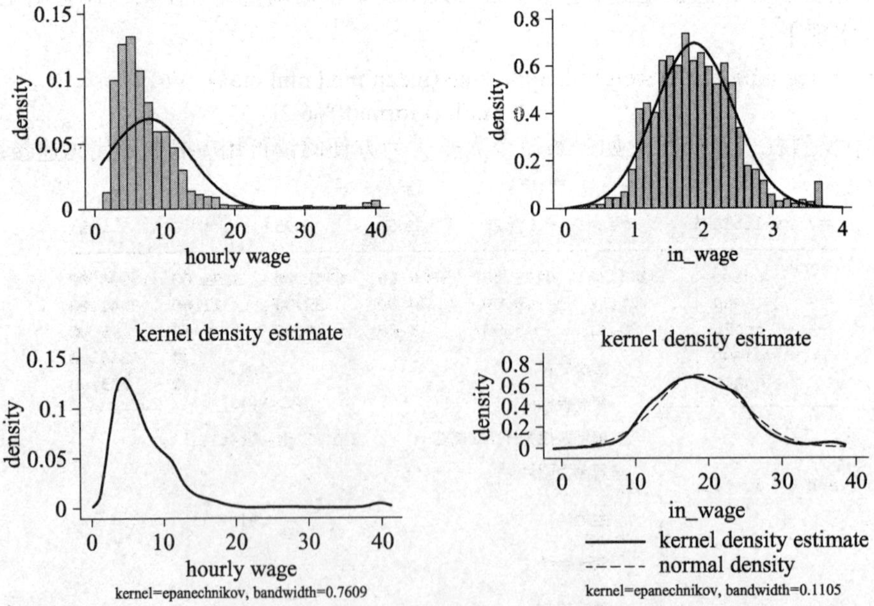

图 1.13　柱状图及密度函数图

【Stata 实现】

```
. sysuse auto, clear
. scatter price wei   //散点图
```

```
. graph save price1, replace //保存图形
. twoway (lfit price wei)(scatter price wei)
. graph save price2, replace
. graph combine price1.gph price2.gph , rows(1) //把保存的图形合并在一起
. graph matrix price wei len mpg    //相关系数矩阵
```

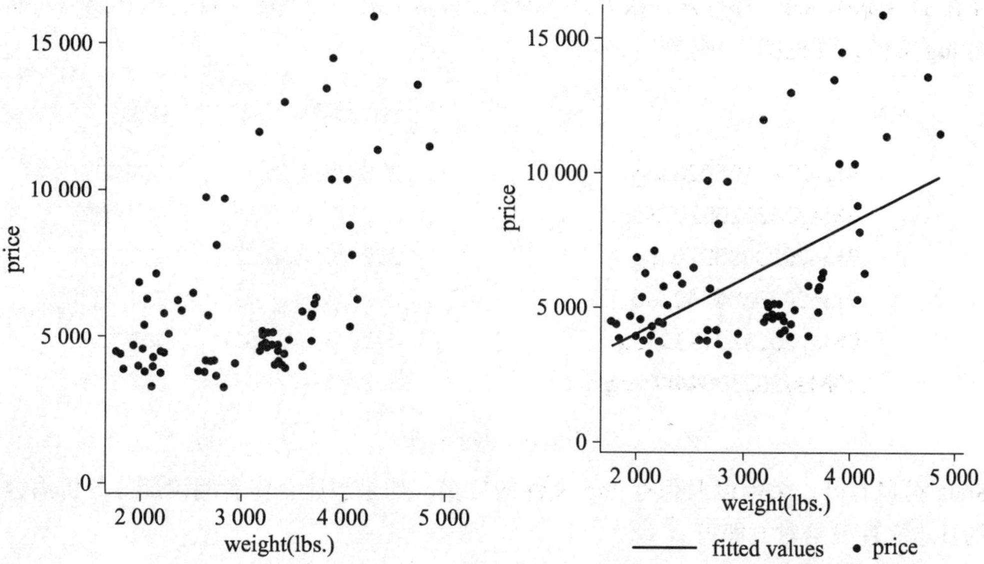

图 1.14　散点图及拟合图

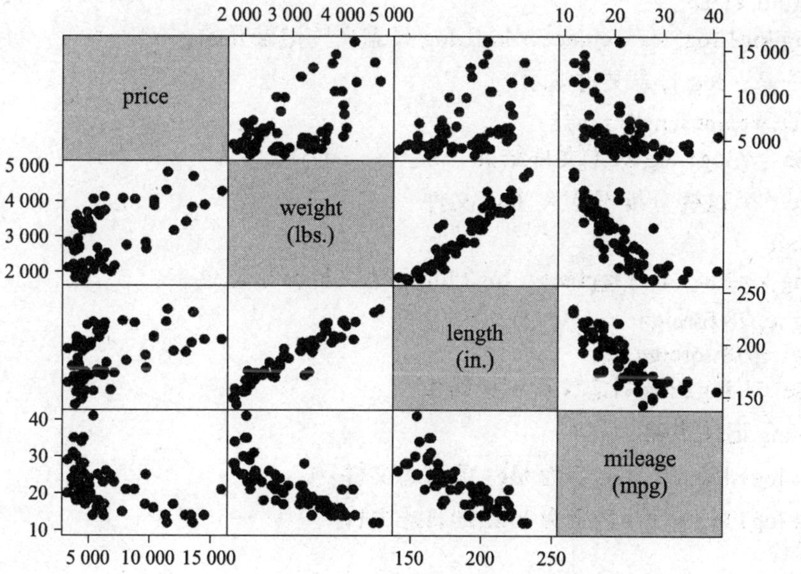

图 1.15　相关系数矩阵图

第五节　日志文件

Stata 软件会记录使用过程，把分析过程存储在 log 日志文件里。Stata 软件默认把 log 文件保存在 D:\stata17\do，每打开一次软件 Stata 会自动生成一个 log 文件，用日期和时间的组合命名 log 文件，详见图 1.16。

名称	修改日期	类型
c4Jun2023105028.log	2023/6/4 15:25	文本文档
c5May2023105207.log	2023/5/6 17:17	文本文档
c7Jun2023095926.log	2023/6/7 10:02	文本文档
c7Jun2023100542.log	2023/6/8 15:41	文本文档
c9May2023105930.log	2023/5/9 11:03	文本文档
c10May2023094440.log	2023/5/10 11:34	文本文档

图 1.16　log 文件

Stata 可以打开、关闭以及保存 log 文件的位置，如果想让合作者阅读部分分析内容，把相应的日志文件发给对方即可。

【Stata 实现】

```
*---------log 记录开始---------
. cd D:\stata17\ado\personal\第一章
. sysuse auto, clear
. log using log1.log, text replace // log1.log 日志文件记录开始
. dis "第一章：log 日志文件演示"
. sum price weight length rep78
. log close   // log1.log 日志文件结束
. tab price   //  这些分析不计入  log  文件
. des, detail
. log using log2.log, text replace // log2.log 日志文件开始记录
. tab mpg rep78 foreign
. des mpg rep78 foreign, d
. log close   // log2.log 日志文件记录结束
 *--------log 记录结束---------
. shellout log1.log //打开名字为 log1 的日志文件
. shellout log2.log //打开名字为 log2 的日志文件
```

第六节　do 文档

Stata 的 do 文档实际上是 Stata 命令的集合，方便一次性执行多条 Stata 命令。do 文档的使用让我们的分析工作具有可重复性。一般情况下，当进行一篇文章的实证分析时，通常将数据的分析工作写入 do 文档中，便于随时查看和修改实证分析过程。

一、打开 do 文档

打开 do 文档编辑器有两种方式：一种是在命令窗口输入 doedit 命令后回车，打开一个空白 do 文档编辑器，如果已经有 do 文档 example，可输入命令 doedit example.do 回车，打开特定文件名的 do 文档；另一种是点击 Rusults 窗口上方倒数第六个按钮。

二、执行 do 代码

如果要执行部分实证分析代码，可将代码选中，在键盘上同时按住 Ctrl+D 键，快捷执行代码程序。如果想执行 do 文档，可在命令窗口输入 do example.do，即可执行 example 整体程序。

三、do 文档保存

修改完 do 程序后，可参照 word 等日常办公软件保存方式进行保存和关闭。

四、do 文档的注释和断行

为增强 do 文档的可读性，一般会对代码进行注释说明。注释方法一般有三种："*第一种注释方法""/* 第二种注释方法*/""//第三种注释方法"。

【Stata 实现】

```
*第一种注释方法
. sysuse auto, clear
. sysuse auto, clear /* 第二种注释方法*/
. sysuse auto, clear // 第三种注释方法
```

在 do 文档中写程序时，经常会遇到程序比较长的情况，如果写在一行里，需要拉动 do 文档编辑器滚动条才能查看整行代码。遇到这种情况时，一般会对代码进行断行，断行一般有三种方式："///""/* */""#delimit"命令，可根据个人偏好，选择适合自己的换行方式。

*-第一种断行方式： ///

【Stata 实现】

```
. twoway (scatter price mpg)    ///
         (lfit price mpg),      ///
         title("代码断行测试")
```

-第二种断行方式： / */

【 Stata 实现 】

```
. twoway (scatter price mpg)    /*
        */ (lfit price mpg),    /*
        */ title("代码断行测试")
```

*-第三种断行方式：#delimit 命令，命令里所有的换行，Stata 默认为是一行命令

【 Stata 实现 】

```
#delimit ;
.twoway (scatter price mpg)
        (lfit price mpg),
        title("代码断行测试");
#delimit cr
```

第一章 Stata 数据

简单线性回归模型

第一节　回归分析与回归函数

一、相关分析与回归分析

（一）经济变量间的相互关系

许多社会经济现象，除自身的变动外，相互之间很可能有一定的依存关系。各种经济变量相互之间的依存关系有两种不同的类型：一种是确定性的函数关系，另一种是不确定性的统计关系，也称相关关系。

当一个或若干个变量 X 取一定数值时，某一个变量 Y 有确定的值与之相对应，称变量间的这种关系为确定性的函数关系。例如在销售价格 P 不变的情况下，某种商品销售量 X 与销售额 Y 之间的关系可表示为 $Y=PX$。一般情况下，确定性的函数关系可表示为 $Y=f(X)$。

当一个或若干个变量 X 取一定值时，与之相对应的另一个变量 Y 的值虽然不确定，却按某种规律在一定范围内变化，称变量之间的这种关系为不确定的统计关系或相关关系，一般可表示为 $Y=f(X,u)$，其中 u 为随机变量。例如，居民的可支配收入 X 与居民的消费支出 Y 之间的关系，通常具有相同收入水平居民的消费支出并不完全相同，这时居民可支配收入 X 与消费支出 Y 会呈现为不确定的相关关系。居民消费支出 Y 之所以与居民可支配收入 X 不呈现为确定的函数关系，是因为除居民可支配收入 X 以外，还存在许多其他因素也会影响居民消费支出 Y。

变量之间的相关关系可用坐标图（又称散点图）去描述，例如，变量 X 和 Y 之间关系的散点图可描述为图 2.1。

由于涉及的变量数量、相关性质及相关程度的不同，变量之间的相关关系可以分为若干类型。

1. 从相关关系涉及的变量数量看

只有两个变量的相关关系，称为简单相关关系。例如，人的身高与体重之间的相关关系。三个或三个以上变量的相关关系，称为多重相关或复相关。例如，某种商品的需求量与商品的价格及居民的收入水平之间的相关关系。

2. 从变量相关关系的表现形式看

当变量之间相关关系的散点图中的点接近一条直线时，称为线性相关。当变量之间相关关系散点图中的点接近一条曲线时，称为非线性相关。

3. 从变量相关关系变化的方向看

两个变量趋于在同一个方向变化时，即同增或同减，称为变量之间存在正相关。当两个变量趋于在相反方向变化时，即当一个变量增加时，另一个变量却减少，称为变量之间存在负相关。

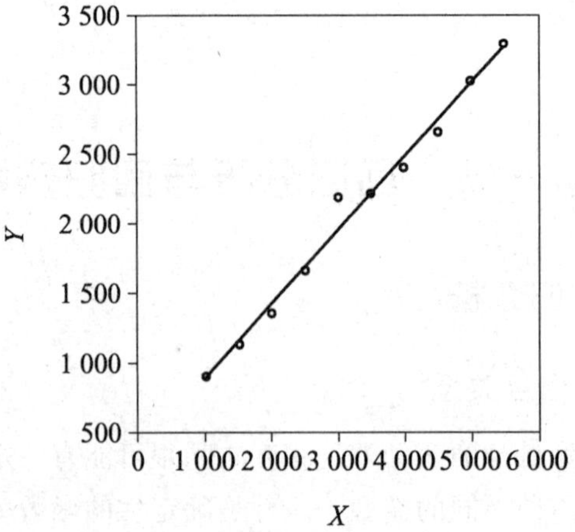

图 2.1　变量相关关系的散点图

4. 从变量相关的程度看

当一个变量的变化完全由另一个变量的变化所确定时，称为变量之间完全相关。例如前面所举例的当价格不变的条件下，某种商品销售额与销售量之间的关系，在这种情况下，相关关系实际成为函数关系，所以可以把函数关系视为相关关系的特例。

当两个变量的变化相互之间完全没有关系，即彼此互不影响时，称为两者不相关。两个现象的关系如果介于完全相关和不相关之间时，称为不完全相关，这里研究的相关关系通常指的是这种不完全的相关关系。

（二）简单线性相关关系的度量与检验

在各种类型的相关分析中，只有两个变量的线性相关关系的分析是最简单的。两个变量之间线性相关程度可以用简单线性相关系数去度量，这种相关系数是最常用的，简称相关系数。对于所研究的总体，两个相互联系的变量的相关系数称为总体相关系数，通常用 ρ 表示，总体相关系数 ρ 可利用式（2.1）进行计算：

$$\rho = \frac{Cov(X,Y)}{Var(X)Var(Y)} \tag{2.1}$$

式中：$Var(X)$是变量 X 的方差；$Var(Y)$是变量 Y 的方差；$Cov(X, Y)$是变量 X 和 Y 的协方差。

总体相关系数 ρ 反映了总体两个变量 X 和 Y 的线性相关程度，对于特定的总体来说，X 和 Y 的数值是既定的，总体相关系数 ρ 是客观存在的特定数值。然而，当总体较大时，变量 X 和 Y 的全部数值一般不可能去直接观测，所以总体相关系数一般是不能直接计算的未知量。通常可能做到的是，从总体中随机抽取一定数量的样本，通过 X 和 Y 的样本观测值 X_i 和 Y_i 去估计样本相关系数。变量 X 和 Y 的样本相关系数通常用 r_{XY} 表示，或简记为 r，可利用式（2.2）或式（2.3）去估计：

$$r_{XY}=\frac{n\sum X_iY_i-\sum X_i\sum Y_i}{\sqrt{n\sum X_i^2-(\sum X_i)^2}\sqrt{n\sum Y_i^2-(\sum Y_i)^2}} \tag{2.2}$$

或

$$r_{XY}=\frac{\sum(X_i-\bar{X})(Y_i-\bar{Y})}{\sqrt{\sum(X_i-\bar{X})^2(Y_i-\bar{Y})^2}} \tag{2.3}$$

式中：X_i 和 Y_i 分别是变量 X 和 Y 的样本观测值；$\bar{X}$ 和 $\bar{Y}$ 分别是变量 X 和 Y 样本观测值的平均值；n 是样本的个数，也称样本容量。

样本相关系数 r 是根据从总体中抽取的随机样本的观测值 X_i 和 Y_i 计算出来的，它是对总体相关系数 ρ 的估计。可以证明，这样计算的样本相关系数是总体相关系数的一致估计。

多个变量之间的线性相关程度，则需要用复相关系数和偏相关系数去度量。

由式（2.1）和（2.2）可以看出，相关系数有以下特点：

（1）相关系数的取值在-1 与 1 之间。

（2）当 $r=0$ 时，表明 X 与 Y 没有线性相关关系。

（3）当 $0<|r|<1$ 时，表明 X 与 Y 存在一定的线性相关关系；若 $r>0$，表明 X 与 Y 为正相关；若 $r<0$，表明 X 与 Y 为负相关。

（4）当 $|r|=1$ 时，表明 X 与 Y 完全线性相关；若 $r=1$，称 X 与 Y 完全正相关；若 $r=-1$，称 X 与 Y 完全负相关。

使用相关系数分析相关关系时的注意事项：

（1）X 和 Y 都是相互对称的随机变量，所以 $\gamma_{XY}=\gamma_{YX}$。

（2）相关系数只反映变量间的线性相关程度，不能说明非线性相关关系。

（3）相关系数只能反映变量间的线性相关程度，并不能确定变量的因果关系，也不能说明相关关系具体接近于哪条直线。

（4）样本相关系数是根据从总体中抽取的随机样本的观测值 X 和 Y 计算出来的，它只是对总体相关系数 ρ 的估计。由于从总体中每抽取一个样本，都可以根据其观测值估计出一个样本相关系数，所以样本相关系数不是确定的值，而是随抽样而变动的随机变量。对相关系数的统计显著性还有待进行检验。

（三）回归分析

研究变量之间的相关关系时，首先需要分析它们是否存在相关关系，然后要明确其相关关系的类型，而且还应计量其相关关系的密切程度，在统计学中称这种研究为相关分析。相关分析主要是用一个指标（相关系数）去表明现象间相互依存关系的性质和密切程度。不过相关分析并不能说明变量间相关关系的具体形式，也不能从一个变量的变化去推测另一个变量的具体变化。如果要具体测定变量之间相关关系的数量形式，还需要运用回归分析的方法。

“回归”这个词是由英国生物学家高尔顿在遗传学研究中首先提出来的。高尔顿发现，相对于一定身高的父母，子女的平均身高有朝向人类平均身高移动或回归的趋势。这就是“回归”的古典意义。

现在仍沿用“回归”这个词，但其意义与回归的古典意义已有很大区别。现代意义的回归是关于一个变量（被解释变量或应变量）对另一个或多个变量（解释变量）依存关系的研究，用适当的数学模型去近似地表达或估计变量之间的平均变化关系，其目的是要根据已知的或固定的解释变量的数值，去估计所研究的被解释变量的总体平均值。

例如，研究个人消费支出与个人可支配收入的依存关系，对应于一定的个人可支配收入水平，个人消费支出并不确定，但总是在一定的范围内变动。对于每一个个人可支配收入水平，个人消费支出呈现出一定的分布，但平均来说，个人消费支出总是随着个人可支配收入的增加而增加的，其关系如图 2.2 所示。

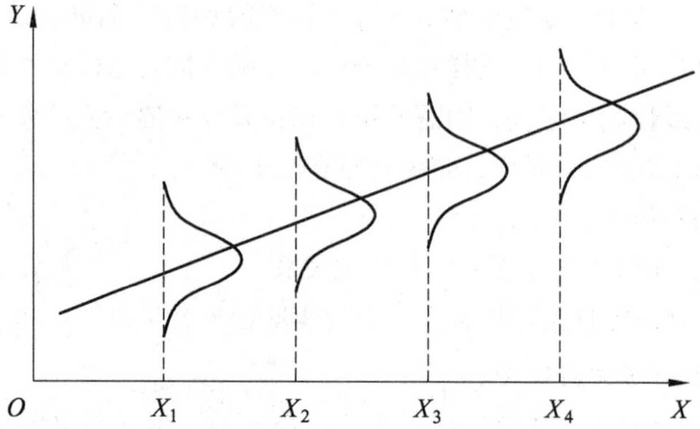

图 2.2　个人消费支出随个人可支配收入的变化

如果根据个人消费支出和个人可支配收入的观测数据去确定两者变动的统计规律性，就要研究当解释变量个人可支配收入变动时，被解释变量个人消费支出的平均水平变动的规律，解决这样一类问题的方法是回归分析。

在理解回归分析时，应当注意回归所要揭示的是被解释变量与解释变量之间的平均关系。这里，被解释变量是随机变量，解释变量在本质上可以是随机变量，但在回归分析中解释变量作为被解释变量变动的原因，总是假定在重复抽样中是取某些固定的值，所以在一般情况下解释变量是作为非随机变量来处理的。

显然，相关分析与回归分析有密切的联系，他们都是对变量间相关关系的研究，两者可以相互补充。相关分析可以表明变量间相关关系的性质和程度，只有当变量间存在一定程度的相关关系时，进行回归分析去寻求相关的具体数学形式才有实际的意义。同时，在进行相关分析时如果要具体确定变量间相关的具体数学形式，也要依赖于回归分析，而且相关分析中相关系数的确定是建立在回归分析基础上的。

同时应当明确，相关分析与回归分析的研究目的和研究方法是有明显区别的。从研究目的上看，相关分析是用一定的数量指标（相关系数）度量变量间联系的方向和程度，而回归分析是要寻求变量间联系的具体数学形式，是要根据自变量的固定值去估计和预测被解释变量的平均值。从对变量的处理看，相关分析对称地对待相互联系的变量，不考虑两者的因果关系，也就是不区分解释变量和被解释变量，相关的变量不一定具有因果关系，均视为随机变量；回归分析是建立在变量因果关系分析的基础上，研究其中解释变量的变动对被解释变量的具体影响，回归分析中必须明确划分被解释变量和解释变量，对变量的处理是不对称的。在回归分析中通常假定解释变量在重复抽样中是取固定值的非随机变量，只有被解释变量是具有一定概率分布的随机变量。

还应当强调，相关分析和回归分析只是从数据出发定量地分析经济变量间相互联系的手段，并不能决定经济现象相互之间的本质联系。经济现象间内在的本质联系，决定于它们的客观规律性，需要结合实际经验去分析，并运用经济学理论去加以说明。如果对本来没有内在联系的经济现象，仅凭数据进行相关分析和回归分析，有可能会是一种“伪相关”或“伪回归”，这样不仅没有实际的意义，而且会导致荒谬的结论。所以在对经济问题开展相关分析和回归分析时，要注意与定性的经济分析相结合，才能得到有实际意义的结果。

二、总体回归函数

回归分析研究的是总体中解释变量与被解释变量之间客观存在的协变规律性，在经济现象的研究中，这种协变规律是所研究的经济总体的特征。怎样去认识经济总体中相关变量的协变关系呢？由于实际的经济总体通常难以直接观测，这里以一个简化的例子来说明。

【例 2.1】假设一个由 100 个家庭构成的总体，研究每月家庭消费支出 Y 与每月家庭可支配收入 X 之间的关系，并根据已知的家庭可支配收入水平去预测该总体每月家庭消费支出的平均水平。为了研究的方便，把总体 100 个家庭按收入水平分为 10 个组，分别考察各组中每个家庭的消费支出（见表 2.1）。

表 2.1　家庭消费支出与家庭可支配收入　　　　单位：元

	每月家庭可支配收入 X									
	1000	1500	2000	2500	3000	3500	4000	4500	5000	5500
每月家庭消费支出 Y	820	962	1108	1329	1632	1842	2037	2275	2464	2824
	888	1024	1201	1365	1726	1874	2110	2388	2589	3038
	932	1121	1264	1410	1786	1906	2225	2426	2790	3150
	960	1210	1310	1432	1835	1068	2319	2488	2856	3201
		1259	1340	1520	1885	2066	2321	2587	2900	3288
		1324	1400	1615	1943	2185	2365	2650	3021	3399
			1448	1650	2037	2210	2398	2789	3064	
			1489	1712	2078	2289	2487	2853	3142	
			1538	1778	2179	2313	2513	2934	3274	
			1600	1841	2298	2398	2538	3110		
			1702	1886	2316	2423	2567			
				1900	2387	2453	2610			
				2012	2498	2487	2710			
					2589	2586				
$E(Y\|X_i)$	900	1150	1400	1650	1900	2150	2400	2650	2900	3150

由表 2.1 可以看出，由于解释变量可支配收入 X 与被解释变量消费支出 Y 之间不是确定性的函数关系而是不确定性的相关关系，对于可支配收入 X 的每一个固定水平，家庭消费支出 Y 并不确定。在给定家庭可支配收入 X 的条件下，家庭消费支出 Y 形成一定的分布，这种分布称为在 X 取某一特定值时 Y 的条件分布。当 X 取某一特定值时，Y 取各种值的概率，称为 Y 的条件概率。例如当家庭可支配收入为 2500 元时，家庭消费支出为 1712 元的条件概率为：$P(Y=1712 \mid X=2500)=1/13$，等等。对于 X 的每一个取值 X_i，根据 Y 的条件分布和条件概率，可以计算出 Y 的条件期望或称条件均值 $E(Y|X_i)$。计算得出的条件均值列于表 2.1 的最后一行。

【Stata 实现】

```
. use income.dta, clear
. mean Y
    Mean estimation                          Number of obs = 100
```

Y 的均值如图 2.3 所示。

	Mean	Std. err.	[95% conf.	interval]
Y	2093.39	65.02173	1964.373	2222.407

图 2.3　Y 的均值

对于 X 的每一个取值 X_i，都有 Y 的条件期望 $E(Y|X_i)$ 与之对应，根据表 2.1 中数据，可作家庭可支配收入 X 与家庭消费支出 Y 的散点图。

【Stata 实现】

```
. scatter Y X || lfit   Y X
```

家庭消费支出与家庭可支配收入的散点图与线性拟合如图 2.4 所示。

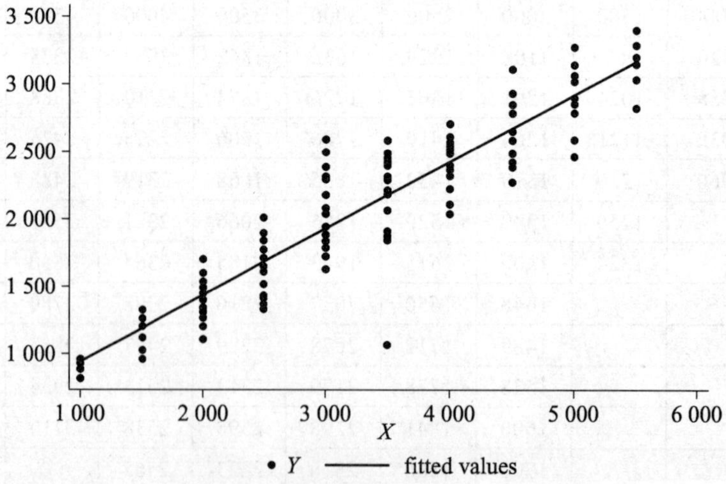

图 2.4　家庭消费支出与家庭可支配收入的散点图与线性拟合

由表 2.1 和图 2.4 可以看出，虽然每个家庭的消费支出存在差异，但平均来说，家庭消费支出是随家庭可支配收入的递增而递增的。还可以看出，当 X_i 取各种值时，Y 的条件均值（图 2.4 中的黑点）的轨迹接近一条直线，该直线称为 Y 对 X 的回归直线。当然，若 Y 的各条件均值是位于一条曲线上，则这条曲线就称为 Y 对 X 的回归曲线。

从例 2.1 可以看出，所研究的总体被解释变量家庭消费支出 Y 的条件均值 $E(Y|X_i)$，是随解释变量 X 的变化而规律变化的，如果把 Y 的条件均值表示为 X 的某种函数，可表示为

$$E(Y|X_i)=f(X_i) \tag{2.4}$$

如式（2.4）所示，将总体被解释变量 Y 的条件均值表现为解释变量 X 的函数，这个函数称为总体回归函数（population regression function，PRF）。这是总体回归函数的条件期望表示方式。

假如 Y 的总体条件均值 $E(Y|X_i)$ 是解释变量 X 的线性函数，可表示为

$$E(Y|X_i)=f(X_i)=\beta_1+\beta_2X_i \tag{2.5}$$

式中：β_1 和 β_2 是未知参数，β_1 称为截距系数，β_2 称为斜率系数。

需要指出，在实际的经济问题中，总体包含的单位数通常相当多，一般情况下不大可能像假定的 100 个家庭那样去取得总体所有的观测值，也不大可能直接计算 Y 的条件期望值。所以事实上总体回归函数的具体形式，只能根据经济理论对所研究经济问题的深刻认识以及实践经验去设定，也就是说需要对总体回归函数作出合理的假设。

在计量经济学中经常把总体回归函数设定为线性函数，这是因为线性函数是最简单的函数形式，而且线性回归函数中参数的估计与检验相对容易，用线性模型去近似地描述总体回归函数，常能获得较好的效果。

在计量经济学中线性模型的“线性”有两种解释：一是模型就变量而言是线性的，即 Y 的条件均值 $E(Y|X_i)$ 是解释变量 X_i 的线性函数，这时回归线是一条直线。按这一原则，$E(Y|X_i)=\beta_1+\beta_2X_i^2$ 或 $E(Y|X_i)=\beta_1+\beta_2(1/X_i)$ 都不是线性回归函数。二是模型就参数而言是线性的，即 Y 的条件均值 $E(Y|X_i)$ 是参数 β 的线性函数，而对于解释变量 X_i 则可以是线性的，也可以是非线性的。按这一原则，$E(Y|X_i)=\beta_1+\beta_2X_i^2$ 或 $E(Y|X_i)=\beta_1+\beta_2(1/X_i)$ 都是线性回归模型，而 $E(Y|X_i)=\beta_1+\sqrt{\beta_2}X_i$ 或 $E(Y|X_i)=\beta_1+(1/\beta_2)X_i$ 则不是线性回归模型。在计量经济学中，从回归理论和参数的估计方法考虑，通常是就参数而言判断是否为线性回归模型，而对于解释变量 X_i 则或者是线性的或者不是线性回归模型。

三、随机扰动项

以条件均值表现的总体回归函数 $E(Y|X_i)$ 描述的是被解释变量随着解释变量的变化的平均变动。但是相对于一定的 X_i，Y 的个别值 Y_i 并不全在代表平均值轨迹的回归线上，而是围绕回归线上下波动，也就是说个别值 Y_i 总是分布在条件均值 $E(Y|X_i)$ 的周围。若令各个 Y_i 值与条件均值 $E(Y|X_i)$ 的偏差为 u_i，显然 u_i 是个可正可负的随机变量，称为随机扰动项或随机误差项，即

$$u_i=Y_i-E(Y|X_i) \tag{2.6}$$

或

$$Y_i=E(Y|X_i)+u_i \tag{2.7}$$

式（2.7）是总体回归函数的个别值表示方式，或称随机设定形式。

如果总体回归函数是只有一个解释变量的线性函数，则有

$$u_i = Y_i - \beta_1 - \beta_2 X$$

或

$$Y_i = \beta_1 + \beta_2 X_i + u_i \tag{2.8}$$

式（2.7）表明，除已列入模型的解释变量 X 以外，还有影响被解释变量 Y 变动的其他因素，这里的随机扰动项 u_i 代表着那些对 Y 有影响但又未纳入模型的诸多因素的综合影响。

从式（2.4）和式（2.7）可以看出，条件期望表示方式与个别值表示方式是等价的。因为若式（2.7）两边取对于 X_i 的条件期望，则有

$$E(Y|X_i) = E\{E(Y|X_i)\} + E(u_i|X_i)$$
$$= E(Y|X_i) + E(u_i|X_i)$$

显然，这里隐含着 $E(u_i|X_i) = 0$ 的假定条件，即回归线是通过 Y 的条件期望或条件均值的。

在总体回归函数中引入随机扰动项，主要有以下几方面的原因：

（1）作为未知影响因素的代表。由于对所研究的经济现象的变动规律的认识并不完备，除一些已知的主要因素以外，还有一些未被认识或尚不能肯定的因素影响着被解释变量，所以只得用随机扰动项作为被模型省略掉的未知因素的代表。

（2）作为无法取得数据的已知因素的代表。已经知道有一些因素对被解释变量有相当的影响，但可能无法获得这些变量的定量数据。例如，在研究家庭消费支出时，根据有关经济理论的分析，认为家庭财产的数量对家庭消费支出也有影响，可是一般情况下取得家庭财产的数据有困难，在计量经济模型中不得不把家庭财产略去，而这类变量的影响被归入到随机扰动项。

（3）作为众多细小影响因素的综合代表。某些影响因素已经被认识到，其数据也可能获得。例如，影响家庭消费支出的还可能有子女人数、性别构成、民族习惯、受教育程度，等等，但是这些因素或许对被解释变量家庭消费支出的影响比较小，或许其影响不是很规则，有的可能不易数量化，从经济计量的成本考虑，通常不把它们列入模型，而将它们的联合影响处理为随机扰动项。

（4）模型的设定误差。在设定经济计量模型时，总是力图使模型更为简单明了，当用较少的解释变量就能说明被解释变量的实质变化时，就不应把更多的解释变量列入模型；当用较简洁的函数形式就能说明变量之间的本质联系时，就尽量不采用更为复杂的函数形式。这样，变量和函数形式的设定可能会引起设定误差，这种设定误差也要由随机扰动项来表示。

（5）变量的观测误差。对社会经济现象观测所得到的统计数据，由于主客观的原因，可能会有一定的观测误差，这种观测误差只能归入随机扰动项。

（6）经济现象的内在随机性。即使把所有相关的影响因素全部纳入模型，即使不存在观测误差，但是人所从事的一些经济行为还是可能具有不可重复性和随机性。例如，某些涉及人们思想行为的变量很难完全控制，而是具有内在的随机性，这种内在的随机性也可能影响人们的经济行为。这类变量内在的随机性的影响只能归入随机扰动项。

由此可见，随机扰动项有十分丰富的内容，在计量经济研究中起着重要的作用。一定程

度上，随机扰动项的性质决定着计量经济方法的选择和使用。

四、样本回归函数

对于实际的经济问题，通常总体包含的单位数很多，无法掌握所有单位的数值，总体回归函数实际上是未知的。我们可能做到的只是对应于解释变量 X 的选定水平，对被解释变量 Y 的某些样本进行观测，然后通过对样本观测获得的信息去估计总体回归函数。

仍然以例 2.1 中 100 个家庭的可支配收入与消费支出为例，假设从 100 个家庭的总体中各随机抽取 10 个家庭进行观测，形成了两个随机样本，如表 2.2 和表 2.3 所示。

表 2.2　随机样本（一）　　单位：元

可支配收入 X	1000	1500	2000	2500	3000	3500	4000	4500	5000	5500
消费支出 Y	888	1121	1340	1650	2179	2210	2398	2650	3021	3288

表 2.3　随机样本（二）　　单位：元

可支配收入 X_01	1000	1500	2000	2500	3000	3500	4000	4500	5000	5500
消费支出 Y_01	932	1259	1448	1651	2298	2289	2365	2488	2856	3150

可将两个随机样本的数据绘制成散点图，其示意图见图 2.5。

【Stata 实现】

```
. use scatterXY. dta, clear
. twoway scatter X Y    X_01 Y_01|| (lfit X Y ) (lfit X_01 Y_01 )
```

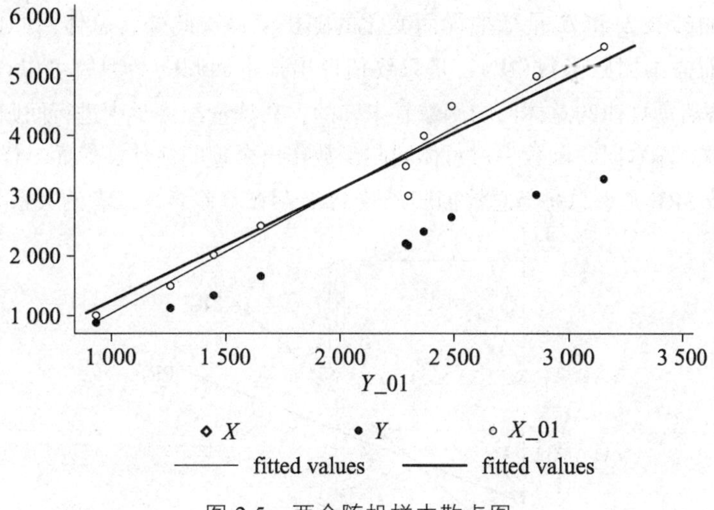

图 2.5　两个随机样本散点图

从总体中抽取一定样本数据进行观测，对于解释变量 X 的一定值，取得被解释变量 Y 的样本观测值，也可计算其条件均值，Y 的样本观测值的条件均值随解释变量 X 而变动的轨迹，称为样本回归线。图 2.5 中所示的两条直线是分别通过两个样本观测值拟合的最适合的样本回归直线。当然如果所拟合的是曲线，就称为样本回归曲线。

从图 2.5 可以看出，被解释变量（消费支出）的样本条件均值也是随解释变量（可支配收入）的变化而规律变化的。如果把被解释变量 Y 的样本条件均值表示为解释变量 X 的某种函数，这个函数称为样本回归函数（sample regression function，SRF）。显然，样本回归函数的函数形式应与设定的总体回归函数的函数形式一致。样本回归函数如为线性函数，可表示为

$$\hat{Y}_i = \hat{\beta}_1 + \hat{\beta}_2 X_i \tag{2.9}$$

式中：$\hat{Y}_i$ 是回归线上与 X_i 相对应的 Y 的样本条件均值，可视为对总体条件期望 $E(Y|X_i)$ 的估计值；$\hat{\beta}_1$ 和 $\hat{\beta}_2$ 分别是样本回归函数的截距系数和斜率系数，可视为对总体回归函数中系数 β_1 和 β_2 的估计。

与总体回归函数相类似，实际观测的被解释变量 Y_i 值并不完全等于样本条件均值 $\hat{Y}_i$，二者之差可用 e_i 表示，那么

$$Y_i - \hat{Y}_i = e_i \tag{2.10}$$

或者

$$Y_i = \hat{\beta}_1 + \hat{\beta}_2 X_i + e_i \tag{2.11}$$

式（2.11）是样本回归函数的另一种表达形式，与式（2.9）是等价的，这里的 e_i 称为剩余项，或称为残差，e_i 在概念上类似于总体扰动项 u_i。在样本回归函数中引入 e_i 的原因，与将 u_i 引入总体回归函数的理由是相同的。

必须明确，样本回归函数与总体回归函数是有区别的。首先，总体回归函数虽然未知，但它是确定的；而由于从总体中每次抽样都能获得一个样本，都可以拟合一条样本回归线，所以样本回归线是随抽样而变化的，可以有许多条。因此，样本回归线还不是总体回归线，至多只是未知的总体回归线的近似反映。其次，总体回归函数的参数 β_1 和 β_2 是确定的常数；而样本回归函数的参数 $\hat{\beta}_1$ 和 $\hat{\beta}_2$ 是随抽样而变化的随机变量。此外，总体回归函数中的 u_i 是不可直接观测的；而样本回归函数中的 e_i 是只要估计出样本回归的参数就可以计算的数值。

表示总体经济活动规律的总体回归函数是未知的，在计量经济学中进行回归分析的目的，是要根据有可能获得的样本回归函数去对总体回归函数作出合理的估计。然而，样本毕竟不等于总体，样本回归函数 SRF 几乎总是与总体回归函数 PRF 存在着差异，二者的关系如图 2.6 所示。

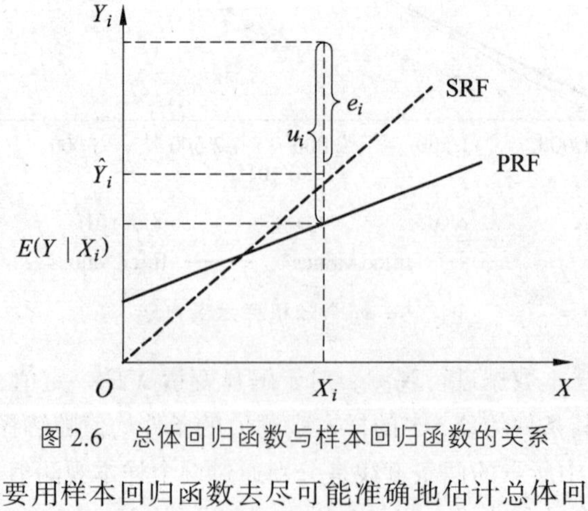

图 2.6　总体回归函数与样本回归函数的关系

回归分析的目的是要用样本回归函数去尽可能准确地估计总体回归函数。由于样本对总体存在代表性误差，SRF 又总会过高或过低估计 PRF，例如图 2.6 中 A 点左边部分就过高估计了 PRF，A 点右边部分又过低估计了 PRF。显然，需要寻求一种规则和方法，使得到的样

本回归函数的参数 $\hat{\beta}_1$ 和 $\hat{\beta}_2$ 能够“尽可能地接近”总体回归函数中的参数 β_1 和 β_2。这便是计量经济学应当解决的参数估计的基本问题。

第二节　简单线性回归模型参数的估计

估计线性回归模型中参数的方法有若干种，这些估计方法都是以对模型的某些假定条件为前提的，因为只有具备这些假定条件，所作出的估计才具有良好的统计性质。所以，这些假设与所采用的估计方法是紧密相关的。

一、简单线性回归的基本假定

对简单线性回归模型的基本假定有两个方面：一是对变量和模型的假定；二是对随机扰动项 u_i 统计分布的假定。

在简单线性回归模型中对变量和模型的假定，首先是假定解释变量 X_i 是确定性变量，是非随机的，这是因为在重复抽样中 X_i 是所取的一组固定的值；或者 X_i 虽然是随机的，但与随机扰动项 u_i 是不相关的。其次是假定模型中的变量没有测量误差。此外，还要假设模型对变量和函数形式的设定是正确的，即不存在设定误差。

为了使对模型的估计具有良好的统计性质，在计量经济研究中对无法直接观测的随机扰动项 u_i 的分布，需要做如下基本假定。

假定 1（零均值假定）：在给定解释变量 X_i 的条件下，随机扰动项 u_i 的条件均值为零，即

$$E(u_i|X_i)=0 \tag{2.12}$$

假定 2（同方差假定）：对于给定的每一个 X_i，随机扰动项 u_i 的条件方差都等于某一个常数 σ^2，即

$$Var(u_i|X_i)=E(u_i-E(u_i|X_i))^2=E(u_i^2)=\sigma^2 \tag{2.13}$$

式中：Var 表示方差。

假定 3（无自相关假定）：随机扰动项 u_i 的逐次值互不相关，或者说对于所有的 i 和 $j(i\neq j)$，u_i 和 u_j 的协方差为零，即

$$\begin{aligned}Cov(u_i,u_j)&=E(u_i-E(u_i))(u_j-E(u_j))\\&=E(u_iu_j)=0\end{aligned} \tag{2.14}$$

式中：Cov 表示协方差。

假定 4（随机扰动项 u_i 与解释变量 X_i 不相关）：可表示为

$$Cov(u_i,X_i)=E(u_i-E(u_i))(X_i-E(X_i))=0 \tag{2.15}$$

这一假定表明模型中的 X_i 和 u_i 是各自独立影响 Y_i 的，这样才能分清楚解释变量 X_i 与随机扰动项 u_i 分别对 Y_i 的影响各为多少。

假定 5（正态性假定）：假定随机扰动项 u_i 服从期望为零、方差为 σ^2 的正态分布，可表示为

$$u_i \sim N(0,\sigma^2) \tag{2.16}$$

以上这些对随机扰动项 u_i 分布的假定是德国数学家高斯最早提出的，也称为高斯假定或古典假定。满足以上古典假定的线性回归模型，称为古典线性回归模型（classical linear regression model，CLRM）。

顺便指出，由于 $Y_i = \beta_1 + \beta_2 X_i + u_i$，$Y_i$ 的分布性质决定于 u_i，为此，对 u_i 的零均值、同方差、无自相关及正态性假定也可以用对 Y_i 的假定来表示：

假定 1：$E(Y_i|X_i) = \beta_1 + \beta_2 X_i$ （2.17）

假定 2：$Var(Y_i|X_i) = \sigma^2$ （2.18）

假定 3：$Cov(Y_i, Y_j) = 0\ (i \neq j)$ （2.19）

假定 4：$Y_i \sim N(\beta_1 + \beta_2 X_i, \sigma^2)$ （2.20）

容易证明，以上对 Y_i 分布性质的假定与对随机扰动项 u_i 分布的古典假定是等价的。

二、普通最小二乘法

计量经济研究的直接目的是确定总体回归函数 $Y_i = \beta_1 + \beta_2 X_i + u_i$，然而能够得到的只是来自总体的若干样本的观测值，要用样本信息建立的样本回归函数尽可能“接近”总体回归函数。为此，可以从不同角度确定建立样本回归函数的准则，也就有了估计回归模型参数的多种方法。例如用产生该样本概率最大的原则去确定样本回归函数，称为极大似然准则；用使估计的剩余平方和最小的原则确定样本回归函数，称为最小二乘准则。本章只介绍在古典假定下的最小二乘法，也称普通最小二乘估计（ordinary least squares estimators，OLS 或者 OLSE）。

为了使样本回归函数尽可能“接近”总体回归函数，就是要由样本回归函数 $\hat{Y}_i = \hat{\beta}_1 + \hat{\beta}_2 X_i$ 估计的 $\hat{Y}_i$ 与实际的 Y_i 的误差尽量小，即要使剩余项 e_i 越小越好。但作为误差 e_i 有正有负，其简单代数和 $\sum e_i$ 会相互抵消而趋于零。为使在数学上便于处理，可采用剩余平方和 $\sum e_i^2$ 最小的准则，这就是最小二乘准则，即

$$\min \sum e_i^2 = \min \sum (Y_i - \hat{Y}_i)^2 = \min \sum (Y_i - \hat{\beta}_1 - \hat{\beta}_2 X_i)^2$$

根据微积分中求极值的原理，要使 $\sum e_i^2$ 达到最小，待定系数 $\hat{\beta}_1$ 和 $\hat{\beta}_2$ 应满足以下条件：

$$\frac{\partial(\sum e_i^2)}{\partial \hat{\beta}_1} = -2\sum (Y_i - \hat{\beta}_1 - \hat{\beta}_2 X_i) = 0 \tag{2.21}$$

$$\frac{\partial(\sum e_i^2)}{\partial \hat{\beta}_2} = -2\sum (Y_i - \hat{\beta}_1 - \hat{\beta}_2 X_i) X_i = 0 \tag{2.22}$$

从而得如下方程组：

$$\sum Y_i = n\hat{\beta}_1 + \hat{\beta}_2 \sum X_i \tag{2.23}$$

$$\sum X_iY_i = \hat{\beta}_1\sum X_i + \hat{\beta}_2\sum X_i^2 \tag{2.24}$$

其中，n 为样本容量。方程组（2.23）和（2.24）称为最小二乘的正规方程组。根据克莱姆法则解正规方程组，得

$$\hat{\beta}_2 = \frac{nX_iY_i - \sum X_i\sum Y_i}{n\sum X_i^2 - (\sum X_i)^2} \tag{2.25}$$

$$\hat{\beta}_2 = \frac{\sum X_i^2\sum Y_i - \sum X_i\sum X_iY_i}{n\sum X_i^2 - (\sum X_i)^2} \tag{2.26}$$

式（2.25）和（2.26）即用样本观测值 X_i 和 Y_i 表现的 $\hat{\beta}_1$ 和 $\hat{\beta}_2$ 的最小二乘估计式。

如果令 $x_i = X_i - \bar{X}$，$y_i = Y_i - \bar{Y}$，x_i 和 y_i 分别称为 X_i 和 Y_i 的离差形式①。容易证明，式（2.25）和（2.26）可用离差形式表示为

$$\hat{\beta}_2 = \frac{\sum (X_i - \bar{X})(Y_i - \bar{Y})}{\sum (X_i - \bar{X})^2} = \frac{\sum x_iy_i}{\sum x_i^2} \tag{2.27}$$

$$\hat{\beta}_1 = \bar{Y} - \hat{\beta}_2\bar{X} \tag{2.28}$$

式（2.25）和（2.26）或者式（2.27）和（2.28）是根据最小二乘准则推导出来的，称为简单线性回归模型参数的最小二乘估计式。由这些估计式可直接用样本观测值求得参数的估计值。

【例 2.2】为了估计例 2.1 中的样本回归函数，通过表 2.2 数据可计算相关的数据，如表 2.4 所示。

表 2.4　样本（一）相关数据　　单位：元

序号	可支配收入 X_i	消费支出 Y_i	$x_i = X_i - \bar{X}$	$y_i = Y_i - \bar{Y}$	x_iy_i	x_i^2	y_i^2	$\hat{Y}_i$	$e_i = Y_i - \hat{Y}_i$	e_i^2
1	1000	888	−2250	−1186.5	2 669 625	5 062 500	1 407 782.25	882	6	36
2	1500	1121	−1750	−953.5	1 668 625	3 062 500	909 162.25	1147	−26	676
3	2000	1340	−1250	−734.5	918 125	1 562 500	539 490.25	1412	−72	5184
4	2500	1650	−750	−424.5	318 375	562 500	180 200.25	1677	−27	729
5	3000	2179	−250	104.5	−26 125	62 500	10 920.25	1942	237	56 169
6	3500	2210	250	135.5	33 875	62 500	18 360.25	2207	3	9
7	4000	2398	750	323.5	242 625	562 500	104 652.25	2472	−74	5476
8	4500	2650	1250	575.5	719 375	1 562 500	331 200.25	2737	−87	7569
9	5000	3021	1750	946.5	1 656 375	3 062 500	895 862.25	3002	19	361
10	5500	3288	2250	1213.5	2 730 375	5 062 500	1 472 582.25	3267	21	441
合计	32 500	20 745			10 931 250	20 625 000	5 870 212.5			76 650
平均	3250	20 74.5								

① 为了使表现形式尽量简洁，本书中一律用大写字母 X_i，Y_i 等表示观测值，用小写字母 x_i，y_i 等表示观测值的离差。

将有关数据代入式（2.27）和（2.28），得

$$\hat{\beta}_2 = \frac{\sum x_i y_i}{\sum x_i^2} = \frac{10\,931\,250}{20\,625\,000} = 0.5300$$

$$\hat{\beta}_1 = \overline{Y} - \hat{\beta}_2 \overline{X} = 2074.5 - 0.53 \times 3250 = 352$$

即样本回归函数为

$$\hat{Y}_i = 352 + 0.53 X_i$$

【Stata 实现】

. use sample.dta, clear

. reg Yi Xi

回归结果如图 2.7 所示。

Source	SS	df	MS			
				Number of obs	=	10
				F(1, 8)	=	604.68
Model	5793562.5	1	5793562.5	Prob > F	=	0.0000
Residual	76650	8	9581.25	R-squared	=	0.9869
				Adj R-squared	=	0.9853
Total	5870212.5	9	652245.833	Root MSE	=	97.884

Yi	Coefficient	Std. err.	t	P>|t|	[95% conf.	interval]
Xi	.53	.0215533	24.59	0.000	.480298	.579702
_cons	352	76.58255	4.60	0.002	175.4003	528.5997

图 2.7　回归结果

三、OLS 回归线的性质

用普通最小二乘法拟合的样本回归线有以下性质：

1. 回归线通过样本均值

由式（2.28）可得 $\overline{Y} = \hat{\beta}_1 + \hat{\beta}_2 \overline{X}$，所以样本回归线必然通过（$\overline{X}, \overline{Y}$），如图 2.8 所示。

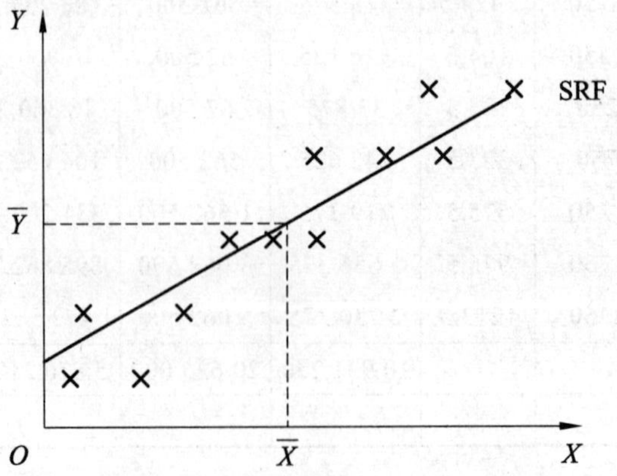

图 2.8　样本回归线通过样本均值

2. 估计值 $\hat{Y}_i$ 的均值等于实际值 Y_i 的均值

因为

$$\begin{aligned}\hat{Y}_i &= \hat{\beta}_1 + \hat{\beta}_2 X_i \\ &= (\bar{Y} - \hat{\beta}_2 \bar{X}) + \hat{\beta}_2 X_i \\ &= \bar{Y} + \hat{\beta}_2 (X_i - \bar{X})\end{aligned}$$

将上式两边加总，再除以样本容量 n：

$$\frac{\sum \hat{Y}_i}{n} = \frac{\sum[\bar{Y} + \hat{\beta}_2(X_i - \bar{X})]}{n} = \bar{Y} + \frac{\hat{\beta}_2}{n}\sum(X_i - \bar{X})$$

其中 $\sum(X_i - \bar{X}) = 0$

则
$$\frac{\sum \hat{Y}_i}{n} = \bar{Y} \tag{2.29}$$

3. 剩余项 e_i 的均值为零

由最小二乘准则，已知

$$\frac{\partial(\sum e_i^2)}{\partial \hat{\beta}_1} = -2\sum(Y_i - \hat{\beta}_1 - \hat{\beta}_2 X_i) = 0$$

而且 $e_i = Y_i - \hat{\beta}_1 - \hat{\beta}_2 X_i$

所以 $\sum e_i = \sum(Y_i - \hat{\beta}_1 - \hat{\beta}_2 X_i) = 0$

则
$$\bar{e} = \frac{\sum e_i}{n} = 0 \tag{2.30}$$

4. 被解释变量估计值 $\hat{Y}_i$ 与剩余项 e_i 不相关，即 $Cov(\hat{Y}_i, e_i) = 0$

因为

$$\begin{aligned}Cov(\hat{Y}_i, e_i) &= E((\hat{Y}_i - E(\hat{Y}_i))(e_i - E(e_i))) \\ &= E((\hat{Y}_i - \bar{Y})e_i) \\ &= E(\hat{y}_i e_i) \\ &= \frac{\sum(\hat{y}_i e_i)}{n}\end{aligned}$$

式中

$$\begin{aligned}\sum(\hat{y}_i e_i) &= \sum \hat{y}_i (y_i - \hat{\beta}_2 x_i) \\ &= \sum(\hat{\beta}_2 x_i)(y_i - \hat{\beta}_2 x_i) \\ &= \hat{\beta}_2 \sum x_i y_i - \hat{\beta}_2^2 \sum x_i^2 \\ &= \hat{\beta}_2^2 \sum x_i^2 - \hat{\beta}_2^2 \sum x_i^2\end{aligned}$$

则 $$\sum(\hat{y}_i e_i)=0 \tag{2.31}$$

5. 解释变量 X_i 与剩余项 e_i 不相关

因为

$$Cov(X_i,e_i)=\frac{1}{n}\sum(e_i-\overline{e})(X_i-\overline{X})$$
$$=\frac{1}{n}\sum e_i X_i$$

由 OLS 正规方程，得

$$\sum(Y_i-\hat{\beta}_1-\hat{\beta}_2 X_i)X_i=\sum e_i X_i=0$$

所以 $$Cov(X_i,e_i)=0 \tag{2.32}$$

普通最小二乘法估计的回归线所具有的上述性质，在计量经济方法的估计、检验以及一些结论的证明中都会用到，具有重要的意义。

四、最小二乘估计式的统计性质

（一）参数估计式的评价标准

计量经济模型中的参数一般是未知的，需要根据样本信息加以估计。所估计的参数 $\hat{\beta}_1$ 和 $\hat{\beta}_2$ 等都是样本数据的函数。由于取得的样本不同，样本数据也不同，即存在“抽样波动”，所以参数的估计值是随抽样而变化的随机变量，加之估计方法和假设前提不一定完备，用样本估计的参数数值不一定等于总体参数的真实值。那么，在比较不同估计方法的估计结果时，需要有一定的评价标准，这个标准就是应使参数估计值“尽可能地接近”总体参数的真实值。作为一个随机变量，参数估计值怎样才算“尽可能地接近”总体参数的真实值呢？理论计量经济学一般并不直接分析参数估计值本身，而是研究所运用的参数估计式是否符合一定的标准。通常选择参数的估计式时主要考虑以下标准。

1. 无偏性

如果已经确定了模型参数 β 的估计式 $\hat{\beta}$，在重复抽样中可取得变量的一系列观测值，将这些样本观测值代入参数估计式 $\hat{\beta}$，可得到参数的一系列估计值，这些参数估计值的分布称为 $\hat{\beta}$ 的抽样分布，其密度函数记为 $f(\hat{\beta})$。假如用另外一种方式确定了模型参数 β 的另一个估计式 β^*，其抽样分布的密度函数记为 $f(\beta^*)$。

如果参数的估计式 $\hat{\beta}$ 的期望等于参数的真实值 β，即 $E(\hat{\beta})=\beta$，则称 $\hat{\beta}$ 是参数 β 的无偏估计式。如果参数估计式 β^* 的期望值不等于参数 β 的真实值，则称 β^* 是有偏的，其偏倚为 $E(\beta^*)-\beta$。无偏估计与有偏估计的关系如图 2.9 所示。

显然，在计量经济研究中应尽可能寻求符合无偏性要求的参数估计式。

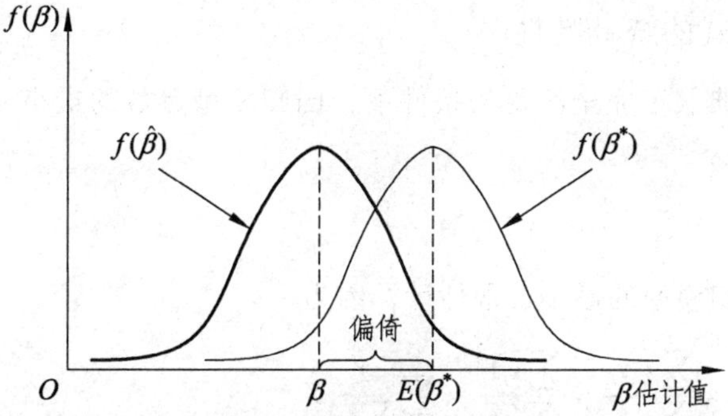

图 2.9　无偏估计与有偏估计

2. 最小方差性

在计量经济研究中，用不同的方法通常可以获得若干不同的参数估计式，这些估计式抽样分布的方差也可能不同。如果对于参数 β 的任意一个估计式 β^*，都有 $Var(\hat{\beta}) \leqslant Var(\beta^*)$，则称 $\hat{\beta}$ 是参数 β 的最小方差估计式，或最佳估计式。显然，应当尽可能选择其抽样分布具有最小方差的参数估计式，这一原则即最小方差性，或称最佳性。如图 2.10 所示，$\hat{\beta}$ 和 β^* 的期望值相同，都是 β，但若 $\hat{\beta}$ 的方差最小，则 $\hat{\beta}$ 是最佳估计式。

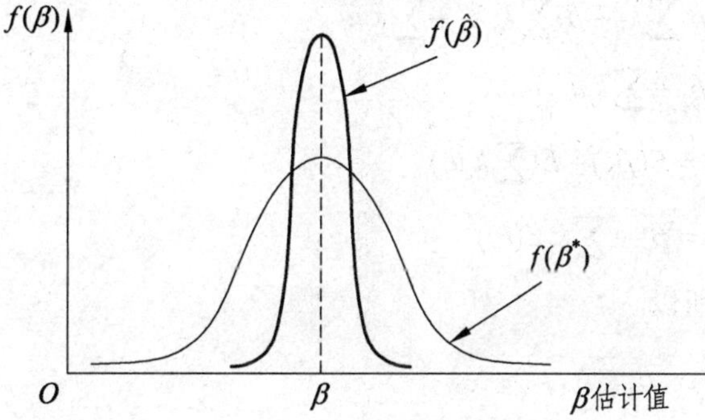

图 2.10　最佳估计式

3. 有效性

一个估计式若不仅具有无偏性，而且具有最小方差性，称这个估计式为有效估计式。无偏估计式可能有多个，但在所有无偏估计式中，只有方差最小的最佳无偏估计式才是有效估计式。

4. 一致性

在样本容量较小的情况下，有时很难找到最佳无偏估计式，这时还需要考虑当样本容量充分大或趋于无穷大时估计式的渐近性质。

当样本容量趋于无穷大时，估计式 $\hat{\beta}$ 的抽样分布依概率收敛于总体参数的真实值 β，即

$$P\lim_{n\to\infty}\hat{\beta}=\beta \quad 或 \quad \lim_{n\to\infty}P(\left|\hat{\beta}-\beta\right|<\varepsilon)=1 \tag{2.33}$$

也就是说，当 $n\to\infty$ 时，估计式 $\hat{\beta}$ 与总体参数真实值 β 的距离 $\hat{\beta}-\beta$ 的绝对值小于任意给定的正数 ε 的概率等于 1，则称估计式 $\hat{\beta}$ 为一致估计式。

（二）OLS 估计式的统计特性

可以证明，在古典假定完全满足的条件下，回归模型参数的最小二乘估计式具有以下统计性质。

1. 无偏性

对于简单线性回归模型的最小二乘估计，因为

$$\hat{\beta}_2 = \frac{\sum x_i y_i}{\sum x_i^2} = \frac{\sum x_i Y_i}{\sum x_i^2} = \sum \frac{x_i}{\sum x_i^2} Y_i$$

若令 $\frac{x_i}{\sum x_i^2} = k_i$，在重复抽样中，$X_i$ 取一组固定的值，k_i 是一组常数，且 k_i 具有 $\sum k_i = 0$，$\sum k_i X_i = 1$ 的性质，则有

$$\hat{\beta}_2 = \sum k_i Y_i \tag{2.34}$$

且

$$\begin{aligned}\hat{\beta}_2 &= \sum k_i Y_i \\ &= \sum k_i(\beta_1 + \beta_2 X_i + u_i) \\ &= \beta_1 \sum k_i + \beta_2 \sum k_i X_i + \sum k_i u_i \\ &= \beta_2 + \sum k_i u_i \end{aligned} \tag{2.35}$$

则有

$$\begin{aligned} E(\hat{\beta}_2) &= E(\beta_2) + E(\sum k_i u_i) \\ &= \beta_2 + \sum k_i E(u_i) \end{aligned} \tag{2.36}$$

由古典假定 $E(u_i) = 0$，所以

$$E(\hat{\beta}_2) = \beta_2 \tag{2.37}$$

此外

$$\begin{aligned} E(\hat{\beta}_1) &= E(\bar{Y} - \hat{\beta}_2 \bar{X}) \\ &= E(\bar{Y}) - \bar{X}E(\hat{\beta}_2) \\ &= (\beta_1 + \beta_2 \bar{X}) - \bar{X}\beta_2 \end{aligned}$$

则有

$$E(\hat{\beta}_1) = \beta_1 \tag{2.38}$$

这表明普通最小二乘法估计的参数 $\hat{\beta}_1$ 和 $\hat{\beta}_2$ 的期望值等于总体回归函数参数的真实值 β_1 和 β_2，所以 OLS 估计式是无偏估计式。

2. 最小方差性

为了说明 OLS 估计式的方差特性，必须推导出 $\hat{\beta}_1$ 和 $\hat{\beta}_2$ 方差：

$$\begin{aligned} Var(\hat{\beta}_2) &= E(\hat{\beta}_2 - E(\hat{\beta}_2))^2 \\ &= E(\hat{\beta}_2 - \beta_2)^2 \end{aligned}$$

由式（2.35），得

$$\begin{aligned} Var(\hat{\beta}_2) &= E(\beta_2 + \sum k_i u_i - \beta_2)^2 \\ &= E(\sum k_i u_i)^2 \\ &= \sigma^2 \sum k_i^2 \\ &= \frac{\sigma^2}{\sum x_i^2} \end{aligned} \tag{2.39}$$

类似地，可以推导出

$$Var(\hat{\beta}_1) = \sigma^2 \frac{\sum X_i^2}{n\sum x_i^2} \tag{2.40}$$

可以证明，在总体回归函数参数 β_1 和 β_2 的所有无偏估计量中，普通最小二乘估计 $\hat{\beta}_1$ 和 $\hat{\beta}_2$ 具有最小的方差，其证明过程较为繁琐。

在计量经济学中，还常用标准误差去度量估计量的精确性，标准误差是方差的平方根，可用 SE（standerd error）表示，所以

$$SE(\hat{\beta}_2) = \frac{\sigma}{\sqrt{\sum x_i^2}} \tag{2.41}$$

$$SE(\hat{\beta}_1) = \sigma\sqrt{\frac{\sum X_i^2}{n\sum x_i^2}} \tag{2.42}$$

在 $\hat{\beta}_1$ 和 $\hat{\beta}_2$ 的方差和标准误差的计算公式中，除样本观测值以外，都包含随机扰动项 u_i 的方差 σ^2 或 σ，然而 σ^2 作为总体随机扰动项 u_i 的方差是未知的，也需要通过样本去估计。可以证明，在简单线性回归模型中，用式（2.43）计算的 σ^2 的估计值 $\hat{\sigma}^2$ 是对 σ^2 的无偏估计：

$$\hat{\sigma}^2 = \frac{\sum e_i^2}{n-2} \tag{2.43}$$

式中：$\sum e_i^2$ 是剩余平方和；$n-2$ 是自由度。

例如，在例 2.2 中运用表 2.2 数据已估计出参数为 $\hat{\beta}_1 = 352$，$\hat{\beta}_2 = 0.53$。由于总体方差 σ^2 未知，结合表 2.4 中已得出的 $\sum e_i^2 = 76\,650$，通过式（2.43）去估计，即

$$\hat{\sigma}^2 = \frac{\sum e_i^2}{n-2} = \frac{76\,650}{10-2} = 9581.25$$

$$\hat{\sigma} = \sqrt{\hat{\sigma}^2} = \sqrt{9581.25} = 97.883\,86$$

3. 线性性

由式（2.35）可以看出，$\hat{\beta}_2 = \sum k_i Y_i$，其中 k_i 是一组常数，所以 $\hat{\beta}_2$ 是 Y_i 的线性函数。类似地，

$$\begin{aligned}\hat{\beta}_1 &= \bar{Y} - \hat{\beta}_2 \bar{X} \\ &= \bar{Y} - \bar{X}\sum k_i Y_i \\ &= \sum\left(\frac{1}{n} - \bar{X}k_i\right)Y_i \end{aligned} \tag{2.44}$$

式中：n，$\bar{X}$，k_i 均为固定常数，所以 $\hat{\beta}_1$ 也是 Y_i 的线性函数。

由以上分析可以看出，在古典假定条件下，OLS 估计式 $\hat{\beta}_1$ 和 $\hat{\beta}_2$ 是总体参数 β_1 和 β_2 的最佳线性无偏估计式（best linear unbiased estimator, BLUE），这一结论称为高斯-马尔可夫定理。OLS 估计式的这些统计特性具有很重要的意义。因为在其他条件不变的情况下，线性估计不仅比非线性估计更为简单，计算更为方便，而且比较容易确定其概率分布性质。此外，OLS 估计的最小方差特性和无偏特性结合起来，使得按同样的置信度，OLS 估计量的置信区间最小，最集中于真实值周围。所以寻求最佳线性无偏估计式是计量经济学努力的目标，也是 OLS 估计法能得到广泛应用的重要原因。

第三节　拟合优度的度量

样本回归线是对样本数据的一种拟合，对于同一组样本数据来说，用不同的方法估计回归函数的参数，可拟合出不同的回归线。从散点图上看，样本回归线对样本观测值总是存在或正或负的偏离。所估计的样本回归线对样本观测数据拟合的优劣程度，称为样本回归线的拟合优度。为了评价所建立的样本回归函数对样本观测值的拟合程度，需要对模型的拟合优度加以度量。在计量经济学中，度量模型拟合优度的可决系数建立在对被解释变量总变差分解的基础上。

一、总变差的分解

回顾式（2.12）的样本回归函数：

$$Y_i = \hat{\alpha} + \hat{\beta}X_i + e_i = \hat{Y}_i + e_i$$

如果以被解释变量平均值 $\bar{Y}$ 为基准，说明被解释变量观测值 Y_i 和估计值 $\hat{Y}_i$ 对 $\bar{Y}$ 的偏离程度，式（2.12）可用离差表示为

$$(Y_i - \bar{Y}) = (\hat{Y}_i - \bar{Y}) + e_i \tag{2.45}$$

式（2.45）中各变量的关系如图 2.11 所示。

将式（2.45）两边平方并对所有观测值加总，得

$$\sum(Y_i - \bar{Y})^2 = \sum(\hat{Y}_i - \bar{Y})^2 + \sum(Y_i - \hat{Y}_i)^2 \tag{2.46}$$

或

$$\sum y_i^2 = \sum \hat{y}_i^2 + \sum e_i^2 \tag{2.47}$$

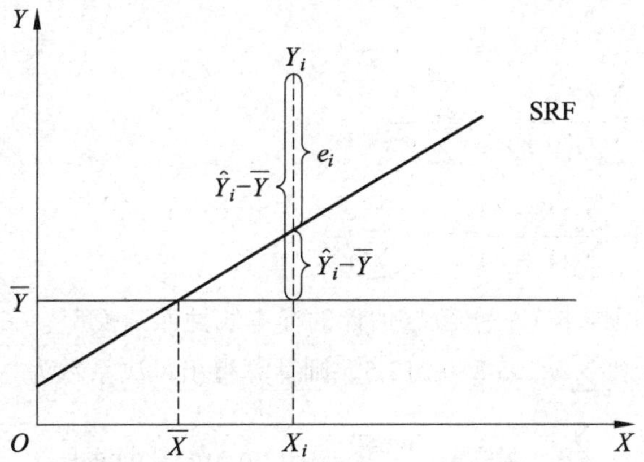

图 2.11　总变差的分解

关于式（2.46）或（2.47），有

（1）被解释变量 Y 的样本观测值与其平均值的离差平方和 $\sum(Y_i-\overline{Y})^2=\sum y_i^2$，称为总变差或总离差平方和，用 TSS 表示。

（2）被解释变量 Y 的样本估计值与其平均值的离差平方和 $\sum(\hat{Y}_i-\overline{Y})^2=\sum \hat{y}_i^2$，称为回归平方和，是由模型回归线作出解释的变差，用 ESS 表示。

（3）被解释变量观测值与估计值之差的平方和 $\sum(Y_i-\hat{Y}_i)^2=\sum e_i^2$，称为残差平方和，是回归线未作出解释的变差，用 RSS 表示。

这样，式（2.46）或（2.47）可表示为

$$\text{TSS}=\text{ESS}+\text{RSS} \tag{2.48}$$

二、可决系数

将式（2.46）两边同除以 TSS=$\sum(Y_i-\overline{Y})^2$，得

$$1=\frac{\sum(\hat{Y}_i-\overline{Y})^2}{\sum(Y_i-\overline{Y})^2}+\frac{\sum(Y_i-\hat{Y}_i)^2}{\sum(Y_i-\overline{Y})^2} \tag{2.49}$$

或

$$1=\frac{\sum \hat{y}_i^2}{\sum y_i^2}+\frac{\sum e_i^2}{\sum y_i^2} \tag{2.50}$$

式（2.49）或（2.50）中，$\sum(\hat{Y}_i-\overline{Y})^2\Big/\sum(Y_i-\overline{Y})^2=\sum\hat{y}_i^2\Big/\sum y_i^2$ 是由样本回归作出解释的离差平方和在总离差平方和中所占的比重；$\sum(Y_i-\hat{Y}_i)^2\Big/\sum(Y_i-\overline{Y})^2=\sum e_i^2\Big/\sum y_i^2$ 是由回归线没有作出解释的离差平方和在总离差平方和中所占的比重。

显然，如果样本回归线对样本观测值拟合程度越好，各样本观测点与回归线越靠近，由样本回归作出解释的离差平方和在总离差平方和中所占的比重也将越大，反之拟合程度越差，这部分所占比重就越小。因此，$\sum(\hat{Y}_i-\overline{Y})^2\Big/\sum(Y_i-\overline{Y})^2=\sum\hat{y}_i^2\Big/\sum y_i^2$ 可以作为综合度量回归模型对样本观测值拟合优度的指标，这一比例称为可决系数（或称判定系数），在简单线性回归

中一般用 r^2 表示，即

$$r^2 = \frac{\sum(\hat{Y}_i - \bar{Y})^2}{\sum(Y_i - \bar{Y})^2} = \frac{\sum \hat{y}_i^2}{\sum y_i^2} \tag{2.51}$$

或

$$r^2 = 1 - \frac{\sum(Y_i - \hat{Y}_i)^2}{\sum(Y_i - \bar{Y})^2} = 1 - \frac{\sum e_i^2}{\sum y_i^2} \tag{2.52}$$

例如，在例 2.2 中用样本（一）数据估计的样本线性回归模型，在表 2.4 的相关数据中已经计算出 $\sum e_i^2$ =76 650 和 $\sum y_i^2$ =5 870 212.5，则计算得出可决系数为

$$r^2 = 1 - \frac{\sum e_i^2}{\sum y_i^2} = 1 - \frac{76\ 650}{5\ 870\ 212.5} = 1 - 0.0131 = 0.9869$$

这说明，在样本（一）被解释变量（消费支出）观测值的总变差中，有 98.69%由所估计的样本回归模型做出了解释。

可决系数 r^2 具有如下特点：

（1）可决系数是非负的统计量；

（2）可决系数取值范围为 $0 \leqslant r^2 \leqslant 1$；

（3）可决系数是样本观测值的函数，可决系数 r^2 是随抽样而变动的随机变量。

三、可决系数与相关系数的关系

可决系数与相关系数既有联系又有区别。在一元线性回归中，可决系数 r^2 在数值上是简单线性相关系数 r 的平方，即 $r = \pm\sqrt{r^2}$ 。

由样本相关系数［见式（2.2）］

$$r_{XY} = \frac{\sum(X_i - \bar{X})(Y_i - \bar{Y})}{\sqrt{\sum(X_i - \bar{X})^2(Y_i - \bar{Y})^2}}$$

容易证明，可决系数 r^2 还可表示为

$$r^2 = \frac{[\sum(X_i - \bar{X})(Y_i - \bar{Y})]^2}{\sum(X_i - \bar{X})^2 \sum(Y_i - \bar{Y})^2} \tag{2.53}$$

虽然可决系数在数值上等于简单线性相关系数的平方，但是应注意二者在概念上是有明显区别的。首先，从意义上讲，可决系数 r^2 是就估计的回归模型而言，度量回归模型对样本观测值的拟合程度，也就是模型中解释变量对被解释变量变差的解释程度；相关系数是就两个变量而言，说明两个变量的线性依存程度。其次，可决系数度量的是解释变量与被解释变量不对称的因果关系，是在回归分析的基础上说明 X 对 Y 的变差的解释比例，并不说明 Y 对 X 的解释；而相关系数 r 度量的是 X 与 Y 对称的相关关系，不涉及 X 与 Y 具体的因果关系。而且，可决系数具有非负性，取值范围为 $0 \leqslant r^2 \leqslant 1$；而相关系数可正可负，取值范围为 $-1 \leqslant r \leqslant 1$。

从实际应用看，在计量经济学中研究回归模型的估计、检验和应用，可决系数比相关系数更有意义。

第四节　回归系数的区间估计和假设检验

一、OLS 估计的分布性质

用样本数据通过 OLS 法估计的参数 $\hat{\beta}_1$ 和 $\hat{\beta}_2$ 都是随抽样而变化的随机变量，由于存在抽样波动，用样本得出的估计值并不一定等于参数的真实值。为此，还需要通过估计的 $\hat{\beta}_1$ 和 $\hat{\beta}_2$ 对总体参数 β_1 和 β_2 的真实值作进一步的说明和推断，这要求首先明确 $\hat{\beta}_1$ 和 $\hat{\beta}_2$ 的具体分布性质。

前面已经指出，在古典假定条件下，假定随机扰动项 u_i 服从正态分布，Y_i 也服从正态分布。上一节又证明了 $\hat{\beta}_1$ 和 $\hat{\beta}_2$ 都是 Y_i 的线性函数，所以即使在小样本情况下，$\hat{\beta}_1$ 和 $\hat{\beta}_2$ 也服从正态分布。在大样本情况下，即使 Y_i 不服从正态分布，$\hat{\beta}_1$ 和 $\hat{\beta}_2$ 的分布也会趋于正态分布。前面还证明了 $\hat{\beta}_1$ 和 $\hat{\beta}_2$ 是无偏估计，并确定了其方差的计算公式，所以 $\hat{\beta}_1$ 和 $\hat{\beta}_2$ 的具体分布性质可以表示为

$$\hat{\beta}_1 \sim N\left(\beta_1, \sigma^2 \frac{\sum X_i^2}{n\sum x_i^2}\right) \tag{2.54}$$

$$\hat{\beta}_2 \sim N\left(\beta_2, \frac{\sigma^2}{\sum x_i^2}\right) \tag{2.55}$$

若将正态随机变量 $\hat{\beta}_1$ 和 $\hat{\beta}_2$ 作标准化变换：

$$z_1 = \frac{\hat{\beta}_1 - \beta_1}{SE(\hat{\beta}_1)} = \frac{\hat{\beta}_1 - \beta_1}{\sqrt{\sigma^2 \frac{\sum X_i^2}{n\sum x_i^2}}} \sim N(0,1) \tag{2.56}$$

$$z_2 = \frac{\hat{\beta}_2 - \beta_2}{SE(\hat{\beta}_2)} = \frac{\hat{\beta}_2 - \beta_2}{\sqrt{\sigma^2 / \sum x_i^2}} \sim N(0,1) \tag{2.57}$$

即经标准化变换的 z_1 和 z_2 均服从标准正态分布。

但是，$\hat{\beta}_1$ 和 $\hat{\beta}_2$ 的方差以及标准正态变量 z_1 和 z_2 的确定，都要涉及随机扰动项 u_i 的方差 σ^2，而总体随机扰动项 u_i 是随机变量，其方差是未知的，只能通过式（2.43）计算 σ^2 的无偏估计值 $\hat{\sigma}^2$。

在大样本情况下，用无偏估计 $\hat{\sigma}^2$ 代替 σ^2，可计算参数估计值的标准误差，这时用估计的标准误差作 $\hat{\beta}_1$ 和 $\hat{\beta}_2$ 的标准化变换得到的 z_1 和 z_2，仍可视为标准正态分布变量。

在小样本情况下，若用无偏估计 $\hat{\sigma}^2$ 代替 σ^2 去估计标准误差，可得 $\widehat{SE}(\hat{\beta}_1)$ 和 $\widehat{SE}(\hat{\beta})$，可以证明，用估计的标准误差作 $\hat{\beta}_1$ 和 $\hat{\beta}_2$ 的标准化变换，所得的 $(\hat{\beta}_1 - \beta_1)/\widehat{SE}(\hat{\beta}_1)$ 和 $(\hat{\beta}_2 - \beta_2)/\widehat{SE}(\hat{\beta}_1)$ 已不再服从正态分布，而是服从自由度为 $n-2$ 的 t 分布。设这时的变换值为 t，则

$$t=\frac{\hat{\beta}_1-\beta_1}{\widehat{SE}(\hat{\beta}_1)}=\frac{\hat{\beta}_1-\beta_1}{\sqrt{\hat{\sigma}^2\frac{\sum X_i^2}{n\sum x_i^2}}}\sim t(n-2) \tag{2.58}$$

$$t=\frac{\hat{\beta}_2-\beta_2}{\widehat{SE}(\hat{\beta}_2)}=\frac{\hat{\beta}_2-\beta_2}{\sqrt{\hat{\sigma}^2/\sum x_i^2}}\sim t(n-2) \tag{2.59}$$

二、回归系数的区间估计

用 OLS 法得到的参数估计值只是总体回归函数参数的点估计值，尽管在重复抽样中可以预期它的期望会等于参数的真实值，但还不能说明该参数点估计值的可靠性。虽然前面已经确定了参数估计值的标准误差 $SE(\hat{\beta}_1)$ 和 $SE(\hat{\beta}_2)$，但标准误差只是说明估计值与其均值的离散程度，还不能说明参数真实值的可能范围。参数估计值 $\hat{\beta}_2$ 可能比 β_2 小，也可能比 β_2 大，只是在 $\hat{\beta}_2$ 的一定区间范围内可能包含了 β_2。可以设法找到可能包含参数真实值 β_2 的一定范围，并确定这样的范围包含参数真实值的可靠程度，这就是参数的区间估计。

为了确定 $\hat{\beta}_2$ 对真实值 β_2 “靠近”的程度，可设法找出两个正数 δ 和 α（其中 $0<\alpha<1$），以使得 $(\hat{\beta}_2-\delta,\hat{\beta}_2+\delta)$ 这样的区间包含真实 β_2 的概率为 $1-\alpha$，即

$$P(\hat{\beta}_2-\delta\leqslant\beta_2\leqslant\hat{\beta}_2+\delta)=1-\alpha \tag{2.60}$$

这样的区间如果存在，称其为 β_2 的置信区间，其中 α 称为显著性水平，$1-\alpha$ 称为置信系数或置信概率，$\hat{\beta}_2-\delta$ 和 $\hat{\beta}_2+\delta$ 分别称为下置信限和上置信限。

式（2.60）是回归模型中斜率系数 β_2 的区间估计式，类似地，也可导出截距系数 β_1 的区间估计式。区间估计式的意义是在重复抽样之下，像这样的区间构造有很多次，平均来说，这样的区间将有 $(1-\alpha)\%$ 是包含参数真实值的。显然，构造参数的置信区间需要先确定参数估计式的抽样分布。前面对 u_i 的分布做了正态性假定，并据此确定了 Y_i，$\hat{\beta}_1$，$\hat{\beta}_2$ 和 $\hat{\sigma}^2$ 的分布，这就为构造置信区间创造了条件。

对回归系数的区间估计，可分为三种情况：

（1）当总体方差 σ^2 已知时，在 u_i 的正态性假定下，

$$z=\frac{\hat{\beta}_2-\beta_2}{SE(\hat{\beta}_2)}\sim N(0,1)$$

由于 σ^2 已知，$SE(\hat{\beta}_2)=\sigma\big/\sqrt{\sum x_i^2}$ 可以确定，取定显著性水平 α，可得 Z 的临界值，例如取 $\alpha=0.05$，即 $1-\alpha=0.95$，查正态分布表可知

$$P\left(-1.96<z=\frac{\hat{\beta}_2-\beta_2}{SE(\hat{\beta}_2)}<1.96\right)=0.95$$

$$P\left(\hat{\beta}_2-1.96SE(\hat{\beta}_2)<\beta_2<\hat{\beta}_2+1.96SE(\hat{\beta}_2)\right)=0.95$$

所以，回归系数 β_2 的 95%置信区间为 $(\hat{\beta}_2-1.96SE(\hat{\beta}_2),\hat{\beta}_2+1.96SE(\hat{\beta}_2))$。

（2）当总体方差 σ^2 未知且样本容量充分大时，可用无偏估计 $\hat{\sigma}^2=\sum e_i^2/(n-2)$ 代替 σ^2。此时由于样本容量充分大，仍可认为

$$z=\frac{\hat{\beta}_2-\beta_2}{\hat{\sigma}\Big/\sqrt{\sum x_i^2}}\sim N(0,1) \tag{2.61}$$

同样可以利用正态分布确定 β_2 的置信区间。

（3）当总体方差 σ^2 未知且样本容量较小时，可用无偏估计 $\hat{\sigma}^2=\sum e_i^2/(n-2)$ 代替 σ^2，此时

$$t=\frac{\hat{\beta}_2-\beta_2}{\widehat{SE}(\hat{\beta}_2)}\sim t(n-2)$$

这里，统计量 t 不再服从正态分布，而是服从自由度为 $n-2$ 的 t 分布，可利用 t 分布建立置信区间。

如果选取置信度为 $1-\alpha$，查 t 分布表得显著性水平为 $\alpha/2$，自由度为 $n-2$ 的临界值 $t_{\alpha/2}$，可建立置信区间

$$P\left(-t_{\alpha/2}\leqslant t=\frac{\hat{\beta}_2-\beta_2}{\widehat{SE}(\hat{\beta}_2)}\leqslant t_{\alpha/2}\right)=1-\alpha \tag{2.62}$$

即
$$P(\hat{\beta}_2-t_{\alpha/2}\widehat{SE}(\hat{\beta}_2)\leqslant\beta_2\leqslant\hat{\beta}_2+t_{\alpha/2}\widehat{SE}(\hat{\beta}_2))=1-\alpha \tag{2.63}$$

同理，β_1 的置信区间也可按以上三种情况采用类似的方法导出。

例如，例 2.2 中运用表 2.2 数据已估计出参数为 $\hat{\beta}_1=352$，$\hat{\beta}_2=0.53$。由于总体方差 σ^2 未知，且样本容量（为 10）较小，可用估计的 $\hat{\sigma}^2=9581.25$ 代替 σ^2，表 2.4 中已计算出 $\sum x_i^2=20\,625\,000$，则

$$\widehat{SE}(\hat{\beta}_2)=\sqrt{\hat{\sigma}^2\Big/\sum x_i^2}=\sqrt{9581.25/20\,625\,000}=0.021\,55$$

以对参数 β_2 的区间估计为例，可取 $\alpha=0.05$，查 t 分布表得自由度为 $n-2$ 的临界值 $t_{\alpha/2}=t_{0.025}=2.306$，将有关数据代入式（2.53），即可得到 β_2 的置信度为 95%的置信区间：

$$\begin{aligned}&P(\hat{\beta}_2-t_{\alpha/2}\widehat{SE}(\hat{\beta}_2)\leqslant\beta_2\leqslant\hat{\beta}_2+t_{\alpha/2}\widehat{SE}(\hat{\beta}_2))\\&=P(0.53-2.306\times0.021\,55\leqslant\beta_2\leqslant0.53+2.306\times0.021\,55)\\&=P(0.4803\leqslant\beta_2\leqslant0.5797)\\&=95\%\end{aligned}$$

需强调的是，由于 $\hat{\beta}_2$ 是随机变量，式（2.63）所示的区间是随机区间，只是说明在重复抽样中，在 $1-\alpha$ 的概率基础上，像这样的区间构造有许多次，从长远看，这些区间中平均将有 95%包含着 β_2 的真实值。

三、回归系数的假设检验

前面已经指出，简单线性回归模型的系数 β_1，β_2 和方差 σ^2 都不能直接观测或准确计算，只能通过样本观测值去估计，所得到的样本回归系数的估计量是随抽样而变动的随机变量。那么，像这样估计得到的回归系数和方差是否可靠？是否仅仅为抽样的偶然结果？这些还需要进行统计推断检验。

参数的区间估计与假设检验既有联系又有区别。参数的区间估计主要回答什么样的区间包含总体参数真实值的可靠程度问题；而假设检验是要根据已知的样本观测值，判断它是否与对总体参数所做的某一个假设相一致。

回归系数假设检验的基本思想是，在所估计样本回归系数概率分布性质已确定的基础上，在总体回归系数某种原假设成立的条件下，利用适当的有明确概率分布的统计量以及给定的显著性水平 α，构造一个小概率事件，判断原假设结果合理与否，是基于“小概率事件不易发生”的原理，可以认为小概率事件在一次观察中基本不会发生，如果该小概率事件竟然发生了，就认为原假设不真，从而拒绝原假设，不拒绝备择假设。

对总体参数的假设检验可能有不同的要求，可以检验总体参数是否等于、大于或小于某特定的数值，这时原假设分别为 $H_0:\beta_2=\beta_2^*$，$H_0:\beta_2\geqslant\beta_2^*$，$H_0:\beta_2\leqslant\beta_2^*$，也可以检验总体参数是否等于零。而且，原假设和备择假设的设定方式不同，判断是否拒绝区域的方式也不同，例如，设定 $H_0:\beta_2=\beta_2^*$，$H_1:\beta_2\neq\beta_2^*$，进行的是双侧检验；而设定 $H_0:\beta_2\geqslant\beta_2^*$ 或 $H_1:\beta_2<\beta_2^*$，进行的是单侧检验。针对不同的要求和条件，对总体参数的假设检验可分为以下几种情况。

1. Z 检验

当 σ^2 已知或样本容量充分大时，按式（2.57）根据样本计算，有

$$z^*=\frac{\hat{\beta}_2-\beta_2}{SE(\hat{\beta}_2)}\sim N(0,1) \tag{2.64}$$

针对原假设 $H_0:\beta_2=\beta_2^*$，备择假设 $H_1:\beta_2\neq\beta_2^*$，可利用服从正态分布的 z^* 统计量作假设检验。给定显著性水平 α（例如 $\alpha=0.05$），由正态分布表查出 Z 的临界值，例如取值为 1.96。将根据样本计算得到的 z^* 与 Z 的临界值作比较，如果 $-1.96\leqslant z^*\leqslant 1.96$，不拒绝原假设 $H_0:\beta_2=\beta_2^*$；如果 $z^*<-1.96$ 或 $z^*>1.96$，则拒绝 $H_0:\beta_2=\beta_2^*$，而不拒绝 $H_1:\beta_2\neq\beta_2^*$，即认为 β_2 显著不等于 β_2^*。这种利用正态分布进行的显著性检验，称为 Z 检验。

2. t 检验

当 σ^2 未知且样本容量较小时，只能用无偏估计 $\hat{\sigma}^2=\sum e_i^2/(n-2)$ 代替 σ^2，由式（2.51），有

$$t^*=\frac{\hat{\beta}_2-\beta_2}{\widehat{SE}(\hat{\beta}_2)}\sim t(n-2) \tag{2.65}$$

针对原假设 $H_0:\beta_2=\beta_2^*$，备择假设 $H_1:\beta_2\neq\beta_2^*$，给定显著性水平 α，由 t 分布表可查出自由度为 n−2、对应概率为 $\alpha/2$ 的临界值 $t_{\alpha/2}(n-2)$。将根据样本计算得到的 t^* 统计量与 t 的临界值 $t_{\alpha/2}(n-2)$ 作比较，如果 $-t_{\alpha/2}\leqslant t^*\leqslant t_{\alpha/2}$，不拒绝 $H_0:\beta_2=\beta_2^*$；如果 $t^*<-t_{\alpha/2}$ 或 $t^*>t_{\alpha/2}$，则拒绝

$H_0: \beta_2 = \beta_2^*$，而不拒绝 $H_1: \beta_2 \neq \beta_2^*$，也就是认为 β_2 显著不等于 β_2^*。这种利用 t 分布进行的显著性检验，称为 t 检验。

为了检验所建立的回归模型中解释变量对被解释变量是否有显著影响，在计量经济学中经常把回归系数 $\beta_2 = 0$ 作为原假设。当原假设为 $H_0: \beta_2 = 0$，备择假设为 $H_1: \beta_2 \neq 0$ 时，有

$$t^* = \frac{\hat{\beta}_2 - \beta_2}{\widehat{SE}(\hat{\beta}_2)} = \frac{\hat{\beta}_2}{\widehat{SE}\hat{\beta}_2)} \sim t(n-2) \tag{2.66}$$

给定显著性水平 α，由 t 分布表可查出自由度为 n−2、对应概率为 $\alpha/2$ 的临界值 $t_{\alpha/2}(n-2)$。如果 $-t_{\alpha/2} \leqslant t^* \leqslant t_{\alpha/2}$，不拒绝 $H_0: \beta_2 = 0$，即认为对应的解释变量对被解释变量没有显著影响；反之，如果 $t^* < -t_{\alpha/2}$ 或 $t^* > t_{\alpha/2}$，则拒绝 $H_0: \beta_2 = 0$，而不拒绝 $H_1: \beta_2 \neq 0$，即认为对应的解释变量对被解释变量有显著影响。

对回归系数的假设检验是在给定的显著性水平下作出的，因此当给定的显著性水平不同时，假设检验所得出的结论很可能不同，甚至相反。例如，对于 $H_0: \beta_2 = 0$，在 n=20，由样本值计算的 t 统计量为 2.5000 时，若显著性水平取 0.05，临界值为 $t_{\alpha/2}(n-2) = t_{0.025}(18) = 2.1009$，应当拒绝 $H_0: \beta_2 = 0$；若显著性水平取 0.01，临界值为 $t_{\alpha/2}(n-2) = t_{0.005}(18) = 2.8784$，则应当不拒绝 $H_0: \beta_2 = 0$。由此可以看出，在原假设既定，t 统计量已确定的情况下，参数假设检验的结论与显著性水平息息相关，那么就可以从显著性水平出发去判断检验结果。在既定原假设下计算出回归系数的 t 统计量 t^* 以后，由 t 分布的性质可求得统计量大于 t^* 的概率：

$$P(t \geqslant t^* | H_0) = \alpha^* \tag{2.67}$$

这里，α^* 是 t 统计量大于 t^* 值的概率，也就是尚不能拒绝原假设 $H_0: \beta_2 = 0$ 的最大显著性水平，称为所估计的回归系数的 P 值。显然，所取的显著性水平 α（例如取 0.05）只要比 P 值 α^* 更大，就可在显著性水平 α 下拒绝 $H_0: \beta_2 = 0$；反之，所取的显著性水平 α 小于 P 值 α^*，则应在显著性水平 α 下不拒绝 $H_0: \beta_2 = 0$。这就是回归系数显著性的 P 值检验方法。在 Eviews 及各种回归分析的软件中，在给出回归分析的结果时，通常会同时给出原假设 $H_0: \beta_2 = 0$ 下所估计参数的 P 值，这给判断参数显著性检验的结论带来很大方便。

例如，例 2.2 中已估计出 $\hat{\beta}_2 = 0.53$，为了进一步检验家庭可支配收入是否对消费支出有显著影响，针对原假设 $H_0: \beta_2 = 0$，备择假设 $H_1: \beta_2 \neq 0$，可以计算 t 统计量：

$$t^* = \frac{\hat{\beta}_2}{\widehat{SE}(\hat{\beta}_2)} = \frac{0.53}{0.021\,55} = 25.5220$$

如果给定显著性水平 $\alpha = 0.05$，由 t 分布表可查出自由度为 n−2=8 的临界值 $t_{0.025}(8) = 2.306$。因为 $t^* = 25.5220 > t_{\alpha/2} = 2.306$，所以拒绝 $H_0: \beta_2 = 0$，而不拒绝 $H_1: \beta_2 \neq 0$，即认为解释变量可支配收入对被解释变量消费支出确实有显著影响。

在回归分析的计算机软件（例如 Stata）中，在给出回归系数的估计结果的同时，通常也给出了对应解释变量回归参数估计的 P 值，例如在本例中与 $\hat{\beta}_2 = 0.53$ 对应的 P 值为 0.0000，远小于给定的 $\alpha = 0.05$，通过 P 值也可以判定应当拒绝 $H_0: \beta_2 = 0$ 的假设。

第五节　回归模型预测

一、回归分析结果的报告

回归模型经过估计检验以后，得到一系列数据，在计量经济分析中还会得出更多的说明模型特性的有意义的数据。为了更清晰、更简明地表现这些数据，通常将这些数据加以整理，并用一定规范的格式去报告回归分析的结果。

例如，对于例 2.2，用 OLS 法进行回归分析，得到以下数据：

$\hat{\beta}_1 = 352$，$\widehat{SE}(\hat{\beta}_1) = 76.5826$，$\hat{\beta}_2 = 0.53$，$\widehat{SE}(\hat{\beta}_1) = 0.0216$，$r^2 = 0.9869$，$df$=8

在 $H_0: \beta_1 = 0$ 的假设下，t 统计量为 4.5963；在 $H_0: \beta_2 = 0$ 的假设下，t 统计量为 24.5902。

在计量经济研究中，通常按以下规范格式表述以上各项数据：

$$\begin{aligned} &\hat{Y}_i = 352 + 0.5300X_i \\ &(76.5826)\ (0.0216) \\ &t = (4.5963)\ (24.5902) \\ &r^2 = 0.9869 \quad df=8 \end{aligned} \tag{2.68}$$

其中，列在回归方程下方第一排圆括号内的数据是对应参数估计值的标准误差；第二排圆括号内的数据分别是对应参数等于零的原假设下，所计算的 t 统计量（有时也可不列出标准误差，而只列出 t 统计量）。

按这种规范格式报告回归分析计算的结果，既比较规范简洁，便于交流，又可以较方便地看出所估计回归模型的特性，如回归系数是否显著。因此，这种表现方式已被广泛采用。

二、被解释变量平均值预测

回归分析的目的之一是对被解释变量作合理的预测。所谓预测，是指由已知的或预先测定的解释变量，去预测被解释变量在所观测的样本数据以外的数值。预测可以是对被解释变量未来时期的动态预测，也可以是对被解释变量在不同空间状况的空间预测。如果所建立的回归方程通过了各项统计检验，并且在经济上是有实际意义的，所估计出参数的回归模型就可以用于对被解释变量的预测。预测的基本方法是将解释变量预测期的数值 X_f 代入估计的模型，对被解释变量的预测期或样本以外的数值 $\hat{Y}_f$ 作出定量的估计。

利用计量经济模型对被解释变量所做的预测，是在一定前提条件下进行的条件预测。首先要对模型在预测期的适应性作出判断，要在经济理论分析和研究的基础上，判定所研究的经济总体的经济结构在样本期和预测期并无明显变化。具体来说，这种预测是假定模型所设定的 Y 与 X 的关系式保持不变条件下的预测。此外，这种预测是用样本所估计的参数在预测期保持不变条件下的预测。当然，这种预测还必须是对解释变量在预测期的取值已经确定或已作出预测的条件下的预测。

对被解释变量的预测可分为对被解释变量 Y 的平均值预测和个别值预测。对 Y 的平均值预测又分为对平均值的点预测和区间预测。这几种预测的关系如图 2.12 所示。

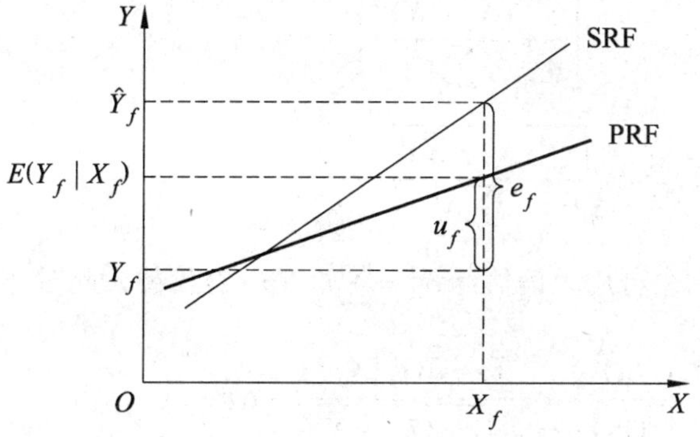

图 2.12　平均值预测与个别值预测的关系

对被解释变量预测的基本依据，是用样本估计的回归方程 $\hat{Y}_f=\hat{\beta}_1+\hat{\beta}_2X_f$，由于存在抽样波动，估计的参数与总体真实参数有误差，因此用样本回归函数预测的被解释变量平均值 $\hat{Y}_f$ 与预测期总体的真实平均值 $E(Y_f|X_f)$ 也会有误差。此外，由于存在随机扰动，被解释变量在预测期的个别值 Y_f 与平均值 $E(Y_f|X_f)$ 也会有误差。因此，对 Y 的平均值预测和个别值预测要分别进行讨论。

（一）对 Y 平均值的点预测

把解释变量的预测值 X_f 直接代入所估计的样本回归函数，可以计算出被解释变量平均值的预测值：

$$\hat{Y}_f=\hat{\beta}_1+\hat{\beta}_2X_f \tag{2.69}$$

例如，对于例 2.2，若要预测当家庭可支配收入达到 6000 元时消费支出的平均水平，可将 $X_f=6000$ 代入经过估计和检验的回归模型，得

$$\hat{Y}_f=352+0.53\times 6000=3632\text{（元）}$$

由样本回归函数的意义不难理解，用式（2.69）计算的 $\hat{Y}_f$ 只是对 Y_f 的平均值所做的点估计。$\hat{Y}_f$ 是由样本回归方程计算的，因为 $\hat{\beta}_1$ 和 $\hat{\beta}_2$ 是随样本而变化的随机变量，$\hat{Y}_f$ 也是一个随机变量。点预测值 $\hat{Y}_f$ 不一定等于被解释变量预测期的真实平均值 $E(Y_f|X_f)$，还需要对 $E(Y_f|X_f)$ 可能的置信区间作出预测，也就是说要对 $E(Y_f|X_f)$ 进行区间预测。

（二）对 Y 平均值的区间预测

为了由预测值 $\hat{Y}_f$ 对真实平均值 $E(Y_f|X_f)$ 作出区间预测，应考虑预测值 $\hat{Y}_f$ 的抽样分布，并寻找与 $\hat{Y}_f$ 和 $E(Y_f|X_f)$ 都有关的统计量。

由前面的分析可知

$$E(\hat{Y}_f)=E(Y_f|X_f)=\beta_1+\beta_2X_f \tag{2.70}$$

还可以证明[①]

$$Var(\hat{Y}_f)=\sigma^2\left[\frac{1}{n}+\frac{(X_f-\bar{X})^2}{\sum x_i^2}\right] \tag{2.71}$$

$$SE(\hat{Y}_f)=\sigma\sqrt{\frac{1}{n}+\frac{(X_f-\bar{X})^2}{\sum x_i^2}} \tag{2.72}$$

一般情况下 σ^2 未知，可用无偏估计 $\hat{\sigma}^2=\sum e_i^2/(n-2)$ 代替，此时

$$t=\frac{\hat{Y}_f-E(\hat{Y}_f)}{\widehat{SE}(\hat{Y}_f)}=\frac{\hat{Y}_f-E(Y_f|X_f)}{\hat{\sigma}\sqrt{\frac{1}{n}+\frac{(X_f-\bar{X})^2}{\sum x_i^2}}}\sim t(n-2) \tag{2.73}$$

显然，这里的 t 统计量与 $\hat{Y}_f$ 和 $E(Y_f|X_f)$ 都有关，且服从自由度为 $n-2$ 的 t 分布。给定显著性水平 α，查 t 分布表可得临界值 $t_{\alpha/2}(n-2)$，因此

$$P(\hat{Y}_f-t_{\alpha/2}\widehat{SE}(\hat{Y}_f)\leqslant E(Y_f|X_f)\leqslant(\hat{Y}_f+t_{\alpha/2}\widehat{SE}(\hat{Y}_f))=1-\alpha \tag{2.74}$$

即预测期平均值 $E(Y_f|X_f)$ 的置信度为 $1-\alpha$ 的预测区间为

$$\left(\hat{Y}_f-t_{\alpha/2}\hat{\sigma}\sqrt{\frac{1}{n}+\frac{(X_f-\bar{X})^2}{\sum x_i^2}},\ \hat{Y}_f+t_{\alpha/2}\hat{\sigma}\sqrt{\frac{1}{n}+\frac{(X_f-\bar{X})^2}{\sum x_i^2}}\right) \tag{2.75}$$

例如，对于例 2.2，要对当可支配收入 $X_f=6000$ 元时平均消费支出点预测值 $\hat{Y}_f=3632$ 元的基础上，进一步对家庭平均消费支出作区间预测。给定显著性水平 α =0.05，查 t 分布表可得临界值 $t_{\alpha/2}(n-2)=t_{0.025}(10-2)=2.306$。前面利用式（2.43）已经计算出 $\hat{\sigma}=97.8839$，在表 2.4 中已由样本数据计算出 $\sum x_i^2=20\,625\,000$，$\bar{X}=3250$。由式（2.75）可计算出消费支出平均值 $E(Y_f|X_f)$ 预测区间的上下限：

$$\begin{aligned}E(Y_f|X_f)&=\hat{Y}_f\mp t_{\alpha/2}\ \hat{\sigma}\sqrt{\frac{1}{n}+\frac{(X_f-\bar{X})^2}{\sum x_i^2}}\\&=3632\mp2.306\times97.8839\times\sqrt{\frac{1}{10}+\frac{(6000-3250)^2}{20\,625\,000}}\\&=3632\mp154.19\ (\text{元})\end{aligned}$$

即当家庭每月可支配收入达到 6000 元时，每月消费支出平均水平置信度为 95%的区间预测值为（3477.81，3786.19）元。

（三）对 Y 个别值的预测

对应于给定的预测期解释变量的数值 X_f，要在平均值预测的基础上，进一步确定 Y/Y_f 个

①此式证明过程较繁琐，证明从略。

别值的预测区间，必须明确与预测值 $\hat{Y}_f$ 和个别值 Y_f 都有关的统计量的概率分布。

由前面的分析可知，与预测期解释变量对应的残差项 $e_f = Y_f - \hat{Y}_f$，是与 $\hat{Y}_f$ 和 Y_f 都有关的随机变量，而且在 u_i 正态性假定下，e_f 也服从正态分布，在简单线性回归时可证明①

$$E(e_f) = E(Y_f - \hat{Y}_f) = 0 \tag{2.76}$$

$$Var(e_f) = E(Y_f - \hat{Y}_f)^2 = \sigma^2\left[1 + \frac{1}{n} + \frac{(X_f - \bar{X})^2}{\sum x_i^2}\right] \tag{2.77}$$

$$SE(e_f) = \sigma\sqrt{1 + \frac{1}{n} + \frac{(X_f - \bar{X})^2}{\sum x_i^2}} \tag{2.78}$$

当 σ^2 未知，用 $\hat{\sigma}^2 = \sum e_i^2 / (n-2)$ 代替时，可以证明对 e_f 标准化的变量服从自由度 $n-2$ 的 t 分布，即

$$t = \frac{e_f - E(e_f)}{\widehat{SE}(e_f)} = \frac{Y_f - \hat{Y}_f}{\widehat{SE}(e_f)} \sim t(n-2) \tag{2.79}$$

这里的 t 统计量可用于关于个别值 Y_f 的区间预测。给定显著性水平 α，查 t 分布表得自由度为 $n-2$ 的临界值 $t_{\alpha/2}(n-2)$，则有

$$P(\hat{Y}_f - t_{\alpha/2}\widehat{SE}(e_f) \leqslant Y_f \leqslant \hat{Y}_f + t_{\alpha/2}\widehat{SE}(e_f)) = 1-\alpha \tag{2.80}$$

因此，简单线性回归时 Y 的真实值 Y_f 的置信度为 $1-\alpha$ 的预测区间为

$$\left(\hat{Y}_f - t_{\alpha/2}\hat{\sigma}\sqrt{1 + \frac{1}{n} + \frac{(X_f - \bar{X})^2}{\sum x_i^2}},\ \hat{Y}_f + t_{\alpha/2}\,\hat{\sigma}\sqrt{1 + \frac{1}{n} + \frac{(X_f - X)^2}{\sum x_i^2}}\right) \tag{2.81}$$

例如，对于例 2.2，要在当可支配收入 $X_f = 6000$ 元时平均消费支出点预测值 $\hat{Y}_f = 3632$ 元的基础上，进一步对家庭消费支出个别值作出区间预测。给定显著性水平 α =0.05，由式（2.81）可计算出消费支出个别值 Y_f 预测区间的上下限：

$$\hat{Y}_f \mp t_{\alpha/2}\ \hat{\sigma}\sqrt{1 + \frac{1}{n} + \frac{(X_f - \bar{X})^2}{\sum x_i^2}}$$

$$= 3632 \mp 2.306 \times 97.8839 \times \sqrt{1 + \frac{1}{10} + \frac{(6000-3250)^2}{20625000}}$$

$$= 3632 \mp 273.36 \text{（元）}$$

即当家庭每月可支配收入达到 6000 元时，每月消费支出个别值置信度为 95%的区间预测值为（3358.64，3905.36）元。

从对被解释变量的平均值预测和个别值预测，可以看出有以下特点：

---

① 证明过程较繁琐，证明从略。

（1）由于抽样误差的存在，用样本估计的 $\hat{\beta}_1$ 和 $\hat{\beta}_1$ 去预测的被解释变量平均值 $\hat{Y}_f$ 与总体真实平均值 $E(Y_f|X_f)$ 存在误差，这主要决定于抽样波动。而用 $\hat{Y}_f$ 对个别值 Y_f 的预测，不仅存在由抽样波动引起的误差，而且要受随机扰动项 u_i 的影响。对比式（2.71）和（2.77）可以看出，由 $\hat{Y}_f$ 对个别值预测的方差要大于 $\hat{Y}_f$ 对平均值预测的方差。从图 2.13 也可以看出，对个别值的预测区间要比对平均值的预测区间更宽。

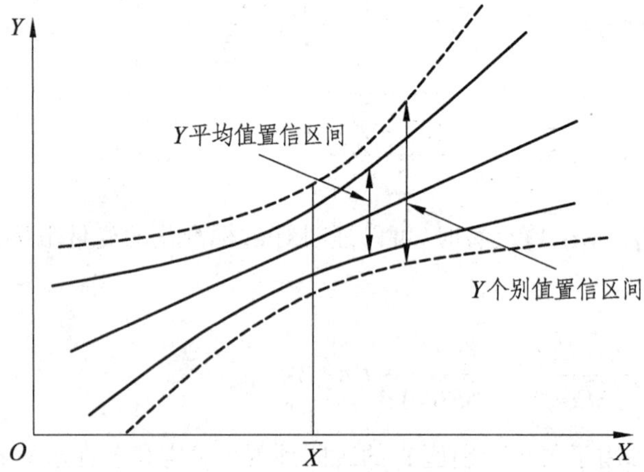

图 2.13　平均值和个别值的预测区间

（2）对 Y_f 平均值预测区间和对 Y_f 个别值预测区间都不是常数，而是随解释变量预测值 X_f 的变化而变化的。当 $X_f=\bar{X}$ 时，$(X_f-\bar{X})^2=0$，预测区间最窄，且 X_f 越远离 $\bar{X}$，$(X_f-\bar{X})^2$ 越大，预测区间也越宽（见图 2.13）。所以用回归模型作预测时，X_f 的取值不宜偏离 $\bar{X}$ 过远，否则预测的精度会大大降低。

（3）预测区间与样本容量 n 有关。由式（2.75）和式（2.81）可看出，样本容量越大，不仅 n 越大，而且 $\sum x_i^2$ 越大，预测误差的方差将越小，预测区间也将越窄。为此，随着样本容量的增加，预测的精度会提高，如果样本容量过小，预测的精度则较差。当样本容量趋于无穷大（即 $n\to\infty$）时，抽样误差趋于 0，此时对平均值的预测误差也趋于 0，而对个别值的预测误差则只决定于随机扰动 u_i 的方差 σ^2。

第六节　案例分析

一、研究的目的

居民消费在社会经济的持续发展中起到重要的作用。居民合理的消费模式和居民适度的消费规模有利于经济持续健康增长，这也是人民生活水平的具体体现。改革开放以来，随着中国经济的快速发展，人民生活水平不断提高，居民的消费水平也不断增长。但是在看到这一整体趋势的同时，还应看到全国各地区经济发展速度不同，居民消费水平也有明显差异。例如，2021 年全国城市居民家庭平均每人每年消费支出为 30 307.2 元，山西省最低，仅为

21 965.5 元，上海市最高，达 51 294.6 元，上海市是黑龙江省的 2.335 倍。为了研究全国居民消费水平及其变动的原因，需要作具体分析。各地区居民消费支出有明显差异的影响因素有很多，例如居民的收入水平、就业状况、零售物价指数、利率、居民财产、购物环境等，都可能对居民消费产生影响。为了分析出影响各地区居民消费支出的最主要因素，并分析影响因素与消费水平的数量关系，可以建立相应的计量经济模型加以研究。

二、模型设定

本案例研究的对象是各地区居民消费的差异。居民消费可分为城市居民消费和农村居民消费。由于各地区的城市与农村人口比例及经济结构有较大差异，最具有直接对比可比性的是城市居民消费。而且，由于各地区人口和经济总量不同，只能用“城市居民每人每年的平均消费支出”来比较，而这正是可从统计年鉴中获得数据的变量。所以模型的被解释变量 Y 选定为“城市居民每人每年的平均消费支出”。

因为研究的目的是各地区城市居民消费的差异，并不是城市居民消费在不同时间的变动，所以应选择同一时期各地区城市居民的消费支出来建立模型。因此，建立的是 2021 年截面数据模型。

各地区城市居民人均消费支出有明显差异的影响因素有多种，但从理论和经验分析，最主要的影响因素是居民收入，其他因素虽然对居民消费也有影响，但有的不易取得数据，如“居民财产”和“购物环境”；有的可能与居民收入高度相关，如“就业状况”“居民财产”；还有的因素在运用截面数据时在地区间的差异并不大，如“零售物价指数”“利率”。因此这些其他因素可以不列入模型，即便它们对居民消费有某些影响，可将其归入随机扰动项。对应“城市居民人均消费支出”，选择在统计年鉴中可以获得的“城市居民人均年可支配收入”作为解释变量 X。

从《中国统计年鉴 2021》中得到表 2.5 的数据。

表 2.5　2021 年中国各地区城市居民人均年消费支出和可支配收入

地区	城市居民家庭平均每人每年消费支出 Y/元	城市居民人均年可支配收入 X/元
北京	46 775.7	81 517.5
天津	36 066.9	51 485.7
河北	24 192.4	39 791.0
山西	21 965.5	37 433.1
内蒙古	27 194.2	44 376.9
辽宁	28 438.4	43 050.8
吉林	24 420.9	35 645.8
黑龙江	24 422.1	33 646.1
上海	51 294.6	82 428.9
江苏	36 558.0	57 743.5
浙江	42 193.5	68 486.8
安徽	26 495.1	43 008.7

续表

地区	城市居民家庭平均每人每年消费支出 *Y*/元	城市居民人均年可支配收入 *X*/元
福建	33 942.0	51 140.5
江西	24 586.5	41 684.4
山东	29 314.3	47 066.4
河南	23 177.5	37 094.8
湖北	28 505.6	40 277.8
湖南	28 293.8	44 866.1
广东	36 621.1	54 853.6
广西	22 555.3	38 529.9
海南	27 564.8	40 213.2
重庆	29 849.6	43 502.5
四川	26 970.8	41 443.8
贵州	25 333.0	39 211.2
云南	27 440.7	40 904.9
西藏	28 159.2	46 503.3
陕西	24 783.7	40 713.1
甘肃	25 756.6	36 187.3
青海	24 512.5	37 745.3
宁夏	25 385.6	38 290.7
新疆	25 724.0	37 642.4

注：未包括香港特别行政区、澳门特别行政区和台湾地区数据。其他全国性统计数据同理。

作城市居民家庭平均每人每年消费支出（*Y*）与城市居民人均年可支配收入（*X*）的散点图，如图 2.14 所示。

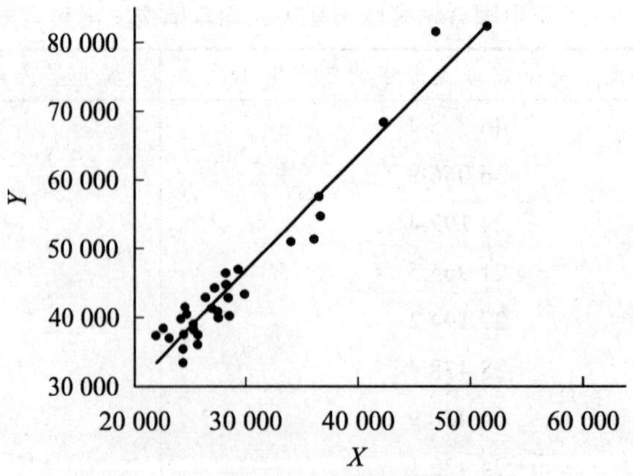

图 2.14　散点图

【Stata 实现】

```
. import excel "tabel.xlsx", sheet("sheet1") firstrow clear    //firstrow 第一行作为变量名
. twoway scatter Y X || lfit Y X
```

从图 2.14 可以看出，居民家庭平均每人每年消费支出（Y）和城市居民人均年可支配收入（X）大致呈线性关系，所以建立的计量经济模型为如下线性模型：

$$Y_i = \beta_1 + \beta_2 X_i + u_i$$

三、估计参数

假定所建模型及随机扰动项 u_i 满足古典假定，可以用 OLS 法估计其参数。运用计算机软件 Stata 作计量经济分析十分方便。

利用 Stata 作简单线性回归分析的步骤如下：

1. 输入数据

首先，打开 Stata 软件后，点击快捷键 Data Editor (Edit) 图标，即可打开类似 Excel 样式表格，作为 Stata 的数据编辑器。

其次，用 Excel 打开表 2.5 中数据，共两列数据，复制并粘贴到 Data Editor 中。关闭 Data Editor 后，即会看到右上方的变量窗口出现两个变量 Y 和 X，点击快捷键 Save 图标，将数据存储为 Stata 格式的数据文件（扩展名为 dta），即可直接打开数据而无须从 Excel 中再次导入。

2. 估计参数

【Stata 实现】

.reg y x

回归结果如图 2.15 所示。

```
      Source |       SS           df       MS      Number of obs   =        31
-------------+----------------------------------   F(1, 29)        =    486.49
       Model |  1.4058e+09         1  1.4058e+09   Prob > F        =    0.0000
    Residual |  83800835.6        29  2889683.99   R-squared       =    0.9437
-------------+----------------------------------   Adj R-squared   =    0.9418
       Total |  1.4896e+09        30  49653320.6   Root MSE        =    1699.9

------------------------------------------------------------------------------
           X | Coefficient  Std. err.      t    P>|t|     [95% conf. interval]
-------------+----------------------------------------------------------------
           Y |    .565275   .0256285    22.06   0.000     .5128588    .6176912
       _cons |    3477.09   1210.192     2.87   0.008      1001.97     5952.21
------------------------------------------------------------------------------
```

图 2.15　回归结果

在本例中，参数估计的回归结果为

$$Y_i = 3477.091 + 0.565\,275X_i$$

$$(1210.192)\ (0.025\,628\,5)$$

$$t = (2.87)\ (22.06)$$

$$r^2 = 0.9437 \quad F = 486.49$$

得到线性回归图，如图 2.16 所示。

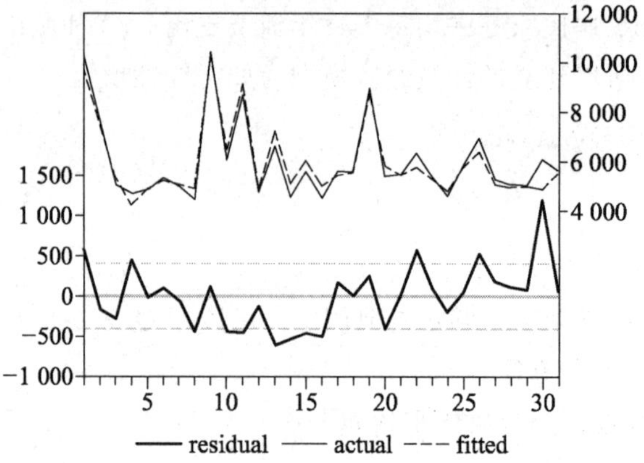

图 2.16　线性回归图

四、模型检验

1. 经济意义检验

所估计的参数 $\hat{\beta}_2 = 0.565\,275$，说明城市居民人均年可支配收入每增加（或减少）1 元，可导致居民消费支出增加（或减少）0.565 275 元。这与经济学中边际消费倾向的意义相符。

2. 拟合优度和统计检验

用 Stata 得出回归模型参数估计结果的同时，也给出了用于模型检验的相关数据。

拟合优度的度量：由图 2.15 可以看出，本例中可决系数为 0.9437，说明所建模型整体上对样本数据拟合较好，即解释变量“城市居民人均年可支配收入”对被解释变量“城市居民平均每人每年消费支出”的绝大部分差异做了解释。

对回归系数的 t 检验：针对 $H_0:\beta_1 = 0$ 和 $H_0:\beta_2 = 0$，由表 2.6 还可以看出，估计的回归系数 $\hat{\beta}_1$ 的标准误差和 t 值分别为 $SE(\hat{\beta}_1) = 1210.192$，$t(\hat{\beta}_1) = 2.87$；$\hat{\beta}_2$ 的标准误差和 t 值分别为 $SE(\hat{\beta}_2) = 0.025\,628\,5$，$t(\hat{\beta}_2) = 22.06$。取 $\alpha = 0.05$，查 t 分布表得自由度为 $n-2 = 31-2 = 29$ 的临界值 $t_{0.025}(29) = 2.045$。因为 $t(\hat{\beta}_1) = 2.87 > t_{0.025}(29) = 2.045$，所以应拒绝 $H_0:\beta_1 = 0$；因为 $t(\hat{\beta}_2) = 22.06 > t_{0.025}(29) = 2.045$，所以应拒绝 $H_0:\beta_2 = 0$。这表明，城市居民人均年可支配收入对城市居民人均年消费支出有显著影响。

五、回归预测

由表 2.5 可看出，2021 年中国西部地区城市居民人均年可支配收入除西藏外均在 45 000 元以下，其对应人均消费支出也均在 30 000 元以下。在西部大开发的推动下，如果西部地区的城市居民人均年可支配收入第一步争取达到 50 000 元，第二步再争取达到 60 000 元，利用所估计的模型可预测这时城市居民可能达到的人均年消费支出水平分别为 31 740.841 元、37 393.591 元。可以注意到，这里的预测是利用截面数据模型对被解释变量在不同空间状况的空间预测。

对数据作描述性统计：

【Stata 实现】

. summarize Y X

描述性统计结果如图 2.17 所示。

Variable	Obs	Mean	Std. dev.	Min	Max
Y	31	45693.1	12109.92	33646.1	82428.9
X	31	29306.25	7046.511	21965.5	51294.6

图 2.17　描述性统计结果

根据图 2.17 统计数据，可计算

$$\sum x_i^2 = \sigma_x^2 (n-1) = 7046.511^2 \times (31-1) = 1\,489\,599\,518.193\,63$$

$$(X_{f1} - \overline{X})^2 = (50\,000 - 29\,306.25)^2 = 428\,231\,289.062\,5$$

$$(X_{f2} - \overline{X})^2 = (60\,000 - 29\,306.25)^2 = 942\,106\,289.062\,5$$

取 $\alpha = 0.05$，Y_f 平均值的置信度 95%的预测区间为

$$\hat{Y}_f \mp t_{\alpha/2}\,\hat{\sigma}\sqrt{\frac{1}{n} + \frac{(X_f - \bar{X})^2}{\sum x_i^2}}$$

当 $X_{f1} = 50\,000$ 时，

$$31\,740.841 \mp 2.045 \times 1699.9 \times \sqrt{\frac{1}{31} + \frac{428\,231\,289.06}{1\,489\,599\,518.19}}$$

$$= 31\,740.841 \mp 1965.686$$

当 $X_{f2} = 60\,000$ 时，

$$37\,393.591 \mp 2.045 \times 1699.9 \times \sqrt{\frac{1}{31} + \frac{942\,106\,289.06}{1\,489\,599\,518.19}}$$

$$= 37\,393.591 \mp 2822.96$$

即当 $X_{f1} = 50\,000$ 元时，Y_{f1} 平均值的置信度 95%的预测区间为（29 775.155，33 706.527）元；当 $X_{f2} = 60\,000$ 元时，Y_{f2} 平均值的置信度 95%的预测区间为（34 570.631，40 216.551）元。

Y_f 个别值的置信度 95%的预测区间为

$$\hat{Y}_f \mp t_{\alpha/2}\,\hat{\sigma}\sqrt{1 + \frac{1}{n} + \frac{(X_f - \bar{X})^2}{\sum x_i^2}}$$

当 $X_{f1} = 50\,000$ 时，

$$31\,740.841 \mp 2.045 \times 1699.9 \times \sqrt{1+\frac{1}{31}+\frac{428\,231\,289.06}{1\,489\,599\,518.19}}$$

$$=31\,740.841 \mp 3476.61$$

当 $X_{f2}=60\,000$ 时，

$$37\,393.591 \mp 2.045 \times 1699.9 \times \sqrt{1+\frac{1}{31}+\frac{942\,106\,289.06}{1\,489\,599\,518.19}}$$

$$=37\,393.591 \mp 3476.96$$

即当第一步 $X_{f1}=50\,000$ 时，Y_{f1} 个别值的置信度 95%的预测区间为（28 264.23，35 217.45）元；当第二步 $X_{f2}=60\,000$ 时，Y_{f2} 个别值的置信度 95%的预测区间为（33 916.63，40 870.55）元。

课后练习题

1. 为了研究深圳市地方预算内财政收入与地区生产总值的关系，得到以下数据：

年份	地方预算内财政收入 Y/亿元	地方生产总值 X/亿元
2010	1106.8166	410 354.1
2011	1339.5728	483 392.8
2012	1482.08	537 329.0
2013	1731.2618	588 141.2
2014	2082.7326	644 380.2
2015	2726.8543	685 571.2
2016	3136.4923	742 694.1
2017	3332.1303	830 945.7
2018	3538.4414	915 243.5
2019	3773.3831	983 751.2
2020	3857.4618	1 005 451.3
2021	4257.6972	1 133 239.8

资料来源：《深圳统计年鉴 2021》，中国统计出版社 2022 年版。

（1）建立深圳地方预算内财政收入对 GDP 的回归模型；

（1）估计所建立模型的参数，解释斜率系数的经济意义；

（3）对回归结果进行检验；

（4）若 2025 年的地区生产总值为 200 万亿元，确定 2025 年财政收入的预测值和预测区间（$\alpha=0.05$）。

2. 某企业研发经费与利润的数据（单位：万元）列于下表：

年份	2012	2013	2014	2015	2016	2017	2018	2019	2020	2021
研发经费	10	10	8	8	8	12	12	12	11	11
利润额	100	150	200	180	250	300	280	310	320	300

分析企业研发经费与利润额的相关关系，并作回归分析。

3. 16 支公益股票某年的每股账面价值和当年红利列于下表：

公司序号	账面价值/元	红利/元	公司序号	账面价值/元	红利/元
1	22.44	2.4	9	12.14	0.80
2	20.89	2.98	10	23.31	1.94
3	22.09	2.06	11	16.23	3.00
4	14.48	1.09	12	0.56	0.28
5	20.73	1.96	13	0.84	0.84
6	19.25	1.55	14	18.05	1.80
7	20.37	2.16	15	12.45	1.21
8	26.43	1.60	16	11.33	1.07

根据上表资料：

（1）建立每股账面价值和当年红利的回归方程；

（2）解释回归系数的经济意义；

（3）若序号为 6 的公司的股票每股账面价值增加 1 元，估计当年红利可能为多少？

4. 研究青春发育与远视率（对数视力）的变化关系，测得结果如下表：

年龄 x/岁	远视率 y/%	对数视力 $Y=\ln y$
6	63.64	4.153
7	61.06	4.112
8	38.84	3.659
9	13.75	2.621
10	14.50	2.674
11	8.07	2.088
12	4.41	1.484
13	2.27	0.82
14	2.09	0.737
15	1.02	0.02
16	2.51	0.92
17	3.12	1.138
18	2.98	1.092

试建立曲线回归方程 $\hat{y}=ae^{bx}$（$\hat{Y}=\ln a+bx$）并进行计量分析。

5. 根据某公司分布在 11 个地区的销售点的销售量（Y）和销售价格（X）观测值，得出以下结果：

$$\bar{X}=519.8,\ \bar{Y}=217.82,\ \sum X_i^2=3\,134\,543,\ \sum X_iY_i=1\,296\,836,\ \sum Y_i^2=539\,512$$

（1）作销售额对价格的回归分析，并解释其回归结果。

（2）回归直线未解释的销售变差部分是多少？

第二章 Stata 数据

第三章

多元线性回归模型

第一节　多元线性回归模型及古典假定

一、多元线性回归模型

社会经济现象是复杂的，通常一种社会经济现象总是和许多种现象相联系的。一种社会经济现象与多种现象相联系的最简单形式，是一个被解释变量与多个解释变量的线性关系。

例如，在生产理论中，著名的 Cobb-Douglas 生产函数描述了产出量与投入要素之间的关系，其形式为

$$Y = AK^{\alpha}L^{\beta}u \tag{3.1}$$

式中：Y 表示产出量，K, L 分别表示资本和劳动投入；α, β 为参数；u 为随机误差项。这里的被解释变量 Y 与解释变量 K, L 之间的关系是非线性的，但通过对数变换可转化为如下形式：

$$\ln Y = \ln A + \alpha \ln K + \beta \ln L + \ln u \tag{3.2}$$

如果将 $\ln Y$ 视为被解释变量，将 $\ln K$ 和 $\ln L$ 视为解释变量，将 $\ln u$ 视为随机误差项，式（3.2）关于参数 $\ln A, \alpha, \beta$ 是线性的。

又如，为了对西部大开发中的电力供应做好安排，研究西部地区各省区电力消费的变化与各地区生产总值（GDP）及电力价格水平变动等因素的关系，这时的解释变量已不止一个，可建立如下计量经济模型：

$$Y_i = \beta_1 + \beta_2 X_2 + \beta_3 X_3 + u_i \tag{3.3}$$

式中：Y_i 为西部地区各省区电力消费量；X_2 为西部地区各省区生产总值（GDP）；X_3 为各地区电力价格变动；u_i 为随机误差项。

在计量经济学中，如果总体回归函数描述了一个被解释变量与多个解释变量之间的线性关系，由此而设定的总体回归函数就是多元线性回归模型。与一元线性回归模型类似，所谓多元线性回归模型，是指对各个回归参数而言是线性的，而对于变量则可以是线性的，也可以不是线性的。

一般地，包含被解释变量 Y 与 $k-1$ 个解释变量 $X_2, X_3, \cdots, X_k$ 的多元总体线性回归函数的形式为

$$Y_i = \beta_1 + \beta_2 X_{2i} + \beta_3 X_{3i} + \cdots + \beta_k X_{ki} + u_i \tag{3.4}$$

式中：$\beta_j(j=1,2,\cdots,k)$ 为模型的参数；u_i 为随机误差项；解释变量的个数为 $k-1$。

如果对被解释变量 Y 及解释变量 $X_2,X_3,\cdots,X_k$ 做 n 次观测，所得的 n 组观测值 $(Y_i,X_{2i},X_{3i},\cdots X_{ki})$ $(i=1,2,\cdots,n)$ 将都满足如下线性关系：

$$Y_i=\beta_1+\beta_2X_{2i}+\beta_3X_{3i}+\cdots+\beta_kX_{ki}+u_i\ \ (i=1,2,\cdots,n) \tag{3.5}$$

显然，多元总体线性回归函数的条件均值形式为

$$E(Y|X_{2i},X_{3i},\cdots,X_{ki})=\beta_1+\beta_2X_{2i}+\beta_3X_{3i}+\cdots+\beta_kX_{ki} \tag{3.6}$$

多元线性回归模型与简单线性回归模型基本类似，只不过解释变量由一个增加到多个。但是对于 Y_i 和 $X_{2i},X_{3i},\cdots,X_{ki}$ 观测值，已不能再像简单线性回归那样用二维平面坐标的散布图来表现了。由于多个解释变量会同时对被解释变量 Y 的变动发挥作用，因此，如果要考察其中某个解释变量对 Y 的影响，就必须使其他解释变量保持不变。在多元线性回归模型中，回归系数 $\beta_j(j=1,2,\cdots,k)$ 表示的是当控制其他解释变量不变的条件下，第 j 个解释变量的单位变动对被解释变量平均值的影响，这样的回归系数称为偏回归系数。

在总体线性回归函数中，各个回归系数是未知的，只能利用样本观测值对回归系数进行估计。如果将被解释变量的样本条件均值 $\hat{Y}_i$ 表示为各个解释变量的线性函数，即得多元样本线性回归函数：

$$\hat{Y}_i=\hat{\beta}_1+\hat{\beta}_2X_{2i}+\hat{\beta}_3X_{3i}+\cdots+\hat{\beta}_kX_{ki} \tag{3.7}$$

其中，$\hat{\beta}_j(j=1,2,\cdots,k)$ 是对总体回归参数 β_j 的估计。

与简单线性回归类似，多元回归中，由样本估计的被解释变量样本条件均值 $\hat{Y}_i$ 与实际观测值 Y_i 之间通常也存在偏差，即剩余项或残差 e_i，所以多元样本线性回归函数也可表示为

$$Y_i=\hat{Y}_i+e_i$$

如果有 n 次样本观测值，则

$$Y_i=\hat{\beta}_1+\hat{\beta}_2X_{2i}+\hat{\beta}_3X_{3i}+\cdots+\hat{\beta}_kX_{ki}+e_i\ (i=1,2,\cdots,n) \tag{3.8}$$

多元线性回归分析要解决的主要问题，仍然是如何根据变量的样本观测值去估计回归模型中的各个参数，即用样本回归函数去估计总体回归函数，并且对估计的参数及回归方程进行统计检验，最后利用回归模型进行预测和经济分析。但多元线性回归模型包含多个解释变量，相应的分析及计算过程更为复杂。为了表达和分析的简便，需要利用矩阵来表示和运算多元线性回归模型。在实际运用中，借助 Stata 等计量经济软件进行运算也十分方便。

二、多元线性回归模型的矩阵形式

对被解释变量 Y 及多个解释变量作 n 次观测，所得的 n 组观测值 $(Y_i,X_{2i},X_{3i},\cdots,X_{ki})$ $(i=1,2,\cdots,n)$ 的线性关系，实际可写成方程组（3.9）的形式：

$$Y_1=\beta_1+\beta_2X_{21}+\beta_3X_{31}+\cdots+\beta_kX_{k1}+u_1$$

$$Y_2 = \beta_1 + \beta_2 X_{22} + \beta_3 X_{32} + \cdots + \beta_k X_{k2} + u_2 \tag{3.9}$$

$$\vdots$$

$$Y_n = \beta_1 + \beta_2 X_{2n} + \beta_3 X_{3n} + \cdots + \beta_k X_{kn} + u_n$$

这样的方程组可表示成如下矩阵形式：

$$\begin{bmatrix} Y_1 \\ Y_2 \\ \vdots \\ Y_n \end{bmatrix} = \begin{bmatrix} 1 & X_{21} & X_{31} & \cdots & X_{k1} \\ 1 & X_{22} & X_{32} & \cdots & X_{k2} \\ \vdots & \vdots & \vdots & & \vdots \\ 1 & X_{2n} & X_{3n} & \cdots & X_{kn} \end{bmatrix} \begin{bmatrix} \beta_1 \\ \beta_2 \\ \vdots \\ \beta_k \end{bmatrix} + \begin{bmatrix} u_1 \\ u_2 \\ \vdots \\ u_n \end{bmatrix} \tag{3.10}$$

记

$$\boldsymbol{Y}=\begin{bmatrix} Y_1 \\ Y_2 \\ \vdots \\ Y_n \end{bmatrix},\ \boldsymbol{\beta}=\begin{bmatrix} \beta_1 \\ \beta_2 \\ \vdots \\ \beta_k \end{bmatrix},\ \boldsymbol{U}=\begin{bmatrix} u_1 \\ u_2 \\ \vdots \\ u_n \end{bmatrix}$$

$$\boldsymbol{X}=\begin{bmatrix} 1 & X_{21} & X_{31} & \cdots & X_{k1} \\ 1 & X_{22} & X_{32} & \cdots & X_{k2} \\ \vdots & \vdots & \vdots & & \vdots \\ 1 & X_{2n} & X_{3n} & \cdots & X_{kn} \end{bmatrix}$$

这里的 $\boldsymbol{X}$ 是由解释变量 X_{ij} 的数据构成的矩阵，其中截距项可视为解释变量，总是取值为 1。$\boldsymbol{X}$ 一般是非随机变量构成的，有时也称为 $\boldsymbol{X}$ 的数据矩阵或设计矩阵。

这样，多元总体线性回归函数的矩阵形式可表示为

$$\boldsymbol{Y}=\boldsymbol{\beta}+\boldsymbol{U} \tag{3.11}$$

或

$$E(\boldsymbol{Y})=\boldsymbol{X}\boldsymbol{\beta} \tag{3.12}$$

类似地，多元样本线性回归函数的矩阵表示为

$$\boldsymbol{Y}=\boldsymbol{X}\hat{\boldsymbol{\beta}}+\boldsymbol{e} \tag{3.13}$$

或

$$\hat{\boldsymbol{Y}}=\boldsymbol{X}\hat{\boldsymbol{\beta}} \tag{3.14}$$

其中

$$\hat{\boldsymbol{\beta}}=\begin{bmatrix} \hat{\beta}_1 \\ \hat{\beta}_2 \\ \vdots \\ \hat{\beta}_k \end{bmatrix},\ \boldsymbol{e}=\begin{bmatrix} e_1 \\ e_2 \\ \vdots \\ e_n \end{bmatrix},\ \hat{\boldsymbol{Y}}=\begin{bmatrix} \hat{Y}_1 \\ \hat{Y}_2 \\ \vdots \\ \hat{Y}_n \end{bmatrix}$$

分别为回归系数估计值向量、残差向量和 $\boldsymbol{Y}$ 的样本估计值向量。

三、多元线性回归模型的古典假定

在多元回归分析中，为了寻找有效的参数估计方法及对模型进行统计检验，也需要对模型中的随机扰动项和解释变量作一些假定。多元线性回归模型的基本假定条件如下

1. 零均值假定

假定随机扰动项的期望或均值为零，即

$$E(u_i)=0 \ \ (i=1,2,\cdots,n) \tag{3.15}$$

用矩阵形式表示为

$$E(\boldsymbol{U})=E\begin{bmatrix}u_1\\u_2\\\vdots\\u_n\end{bmatrix}=\begin{bmatrix}Eu_1\\Eu_2\\\vdots\\Eu_n\end{bmatrix}=\begin{bmatrix}0\\0\\\vdots\\0\end{bmatrix} \tag{3.16}$$

2. 同方差和无自相关假定

假定随机扰动项互不相关且方差相同，即

$$\begin{aligned}Cov(u_i,u_k)&=E((u_i-Eu_i)(u_k-Eu_k))\\&=E(u_iu_k)=\begin{cases}\sigma^2,\ i=k\\0\ ,\ \ i\neq k\end{cases}\quad(i,k=1,2,\cdots,n)\end{aligned} \tag{3.17}$$

也就是说，随机扰动项的方差-协方差矩阵为

$$\begin{aligned}Var(\boldsymbol{U})&=E((\boldsymbol{U}-E\boldsymbol{U})(\boldsymbol{U}-E\boldsymbol{U})')=E(\boldsymbol{U}\boldsymbol{U}')\\&=\begin{bmatrix}E(u_1u_1)&E(u_1u_2)&\cdots&E(u_1u_n)\\E(u_2u_1)&E(u_2u_2)&\cdots&E(u_2u_n)\\\vdots&\vdots&&\vdots\\E(u_nu_1)&E(u_nu_2)&\cdots&E(u_nu_n)\end{bmatrix}\\&=\begin{bmatrix}\sigma^2&0&\cdots&0\\0&\sigma^2&\cdots&0\\\vdots&\vdots&&\vdots\\0&0&\cdots&\sigma^2\end{bmatrix}\end{aligned}$$

即

$$Var(\boldsymbol{U})=\sigma^2\boldsymbol{I}_n \tag{3.18}$$

其中 $\boldsymbol{I}_n$ 为 n 阶单位阵。

3. 随机扰动项与解释变量不相关假定

假定随机扰动项与解释变量不相关，即

$$Cov(X_{ji},u_i)=0 \ \ (j=2,3,\cdots,k;i=1,2,\cdots,n) \tag{3.19}$$

4. 无多重共线性假定

假定各解释变量之间不存在线性关系，或者说各解释变量的观测值之间线性无关。在此条件下，解释变量观测值矩阵 $\boldsymbol{X}$ 列满秩，即

$$R(\boldsymbol{X}) = k \tag{3.20}$$

此时，方阵 $\boldsymbol{X}'\boldsymbol{X}$ 满秩，即

$$R(\boldsymbol{X}'\boldsymbol{X}) = k \tag{3.21}$$

从而 $\boldsymbol{X}'\boldsymbol{X}$ 可逆，$(\boldsymbol{X}'\boldsymbol{X})^{-1}$ 存在。

5. 正态性假定

假定随机扰动项 u_i 服从正态分布，即

$$u_i \sim N(0, \sigma^2) \tag{3.22}$$

上述这些假定条件称为多元线性回归模型的古典假定。在实际经济问题中，这些假定条件有时可能并不成立。如何识别这些假定条件是否满足，以及假定条件不成立时如何进行参数估计和检验，将在后面几章中讨论。

第二节　多元线性回归模型的估计

在对模型作出古典假定的基础上，即可对多元线性回归模型的参数加以估计，并分析参数估计式的统计性质。

一、多元线性回归性参数的最小二乘估计

与简单线性回归模型参数的估计类似，多元线性回归模型也需要用样本信息建立的样本回归函数尽可能"接近"地去估计总体回归函数。按照最小二乘准则，采用使估计的剩余平方和最小的原则去确定样本回归函数。

设 $(Y_i, X_{2i}, X_{3i}, \cdots, X_{ki})$ 为第 i 次观测样本 $(i = 1, 2, \cdots, n)$，由式（3.8），残差为

$$e_i = Y_i - (\hat{\beta}_1 + \hat{\beta}_2 X_{2i} + \hat{\beta}_3 X_{3i} + \cdots + \hat{\beta}_k X_{ki}) \tag{3.23}$$

要使残差平方和

$$\sum e_i^2 = \sum [Y_i - (\hat{\beta}_1 + \hat{\beta}_2 X_{2i} + \hat{\beta}_3 X_{3i} + \cdots + \hat{\beta}_k X_{ki})]^2$$

达到最小，其必要条件是

$$\frac{\partial(\sum e_i^2)}{\partial \hat{\beta}_j} = 0 \qquad (j = 1, 2, \cdots, k) \tag{3.24}$$

即
$$-2\sum[Y_i-(\hat{\beta}_1+\hat{\beta}_2X_{2i}+\hat{\beta}_3X_{3i}+\cdots+\hat{\beta}_kX_{ki})]=0$$
$$-2\sum X_{2i}[Y_i-(\hat{\beta}_1+\hat{\beta}_2X_{2i}+\hat{\beta}_3X_{3i}+\cdots+\hat{\beta}_kX_{ki})]=0$$
$$\vdots$$
$$-2\sum X_{ki}[Y_i-(\hat{\beta}_1+\hat{\beta}_2X_{2i}+\hat{\beta}_3X_{3i}+\cdots+\hat{\beta}_kX_{ki})]=0$$

注意上述各式中方括号内的各项恰好为残差 e_i，从而上述 k 个方程可写成如下形式：

$$\begin{bmatrix}\sum e_i\\ \sum X_{2i}e_i\\ \vdots\\ \sum X_{ki}e_i\end{bmatrix}=\begin{bmatrix}0\\0\\ \vdots\\0\end{bmatrix}$$

或者

$$\begin{bmatrix}\sum e_i\\ \sum X_{2i}e_i\\ \vdots\\ \sum X_{ki}e_i\end{bmatrix}=\begin{bmatrix}1 & 1 & \cdots & 1\\ X_{21} & X_{22} & \cdots & X_{2n}\\ \vdots & \vdots & & \vdots\\ X_{k1} & X_{k2} & \cdots & X_{kn}\end{bmatrix}\begin{bmatrix}e_1\\e_2\\ \vdots\\e_n\end{bmatrix}=\boldsymbol{X'e}=\begin{bmatrix}0\\0\\ \vdots\\0\end{bmatrix} \tag{3.25}$$

样本回归函数即式（3.14）两边同乘以样本观测值矩阵 $\boldsymbol{X}$ 的转置矩阵 $\boldsymbol{X'}$，有

$$\boldsymbol{X'Y}=\boldsymbol{X'X}\hat{\boldsymbol{\beta}}+\boldsymbol{X'e} \tag{3.26}$$

由极值条件（3.25），可得正规方程组

$$\boldsymbol{X'Y}=\boldsymbol{X'X}\hat{\boldsymbol{\beta}} \tag{3.27}$$

由古典假定条件中的无多重共线性假定，可知 $(\boldsymbol{X'X})^{-1}$ 存在，用 $(\boldsymbol{X'X})^{-1}$ 左乘上述方程两端，得多元线性回归模型参数向量 $\boldsymbol{\beta}$ 最小二乘估计式的矩阵表达式为

$$\hat{\boldsymbol{\beta}}=(\boldsymbol{X'X})^{-1}\boldsymbol{X'Y} \tag{3.28}$$

对于只有两个解释变量的线性回归模型 $Y_i=\beta_1+\beta_2X_{2i}+\beta_3X_{3i}+u_i$，其参数最小二乘估计式的代数表达式为

$$\hat{\beta}_2=\frac{(\sum y_ix_{2i})(\sum x_{3i}^2)-(\sum y_ix_{3i})(\sum x_{2i}x_{3i})}{(\sum x_{2i}^2)(\sum x_{3i}^2)-(\sum x_{2i}x_{3i})^2} \tag{3.29}$$

$$\hat{\beta}_3=\frac{(\sum y_ix_{3i})(\sum x_{2i}^2)-(\sum y_ix_{2i})(\sum x_{2i}x_{3i})}{(\sum x_{2i}^2)(\sum x_{3i}^2)-(\sum x_{2i}x_{3i})^2} \tag{3.30}$$

$$\hat{\beta}_1=\bar{Y}-\hat{\beta}_2\bar{X}_2-\hat{\beta}_3\bar{X}_3 \tag{3.31}$$

其中，$x_i=X_i-\bar{X}$，$y_i=Y_i-\bar{Y}$。

【例 3.1】以《中国统计年鉴》中获取的西部各地区 2021 年电力消费量、国内生产总值（GDP）、电力价格变动（以“水电燃料价格指数”代表）等数据作为样本，得到表 3.1 所示数据。

表 3.1　2021 年西部各地区电力消费等数据

省份	电力消费量/亿千瓦时	GDP/亿元	水电燃料价格指数/%
内蒙古	3957	20 514.19	103.4
广西	2238	24 740.86	102.7
重庆	1314	27 894.02	100.4
四川	3275	53 850.79	100
贵州	1743	19 586.42	101.3
云南	2139	27 146.76	102
陕西	2217	29 800.98	102.2
甘肃	1495	10 243.31	102.9
青海	858	3346.63	102.8
宁夏	1158	4522.31	101.6
新疆	3460	15 983.65	102.4

注：由于某些数据缺失，未列入西藏数据，但不影响样本的代表性。

根据所建模型（3.3），被解释变量观测值向量和解释变量数据矩阵分别为

$$\boldsymbol{Y}=\begin{bmatrix}3957\\2238\\\vdots\\3460\end{bmatrix},\quad \boldsymbol{X}=\begin{bmatrix}1 & 20514.19 & 103.4\\1 & 24740.86 & 102.7\\\vdots & \vdots & \vdots\\1 & 15983.65 & 102.4\end{bmatrix}$$

将有关数据代入式（3.28），得

$$\hat{\boldsymbol{\beta}}=(\boldsymbol{X}'\boldsymbol{X})^{-1}\boldsymbol{X}'\boldsymbol{Y}=\begin{bmatrix}-64177.56\\0.0654\\636.7905\end{bmatrix}$$

【Stata 实现】

. use electricity.dta, clear //调用数据 electricity.dta

估计式的矩阵解析

. local N = _N //生成临时变量 N = _N

. gen cons = 1 //生成 cons 变量并赋值为 1

. mkmat y, mat(y) //生成 y 矩阵

. mkmat cons x2 x3, mat(X) //生成含有 cons x2 x3 三列的矩阵

. mat b = inv(X'*X)*X'*y //计算系数 b 的矩阵

. mat list b //列出系数 b 的矩阵

系数矩阵如图 3.1 所示。

```
b[3,1]
                 y
cons    -64177.564
  x2     .06542207
  x3     636.79054
```

图 3.1　系数矩阵

所估计的样本回归模型为

$$\hat{Y}_i = -64\,177.56 + 0.0654X_{2i} + 636.7905X_{3i}$$

【Stata 实现】

. reg y x2 x3 //对 y x2 x3 进行 OLS 回归

OLS 回归结果如图 3.2 所示。

Source	SS	df	MS			
				Number of obs	=	11
				F(2, 8)	=	4.65
Model	5460696.75	2	2730348.37	Prob > F	=	0.0457
Residual	4696263.25	8	587032.906	R-squared	=	0.5376
				Adj R-squared	=	0.4220
Total	10156960	10	1015696	Root MSE	=	766.18

y	Coefficient	Std. err.	t	P>|t|	[95% conf.	interval]
x2	.0654221	.0217217	3.01	0.017	.0153318	.1155123
x3	636.7905	287.3783	2.22	0.058	-25.90507	1299.486
_cons	-64177.56	29593.84	-2.17	0.062	-132421.1	4065.945

图 3.2　OLS 回归结果

二、参数最小二乘估计的性质

从式（3.28）可以看出，参数的最小二乘估计是样本观测值的函数，因此，参数估计量是随抽样而变化的随机变量，当代入具体的样本观测值时，就可得到参数的估计值。

类似于简单线性回归，在模型古典假定成立的情况下，多元线性回归模型参数的最小二乘估计也具有线性性、无偏性与最小方差性等性质。

1. 线性性

最小二乘估计的参数估计量是被解释变量观测值 Y_i 的线性组合。由式（3.28）可以看出，$\hat{\boldsymbol{\beta}}$ 等于取固定值的解释变量构成的 $(\boldsymbol{X'X})^{-1}\boldsymbol{X'}$ 与被解释变量观测值列向量 $\boldsymbol{Y}$ 的乘积，从而 $\hat{\beta}_j(j=1,2,\cdots,k)$ 为 Y_i 的线性函数。

2. 无偏性

尽管参数估计量会随抽样波动而取不同的值，但其均值等于总体参数，即

$$E(\hat{\boldsymbol{\beta}}) = \begin{bmatrix} E\hat{\beta}_1 \\ E\hat{\beta}_2 \\ \vdots \\ E\hat{\beta}_k \end{bmatrix} = \begin{bmatrix} \beta_1 \\ \beta_2 \\ \vdots \\ \beta_k \end{bmatrix} = \boldsymbol{\beta} \tag{3.32}$$

3. 最小方差性

参数向量 $\boldsymbol{\beta}$ 的最小二乘估计 $\hat{\boldsymbol{\beta}}$ 是 $\boldsymbol{\beta}$ 的所有线性无偏估计量中方差最小的估计量。这就是说，在古典假定都满足的条件下，多元线性回归模型的最小二乘估计式也是最佳线性无偏估计式（BLUE）。

三、OLS 估计的分布性质

在多元线性回归中，各个参数的估计式 $\hat{\boldsymbol{\beta}}$ 是随样本观测值而变动的随机变量，必须要确定其分布性质，才可能进行区间估计和假设检验。

根据正态性假定，u_i 是服从正态分布的，这决定了 $\boldsymbol{Y}$ 也是服从正态分布的随机变量。由于最小二乘估计的线性性质，$\hat{\beta}_j(j=1,2,\cdots,k)$ 是 Y_i 的线性函数，这决定了 $\hat{\boldsymbol{\beta}}$ 也是服从正态分布的随机变量。

由最小二乘估计的无偏性性质，已知 $\boldsymbol{E(\hat{\beta})=\beta}$，可以证明，$\hat{\boldsymbol{\beta}}$ 的方差-协方差矩阵为

$$Var-Cov(\hat{\boldsymbol{\beta}})=\sigma^2(\boldsymbol{X'X})^{-1} \tag{3.33}$$

$$Var\hat{\beta}_j=\sigma^2c_{jj} \tag{3.34}$$

$$SE(\hat{\beta}_j)=\sigma\sqrt{c_{jj}} \tag{3.35}$$

其中，c_{jj} 是矩阵 $(\boldsymbol{X'X})^{-1}$ 中第 j 行第 j 列位置上的元素。

也就是说，在古典假定下，$\hat{\beta}_j(j=1,2,\cdots,k)$ 服从正态分布，即

$$\hat{\beta}_j\sim N(\beta_j,Var(\hat{\beta}_j)) \tag{3.36}$$

四、随机扰动项方差的估计

参数估计量的方差或标准差是衡量参数估计量接近真实参数的重要指标，据此可以判断参数估计量的可靠性。但在参数估计量方差的表达式（3.31）中，随机扰动项的方差 σ^2 是未知的，参数估计量方差实际上无法直接计算。为此，需要对 σ^2 进行估计。

根据式（3.13），当得到参数估计值以后，即可计算残差向量：

$$\boldsymbol{e}=\boldsymbol{Y}-\hat{\boldsymbol{Y}}=\boldsymbol{Y}-\boldsymbol{X}\hat{\boldsymbol{\beta}}$$

据此可得残差平方和：

$$\sum e_i^2=\boldsymbol{e'e}$$

可以证明，残差平方和具有如下性质：

$$E(\sum e_i^2)=E(\boldsymbol{e'e})=[n-k]\sigma^2$$

即

$$E\left(\frac{\sum e_i^2}{n-k}\right)=\sigma^2 \tag{3.37}$$

若记

$$\hat{\sigma}^2 = \frac{\sum e_i^2}{n-k} \tag{3.38}$$

则 $\hat{\sigma}^2$ 是随机扰动项方差 σ^2 的无偏估计。一般地，称 $\hat{\sigma}^2$ 为残差的方差，$\hat{\sigma}$ 为残差的标准差。于是，参数估计量 $\hat{\beta}_j (j=1,2,\cdots,k)$ 的方差 $Var(\hat{\beta}_j)$ 可借助 $\hat{\sigma}$ 来估计，从而得如下估计式

$$\hat{Var}(\hat{\beta}_2) = \hat{\sigma}^2 C_{jj} = \left(\frac{\sum e_i^2}{n-k}\right) C_{jj} \tag{3.39}$$

例如，例 3.1 中，可计算出

$$\hat{\sigma}^2 = \frac{\sum e_i^2}{n-k} = \frac{4\,696\,263.25}{11-3} = 587\,032.906\,25$$

$$\hat{Var}(\hat{\beta}_2) = \left(\frac{\sum e_i^2}{n-k}\right) C_{22} = \frac{4\,696\,263.25}{11-3} \times 0.000\,000\,000\,375\,15 = 0.000\,471\,83$$

同理，可计算出

$$Var(\hat{\beta}_1) = 875\,794\,095.410\,461, \quad Var(\hat{\beta}_3) = 82\,586.209\,627\,25$$

【Stata 实现】

```
. use electricity.dta,clear//调用数据 electricity.dta
. local N = _N   //生成临时变量 N = _N
. local K = colsof(X) //将矩阵 X 的列数储存在 K 中
. mat e = y - X*b //生成残差 e
. mat s2 = (1/(`N'-`K'))*(e'*e) //计算残差平方和
. mat list s2 //列出残差平方和
```

残差平方和如图 3.3 所示。

```
symmetric s2[1,1]
             y
y    587032.91
```

图 3.3　残差平方和

【Stata 实现】

```
. mat Var_b = s2*inv(X'*X) //计算系数的方差
. mat list Var_b //列出系数的方差
```

系数的方差如图 3.4 所示。

```
symmetric Var_b[3,3]
              cons          x2          x3
cons     8.758e+08
  x2    -397.94644   .00047183
  x3    -8503695.6   3.8025227   82586.305
```

图 3.4　系数的方差

五、多元线性回归模型参数的区间估计

为了说明参数真实值的可能范围和可靠性，还需要在对参数点估计的基础上对多元线性

回归模型参数进行区间估计。

当用式（3.35）对随机扰动项的方差 σ^2 作出估计后，用 $\hat{\sigma}^2$ 替代 σ^2，可以证明

$$t^* = \frac{\hat{\beta}_j - \beta_j}{\widehat{SE}(\hat{\beta}_j)} = \frac{\hat{\beta}_j - \beta_j}{\hat{\sigma}\sqrt{c_{jj}}} \sim t(n-k) \tag{3.40}$$

给定 α，查 t 分布表的自由度为 $n-k$ 的临界值 $t_{\alpha/2}(n-k)$，则有

$$P\left(-t_{\alpha/2}(n-k) \leqslant t^* = \frac{\hat{\beta}_j - \beta_j}{\widehat{SE}(\hat{\beta})} \leqslant t_{\alpha/2}(n-k)\right) = 1-\alpha \quad (j = 1, \cdots, k)$$

即
$$P(\hat{\beta}_j - t_{\alpha/2}\widehat{SE}(\hat{\beta}_j) \leqslant \beta_j \leqslant \hat{\beta}_j + t_{\alpha/2}\widehat{SE}(\hat{\beta}_j)) = 1-\alpha \tag{3.41}$$

或
$$P(\hat{\beta}_j - t_{\alpha/2}\hat{\sigma}\sqrt{c_{jj}} \leqslant \beta_j \leqslant \hat{\beta}_j + t_{\alpha/2}\hat{\sigma}\sqrt{c_{jj}}) = 1-\alpha$$

这就是多元线性回归模型参数的置信度为 $1-\alpha$ 的置信区间。

例如，对于例 3.1 中的参数，前面已估计出 $\hat{\beta}_2 = 0.0654$，$\hat{\beta}_3 = 636.7905$，而且可计算得

$$\sqrt{C_{22}} = \sqrt{0.000\,000\,000\,803\,751\,5} = 0.000\,002\,835$$

$$\sqrt{C_{33}} = \sqrt{0.140\,684\,123\,066\,990\,0} = 0.3751$$

从而

$$\hat{\sigma} = \sqrt{587\,032.92} = 766.1807$$

若取 $\alpha = 0.05$，查 t 分布表得 $t_{0.025}(8) - 2.306$，则有

$$P(\hat{\beta}_2 - t_{\alpha/2}\hat{\sigma}\sqrt{c_{22}} \leqslant \beta_2 \leqslant \hat{\beta}_2 + t_{\alpha/2}\hat{\sigma}\sqrt{c_{22}}) = 1-\alpha$$

即

$$P(0.0654 - 2.306 \times 766.1807 \times 0.000\,028\,35 \leqslant \beta_2 \leqslant 0.0654 + 2.306 \times 766.1807 \times 0.000\,028\,35)$$
$$= 1 - 0.05$$

故
$$P(0.0153 \leqslant \beta_2 \leqslant 0.1155) = 0.95$$

同理可得

$$P(\hat{\beta}_3 - t_{\alpha/2}\hat{\sigma}\sqrt{c_{33}} \leqslant \beta_3 \leqslant \hat{\beta}_3 + t_{\alpha/2}\hat{\sigma}\sqrt{c_{33}}) = 1-\alpha$$

即

$$P(636.7905 - 2.306 \times 766.1807 \times 0.3751 \leqslant \beta_3 \leqslant 636.7905 + 2.306 \times 766.1807 \times 0.3751)$$
$$= 1 - 0.05$$

故
$$P(-25.9409 \leqslant \beta_3 \leqslant 1299.5219) = 0.95$$

【Stata 实现】

```
. mat se_b = cholesky(diag(vecdiag(Var_b))) //计算由标准差组成的对角矩阵
. mat se_b = vecdiag(se_b)' //得出系数的标准差
. local t_c = invttail(11-3, 0.025) //将双侧检验 t0.025(8)的临界值储存在  t_c 中
```

. mat CI95_low = b - `t_c'*se_b //计算置信区间的左区间

. mat list CI95_low //列出置信区间的左区间

置信区间左区间如图 3.5 所示。

```
CI95_low[3,1]
                r1
cons  -132421.07
  x2   .01533183
  x3  -25.905075
```

图 3.5　置信区间左区间

【Stata 实现】

. mat CI95_high = b + `t_c'*se_b //计算置信区间的右区间

. mat list CI95_high //列出置信区间的右区间

置信区间右区间如图 3.6 所示。

```
CI95_high[3,1]
                r1
cons   4065.9447
  x2   .11551232
  x3   1299.4862
```

图 3.6　置信区间右区间

第三节　多元线性回归模型的检验

对已经估计出参数的多元线性回归模型的检验，除了对假定条件是否满足进行检验，主要包括所估计的模型拟合优度的检验、模型中各个参数显著性的检验以及整个回归方程显著性的检验。

一、拟合优度检验

在简单线性回归模型中，用可决系数 r^2 衡量估计的模型对观测值的拟合程度。在多元线性回归模型中，也需要讨论所估计的模型对观测值的拟合程度。

1. 多重可决系数

与简单线性回归类似，为了说明多元线性回归线对样本观测值的拟合情况，也可以考察在 Y 的总变差中由多个解释变量作出了解释的那部分变差的比重，即“回归平方和”与“总离差平方和”的比值。在多元回归中这一比值称为多重可决系数，用 R^2 表示。

多元线性回归中 Y 的变差分解式为

变差
$$\sum(Y_i-\bar{Y})^2=\sum(Y_i-\hat{Y}_i)^2+\sum(\hat{Y}_i-\bar{Y})^2 \tag{3.42}$$

$$TSS \quad = \quad RSS \quad + \quad ESS$$

（总离差平方和）=（残差平方和）+（回归平方和）

自由度　　$n-1 \quad = \quad n-k \quad + \quad k-1$

其中，总离差平方和（TSS）反映了被解释变量观测值总变差的大小；回归平方和（ESS）反映了被解释变量回归估计值总变差的大小，是被解释变量观测值总变差中由多个解释变量作出解释的那部分变差；残差平方和（RSS）反映了被解释变量观测值与估计值之间的总变差，是被解释变量观测值总变差中未被列入模型的解释变量解释的那部分变差。显然，回归平方和（ESS）越大，残差平方和（RSS）越小，从而被解释变量观测值总变差中能由解释变量解释的那部分变差就越大，模型对观测数据的拟合程度就越高。因此，定义多重可决系数为

$$R^2 = \frac{ESS}{TSS} \tag{3.43}$$

或者表示为

$$R^2 = \frac{TSS - RSS}{TSS} = 1 - \frac{RSS}{TSS} = 1 - \frac{\sum e_i^2}{\sum (Y_i - \bar{Y})^2} \tag{3.44}$$

多重可决系数是介于 0 和 1 之间的一个数，R^2 越接近 1，模型对数据的拟合程度就越好。

多重可决系数可用矩阵来表示，因为

$$TSS = \boldsymbol{Y'Y} - N\bar{Y}^2 \tag{3.45}$$

$$ESS = \hat{\beta}\boldsymbol{X'Y} - N\bar{Y}^2 \tag{3.46}$$

所以

$$R^2 = \frac{ESS}{TSS} = \frac{\hat{\beta}\boldsymbol{X'Y} - N\bar{Y}^2}{\boldsymbol{Y'Y} - N\bar{Y}^2} \tag{3.47}$$

2. 修正的可决系数

由式（3.45）容易证明，多重可决系数还可表示为

$$R^2 = \frac{\hat{\beta}_2 \sum x_{2i} y_i + \hat{\beta}_3 \sum x_{3i} y_i + \cdots + \hat{\beta}_k \sum x_{ki} y_i}{\sum y_i^2} \tag{3.48}$$

式（3.48）表明，多重可决系数是模型中解释变量个数的不减函数，也就是说，随着模型中解释变量的增加，多重可决系数 R^2 的值会变大。当被解释变量相同而解释变量个数不同时，这给运用多重可决系数去比较两个模型的拟合程度会带来缺陷。这时模型的解释变量个数不同，不能简单地直接对比多重可决系数。可决系数只涉及变差，没有考虑自由度[①]。显然，如果用自由度去校正所计算的变差，可以纠正解释变量个数不同引起的对比困难。因为在样本容量一定的情况下，增加解释变量必定使得待估参数的个数增加，从而会损失自由度。为此，可以用自由度去修正多重可决系数 R^2 中的残差平方和与回归平方和，从而引入修正的可决系数 $\bar{R}^2$（adjusted coefficient of determination）。其计算公式为

$$\bar{R}^2 = 1 - \frac{\sum e_i^2 / (n-k)}{\sum (Y_i - \bar{Y})^2 / (n-1)} = 1 - \frac{n-1}{n-k} \cdot \frac{\sum e_i^2}{\sum (Y_i - \bar{Y})^2} \tag{3.49}$$

修正的可决系数与未经修正的多重可决系数之间存在如下关系：

---

① 统计量的自由度指可自由变化的样本观测值个数，它等于所用样本观测值的个数减去对观测值的约束个数。

$$\bar{R}^2 = 1-(1-R^2)\frac{n-1}{n-k} \tag{3.50}$$

由（式 3.50）可以看出，当 $k>1$ 时，$\bar{R}^2 < R^2$，这意味着随着解释变量的增加，$\bar{R}^2$ 将小于 R^2。需要注意，可决系数 R^2 必定非负，但按式（3.50）计算的修正的可决系数 $\bar{R}^2$ 可能为负值，这时规定 $\bar{R}^2$=0。

例如，例 3.1 中，已知 $RSS=\sum e_i^2 =$ 4 696 263.25，可计算出 $TSS=\sum(Y_i-\bar{Y})^2 =$ 10 156 960，所以可决系数为

$$R^2 = 1-\frac{\sum e_i^2}{\sum(Y_i-\bar{Y})^2} = 1-\frac{4\,696\,263.25}{10\,156\,960} = 0.5376$$

修正的可决系数为

$$\bar{R}^2 = 1-(1-R^2)\frac{n-1}{n-k} = 1-(1-0.5376)\times\frac{11-1}{11-3} = 0.4220$$

【Stata 实现】

. use electricity.dta,clear//调用数据 electricity.dta

. reg y x2 x3

. predict yhat //生成 y 的拟合值

. predict e, res //计算残差

. foreach v of varlist y x2 x3{

. egen avg_\`v' = mean(\`v')

. gen dif_\`v' = \`v' - avg_\`v'} //利用循环语句计算 y x2 x3 的平均数记为 avg_\`v'，再计算 y x2 x3 与各自平均数之间的差值记为 dif_\`v'

. qui reg dif_y dif_x2 dif_x3, nocons //对 dif_y dif_x2 dif_x3 进行 OLS 回归，不列出回归结果

. predict yhatd //生成 dif_y 的拟合值

.* TSS = MSS + RSS

.* TSS = sum of yd^2 　　yd = y - mean(y)

【Stata 实现】

. gen dy2 = dif_y^2 //生成离差的平方

. qui sum dy2 //生成离差平方和

. dis "TSS = " 　%12.0f r(sum) //列出总离差平方和并记为 TSS

总离差平方和如图 3.7 所示。

```
.         dis "TSS = "  %12.0f r(sum)
TSS =      10156960
```

图 3.7　总离差平方和

【Stata 实现】

. scalar TSS = r(sum) //将总离差平方和储存在 TSS 中

.* ESS = sum of yhatd^2 　yhatd = Xd'b

. gen yhatd2 = yhatd^2 //生成 dif_y 的拟合值的平方

. qui sum yhatd2 //生成回归平方和

. dis "ESS = "　%12.0f r(sum) //列出回归平方和并记为 ESS
回归平方和如图 3.8 所示。

```
.        dis "ESS = "  %12.0f r(sum)
ESS =        5460697
```

图 3.8　回归平方和

【Stata 实现】

. scalar ESS = r(sum) //将回归平方和储存在 ESS 中

.* RSS = sum of e^2　　　e = y-yhat = y-X'b = yd - Xd'b

. gen e2 = e^2 //生成残差的平方

. qui sum e2 //生成残差平方和

. dis "RSS = " %12.0f r(sum) //列出残差平方和并记为 RSS

残差平方和如图 3.9 所示。

```
.        dis "RSS = " %12.0f r(sum)
RSS =        4696263
```

图 3.9　残差平方和

【Stata 实现】

. scalar RSS = r(sum) //将残差平方和储存在 RSS 中

.* R^2 与 adj-R^2

.* R^2 的基本定义

. scalar R2a = ESS / TSS //用 $R^2 = \frac{ESS}{TSS}$ 式计算可决系数 R2

. dis R2a //列出可决系数 R2

可决系数如图 3.10 所示。

```
.        dis R2a
.53763101
```

图 3.10　可决系数

【Stata 实现】

. scalar R2b = 1 - RSS/TSS //用 $R^2 = \frac{TSS - RSS}{TSS} = 1 - \frac{RSS}{TSS}$ 式计算可决系数 R2

. dis R2b //列出可决系数 R2

可决系数如图 3.11 所示。

```
.        dis R2b
.53763103
```

图 3.11　可决系数

【Stata 实现】

.* 调整后的 R2

```
. local adj_R2 = 1 - (11-1)/(11-3)*(1-`R2') //计算调整后的 R2，记为 adj_R2
. dis "adj-R2 = " `adj_R2' //列出 adj_R2
```

调整可决系数如图 3.12 所示。

```
.       dis "adj-R2 = " `adj_R2'
adj-R2 = .42203877
```

图 3.12 调整可决系数

需要强调，对用样本估计的回归模型计算的可决系数和修正的可决系数，也是随抽样而变动的随机变量，这样度量的拟合优度的显著性，还需要进行检验。

在实际的计量经济分析中，往往希望所建立模型的 R^2 或 $\bar{R}^2$ 越大越好。但应明确，可决系数只是对模型拟合优度的度量，R^2 和 $\bar{R}^2$ 越大，只是说明列入模型中的解释变量对被解释变量的联合影响程度越大，并非说明模型中各个解释变量对被解释变量的影响程度也大。在回归分析中，不仅要模型的拟合程度高，而且要得到总体回归系数的可靠估计量。因此，在选择模型时，不能单纯地凭可决系数的高低断定模型的优劣，有时为了通盘考虑模型的可靠度及其经济意义，可以适当降低对可决系数的要求。

二、回归方程的显著性检验（F 检验）

由于多元线性回归模型包含多个解释变量，它们同被解释变量之间是否存在显著的线性关系，还需进一步作出判断。也就是说，要对模型中被解释变量与所有解释变量之间的线性关系在总体上是否显著成立作出推断。

对回归模型整体显著性的检验，检验假设的形式为

$$H_0: \ \beta_2 = \beta_3 = \cdots = \beta_k = 0$$

$$H_1: \ \beta_j (j = 2,3,\cdots,k) \text{不全为零}$$

这种检验是在方差分析的基础上利用 F 检验进行的。如前所述，被解释变量 Y 观测值的总变差有式（3.42）的分解形式，考虑了自由度进行方差分析，可得方差分析（见表 3.2）。

表 3.2 方差分析

变差来源	平方和	自由度	方差
源于回归 源于残差	$ESS = \sum(\hat{Y}_i - \bar{Y})^2$ $RSS = \sum(Y_i - \hat{Y}_i)^2$	$k-1$ $n-k$	$ESS/(k-1)$ $RSS/(n-k)$
总变差	$TSS = \sum(Y_i - \bar{Y})^2$	$n-1$	

可以证明，在 H_0 成立的条件下，统计量

$$F = \frac{ESS/(k-1)}{RSS/(n-k)} \sim F(k-1,\ n-k) \tag{3.51}$$

即统计量 F 服从自由度为 p 和 $n-k$ 的 F 分布。

给定显著性水平 α，在 F 分布表中查出自由度为 $k-1$ 和 $n-k$ 的临界值 $F_\alpha(k-1, n-k)$，将

样本观测值代入式（3.52）计算 F 值，然后将 F 值与临界值 $F_\alpha(k-1,n-k)$ 作比较。若 $F>F_\alpha(k-1,n-k)$，则拒绝原假设 H_0：$\beta_2=\beta_3=\cdots=\beta_k=0$，说明回归方程显著，即列入模型的各个解释变量联合起来对被解释变量有显著影响；若 $F<F_\alpha(k-1,n-k)$，则不能拒绝原假设 H_0：$\beta_2=\beta_3=\cdots=\beta_k=0$，说明回归方程不显著，即列入模型的各个解释变量联合起来对被解释变量的影响不显著。

例如，例 3.1 中，已计算出 $TSS=\sum(Y_i-\bar{Y})^2=10\,156\,960$，$RSS=\sum e_i^2=4\,696\,263.33$，则有 $ESS=5\,460\,696.67$，对于 $H_0:\beta_2=\beta_3=0$，给定显著性水平 $\alpha=0.05$，在 F 分布表中查出自由度为 $k-1=3-1$ 和 $n-k=11-3$ 的临界值 $F_{0.05}(2,8)=4.46$，计算 F 统计量为

$$F=\frac{ESS/(k-1)}{RSS/(n-k)}=\frac{5\,460\,696.75/(3-1)}{4\,696\,263.25/(11-3)}=4.65$$

由于 F 统计量的 P 值为 0.0457，说明 x_2 和 x_3 联合起来，在 5%的水平上显著异于 0，即列入模型的解释变量“国内生产总值”和“水电燃料价格指数”联合起来对被解释变量“电力消费量”有显著影响。

【Stata 实现】

```
. use electricity.dta,clear//调用数据 electricity.dta
. test x2 x3    //对回归模型进行 F 检验
```

回归模型 F 检验如图 3.13 所示。

```
 ( 1)  x2 = 0
 ( 2)  x3 = 0

       F(  2,     8) =    4.65
            Prob > F =    0.0457
```

图 3.13　回归模型 F 检验

需要指出的是，在一元线性回归中，由于解释变量只有一个，不存在解释变量联合影响的整体检验问题，也就用不着进行 F 检验。事实上，在一元回归情形下，F 检验与 t 检验是一致的，它们之间存在如下关系：

$$\begin{aligned}F&=\frac{ESS/(2-1)}{RSS/(n-2)}=\frac{\sum(\hat{Y}_i-\bar{Y})^2}{\sum e_i^2/(n-2)}=\frac{\sum\hat{\beta}_1^2(X_i-\bar{X})^2}{\sum e_i^2/(n-2)}\\&=\frac{\hat{\beta}_1^2\sum x_i^2}{\hat{\sigma}^2}=\frac{\hat{\beta}_1^2}{\hat{\sigma}^2/\sum x_i^2}=\left(\frac{\hat{\beta}_1}{\widehat{SE}(\hat{\beta}_1)}\right)^2=t^2\end{aligned}\tag{3.52}$$

即 F 统计量等于 t 统计量的平方。给定显著性水平 α，查出 $F_\alpha(1,n-2)$与$t_{\alpha/2}(n-2)$，临界值之间也存在这种平方关系。也就是说，在一元回归情形下，对参数 β_1 的显著性检验（t 检验）与对回归总体线性性的显著性检验（F 检验）是等价的。

由方差分析可以看出，F 检验与可决系数有密切联系。事实上，F 检验与拟合优度检验都是在总变差（TSS）分解为回归平方和（ESS）与残差平方和（RSS）的基础上构造统计量进行的检验，其区别在于前者考虑了自由度，后者未考虑自由度。一般来说，模型对观测值的

拟合程度越高，模型总体线性关系的显著性就越强。F 统计量与可决系数 R^2 之间有如下关系：

$$F=\frac{n-k}{k-1}\cdot\frac{R^2}{1-R^2} \tag{3.53}$$

可以看出，伴随着可决系数 R^2 和修正可决系数 $\bar{R}^2$ 的增加，F 统计量的值将不断增加。当 $R^2=0$ 时，$F=0$；R^2 越大，F 值也越大；当 $R^2=1$ 时，$F\to\infty$。这说明两者之间具有一致性，对 $H_0:\beta_1=\beta_2=\cdots=\beta_K=0$ 的检验，实际上等价于对 $R^2=0$ 的检验。即对方程联合显著性检验的 F 检验，实际上也是对 R^2 的显著性检验。可决系数和修正可决系数只能提供对拟合优度的度量，而它们的值究竟要达到多大才算模型通过了检验，并没有给出确定的界限。而 F 检验则不同，它可以在给定的显著性水平下给出统计意义上严格的结论。

三、回归参数的显著性检验（t 检验）

多元线性回归分析的目的，不仅仅是获得较高拟合优度的模型，也不仅仅是要寻求方程整体的显著性，而是要对各个总体回归参数作出有意义的估计。因为方程的整体线性关系显著并不一定表示每个解释变量对被解释变量的影响都是显著的。因此，还必须分别对每个解释变量进行显著性检验。多元回归分析中对各个回归系数的显著性检验的目的在于分别检验当其他解释变量不变时，该回归系数对应的解释变量是否对被解释变量有显著影响。检验方法与简单线性回归的检验基本相同。

由参数估计量的性质即式（3.33），回归系数的估计量服从如下正态分布［见式（3.36）]：

$$\hat{\beta}_j\sim N(\beta_j,Var(\hat{\beta}_j))$$

因此其标准化随机变量服从如下标准正态分布：

$$Z=\frac{\hat{\beta}_j-\beta_j}{\sqrt{Var(\hat{\beta}_j)}}\sim N(0,1) \tag{3.54}$$

由式（3.35）可知 $Var(\hat{\beta}_j)=\sigma^2C_{jj}$，而 σ^2 未知，故 $Var(\hat{\beta}_j)$ 也未知。但正如前面已经讨论过的，可用 $\hat{\sigma}^2$ 代替 σ^2 对 $\hat{\beta}_j$ 作标准化变换，可以证明所构造的统计量服从自由度为 $n-k$ 的 t 分布，即

$$t=\frac{\hat{\beta}_j-\beta_j}{\sqrt{\hat{\sigma}^2C_{jj}}}=\frac{\hat{\beta}_j-\beta_j}{\hat{\sigma}\sqrt{C_{jj}}}\sim t(n-k) \tag{3.55}$$

这样，就可以用 t 统计量对各个回归参数进行显著性检验。具体过程如下：

（1）提出检验假设。

$$H_0:\ \beta_j=0\ \ (j=1,2,\cdots,k)$$

$$H_1:\ \beta_j\neq 0\ \ (j=1,2,\cdots,k)$$

（2）计算统计量。

在 H_0 成立的条件下，式（3.50）变为

$$t=\frac{\hat{\beta}_j-0}{\hat{\sigma}\sqrt{c_{jj}}}=\frac{\hat{\beta}_j}{\hat{\sigma}\sqrt{c_{jj}}}\sim t(n-k) \tag{3.56}$$

根据样本观测值计算 t 统计量的值，即

$$t=\frac{\hat{\beta}_j}{\hat{\sigma}\sqrt{C_{jj}}} \tag{3.57}$$

（3）检验。

给定显著性水平 α，查自由度为 $n-k$ 的 t 分布表，得临界值 $t_{\alpha/2}(n-k)$。

若 $|t|\geqslant t_{\alpha/2}(n-k)$，即 $-t_{\alpha/2}(n-k)\leqslant t^*\leqslant t_{\alpha/2}(n-k)$，拒绝 H_0，而不拒绝 H_1，说明在其他解释变量不变的情况下，解释变量 X_j 对被解释变量 Y 的影响是显著的。

若 $|t|<t_{\alpha/2}(n-k)$，即 $t^*<-t_{\alpha/2}(n-k)$ 或 $t^*>t_{\alpha/2}(n-k)$，就不能拒绝 H_0，说明在其他解释变量不变的情况下，解释变量 X_j 对被解释变量 Y 的影响不显著。

从 t 分布表可以看出，在给定显著性水平 $\alpha=0.05$ 的条件下，当自由度大于 10 时，临界值 $t_{\alpha/2}$ 基本上都接近 2。因此，当系数估计的 t 统计量超过 2 时，可以粗略作出判断，在显著性水平 0.05 下可拒绝原假设 H_0，认为相应解释变量对被解释变量的影响是显著的，此时犯错误的概率不超过 0.05。如果系数估计的 t 统计值远大于 2，则犯错误的概率更小。

例如，例 3.1 中，分别对于 $H_0:\beta_1=0, H_0:\beta_2=0, H_0:\beta_3=0$，给定显著性水平 $\alpha=0.05$，查自由度为 $n-k=11-3=8$ 的 t 分布表，得临界值 $t_{0.025}(8)=2.306$。已知 $\hat{\sigma}=766.1807$，可分别计算出

$$t_{\beta_1}=\frac{\hat{\beta}_1}{\hat{\sigma}\sqrt{C_{11}}}=\frac{-64\,177.56}{766.1807\times 38.6251}=-2.17$$

$$t_{\beta_2}=\frac{\hat{\beta}_2}{\hat{\sigma}\sqrt{C_{22}}}=\frac{0.0654}{766.1807\times 0.000\,028\,35}=3.01$$

$$t_{\beta_3}=\frac{\hat{\beta}_3}{\hat{\sigma}\sqrt{C_{33}}}=\frac{636.7905}{766.1807\times 0.3751}=2.22$$

可以看出，由样本数据计算的三个回归系数的 t 统计量的绝对值均大于临界值 $t_{0.025}(8)=2.306$，可以分别拒绝各个 H_0，而接受 H_1，说明在其他解释变量不变的情况下，解释变量“国内生产总值”“水电燃料价格指数”分别对被解释变量 Y 的影响是显著的。

【Stata 实现】

. dis %4.2f −64177.56/29593.84 //计算 t_{β_1}

t_{β_1} 计算如图 3.14 所示。

```
.           dis %4.2f   -64177.56/29593.84
-2.17
```

图 3.14 计算 t_{β_1}

【Stata 实现】

. dis %4.2f 0.0654221/0.0217217 //计算 t_{β_2}

t_{β_2} 计算如图 3.15 所示。

```
.     dis %4.2f 0.0654221/0.0217217
3.01
```

图 3.15　计算 t_{β_2}

【Stata 实现】

. dis %4.2f　636.7905/287.3783 //计算 t_{β_3}

t_{β_3} 计算如图 3.16 所示。

```
.     dis %4.2f  636.7905/287.3783
2.22
```

图 3.16　计算 t_{β_3}

一般来说，关于多元线性回归模型，在经过参数估计和模型检验后，应对回归分析结果作出分析判断。倘若某个解释变量对被解释变量的影响不显著，则应在模型中剔除该解释变量，此时多元线性回归模型应重新建立，且寻求新模型参数的估计及对新模型进行假设检验，直到获得较为满意的模型为止。

第四节　多元线性回归模型的预测

多元线性回归模型用于经济预测，是指对各个解释变量给定样本以外数值 $\boldsymbol{X}_f=(1,X_{2f},X_{3f},\cdots,X_{kf})$ 的条件下，对预测期被解释变量 Y 的平均值 $E(Y_f)$ 及个别值 Y_f 进行估计，这种预测分为点预测与区间预测。

一、点预测

设多元线性回归模型为

$$\boldsymbol{Y}=\boldsymbol{X\beta}+\boldsymbol{U}$$

若根据观测样本已经估计出参数 $\boldsymbol{\beta}$，得到样本回归方程且模型通过检验，即

$$\hat{\boldsymbol{Y}}=\boldsymbol{X}\hat{\boldsymbol{\beta}}$$

把样本以外各个解释变量的值表示为行向量 $\boldsymbol{X}_f=(1,X_{2f},X_{3f},\cdots,X_{kf})$，直接代入所估计的多元样本回归函数，就可以计算出被解释变量的点预测值 $\hat{Y}_f$：

$$\begin{aligned}\hat{Y}_f&=\boldsymbol{X}_f\hat{\boldsymbol{\beta}}\\&=\hat{\beta}_1+\hat{\beta}_2X_{2f}+\hat{\beta}_3X_{3f}+\cdots+\hat{\beta}_kX_{kf}\end{aligned}\tag{3.58}$$

对式（3.58）两边取期望得

$$\begin{aligned} E(\hat{Y}_f) &= E(\hat{\beta}_1 + \hat{\beta}_2 X_{2f} + \hat{\beta}_3 X_{3f} + \cdots + \hat{\beta}_k X_{kf}) \\ &= \beta_1 + \beta_2 X_{2f} + \beta_3 X_{3f} + \cdots + \beta_k X_{kf} \\ &= E(Y_f) \end{aligned} \tag{3.59}$$

说明 $\hat{Y}_f$ 是 $E(Y_f)$ 的无偏估计，从而可以用 $\hat{Y}_f$ 作为 $E(Y_f)$ 和 Y_f 的点预测值。

例如，例 3.1 中，当我国西部某省区生产总值达到 35 000 亿元，而且水电燃料价格不变（指数为 100%）时，可预测其电力消费量为

$$\hat{Y}_f = -64\,177.56 + 0.0654 \times 35\,000 + 636.7905 \times 100 = 1790.49 \text{（亿千瓦小时）}$$

【Stata 实现】

. use electricity.dta,clear//调用数据 electricity.dta

. reg y x2 x3

. adjust x2=35000 x3=100 //当 x2=35000 x3=100 时计算 y

y 计算结果如图 3.17 所示。

```
     Dependent variable: y      Command: regress
Covariates set to value: x2 = 35000, x3 = 100
```

All	xb
	1791.26

Key: xb = Linear Prediction

图 3.17　y 计算结果

二、平均值 $E(Y_f)$ 的区间预测

为了对预测期平均值 $E(Y_f)$ 作区间预测，必须明确得到的点预测值 $\hat{Y}_f$ 与预测期平均值 $E(Y_f)$ 的关系，并分析其概率分布性质。如果记 $\hat{Y}_f$ 和 $E(Y_f)$ 的偏差为 w_f，即

$$w_f = \hat{Y}_f - E(Y_f) \tag{3.60}$$

因为 $\hat{Y}_f$ 服从正态分布，w_f 也服从正态分布，而且

$$E(w_f) = E(\hat{Y}_f - E(Y_f)) = E(\hat{Y}_f) - E(Y_f) = 0 \tag{3.61}$$

可以证明，w_f 的方差为 $\sigma^2 \boldsymbol{X}_f (\boldsymbol{X}'\boldsymbol{X})^{-1} \boldsymbol{X}'_f$，即

$$w_f \sim N(0, \sigma^2 \boldsymbol{X}_f (\boldsymbol{X}'\boldsymbol{X})^{-1} \boldsymbol{X}'_f) \tag{3.62}$$

若用 $\hat{\sigma}^2$ 代替未知的 σ^2，构造如下统计量：

$$t = \frac{\hat{w}_f - E(w_f)}{SE(\hat{w}_f)} = \frac{\hat{Y}_f - E(Y_f)}{\hat{\sigma}\sqrt{\boldsymbol{X}_f (\boldsymbol{X}'\boldsymbol{X})^{-1} \boldsymbol{X}'_f}} \tag{3.63}$$

该统计量 t 服从自由度为 $n-k$ 的 t 分布。

给定显著性水平 α ，查自由度为 $n-k$ 的 t 分布表，可得临界值 $t_{\alpha/2}(n-k)$ ，则 Y_f 平均值 $E(Y_f)$ 的置信度为 $1-\alpha$ 的预测区间为

$$\hat{Y}_f - t_{\alpha/2}\hat{\sigma}\sqrt{\boldsymbol{X}_f(\boldsymbol{X}'\boldsymbol{X})^{-1}\boldsymbol{X}'_f} \leqslant E(Y_f) \leqslant \hat{Y}_f + t_{\alpha/2}\hat{\sigma}\sqrt{\boldsymbol{X}_f(\boldsymbol{X}'\boldsymbol{X})^{-1}\boldsymbol{X}'_f} \quad (3.64)$$

【Stata 实现】

. predictnl py=predict(xb),ci(lb ub) l(95) //在 95%的置信水平下对预测期平均值 $E(Y_f)$ 作区间预测，py 为预测的均值，即 $E(Y_f)$ =py，lb 为 95%置信区间的左区间 ，ub 为右区间。

. list py lb ub in 1/11

变量 py、1b、ub 前 11 个观测值如图 3.18 所示。

	py	lb	ub
1.	3008.661	2109.749	3907.572
2.	2839.422	2163.159	3515.685
3.	1581.093	702.2322	2459.953
4.	3024.521	1813.728	4235.314
5.	1610.705	981.7562	2239.653
6.	2551.069	2035.929	3066.209
7.	2852.07	2221.478	3482.663
8.	2018.323	1382.755	2653.891
9.	1503.45	738.6021	2268.298
10.	816.2137	-165.5476	1797.975
11.	2075.473	1575.461	2575.485

图 3.18　变量 py、1b、ub 前 11 个观测值

三、个别值 Y_f 的区间预测

要对预测期个别值 Y_f 作区间预测，除了已经得到的点预测值 $\hat{Y}_f$ ，还需要分析已知的点预测值 $\hat{Y}_f$ 和预测期个别值 Y_f 之间的关系，并明确其概率分布性质。显然，与点预测值 $\hat{Y}_f$ 和预测期个别值 Y_f 有关的是残差 e_f ：

$$e_f = Y_f - \hat{Y}_f \quad (3.65)$$

因为 Y_f 和 $\hat{Y}_f$ 均服从正态分布， e_f 也服从正态分布，而且

$$\begin{aligned} E(e_f) &= E(Y_f - \hat{Y}_f) \\ &= E(\boldsymbol{X}_f\boldsymbol{\beta} + u_f - \boldsymbol{X}_f\hat{\boldsymbol{\beta}}) \\ &= \boldsymbol{X}_f E(\boldsymbol{\beta}) + E(u_f) - \boldsymbol{X}_f E(\hat{\boldsymbol{\beta}}) \\ &= 0 \end{aligned} \quad (3.66)$$

可以证明， e_f 的方差为 $\sigma^2(1+\boldsymbol{X}_f(\boldsymbol{X}'\boldsymbol{X})^{-1}\boldsymbol{X}'_f)$ ，即

$$e_f \sim N(0\text{，}\sigma^2[1+\boldsymbol{X}_f(\boldsymbol{X}'\boldsymbol{X})^{-1}\boldsymbol{X}_f'])\tag{3.67}$$

若用$\hat{\sigma}^2$代替未知的σ^2，构造如下统计量：

$$t=\frac{e_f-E(e_f)}{SE(e_f)}=\frac{Y_f-\hat{Y}_f}{\hat{\sigma}\sqrt{1+\boldsymbol{X}_f(\boldsymbol{X}'\boldsymbol{X})^{-1}\boldsymbol{X}_f'}}\tag{3.68}$$

则该统计量t服从自由度为n–k的t分布。

给定显著性水平α，查自由度为n–k的t分布表，可得临界值$t_{\alpha/2}(n-k)$，则Y_f的置信度为$1-\alpha$的预测区间为

$$\hat{Y}_f-t_{\alpha/2}\hat{\sigma}\sqrt{1+\boldsymbol{X}_f(\boldsymbol{X}'\boldsymbol{X})^{-1}\boldsymbol{X}_f'}\leqslant Y_f\leqslant \hat{Y}_f+t_{\alpha/2}\hat{\sigma}\sqrt{1+\boldsymbol{X}_f(\boldsymbol{X}'\boldsymbol{X})^{-1}\boldsymbol{X}_f'}\tag{3.69}$$

【Stata 实现】

. adjust x2=35000 x3=100，ci //当 x2=35000 x3=100 时，在 95%的置信水平下对 y 进行区间预测

y 区间预测如图 3.19 所示。

```
      Dependent variable: y      Command: regress
Covariates set to value: x2 = 35000, x3 = 100
```

All	xb	lb	ub
	1791.26	**[618.923**	**2963.6]**

```
      Key:  xb          -  Linear Prediction
            [lb , ub]   =  [95% Confidence Interval]
```

图 3.19　y 区间预测

【Stata 实现】

. adjust x2=35000 x3=100,stdf ci //stdf 表示显示样本外预测的标准误，ci 表示显示预测值的置信区间

y 区间预测值的置信区间和样本外预测的标准误如图 3.20 所示。

```
      Dependent variable: y      Command: regress
Covariates set to value: x2 = 35000, x3 = 100
```

All	xb	stdf	lb	ub
	1791.26	**(919.505)**	**[-329.119**	**3911.65]**

```
      Key:  xb          =  Linear Prediction
            stdf        =  Standard Error (forecast)
            [lb , ub]   =  [95% Prediction Interval]
```

图 3.20　y 区间预测值的置信区间和样本外预测的标准误

【Stata 实现】

. adjust x2=35000 x3=100，ci level(99) //当 x2=35000 x3=100 时，在 99%的置信水平下对 y 进行区间预测

y 在 99%置信水平下的区间预测如图 3.21 所示。

```
     Dependent variable: y     Command: regress
Covariates set to value: x2 = 35000, x3 = 100
```

All	xb	lb	ub
	1791.26	[85.4314	3497.1]

```
Key:  xb         =  Linear Prediction
      [lb , ub]  =  [99% Confidence Interval]
```

图 3.21　y 在 99%置信水平下的区间预测

【Stata 实现】

. adjust x2=35000 x3=100,stdf ci level(99) //stdf 表示显示样本外预测的标准误，ci 表示显示预测值的置信区间

y 在 99%置信水平下的区间预测和样本外预测的标准误如图 3.22 所示。

```
     Dependent variable: y     Command: regress
Covariates set to value: x2 = 35000, x3 = 100
```

All	xb	stdf	lb	ub
	1791.26	(919.505)	[-1294.03	4876.56]

```
Key:  xb         =  Linear Prediction
      stdf       =  Standard Error (forecast)
      [lb , ub]  =  [99% Prediction Interval]
```

图 3.22　y 在 99%置信水平下的区间预测和样本外预测的标准误

第五节　案例分析——中国税收增长

一、研究目的

改革开放以来，随着经济体制改革的深化和经济的快速增长，中国的财政收支状况发生很大变化，中央和地方的税收收入 1978 年为 519.28 亿元，到 2002 年已增长到 17 636.45 亿元，25 年间增长了 33 倍，平均每年增长 132%。为了研究影响中国税收收入增长的主要原因，分析中央和地方税收收入的增长规律，预测中国税收未来的增长趋势，需要建立计量经济模型。

影响中国税收收入增长的因素很多，但据分析主要的因素可能有：一是从宏观经济看，经济整体增长是税收增长的基本源泉。二是公共财政的需求，税收收入是财政收入的主体，社会经济的发展和社会保障的完善等都对公共财政提出要求，因此对预算支出所表现的公共财政的需求对当年的税收收入可能会有一定的影响。三是物价水平。我国的税制结构以流转税为主，以现行价格计算的 GDP 等指标和经营者的收入水平都与物价水平有关。四是税收政策因素。我国自 1978 年以来经历了两次大的税制改革，一次是 1984—1985 年的国有企业利改税，另一次是 1994 年的全国范围内的新税制改革。税制改革对税收会产生影响，特别是 1985 年税收陡增 215.42%。但是第二次税制改革对税收增长速度的影响不是非常大。因此，可以从上述方面分析各种因素对中国税收增长的具体影响。

二、模型设定

为了全面反映中国税收增长的全貌，选择包括中央和地方税收的“国家财政收入”中的“各项税收”（简称“税收收入”）作为被解释变量，以反映国家税收的增长；选择“国内生产总值（GDP）”作为经济整体增长水平的代表；选择中央和地方“财政支出”作为公共财政需求的代表；选择“商品零售物价指数”作为物价水平的代表。由于财税体制的改革难以量化，而且 1985 年以后财税体制改革对税收增长影响不是很大，可暂不考虑税制改革对税收增长的影响。所以解释变量设定为可观测的“国内生产总值”“财政支出”“商品零售物价指数”等变量。

从《中国统计年鉴 2022》获取以下数据（见表 3.3）。

表 3.3　中国税收收入及相关数据

年份	税收收入 Y/亿元	国内生产总值 X_2/亿元	财政支出 X_3/亿元	商品零售物价指数 X_4/%
1978	519.28	3678.7	1122.09	100.7
1979	537.82	4100.5	1281.79	102.0
1980	571.70	4587.6	1228.83	106.0
1981	629.89	4935.8	1138.41	102.4
1982	700.02	5373.4	1229.98	101.9
1983	775.59	6020.9	1409.52	101.5
1984	947.35	7278.5	1701.02	102.8
1985	2040.79	9098.9	2004.25	108.8
1986	2090.73	10 376.2	2204.91	106.0
1987	2140.36	12 174.6	2262.18	107.3
1988	2390.47	15 180.4	2491.21	118.5
1989	2727.40	17 179.7	2823.78	117.8
1990	2821.86	18 872.9	3083.59	102.1
1991	2990.17	22 005.6	3386.62	102.9

续表

年份	税收收入 Y/亿元	国内生产总值 X_2/亿元	财政支出 X_3/亿元	商品零售物价指数 X_4/%
1992	3296.91	27 194.5	3742.20	105.4
1993	4255.30	35 673.2	4642.30	113.2
1994	5126.88	48 637.5	5792.62	121.7
1995	6038.04	61 339.9	6823.72	114.8
1996	6909.82	71 813.6	7937.55	106.1
1997	8234.04	79 715.0	9233.56	100.8
1998	9262.80	85 195.5	10 798.18	97.4
1999	10 682.58	90 564.4	13 187.67	97.0
2000	12 581.51	100 280.1	15 886.50	98.5
2001	15 301.38	110 863.1	18 902.58	99.2
2002	17 636.45	121 717.4	22 053.15	98.7
2003	20 017.31	137 422.0	24 649.95	99.9
2004	24 165.68	161 840.2	28 486.89	102.8
2005	28 778.54	187 318.9	33 930.28	100.8
2006	34 804.35	219 438.5	40 422.73	101.0
2007	45 621.97	270 092.3	49 781.35	103.8
2008	54 223.79	319 244.6	62 592.66	105.9
2009	59 521.59	348 517.7	76 299.93	98.8
2010	73 210.79	412 119.3	89 874.16	103.1
2011	89 738.39	487 940.2	109 247.79	104.9
2012	100 614.28	538 580.0	125 952.97	102.0
2013	110 530.70	592 963.2	140 212.10	101.4
2014	119 175.31	643 563.1	151 785.56	101.0
2015	124 922.20	688 858.2	175 877.77	100.1
2016	130 360.73	746 395.1	187 755.21	100.7
2017	144 369.87	832 035.9	203 085.49	101.1
2018	156 402.86	919 281.1	220 904.13	101.9
2019	158 000.46	986 515.2	238 858.37	102.0
2020	154 312.29	1 013 567.0	245 679.03	101.4
2021	172 735.67	1 143 669.7	245 673.00	101.6

设定的线性回归模型为

$$Y_t = \beta_1 + \beta_2 X_{2t} + \beta_2 X_{3t} + \beta_3 X_{4t} + u_t$$

三、估计参数

利用 Stata 估计模型的参数，方法是：

（1）调用数据

【Stata 实现】

. use revenue.dta,clear

（2）估计参数

【Stata 实现】

. regress Y X_2 X_3 X_4

其中，Y 为被解释变量，而 X_2, X_3, X_4 为解释变量。

在 Stata 命令框中输入 reg Y X_2 X_3 X_4，得到多元回归结果（见图 3.23）。

Source	SS	df	MS			
				Number of obs	=	44
				F(3, 40)	=	1601.35
Model	1.3408e+11	3	4.4695e+10	Prob > F	=	0.0000
Residual	1.1164e+09	40	27910622.4	R-squared	=	0.9917
				Adj R-squared	=	0.9911
Total	1.3520e+11	43	3.1442e+09	Root MSE	=	5283.1

y	Coefficient	Std. err.	t	P>|t|	[95% conf.	interval]
x2	.0714631	.0289878	2.47	0.018	.0128765	.1300496
x3	.3984798	.1199808	3.32	0.002	.1559895	.6409701
x4	-52.59577	151.9432	-0.35	0.731	-359.6844	254.4929
_cons	6756.828	16042.43	0.42	0.676	-25666.14	39179.79

图 3.23　多元回归结果

根据图 3.23 中数据，模型估计的结果为

$$\hat{Y}_t = 6756.828 + 0.071\,463\,1X_{2t} + 0.398\,479\,8X_{3t} - 52.595\,77X_{4t}$$

$$se = (16\,042.43) \quad (0.0290) \quad (0.1200) \quad (151.9432)$$

$$t = (0.42) \quad (2.47) \quad (3.32) \quad (-0.35)$$

$$R^2 = 0.9917 \quad \bar{R}^2 = 0.9911 \quad F = 1601.35 \quad df = 40$$

四、模型检验

1. 经济意义检验

模型估计结果说明，在假定其他变量不变的情况下，当年 GDP 每增长 1 亿元，税收收入就会增长 0.0715 亿元；在假定其他变量不变的情况下，当年财政支出每增长 1 亿元，税收收入会增长 0.3985 亿元；在假定其他变量不变的情况下，当年零售商品物价指数上涨一个百分点，税收收入就会下降 52.5958 亿元。

2. 统计检验

（1）拟合优度。由图 3.23 中数据可以得到可决系数 $R^2=0.9917$，修正的可决系数为 $\bar{R}^2=0.9911$，这说明模型对样本的拟合很好。

（2）F 检验。针对 $H_0:\beta_2=\beta_3=\beta_4=0$，给定显著性水平 $\alpha=0.05$，在 F 分布表中查出自由度为 $k-1=3$ 和 $n-k=40$ 的临界值 $F_{\alpha}(3,40)=2.84$。由图 3.23 可得 $F=1601.35$，由于 $F=1601.35>F_{\alpha}(3,40)=2.84$，应拒绝原假设 $H_0:\beta_2=\beta_3=\beta_4=0$，说明回归方程显著，即“国内生产总值”“财政支出”“商品零售物价指数”等变量联合起来确实对“税收收入”有显著影响。

（3）t 检验。分别针对 H_0：$\beta_j=0\ (j=1,2,3,4)$，给定显著性水平 $\alpha=0.05$，查 t 分布表可得自由度为 $n-k=40$ 的临界值 $t_{\alpha/2}(n-k)=2.021$。由表 3.3 中数据可得，与 $\hat{\beta}_1,\hat{\beta}_2,\hat{\beta}_3,\hat{\beta}_4$ 对应的 t 统计量分别为 0.42、2.47、3.32、-0.35，$\hat{\beta}_2,\hat{\beta}_3$ 对应的 t 统计量绝对值均大于 $t_{\alpha/2}(n-k)=2.021$，这说明应当分别拒绝 H_0：$\beta_j=0\ (j=1,2,3,4)$，也就是说，当在其他解释变量不变的情况下，解释变量“国内生产总值”（X_2）、“财政支出”（X_3）分别对被解释变量“税收收入”（Y）有显著的影响。

课后练习题

1. 为研究中国各地区入境旅游状况，建立了各省市旅游外汇收入（Y，百万美元）、旅行社职工人数（X_2，人）、国际旅游人数（X_3，万人次）的模型，用某年 31 个省份的截面数据估计结果如下：

$$\hat{Y}_i=-151.0263+0.1179X_{2i}+1.5452X_{3i}$$

$$t=(-3.066\,806)\quad(6.652\,983)\quad(3.378\,064)$$

$$R^2=0.934\,331\qquad \bar{R}^2=0.929\,64\qquad F=191.1894\qquad n=31$$

（1）从经济意义上考察估计模型的合理性。

（2）在 5%显著性水平下，分别检验参数 β_2,β_3 的显著性。

（3）在 5%显著性水平下，检验模型的整体显著性。

2. 根据下列数据，试估计偏回归系数、标准误差以及可决系数、修正的可决系数：

$$\bar{Y}=367.693,\quad \bar{X}_1=402.760,\quad \bar{X}_2=8.0,\quad n=15,$$

$$\sum(Y_i-\bar{Y})^2=66\,042.269,\quad \sum(X_{1i}-\bar{X}_1)^2=84\,855.096,$$

$$\sum(X_{2i}-\bar{X}_2)^2=280.000,\quad \sum(Y_i-\bar{Y})(X_{1i}-\bar{X}_1)=74\,778.346,$$

$$\sum(Y_i-\bar{Y})(X_{2i}-\bar{X}_2)=4250.900,\quad \sum(X_{1i}-\bar{X}_1)(X_{2i}-\bar{X}_2)=4796.000$$

3. 研究发现，家庭书刊消费受家庭收入及户主受教育年数的影响，下表为对某地区部分家庭抽样调查得到的样本数据。

家庭书刊年消费支出 Y/元	家庭月平均收入 X/元	户主受教育年数 T/年	家庭书刊年消费支出 Y/元	家庭月平均收入 X/元	户主受教育年数 T/年
450	1027.2	8	793.2	1998.6	14
507.7	1045.2	9	660.8	2196	10
613.9	1225.8	12	792.7	2105.4	12
563.4	1312.2	9	580.8	2147.4	8
501.5	1316.4	7	612.7	2154	10
781.5	1442.4	15	890.8	2231.4	14
541.8	1641	9	1121	2611.8	18
611.1	1768.8	10	1094.2	3143.4	16
1222.1	1981.2	18	1253	3624.6	20

（1）建立家庭书刊消费的计量经济模型；

（2）利用样本数据估计模型的参数；

（3）检验户主受教育年数对家庭书刊消费是否有显著影响；

（4）分析所估计模型的经济意义和作用。

4. 某地区城镇居民人均全年耐用消费品支出、人均年可支配收入及耐用消费品价格指数的统计资料如下表所示。

年份	人均全年耐用消费品支出 Y/元	人均年可支配收入 X_2/元	耐用消费品价格指数 X_3（1990 年=100）
2011	137.16	1181.4	115.96
2012	124.56	1375.7	133.35
2013	107.91	1501.2	128.21
2014	102.96	1700.6	124.85
2015	125.24	2026.6	122.49
2016	162.45	2577.4	129.86
2017	217.43	3496.2	139.52
2018	253.42	4283.0	140.44
2019	251.07	4838.9	139.12
2020	285.85	5160.3	133.35
2021	327.26	5425.1	126.39

利用表中数据，建立该地区城镇居民人均全年耐用消费品支出关于人均年可支配收入及耐用消费品价格指数的回归模型，并进行回归分析，检验人均年可支配收入及耐用消费品价格指数对城镇居民人均全年耐用消费品支出是否有显著影响。

第三章 Stata 数据

违反经典假设情况处理

第一节　多重共线性

一、什么是多重共线性？

1. 多重共线性的含义

第四章专门讨论古典假定中无多重共线性假定被违反的情况，主要内容包括多重共线性的实质、多重共线性产生的原因、多重共线性产生的后果、多重共线性的检测方法及无多重共线性假定违反后的处置方法。

第三章讨论多元线性回归模型的估计时，强调了假定无多重共线性，即假定各解释变量之间不存在线性关系，或者说各解释变量的观测值之间线性无关。在计量经济学中，所谓的多重共线性（multi-collinearity），不仅包括解释变量之间精确的线性关系，还包括解释变量之间近似的线性关系。

从数学意义上说明多重共线性，就是对于解释变量 $X_2, X_3, \cdots, X_k$，如果存在不全为 0 的数 $\lambda_1, \lambda_2, \cdots, \lambda_k$，使得

$$\lambda_1 + \lambda_2 X_{2i} + \lambda_3 X_{3i} + \cdots + \lambda_k X_{ki} = 0 \quad (i = 1, 2, \cdots, n) \tag{4.1}$$

则称解释变量 $X_2, X_3, \cdots, X_k$ 之间存在完全的多重共线性。

解释变量的数据可用矩阵表示为

$$\boldsymbol{X} = \begin{bmatrix} 1 & X_{21} & X_{31} & \cdots & X_{k1} \\ 1 & X_{22} & X_{32} & \cdots & X_{k2} \\ \vdots & \vdots & \vdots & & \vdots \\ 1 & X_{2n} & X_{3n} & \cdots & X_{kn} \end{bmatrix} \tag{4.2}$$

当 Rank($\boldsymbol{X}$) $<k$ 时，表明在数据矩阵 $\boldsymbol{X}$ 中，至少有一个列向量可以由其余的列向量线性表示，则说明存在完全的多重共线性。

在实际经济问题中，完全的多重共线性并不多见。常见的情形是解释变量 $X_2, X_3, \cdots, X_k$ 之间存在不完全的多重共线性。所谓不完全的多重共线性，是指对于解释变量 $X_2, X_3, \cdots, X_k$，存在不全为 0 的数 $\lambda_1, \lambda_2, \cdots, \lambda_k$，使得

$$\lambda_1 + \lambda_2 X_{2i} + \lambda_3 X_{3i} + \cdots + \lambda_k X_{ki} + u_i = 0 \quad (i = 1, 2, \cdots, n) \tag{4.3}$$

其中，u_i 为随机变量。这表明解释变量 $X_2, X_3, \cdots, X_k$ 只是一种近似的线性关系。

如果 k 个解释变量之间不存在完全或不完全的线性关系，则称无多重共线性。若用矩阵表示，这时 $\boldsymbol{X}$ 为满秩矩阵，即 $\text{Rank}(\boldsymbol{X}) = k$。

需要强调的是，解释变量之间不存在线性关系，并非不存在非线性关系，当解释变量存在非线性关系时，并不违反无多重共线性假定。

回归模型中解释变量的关系可能表现为三种情形：

（1）$r_{x_i x_j} = 0$，解释变量间无任何线性关系，变量间相互正交。事实上这时已不需要作多元回归，每个参数都可以通过 Y 对 X_j 的一元回归来估计。

（2）$r_{x_i x_j} = 1$，解释变量间存在完全共线性。此时模型参数将无法确定。直观地看，当两变量按同一方式变化时，要区别每个解释变量对被解释变量的影响程度非常困难。

（3）$0 < r_{x_i x_j} < 1$，解释变量间存在一定程度的线性关系。实际中常遇到的就是这种情形。

共线性程度的加强，会对参数估计值的准确性、稳定性带来影响，因此不完全的多重共线性事实上有严重程度的问题。

2. 多重共线性产生的原因

由于经济现象的变化涉及多个影响因素，而影响因素之间常常存在一定的相关性。多重共线性产生的原因主要有四种情形：

（1）经济变量之间具有共同变化趋势。例如，对于收入、消费、就业率等时间序列数据，在经济上升时期均呈现增长的趋势，而当经济收缩期又都呈现下降的趋势。当这些变量同时作为解释变量进入模型时就可能带来多重共线性问题。

（2）模型中包含滞后变量。当建立的模型中已引入解释变量的滞后变量时，如 X_t, X_{t-1}, X_{t-2} 等，而 X 变量与其滞后期变量常常呈现高度相关性，于是导致多重共线性。

（3）利用截面数据建立模型也可能出现多重共线性。利用截面数据建模时，许多变量变化与发展规模相关，会呈现出共同增长的趋势，如资本、劳动力、科技、能源等投入与产出的规模相关，这时容易出现多重共线性。有时如果部分因素的变化与另一部分因素的变化相关程度较高时，也容易出现共线性。如对粮食产量与化肥用量、水浇地面积、农业投入资金建立回归模型时，发现回归效果较差，原因是农业资金的影响已经通过化肥用量、水浇地面积两个因素体现出来。

（4）样本数据自身的原因。例如，抽样仅仅限于总体中解释变量取值的一个有限范围，使得变量变异不大；或由于总体受限，多个解释变量的样本数据之间存在相关，这时都可能出现多重共线性。

二、多重共线性产生的后果

（一）完全多重共线性产生的后果

1. 参数的估计值不确定

完全共线性时，$\boldsymbol{X}$ 矩阵的秩小于 k，此时 $|\boldsymbol{X}'\boldsymbol{X}| = 0$，正规方程组的解不唯一，$(\boldsymbol{X}'\boldsymbol{X})^{-1}$ 不存在，回归参数的最小二乘估计表达式不成立。

这里以两个解释变量的回归模型 $Y_i = \beta_1 + \beta_2 X_{2i} + \beta_3 X_{3i} + u_i$ 为例来说明完全多重共线性的影响。采用离差形式表示的两个解释变量的回归模型为

$$\hat{y}_i = \hat{\beta}_2 x_{2i} + \hat{\beta}_3 x_{3i} \tag{4.4}$$

由第三章式（3.29）、（3.30），可得到其 OLSE 估计式为

$$\hat{\beta}_2 = \frac{(\sum y_i x_{2i})(\sum x_{3i}^2) - (\sum y_i x_{3i})(\sum x_{2i} x_{3i})}{(\sum x_{2i}^2)(\sum x_{3i}^2) - (\sum x_{2i} x_{3i})^2} \tag{4.5}$$

$$\hat{\beta}_3 = \frac{(\sum y_i x_{3i})(\sum x_{2i}^2) - (\sum y_i x_{2i})(\sum x_{2i} x_{3i})}{(\sum x_{2i}^2)(\sum x_{3i}^2) - (\sum x_{2i} x_{3i})^2} \tag{4.6}$$

假定 $X_{2i} = \lambda X_{3i}$，这里 λ 是一非零常数，将其分别代入式（4.5）和（4.6），可得

$$\hat{\beta}_2 = \frac{(\lambda \sum y_i x_{3i})(\sum x_{3i}^2) - (\sum y_i x_{3i})(\lambda \sum x_{3i} x_{3i})}{(\lambda^2 \sum x_{3i}^2)(\sum x_{3i}^2) - \lambda^2 (\sum x_{3i} x_{3i})^2} = \frac{0}{0} \tag{4.7}$$

$$\hat{\beta}_3 = \frac{(\sum y_i x_{3i})(\lambda^2 \sum x_{3i}^2) - (\lambda \sum y_i x_{3i})(\lambda \sum x_{3i}^2)}{(\lambda^2 \sum x_{3i}^2)(\sum x_{3i}^2) - \lambda^2 (\sum x_{3i}^2)^2} = \frac{0}{0} \tag{4.8}$$

式（4.7）和（4.8）都是不定式，这说明当 $X_{2i} = \lambda X_{3i}$ 时，参数的估计值是不确定的。

从回归模型的建模思想看，在回归模型中回归系数 $\hat{\beta}_2$ 的含义是在保持 X_3 不变的情况下，当 X_2 每变动一个单位时 Y 的平均变化；回归系数 $\hat{\beta}_3$ 的含义是在保持 X_2 不变的情况下，当 X_3 每改变一个单位时 Y 的平均变化。如果 X_2 与 X_3 完全共线性，就没有办法能在保持 X_2 不变的情况下，分析 X_3 对 Y 的影响，或者说，没有办法能从所给的样本中把 X_2 和 X_3 各自的影响分解开来。

2. 参数估计值的方差无限大

还是以只有两个解释变量的回归模型 $Y_i = \beta_1 + \beta_2 X_{2i} + \beta_3 X_{3i} + u_i$ 为例，由第三章的式（3.29）和（3.30），已知 OLS 估计参数的方差为 $Var-Cov(\hat{\boldsymbol{\beta}})=\sigma^2(\boldsymbol{X}'\boldsymbol{X})^{-1}$，容易导出这时参数估计式 $\hat{\beta}_2$ 和 $\hat{\beta}_3$ 的方差为

$$Var(\hat{\beta}_2) = \frac{\sum x_3^2}{(\sum x_2^2)(\sum x_3^2) - (\sum x_2 x_3)^2} \sigma^2 \tag{4.9}$$

$$Var(\hat{\beta}_3) = \frac{\sum x_2^2}{(\sum x_2^2)(\sum x_3^2) - (\sum x_2 x_3)^2} \sigma^2 \tag{4.10}$$

在完全共线性情况下 $X_{2i} = \lambda X_{3i}$，代入式（4.9）和（4.10）可得

$$Var(\hat{\beta}_2) = \frac{\sum x_3^2}{(\lambda^2 \sum x_3^2)(\sum x_3^2) - (\lambda \sum x_3 x_3)^2} \sigma^2 = \frac{\sum x_3^2}{0} \sigma^2 = \infty$$

同理

$$Var(\hat{\beta}_3)=\frac{\lambda^2\sum x_3^2}{(\lambda^2\sum x_3^2)(\sum x_3^2)-(\lambda\sum x_3x_3)^2}\sigma^2=\frac{\sum x_2^2}{0}\sigma^2=\infty$$

这表明，在解释变量之间存在完全的共线性时，参数估计值的方差将变成无穷大。

（二）不完全多重共线性下产生的后果

完全多重共线性是一种极端情况。通常，解释变量之间并不一定是完全的线性关系。如果模型中存在不完全的多重共线性，这种情况下 $(\boldsymbol{X'X})^{-1}$ 也存在，可以得到参数的估计值，但是对计量经济分析可能会产生一系列的影响。

1. 参数估计值的方差增大

仍然以只有两个解释变量的回归模型 $Y_i=\beta_1+\beta_2X_{2i}+\beta_3X_{3i}+u_i$ 为例，X_2 与 X_3 间不完全共线性的关系为

$$x_{2i}=\lambda x_{3i}+v_i \tag{4.11}$$

其中，$\lambda\neq 0$，v_i 是具有性质 $\sum x_{2i}v_i=0$ 的随机误差项。

这种情况下，还是可以用 OLS 法估计回归系数 β_2 和 β_3。将式（4.11）代入式（4.6），得

$$\hat{\beta}_3=\frac{(\sum y_ix_{3i})(\lambda^2\sum x_{3i}^2+\sum v_i^2)-(\lambda\sum y_ix_{3i}+\sum y_iv_i)(\lambda\sum x_{3i}^2)}{(\lambda^2\sum x_{3i}^2+\sum v_i^2)(\sum x_{3i}^2)-\lambda^2(\sum x_{3i}^2)^2} \tag{4.12}$$

这里利用了关系式 $\sum x_{2i}v_i=0$。因此在 X_2 与 X_3 间近似共线性时，$\hat{\beta}_3$ 是可以估计的。但是，如果 X_2 与 X_3 间共线程度越高，v_i 会充分小，以至于非常接近于 0，此时 $\hat{\beta}_3$ 会愈加趋于不确定。对于 $\hat{\beta}_2$ 也可推出类似的表达式，并得到类似的结论。

在 X_2 与 X_3 间为不完全的共线性时，X_2 与 X_3 的相关系数的平方用离差形式可表示为

$$r_{23}^2=\frac{(\sum x_2x_3)^2}{\sum x_2^2\sum x_3^2} \tag{4.13}$$

将其代入式（4.9）和（4.10），容易证明

$$Var(\hat{\beta}_2)=\frac{\sum x_3^2}{(\sum x_2^2)(\sum x_3^2)-(\sum x_2x_3)^2}\sigma^2$$

$$=\sigma^2\frac{1}{\sum x_2^2\left[1-\frac{(\sum x_2x_3)^2}{\sum x_2^2\sum x_3^2}\right]}$$

$$=\frac{\sigma^2}{\sum x_{2i}^2(1-r_{23}^2)} \tag{4.14}$$

同样地，可以得到

$$Var(\hat{\beta}_3)=\frac{\sigma^2}{\sum x_{3i}^2(1-r_{23}^2)} \tag{4.15}$$

$$Cov(\hat{\beta}_2,\hat{\beta}_3)=\frac{-r_{23}\sigma^2}{(1-r_{23}^2)\sqrt{\sum x_{2i}^2\sum x_{3i}^2}} \tag{4.16}$$

从式（4.14）和（4.15）中可以看出，随着共线性增加，r_{23} 趋于 1，两个参数估计量的方差也将增大。同样地，其协方差的绝对值也增大。由式（4.14）至（4.16）可以看出，方差和协方差增大的速度决定于方差扩大因子（简称 VIF）。*VIF* 的公式为

$$VIF=\frac{1}{1-r_{23}^2} \tag{4.17}$$

VIF 表明，参数估计量的方差是由于多重共线性的出现而膨胀起来的。随着共线性的增加，参数估计量的方差也增大，当 r_{23}^2 趋于 1 时，甚至可以增至无穷大。而当不存在共线性时，*VIF* 将是 1。利用 *VIF* 的公式，式（4.14）和（4.15）可表达为

$$Var(\hat{\beta}_2)=\frac{\sigma^2}{\sum x_{2i}^2}\cdot VIF \tag{4.18}$$

$$Var(\hat{\beta}_3)=\frac{\sigma^2}{\sum x_{3i}^2}\cdot VIF \tag{4.19}$$

这表明 $\hat{\beta}_2$和$\hat{\beta}_3$ 的方差与 *VIF* 成正比关系。

2. 对参数区间估计时，置信区间趋于变大

存在多重共线性时，参数估计值的方差增大，其标准误差也增大，导致总体参数的置信区间也随之变大。同上例，假设方差已知，正态分布下 95%置信度下的分位点为 1.96，当 $r_{23}=0.99$ 时，β_3 的置信区间要比相关系数为 0 时大 $\sqrt{100}$ 或约 10 倍（见表 4.1）。

表 4.1　增加共线性对 β_3 的 95%置信区间 $\hat{\beta}_3 \pm 1.96se(\hat{\beta}_3)$ 的影响

r_{23}	β_3 的 95%置信区间
0.00	$\hat{\beta}_3 \pm 1.96\sqrt{\sigma^2/\sum x_{3i}^2}$
0.50	$\hat{\beta}_3 \pm 1.96\sqrt{(1.33)}\sqrt{\sigma^2/\sum x_{3i}^2}$
0.99	$\hat{\beta}_3 \pm 1.96\sqrt{(100)}\sqrt{\sigma^2/\sum x_{3i}^2}$
0.999	$\hat{\beta}_3 \pm 1.96\sqrt{(500)}\sqrt{\sigma^2/\sum x_{3i}^2}$

3. 严重多重共线性时，假设检验容易作出错误的判断

存在严重多重共线性时，首先是参数的置信区间扩大，会使得接受一个本应拒绝的假设的概率增大；此外，在对回归系数的原假设（例如 $\beta_3=0$）的检验中，使用了 t 比率 $t=\hat{\beta}_3\Big/\sqrt{Var(\hat{\beta}_3)}$，在高度共线性时，参数估计值的方差增加较快，会使得 t 值变小，而使本应

否定的“系数为 0 ”的原假设被错误地接受。

当多重共线性严重时，可能造成可决系数 R^2 较高，经 F 检验的参数的联合显著性也很高，但对各个参数单独的 t 检验却可能不显著，甚至可能使估计的回归系数符号相反，得出完全错误的结论。出现这种情况，很可能就是存在严重多重共线性的表现。

综上所述，严重的多重共线性常常会导致下列情形出现：用普通最小二乘得到的回归参数估计值很不稳定，回归系数的方差随着多重共线性强度的增加而加速增大，对参数难以作出精确的估计；回归方程高度显著的情况下，有些回归系数通不过显著性检验；甚至可能回归系数的正负号得不到合理的经济解释。但是应注意，如果研究目的仅在于预测 $\boldsymbol{Y}$，而各个解释变量 $\boldsymbol{X}$ 之间的多重共线性关系的性质在未来将继续保持，这时虽然无法精确估计个别的回归系数，但可估计这些系数的某些线性组合，因此多重共线性可能并不是严重问题。

三、多重共线性的检验

如何检验回归模型中变量之间存在多重共线性呢？下面介绍几种常用的多重共线性的检验方法。

1. 简单相关系数检验法

简单相关系数检验法是利用解释变量之间的线性相关程度去判断是否存在严重多重共线性的一种简便方法。一般而言，如果每两个解释变量的简单相关系数（零阶相关系数）比较高，例如大于 0.8，则可认为存在较严重的多重共线性。但要注意，较高的简单相关系数只是多重共线性存在的充分条件，而不是必要条件。特别是在多于两个解释变量的回归模型中，有时较低的简单相关系数也可能存在多重共线性。因此，并不能简单地依据相关系数进行多重共线性的准确判断。

2. 方差扩大（膨胀）因子法

对于多元线性回归模型来说，如果分别以每个解释变量为被解释变量，作与其他解释变量的回归，这称为辅助回归。以 X_j 为被解释变量作与其他解释变量辅助线性回归的可决系数用 R_j^2 表示，则可以证明[①]，解释变量 X_j 的参数估计值 $\hat{\beta}_j$ 的方差可表示为

$$Var(\hat{\beta}_j)=\frac{\sigma^2}{\sum x_j^2}\cdot\frac{1}{1-R_j^2}=\frac{\sigma^2}{\sum x_j^2}\cdot VIF_j \tag{4.20}$$

其中，VIF_j 是变量 X_j 的方差扩大因子（Variance Inflation Factor），即

$$VIF_j=\frac{1}{1-R_j^2} \tag{4.21}$$

注意，这里的 VIF_j 是在多个解释变量辅助回归确定多重可决系数 R_j^2 的基础上计算的方差扩大因子，是式（4.17）只有两个解释变量情况的拓展。

由于 R_j^2 度量了 X_j 与其他解释变量的线性相关程度，这种相关程度越强，说明变量间的多

① 证明过程从略。

重共线性越严重，VIF_j 也就越大。反之，X_j 与其他解释变量的线性相关程度越弱，说明变量间的多重共线性越弱，VIF_j 也就越接近于 1。由此可见，VIF_j 的大小反映了解释变量之间是否存在多重共线性，可用来度量多重共线性的严重程度。经验表明，$VIF_j \geqslant 10$ 时，说明解释变量与其他解释变量之间有严重的多重共线性，且这种多重共线性可能会过度地影响最小二乘估计。

在 Stata 中，能够直接计算解释变量的方差扩大因子，可直接使用命令计算各变量的 *VIF* 值。首先以本章数据集 cz.dta，考察线性回归的 *VIF*。

【Stata 实现】

```
. use cz.dta,clear
. qui reg cs nz gz jzz tpop cum szm
. estat vif
```

方差膨胀因子检验结果如图 4.1 所示。

Variable	VIF	1/VIF
jzz	2113.22	0.000473
cum	1108.60	0.000902
gz	322.01	0.003105
nz	194.29	0.005147
tpop	48.44	0.020645
szm	8.39	0.119158
Mean VIF	632.49	

图 4.1　方差膨胀因子检验

从图 4.1 可知，最大的 *VIF* 值为 2113.22，远大于 10，根据前面的准则，可以认为解释变量之间存在严重的多重共线性。

3. 直观判断法

根据经验直观判断，通常以下情况的出现可能提示存在多重共线性的影响：

（1）当增加或剔除一个解释变量，或者改变一个观测值时，回归参数的估计值发生较大变化，回归方程可能存在严重的多重共线性。

（2）通过定性分析认为，一些重要的解释变量的回归系数的标准误差较大，在回归方程中没有通过显著性检验时，可初步判断可能存在严重的多重共线性。

（3）有些解释变量的回归系数所带正负号与定性分析结果违背时，很可能存在多重共线性。

（4）解释变量的相关矩阵中，自变量之间的相关系数较大时，可能会存在多重共线性问题。

4. 逐步回归检测法

逐步回归的基本思想是将变量逐个地引入模型，每引入一个解释变量后，都要进行 F 检验，并对已经选入的解释变量逐个进行 t 检验，当原来引入的解释变量由于后面解释变量的引入而变得不再显著时，则将其剔除。以确保每次引入新的变量之前回归方程中只包含显著的变量。这是一个反复的过程，直到既没有显著的解释变量选入回归方程，也没有不显著的解释变量从回归方程中剔除为止，从而保证最后所得到的解释变量集是最优的。

在逐步回归中，如果解释变量之间是高度相关的，则先前引入的解释变量可能会因为后来引入与之相关的解释变量而被剔除。逐步回归利用这种有进有出的结果说明解释变量之间是否具有较高的相关性。如果解释变量之间是完全不相关的，那么引入的解释变量就不会再被剔除，而剔除的解释变量也就不会再被引入。解释变量之间具有什么程度的相关性才会被剔除呢？这取决于其研究目的与要求。在有的统计软件中（例如 SPSS），可通过调整容忍度来进行。当出现多个解释变量之间高度相关的情况时，逐步回归方法也是一种检测多重共线性的有效方法。

四、多重共线性的补救措施

诊断出多重共线性只是完成了任务的一半，还需要在存在多重共线性的基础上采取措施进行补救，以便尽量降低回归模型中存在的多重共线性。这里介绍常用的几种降低多重共线性的方法。

（一）修正多重共线性的经验方法

1. 剔除变量法

剔除变量法是最简单的一种修正多重共线性的方法。当回归方程中存在严重的多重共线性，可以删除引起多重共线性的不重要的解释变量。有几个变量方差扩大因子大于 10 时，可试探把方差扩大因子最大者所对应的解释变量首先剔除，再重新建立回归方程。如果仍然存在严重的多重共线性，则再继续剔除方差扩大因子最大者所对应的解释变量，直至回归方程中不再存在严重的多重共线性。

一般而言，在选择回归模型时，可以将回归系数的显著性检验、方差扩大因子 *VIF* 的多重共线性检验与解释变量经济含义（通过经济分析确定变量的相对重要性）结合起来考虑，以引进或剔除不重要的变量。采用该方法时要注意，如果剔除的变量是重要变量，有可能引起模型的设定误差。

2. 增大样本容量

由于多重共线性是一个样本特性，所以可能在同样变量的另一样本中，共线性又没有那样严重。这时如果可能，可以通过增大样本容量来减轻共线性的问题。建立一个实际经济问题的回归模型，如果所收集的样本数据太少，是容易产生多重共线性的，从式（4.18）、（4.19）可知，如果样本容量增加，$\sum x_{ji}^2$ 也会增加，结果回归参数的方差会减小，标准误差同样会减小。因此，尽可能地收集足够多的数据可以改进模型参数的估计。所以在运用回归分析研究经济问题时，要尽量使样本容量远大于解释变量的个数。

3. 变换模型形式

将原设定的模型的形式作适当的变换，有可能消除或减弱原模型中解释变量之间的相关关系。例如，可采用差分法，即将原模型变形为差分模型形式进而降低多重共线性。

将原模型

$$Y_i = \beta_0 + \beta_1 X_{1i} + \beta_2 X_{2i} + \beta_3 X_{3i} + \cdots + \beta_k X_{ki} + u_i \tag{4.22}$$

变形为

$$\Delta Y_i = \beta_1 \Delta X_{1i} + \beta_2 \Delta X_{2i} + \cdots + \beta_k \Delta X_{ki} + \Delta u_i \quad (4.23)$$

一般而言，差分后变量之间的相关性要比差分前弱得多，所以差分后的模型可以有效地降低出现共线性的可能性，此时可直接估计差分方程。在 Eviews 中运用差分法时，可以在方程定义栏中输入“$Y-Y(-1)\ X_1-X_1(-1)\ X_2-X_2(-1)\ \cdots\ X_k-X_k(-1)$”，从而得到$\beta_1, \beta_2, \beta_3, \cdots, \beta_k$的估计值。

因为差分常常会丢失一些信息，差分模型的误差项可能是序列相关的，可能会违背经典线性回归模型的相关假设，所以在具体运用时要慎重。

4. 利用非样本先验信息

如果通过经济理论分析能够得到某些参数之间的线性关系，可以将这种线性关系作为约束条件，将此约束条件和样本信息结合起来进行约束最小二乘估计。

例如，考虑以下模型

$$Y_i = \beta_1 + \beta_2 X_{2i} + \beta_3 X_{3i} + u_i$$

如果依据长期的经验分析可以认为$\beta_3 = 0.2\beta_2$，则该模型可以化简为以下模型

$$Y_i = \beta_1 + \beta_2 X_{2i} + \beta_3 X_{3i} + u_i = \beta_1 + \beta_2 X_i + u_i \quad (4.24)$$

其中，$X_i = X_{2i} + 0.2X_{3i}$。如果估计出$\hat{\beta}_2$，则也能估计出$\hat{\beta}_3$。

5. 横截面数据与时间序列数据并用

这是先验信息法的一个变种，即将横截面数据与时间序列数据组合，称为数据并用（pooling the data）。其基本做法是：首先利用横截面数据估计出部分参数，再利用时间序列数据估计出另外的部分参数，最后得到整个方程参数的估计。

假设要研究中国家用轿车需求，并收集到关于家用轿车的销售数据（Y_t）、平均价格（P_t）和消费者收入（I_t）的时间序列数据。设定的模型为

$$\ln Y_t = \beta_1 + \beta_2 \ln P_t + \beta_3 \ln I_t + u_t \quad (4.25)$$

研究目的是估计价格弹性β_2和收入弹性β_3。

在时间序列分析中，变量价格和收入一般具有高度共线性的趋势。托宾提出了解决此问题的一种方法，即如果拥有关于消费者定点追踪的横截面数据，如城镇或农村居民住户调查数据，就能可靠地估计收入弹性β_3。令收入弹性的横截面估计为$\hat{\beta}_3^*$，就可以将前述时间序列回归写成

$$Y_t^* = \beta_1 + \beta_2 \ln P_t + u_t \quad (4.26)$$

其中，$Y_t^* = \ln Y - \hat{\beta}_3^* \ln I_t$。

这样就可以得到价格弹性的估计值。值得注意的是，这里包含着假设：收入弹性的横截面估计和从纯粹时间序列分析中得到的估计是一样的。当横截面估计在不同截面之间没有大的变化时，数据并用是一种值得考虑的方法。

6. 变量变换

有时通过对模型中变量进行变换能够实现降低共线性的目的。例如，常用的变量变换方式有：

（1）计算相对指标。如已知原来的总量指标，可计算人均指标或结构相对数（比重）指标等，经过这样处理的数据有时可以降低共线性。

（2）将名义数据转换为实际数据。将名义数据剔除价格影响后反映的信息在统计上常常是指纯的物量的变化，不包含价格变动的影响，有助于描述现象之间真实的数量变化关系。因此在多数经济分析中采用“实际”数据而不是名义数据，有时将名义数据转换为实际数据可降低多重共线性。

（3）将小类指标合并成大类指标。如例 4.1 中，工业增加值、建筑业增加值之间呈现高度的线性相关，可将其合并成第二产业增加值，这一合并有助于消除多重共线性。

需要指出，变量数据的变换只是有时可得到较好的结果，但谁也无法保证一定可以得到很好的结果。

（二）逐步回归法

依据前述逐步回归的思想，可通过逐步回归筛选并剔除引起多重共线性的变量。其具体步骤如下：① 用被解释变量对每一个要考虑的解释变量作简单回归。② 以对被解释变量贡献最大的解释变量所对应的回归方程为基础，按对被解释变量贡献大小的顺序逐个引入其余的解释变量。这个过程会出现 3 种情形：① 若新变量的引入改进了 R^2 和 F 检验，且回归参数的 t 检验在统计上也是显著的，则在模型中保留该变量。② 若新变量的引入未能明显改进 R^2 和 F 检验，且对其他回归参数估计值的 t 检验也未带来什么影响，则认为该变量是多余的，应该舍弃。③ 若新变量的引入未能明显改进 R^2 和 F 检验，且对其他回归参数估计值的数值或符号有显著影响，同时本身的回归参数也通不过 t 检验，则说明出现了严重的多重共线性，应剔除该变量。

用被解释变量分别对每个解释变量作简单回归，以可决系数为标准确定解释变量的重要程度，将解释变量进行排序。以下模型中括号内为参数估计的 t 检验统计量。

关于农业增加值（NZ）的回归：

$$CS = -32\,782.99 + 2.987\,954NZ$$
$$t = (0.0654) \quad (45.63)$$
$$R^2 = 0.9886, \quad F = 2082.39, \quad N = 26$$

【Stata 实现】

```
. use cz.dta, clear
. reg cs nz
```

关于农业增加值的回归结果如图 4.2 所示。

由图 4.2 可知，农业增加值（NZ）变量系数的 p 值小于 0.01，在 1%水平上显著，可决系数 R^2 为 0.9886。

关于工业增加值（GZ）的回归：

$$CS = -15\,529.64 + 0.657\,109\,2GZ$$
$$t = (0.0129) \quad (50.85)$$

$R^2 = 0.9908$, $F = 2586.21$, $N = 26$

Source	SS	df	MS			
Model	1.0941e+11	1	1.0941e+11	Number of obs	=	26
Residual	1.2609e+09	24	52538826.1	F(1, 24)	=	2082.39
				Prob > F	=	0.0000
				R-squared	=	0.9886
				Adj R-squared	=	0.9881
Total	1.1067e+11	25	4.4267e+09	Root MSE	=	7248.4

cs	Coefficient	Std. err.	t	P>|t|	[95% conf.	interval]
nz	2.987954	.0654776	45.63	0.000	2.852815	3.123093
_cons	-32782.99	2797.945	-11.72	0.000	-38557.66	-27008.31

图 4.2　关于农业增加值的回归结果

【Stata 实现】

. reg cs gz

关于工业增加值的回归结果如图 4.3 所示。

Source	SS	df	MS			
Model	1.0965e+11	1	1.0965e+11	Number of obs	=	26
Residual	1.0175e+09	24	42397850.4	F(1, 24)	=	2586.21
				Prob > F	=	0.0000
				R-squared	=	0.9908
				Adj R-squared	=	0.9904
Total	1.1067e+11	25	4.4267e+09	Root MSE	=	6511.4

cs	Coefficient	Std. err.	t	P>|t|	[95% conf.	interval]
gz	.6571092	.0129213	50.85	0.000	.630441	.6837774
_cons	-15529.64	2225.944	-6.98	0.000	-20123.76	-10935.51

图 4.3　关于工业增加值的回归结果

由图 4.3 可知，工业增加值（GZ）变量系数的 p 值小于 0.01，在 1%水平上显著，可决系数 R^2 为 0.9908。

关于建筑业增加值（JZZ）的回归：

$$CS = 2000.256 + 2.847\,709JZZ$$

$$t = (0.077\,962\,3) \quad (36.53)$$

$$R^2 = 0.9823, \quad F = 1334.20, \quad N = 26$$

【Stata 实现】

. reg cs jzz

关于建筑业增加值的回归结果如图 4.4 所示。

Source	SS	df	MS			
				Number of obs	=	26
				F(1, 24)	=	1334.20
Model	1.0871e+11	1	1.0871e+11	Prob > F	=	0.0000
Residual	1.9555e+09	24	81480627.9	R-squared	=	0.9823
				Adj R-squared	=	0.9816
Total	1.1067e+11	25	4.4267e+09	Root MSE	=	9026.7

cs	Coefficient	Std. err.	t	P>|t|	[95% conf.	interval]
jzz	2.847709	.0779623	36.53	0.000	2.686803	3.008616
_cons	2000.256	2714.999	0.74	0.468	-3603.227	7603.739

图 4.4 关于建筑业增加值的回归结果

由图 4.4 可知，建筑业增加值（JZZ）变量系数的 p 值小于 0.01，在 1%水平上显著，可决系数 R^2 为 0.9823。

关于总人口（TPOP）的回归：

$$CS = -1\,300\,410 + 10.412\,28TPOP$$

$$t = (0.6915) \quad (15.06)$$

$$R^2 = 0.9043, \quad F = 226.72, \quad N = 26$$

【Stata 实现】

. reg cs tpop

关于总人口的回归结果如图 4.5 所示。

Source	SS	df	MS			
				Number of obs	=	26
				F(1, 24)	=	226.72
Model	1.0007e+11	1	1.0007e+11	Prob > F	=	0.0000
Residual	1.0594e+10	24	441402964	R-squared	=	0.9043
				Adj R-squared	=	0.9003
Total	1.1067e+11	25	4.4267e+09	Root MSE	=	21010

cs	Coefficient	Std. err.	t	P>|t|	[95% conf.	interval]
tpop	10.41228	.6915188	15.06	0.000	8.98506	11.83951
_cons	-1300410	91584.32	-14.20	0.000	-1489431	-1111389

图 4.5 关于总人口的回归结果

由图 4.5 可知，总人口（TPOP）变量系数的 p 值小于 0.01，在 1%水平上显著，可决系数 R^2 为 0.9043。

关于最终消费（CUM）的回归：

$$CS = -3919.362 + 0.381\,722\,4CUM$$

$$t = (0.0124) \quad (30.78)$$

$$R^2 = 0.9753, \quad F = 947.60, \quad N = 26$$

【Stata 实现】

. reg cs cum

关于最终消费的回归结果如图 4.6 所示。

Source	SS	df	MS			
				Number of obs	=	26
				F(1, 24)	=	947.60
Model	1.0793e+11	1	1.0793e+11	Prob > F	=	0.0000
Residual	2.7337e+09	24	113902449	R-squared	=	0.9753
				Adj R-squared	=	0.9743
Total	1.1067e+11	25	4.4267e+09	Root MSE	=	10673

cs	Coefficient	Std. err.	t	P>|t|	[95% conf.	interval]
cum	.3817224	.0124004	30.78	0.000	.3561292	.4073155
_cons	-3919.362	3365.025	-1.16	0.256	-10864.43	3025.708

图 4.6　关于最终消费的回归结果

由图 4.6 可知，最终消费（CUM）变量系数的 p 值小于 0.01，在 1%水平上显著，可决系数 R^2 为 0.9753。

关于受灾面积（SZM）的回归：

$$CS = 266\,576.9 - 49.963\,07SZM$$
$$t = (3.7828) \quad (-13.21)$$
$$R^2 = 0.8791, \quad F = 174.45, \quad N = 26$$

【Stata 实现】

. reg cs szm

关于受灾面积的回归结果如图 4.7 所示。

Source	SS	df	MS			
				Number of obs	=	26
				F(1, 24)	=	174.45
Model	9.7283e+10	1	9.7283e+10	Prob > F	=	0.0000
Residual	1.3384e+10	24	557662898	R-squared	=	0.8791
				Adj R-squared	=	0.8740
Total	1.1067e+11	25	4.4267e+09	Root MSE	=	23615

cs	Coefficient	Std. err.	t	P>|t|	[95% conf.	interval]
szm	-49.96307	3.782822	-13.21	0.000	-57.77043	-42.15571
_cons	266576.9	15068.3	17.69	0.000	235477.4	297676.3

图 4.7　关于受灾面积的回归结果

由图 4.7 可知，受灾面积（SZM）变量系数的 p 值小于 0.01，在 1%水平上显著，可决系数 R^2 为 0.8791。

根据各变量的可决系数大小，可得解释变量的重要程度依次为 GZ、NZ、JZZ、CUM、TPOP、SZM。

以 CS=−15 529.64+0.657 109 2GZ 为基础，依次引入 NZ、JZZ、CUM、TPOP、SZM。

（1）引入 NZ，得到模型：

$$CS = -22\,341.8+0.426\,954\,4GZ+1.144\,113NZ$$
$$t = (-5.57) \quad (3.23) \quad (1.99)$$
$$R^2 = 0.9922, \quad F = 1455.60, \quad N = 26$$

【Stata 实现】

. reg cs gz nz

引入 NZ 的回归结果如图 4.8 所示。

Source	SS	df	MS			
				Number of obs	=	26
				F(2, 23)	=	1455.60
Model	1.0980e+11	2	5.4900e+10	Prob > F	=	0.0000
Residual	867474098	23	37716265.1	R-squared	=	0.9922
				Adj R-squared	=	0.9915
Total	1.1067e+11	25	4.4267e+09	Root MSE	=	6141.4

cs	Coefficient	Std. err.	t	P>|t|	[95% conf.	interval]
gz	.4069544	.1259972	3.23	0.004	.1463092	.6675996
nz	1.144113	.5735615	1.99	0.058	-.0423896	2.330615
_cons	-22341.8	4008.768	-5.57	0.000	-30634.57	-14049.03

图 4.8　引入 NZ 的回归结果

因 NZ 的引入，可决系数改进不大，且 GZ 的系数未通过 t 检验，故剔除 NZ。

（2）引入 JZZ，得到模型：

$$CS =-10\,317.16+0.446\,793\,9GZ+0.926\,521\,8JZZ$$
$$t =(-3.91) \quad (6.13) \quad (2.92)$$
$$R^2 = 0.9933, \quad F=1703.51, \quad N=26$$

【Stata 实现】

. reg cs gz jzz

引入 JZZ 的回归结果如图 4.9 所示。

Source	SS	df	MS			
				Number of obs	=	26
				F(2, 23)	=	1703.51
Model	1.0993e+11	2	5.4963e+10	Prob > F	=	0.0000
Residual	742078926	23	32264301.2	R-squared	=	0.9933
				Adj R-squared	=	0.9927
Total	1.1067e+11	25	4.4267e+09	Root MSE	=	5680.2

cs	Coefficient	Std. err.	t	P>|t|	[95% conf.	interval]
gz	.4467939	.0728545	6.13	0.000	.2960829	.5975049
jzz	.9265218	.3170882	2.92	0.008	.270575	1.582469
_cons	-10317.16	2636.823	-3.91	0.001	-15771.85	-4862.478

图 4.9　引入 JZZ 的回归结果

因 JZZ 的引入，可决系数相对提高，且 *t* 统计量均显著，故保留 JZZ。

（3）引入 CUM，得到模型：

$$CS=-12\ 532.69+0.472\ 012\ 9GZ+0.135\ 129JZZ+0.092\ 020\ 2CUM$$

$$t=(-3.00)\quad(5.74)\quad(0.11)\quad(0.69)$$

$$R^2=0.9934,\quad F=1110.03,\quad N=26$$

【Stata 实现】

. reg cs gz jzz cum

引入 CUM 的回归结果如图 4.10 所示。

Source	SS	df	MS			
				Number of obs	=	26
				F(3, 22)	=	1110.03
Model	1.0994e+11	3	3.6647e+10	Prob > F	=	0.0000
Residual	726315955	22	33014361.6	R-squared	=	0.9934
				Adj R-squared	=	0.9925
Total	1.1067e+11	25	4.4267e+09	Root MSE	=	5745.8

cs	Coefficient	Std. err.	t	P>|t|	[95% conf.	interval]
gz	.4720129	.0822388	5.74	0.000	.3014601	.6425656
jzz	.135129	1.18938	0.11	0.911	-2.331495	2.601753
cum	.0920202	.1331728	0.69	0.497	-.1841633	.3682037
_cons	-12532.69	4170.746	-3.00	0.007	-21182.29	-3883.095

图 4.10　引入 CUM 的回归结果

CUM 的引入同 NZ 的引入类似，故剔除 CUM。

（4）继续引入 TPOP，得到模型：

$$CS=-23\ 514.04+0.434\ 983\ 2GZ+0.951\ 115\ 8JZZ+0.107\ 433\ 7TPOP$$

$$t=(-0.24)\quad(3.78)\quad(2.56)\quad(0.13)$$

$$R^2=0.9933,\quad F=1087.20,\quad N=26$$

【Stata 实现】

. reg cs gz jzz tpop

引入 TPOP 的回归结果如图 4.11 所示。

Source	SS	df	MS			
				Number of obs	=	26
				F(3, 22)	=	1087.20
Model	1.0993e+11	3	3.6642e+10	Prob > F	=	0.0000
Residual	741469222	22	33703146.4	R-squared	=	0.9933
				Adj R-squared	=	0.9924
Total	1.1067e+11	25	4.4267e+09	Root MSE	=	5805.4

cs	Coefficient	Std. err.	t	P>|t|	[95% conf.	interval]
gz	.4349832	.1151322	3.78	0.001	.1962136	.6737527
jzz	.9511158	.3721079	2.56	0.018	.1794112	1.72282
tpop	.1074337	.798759	0.13	0.894	-1.549091	1.763959
_cons	-23514.04	98154.57	-0.24	0.813	-227074.2	180046.1

图 4.11　引入 TPOP 的回归结果

因 TPOP 的引入，可决系数没有提高，且截距项系数未通过 t 检验，故剔除 TPOP。

（5）引入 SZM，得到模型：

$$CS = 8372.445 + 0.413\,413\,7GZ + 0.896\,576\,1JZZ - 3.479\,43SZM$$

$$t = (0.62) \quad (5.50) \quad (2.88) \quad (-1.41)$$

$$R^2 = 0.9939, \quad F = 1185.27, \quad N = 26$$

【Stata 实现】

. reg cs gz jzz szm

引入 SZM 的回归结果如图 4.12 所示。

Source	SS	df	MS			
				Number of obs	=	26
				F(3, 22)	=	1185.27
Model	1.0999e+11	3	3.6662e+10	Prob > F	=	0.0000
Residual	680491621	22	30931437.3	R-squared	=	0.9939
				Adj R-squared	=	0.9930
Total	1.1067e+11	25	4.4267e+09	Root MSE	=	5561.6

cs	Coefficient	Std. err.	t	P>|t|	[95% conf.	interval]
gz	.4134137	.075154	5.50	0.000	.2575539	.5692735
jzz	.8965761	.311194	2.88	0.009	.2511993	1.541953
szm	-3.47943	2.465827	-1.41	0.172	-8.593242	1.634382
_cons	8372.445	13494.36	0.62	0.541	-19613.15	36358.04

图 4.12　引入 SZM 的回归结果

SZM 的回归系数在 0.05 水平下不显著，故剔除 SZM。

最后得到消除了多重共线性的模型为

$$CS = -10\,317.16 + 0.446\,793\,9GZ + 0.926\,521\,8JZZ$$

$$t = (-3.91) \quad (6.13) \quad (2.92)$$

$$R^2 = 0.9933, \quad F = 1703.51, \quad N = 26$$

逐步回归法的好处是将统计上不显著的解释变量一一剔除，最后得到的最优解释变量之间不仅相关系数不高，而且对被解释变量有较好的解释贡献。

五、案例分析——中国旅游业市场的发展

1. 研究的目的

近年来，中国旅游业一直保持高速发展，旅游业作为国民经济新的增长点，在整个社会经济发展中的作用日益显现。中国的旅游业分为国内旅游和入境旅游两大市场，入境旅游外汇收入年均增长 22.6%，与此同时国内旅游也迅速增长。改革开放 40 多年来，特别是进入 20 世纪 90 年代以来，中国的国内旅游收入年均增长 14.4%，远高于同期 GDP 的增长率（9.76%）。为了规划中国未来旅游产业的发展，需要定量地分析影响中国旅游市场发展的主要因素。

2. 模型设定及其估计

经分析，影响国内旅游市场收入的主要因素，除了国内旅游人数和旅游支出以外，还可能与相关基础设施有关。为此，考虑的影响因素主要有国内旅游人数 X_2，城镇居民人均旅游支出 X_3，农村居民人均旅游支出 X_4，并以公路里程 X_5 和铁路里程 X_6 作为相关基础设施的代表。为此，设定如下对数形式的计量经济模型：

$$Y_t = \beta_1 + \beta_2 X_{2t} + \beta_3 X_{3t} + \beta_4 X_{4t} + \beta_5 X_{5t} + \beta_6 X_{6t} + u_t \qquad (4.27)$$

其中 Y_t——第 t 年全国旅游收入（亿元）;

X_2——国内旅游人数（百万人）;

X_3——城镇居民人均旅游支出（元）;

X_4——农村居民人均旅游支出（元）;

X_5——公路里程（万千米）;

X_6——铁路里程（万千米）。

为估计模型参数，收集 2010—2020 年中国旅游收入及相关的统计数据，如表 4.2 所示。

表 4.2　2010—2020 年中国旅游收入及相关数据

年份	国内旅游收入 Y/亿元	国内旅游人数 X_1/百万人次	城镇居民人均旅游支出 X_2/元	农村居民人均旅游支出 X_3/元	公路里程 X_4/万公里	铁路里程 X_5/万公里
2010	12 579.77	2103	883	306	400.82	9.12
2011	19 305.39	2641	877.8	471.4	410.64	9.32
2012	22 706.22	2957	914.5	491	423.75	9.76
2013	26 276.12	3262	946.6	518.9	435.62	10.31
2014	30 311.86	3611	975.4	540.2	446.39	11.18
2015	34 195.05	3990	985.5	554.2	457.73	12.1
2016	39 389.82	4435	1009.1	576.4	469.63	12.4
2017	45 660.77	5001	1024.6	603.3	477.35	12.7
2018	51 278.29	5539	1034	611.9	484.65	13.17
2019	57 250.92	6006	1062.6	634.7	501.25	13.99
2020	22 286.3	2879	870.3	530.5	519.81	14.63

数据来源:《中国统计年鉴 2021》。

利用 Stata 数据编辑器，把 $Y, X_1, X_2, X_3, X_4, X_5$ 等的数据录入，并把数据保存为 Stata 格式数据，文件名为 travel.dta。

【Stata 实现】

```
. use travel.dta
. reg y x2 x3 x4 x5
```

OLS 回归结果如图 4.13 所示。

Source	SS	df	MS	Number of obs	=	11
				F(5, 5)	=	6170.67
Model	2.0019e+09	5	400372060	Prob > F	=	0.0000
Residual	324415.34	5	64883.068	R-squared	=	0.9998
				Adj R-squared	=	0.9997
Total	2.0022e+09	10	200218472	Root MSE	=	254.72

y	Coefficient	Std. err.	t	P>|t|	[95% conf.	interval]
x1	10.93014	.3122104	35.01	0.000	10.12757	11.7327
x2	1.096746	5.214038	0.21	0.842	-12.30636	14.49986
x3	3.403723	2.483765	1.37	0.229	-2.980998	9.788444
x4	18.64961	26.89225	0.69	0.519	-50.47911	87.77833
x5	-316.3216	513.6218	-0.62	0.565	-1636.628	1003.985
_cons	-16999.88	8482.289	-2.00	0.101	-38804.3	4804.532

图 4.13　OLS 回归结果

由图 4.13 可知，该模型的可决系数 $R^2 = 0.9998$，$\bar{R}^2 = 0.9997$，可决系数很高，且 F 检验值 6170.67，显然显著。但是，当 $\alpha = 0.05$ 时 $t_{\alpha/2}(n-k) = t_{0.025}(11-6) = 2.571$，不仅 X_2, X_3, X_4 以及 X_5 系数的 t 检验不显著，而且 X_5 系数的符号与预期的相反，这表明很可能存在严重的多重共线性。下面计算各解释变量的相关系数。

* 安装外部命令 asdoc，在 Stata 里输入命令：

【Stata 实现】

```
. ssc install asdoc, replace
```

* 安装完成后，输入命令：

【Stata 实现】

```
. asdoc corr x1 x2 x3 x4 x5
```

得到相关系数矩阵如图 4.14 所示。

	x1	x2	x3	x4	x5
x1	1.0000				
x2	0.9546	1.0000			
x3	0.8639	0.7907	1.0000		
x4	0.6552	0.4934	0.7581	1.0000	
x5	0.6811	0.5292	0.7499	0.9940	1.0000

图 4.14　相关系数矩阵

由图 4.14 可以看出，各解释变量相互之间的相关系数较高，证实确实存在严重多重共线性。

3. 消除多重共线性

采用逐步回归的办法，检验和解决多重共线性问题。分别作 Y 对 X_1, X_2, X_3, X_4, X_5 的一元回归。

关于 X_1 的回归：

$$\hat{Y}_t = -10\,505.24 + 11.238\,88X_1$$

$$t = (-32.97) \quad (142.47)$$

$$R^2 = 0.9996, F = 20\,298.03, N = 11$$

【Stata 实现】

. reg y x1

关于 X_1 的回归结果如图 4.15 所示。

Source	SS	df	MS			
				Number of obs	=	11
				F(1, 9)	=	20298.03
Model	2.0013e+09	1	2.0013e+09	Prob > F	=	0.0000
Residual	887360.804	9	98595.6449	R-squared	=	0.9996
				Adj R-squared	=	0.9995
Total	2.0022e+09	10	200218472	Root MSE	=	314

y	Coefficient	Std. err.	t	P>|t|	[95% conf.	interval]
x1	11.23888	.0788853	142.47	0.000	11.06043	11.41733
_cons	-10505.24	318.6293	-32.97	0.000	-11226.03	-9784.454

图 4.15 关于 X_1 的回归结果

由图 4.15 可知，X_1 系数的 p 值小于 0.01，在 1%水平上显著，可决系数 R^2 为 0.9996。

关于 X_2 的回归：

$$\hat{Y}_t = -157\,543.3 + 197.8775X_2$$

$$t = (-7.76) \quad (9.40)$$

$$R^2 = 0.9075, F = 88.33, N = 11$$

【Stata 实现】

. reg y x2

关于 X_2 的回归结果如图 4.16 所示。

Source	SS	df	MS			
				Number of obs	=	11
				F(1, 9)	=	88.33
Model	1.8171e+09	1	1.8171e+09	Prob > F	=	0.0000
Residual	185130371	9	20570041.3	R-squared	=	0.9075
				Adj R-squared	=	0.8973
Total	2.0022e+09	10	200218472	Root MSE	=	4535.4

y	Coefficient	Std. err.	t	P>|t|	[95% conf.	interval]
x2	197.8775	21.05378	9.40	0.000	150.2506	245.5045
_cons	-157543.3	20302.52	-7.76	0.000	-203470.8	-111615.8

图 4.16 关于 X_2 的回归结果

由图 4.16 可知，X_2 系数的 p 值小于 0.01，在 1%水平上显著，可决系数 R^2 为 0.9075。

关于 X_3 的回归：

$$\hat{Y}_t = -39\,846.94 + 136.9456X_3$$

$$t = (-2.89) \quad (5.34)$$

$$R^2 = 0.7600, \quad F = 28.49, \quad N = 11$$

【Stata 实现】

. reg y x3

关于 X_3 的回归结果如图 4.17 所示。

Source	SS	df	MS			
				Number of obs	=	11
				F(1, 9)	=	28.49
Model	1.5216e+09	1	1.5216e+09	Prob > F	=	0.0005
Residual	480607230	9	53400803.3	R-squared	=	0.7600
				Adj R-squared	=	0.7333
Total	2.0022e+09	10	200218472	Root MSE	=	7307.6

y	Coefficient	Std. err.	t	P>|t|	[95% conf.	interval]
x3	136.9456	25.65517	5.34	0.000	78.90956	194.9816
_cons	-39846.94	13794.17	-2.89	0.018	-71051.51	-8642.36

图 4.17　关于 X_3 的回归结果

由图 4.17 可知，X_3 系数的 p 值小于 0.01，在 1%水平上显著，可决系数 R^2 为 0.7600。

关于 X_4 的回归：

$$\hat{Y}_t = -80\,971.63 + 249.0092X_4$$

$$t = (-1.89) \quad (2.66)$$

$$R^2 = 0.4405, F = 7.08, N = 11$$

【Stata 实现】

. reg y x4

关于 X_4 的回归结果如图 4.18 所示。

Source	SS	df	MS			
				Number of obs	=	11
				F(1, 9)	=	7.08
Model	881873858	1	881873858	Prob > F	=	0.0260
Residual	1.1203e+09	9	124478984	R-squared	=	0.4405
				Adj R-squared	=	0.3783
Total	2.0022e+09	10	200218472	Root MSE	=	11157

y	Coefficient	Std. err.	t	P>|t|	[95% conf.	interval]
x4	249.0092	93.55352	2.66	0.026	37.37641	460.6419
_cons	-80971.63	42891.52	-1.89	0.092	-177999	16055.73

图 4.18　关于 X_4 的回归结果

由图 4.18 可知，X_4 系数的 p 值小于 0.01，在 1%水平上显著，可决系数 R^2 为 0.4405。

关于 X_5 的回归：

$$\hat{Y}_t = -27\,271.93 + 5138.574X_5$$
$$t = (-1.28) \quad (2.85)$$
$$R^2 = 0.4738, F = 8.10, N = 11$$

【Stata 实现】

```
. reg y x5
```

关于 X_5 的回归结果如图 4.19 所示。

Source	SS	df	MS			
				Number of obs	=	11
				F(1, 9)	=	8.10
Model	948644205	1	948644205	Prob > F	=	0.0192
Residual	1.0535e+09	9	117060057	R-squared	=	0.4738
				Adj R-squared	=	0.4153
Total	2.0022e+09	10	200218472	Root MSE	=	10819

y	Coefficient	Std. err.	t	P>|t|	[95% conf.	interval]
x5	5138.574	1805.075	2.85	0.019	1055.21	9221.938
_cons	-27271.93	21366.6	-1.28	0.234	-75606.53	21062.67

图 4.19 关于 X_5 的回归结果

由图 4.19 可知，X_5 系数的 p 值小于 0.01，在 1%水平上显著，可决系数 R^2 为 0.4738。

按 R^2 的大小排序为：X_1, X_2, X_3, X_5, X_4。

以 X_1 为基础，顺次加入其他变量逐步回归。

（1）加入 X_2 的回归模型为

$$\hat{Y}_t = -7467.844 + 11.444\,56X_1 - 3.981\,453X_2$$
$$t = (-1.95) \quad (42.35) \quad (-0.80)$$
$$R^2 = 0.9996$$

【Stata 实现】

```
. reg y x1 x2
```

加入 X_2 的回归结果如图 4.20 所示。

Source	SS	df	MS			
				Number of obs	=	11
				F(2, 8)	=	9738.67
Model	2.0014e+09	2	1.0007e+09	Prob > F	=	0.0000
Residual	822026.796	8	102753.35	R-squared	=	0.9996
				Adj R-squared	=	0.9995
Total	2.0022e+09	10	200218472	Root MSE	=	320.55

y	Coefficient	Std. err.	t	P>|t|	[95% conf.	interval]
x1	11.44456	.2702245	42.35	0.000	10.82142	12.0677
x2	-3.981453	4.993097	-0.80	0.448	-15.49556	7.532649
_cons	-7467.844	3823.032	-1.95	0.087	-16283.77	1348.083

图 4.20 加入 X_2 的回归结果

当取 $\alpha = 0.05$ 时，$t_{\alpha/2}(n-k) = t_{0.025}(11-3) = 2.306$，$X_2$ 参数的 t 检验不显著，予以剔除。

（2）加入 X_3 的回归模型为

$$\hat{Y}_t = -11\,957.3 + 10.931\,81X_1 + 4.966\,987X_3$$

$$t = (-24.11) \quad (100.59) \quad (3.27)$$

$$R^2 = 0.9998$$

【Stata 实现】

. reg y x1 x3

加入 X_3 的回归结果如图 4.21 所示。

Source	SS	df	MS		
				Number of obs =	11
				F(2, 8) =	21088.78
Model	2.0018e+09	2	1.0009e+09	Prob > F =	0.0000
Residual	379690.954	8	47461.3693	R-squared =	0.9998
				Adj R-squared =	0.9998
Total	2.0022e+09	10	200218472	Root MSE =	217.86

y	Coefficient	Std. err.	t	P>|t|	[95% conf.	interval]
x1	10.93181	.1086772	100.59	0.000	10.6812	11.18242
x3	4.966987	1.518702	3.27	0.011	1.464855	8.469119
_cons	-11957.3	495.9732	-24.11	0.000	-13101.02	-10813.58

图 4.21　加入 X_3 的回归结果

加入 X_3，系数 t 统计量均显著，且可决系数增加，故保留 X_3。

（3）加入 X_5 的回归模型为

$$\hat{Y}_t = -12\,106.57 + 10.9241X_1 + 4.444\,46X_3 + 39.009\,16X_5$$

$$t = (-21.69) \quad (96.62) \quad (2.54) \quad (0.68)$$

$$R^2 = 0.9998$$

【Stata 实现】

. reg y x1 x3 x5

加入 X_5 的回归结果如图 4.22 所示。

Source	SS	df	MS		
				Number of obs =	11
				F(3, 7) =	13120.54
Model	2.0018e+09	3	667276238	Prob > F =	0.0000
Residual	356001.707	7	50857.3867	R-squared =	0.9998
				Adj R-squared =	0.9997
Total	2.0022e+09	10	200218472	Root MSE =	225.52

y	Coefficient	Std. err.	t	P>|t|	[95% conf.	interval]
x1	10.9241	.1130634	96.62	0.000	10.65675	11.19146
x3	4.44446	1.748615	2.54	0.039	.3096416	8.579278
x5	39.00916	57.15682	0.68	0.517	-96.14523	174.1636
_cons	-12106.57	558.0576	-21.69	0.000	-13426.17	-10786.98

图 4.22　加入 X_5 的回归结果

X_5 系数未通过 t 检验，且可决系数未改进，故剔除 X_5。

（4）加入 X_4 的回归模型为

$$\hat{Y}_t = -12\,607.23 + 10.931\,73X_1 + 4.253\,351X_3 + 2.251\,346X_4$$

$$t = (-12.97) \quad (98.14) \quad (2.36) \quad (0.78)$$

$$R^2 = 0.9998, \quad \bar{R}^2 = 0.9998, \quad F=13\,382.72$$

【Stata 实现】

. reg y x1 x3 x4

加入 X_4 的回归结果如图 4.23 所示。

Source	SS	df	MS		
				Number of obs	= 11
				F(3, 7)	= 13382.72
Model	2.0018e+09	3	667278563	Prob > F	= 0.0000
Residual	349028.399	7	49861.1999	R-squared	= 0.9998
				Adj R-squared	= 0.9998
Total	2.0022e+09	10	200218472	Root MSE	= 223.3

y	Coefficient	Std. err.	t	P>|t|	[95% conf.	interval]
x1	10.93173	.111391	98.14	0.000	10.66834	11.19513
x3	4.253351	1.803116	2.36	0.050	-.0103398	8.517042
x4	2.251346	2.87091	0.78	0.459	-4.537276	9.039969
_cons	-12607.23	972.2704	-12.97	0.000	-14906.28	-10308.17

图 4.23　加入 X_4 的回归结果

当取 $\alpha = 0.05$ 时，$t_{\alpha/2}(n-k) = t_{0.025}(11-4) = 2.365$，$X_4$ 系数未通过 t 检验，故予以剔除。

最终得到消除多重共线性的模型为

$$\hat{Y}_t = -11\,957.3 + 10.931\,81X_1 + 4.966\,987X_3$$

$$t = (-24.11) \quad (100.59) \quad (3.27)$$

$$R^2 = 0.9998$$

这说明，在其他因素不变的情况下，当国内旅游人数 X_1 和农村居民人均旅游支出 X_3 分别增加 1 百万人次、增长 1 元时，国内旅游收入 Y_t 将分别增长 10.93 亿元和 4.97 亿元。

第二节　异方差

一、什么是异方差性？

在现实经济活动中，最小二乘法的基本假定并非都能满足，上一节介绍的多重共线性只是其中一个方面，本章将讨论违背基本假定的另一个方面——异方差性。虽然二者都是违背了基本假定，但前者属于解释变量之间存在的问题，后者是随机误差项出现的问题。本章将讨论异方差性的实质、异方差产生的原因、异方差性的后果，并介绍检验和修正异方差的若干方法。

（一）异方差性的实质

第二章提出的基本假定中，要求对所有的 $i(i=1, 2,\cdots, n)$都有

$$Var(u_i)=\sigma^2 \tag{4.28}$$

也就是说，u_i 具有同方差性。这里的方差 σ^2 度量的是随机误差项围绕其均值的分散程度。由于 $E(u_i)=0$，等价地说，方差 σ^2 度量的是被解释变量 Y 的观测值围绕回归线 $E(Y_i)=\beta_1+\beta_2X_{2i}+\cdots+\beta_kX_{ki}$ 的分散程度，同方差性实际指的是相对于回归线，被解释变量所有观测值的分散程度相同。

设模型为

$$Y_i=\beta_1+\beta_2X_{2i}+\cdots+\beta_kX_{ki}+u_i \quad (i=1,2,\cdots,n) \tag{4.29}$$

如果其他假定均不变，但模型中随机误差项 u_i 的方差为

$$Var(u_i^2)=\sigma_i^2 \quad (i=1,2,3,\cdots,n) \tag{4.30}$$

则称 u_i 具有异方差性。

由于异方差性指的是被解释变量观测值的分散程度是随解释变量的变化而变化的（见图 4.24），所以进一步可以把异方差看成是由某个解释变量的变化引起的，则

$$Var(u_i^2)=\sigma_i^2=\sigma^2 f(X_i) \tag{4.31}$$

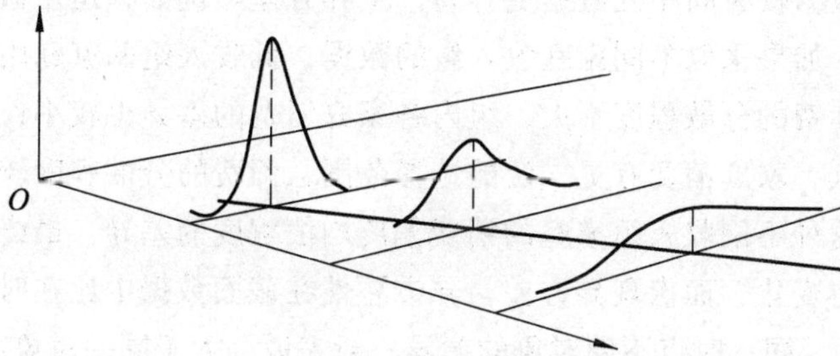

图 4.24　异方差性的散点图

（二）产生异方差的原因

由于现实经济活动的错综复杂性，一些经济现象的变动与同方差性的假定经常是相悖的。所以在计量经济分析中，往往会出现某些因素随其观测值的变化而对被解释变量产生不同的影响，从而导致随机误差项的方差相异。通常产生异方差的主要原因有以下几种。

1. 模型中省略了某些重要的解释变量

异方差性表现在随机误差上，但它的产生却与解释变量的变化有紧密的关系。如果计量模型本来应当为 $Y_i=\beta_1+\beta_2X_{2i}+\beta_3X_{3i}+u_i$，假如被略去了 X_{3i}，而采用了

$$Y_i=\beta_1+\beta_2X_{2i}+u_i^* \tag{4.32}$$

当被略去的 X_{3i} 与 X_{2i} 有呈同方向或反方向变化的趋势时，X_{3i} 随 X_{2i} 的有规律变化会体现在式（4.32）的 u_i^* 中。如果将某些未在模型中出现的重要影响因素归入随机误差项，而且这些

影响因素的变化具有差异性，则会对被解释变量产生不同的影响，从而导致误差项的方差随之变化，即产生异方差性。本章已经讨论过，可以通过剔除变量的方法去避免多重共线性的影响，但是如果删除了重要的变量又有可能引起异方差性。这是在建模过程中应当引起注意的问题。

2. 模型设定误差

模型设定主要包括变量的选择和模型数学形式的确定。模型中略去了重要解释变量常常导致异方差，实际上就是模型设定问题。除此之外，模型的函数形式不正确，如把变量间本来为非线性的关系设定为线性，也可能导致异方差。

3. 测量误差的变化

样本数据的观测误差有可能随研究范围的扩大而增加，或随时间的推移逐步积累，也可能随着观测技术的提高而逐步减小。例如生产函数模型，由于生产要素投入的增加与生产规模相联系，在其他条件不变的情况下，测量误差可能会随生产规模的扩大而增加，随机误差项的方差会随资本和劳动力投入的增加而变化。另外，当用时间序列数据估计生产函数时，由于抽样技术和数据收集处理方法的改进，观测误差有可能会随着时间的推移而降低。

4. 截面数据中总体各单位的差异

通常认为，截面数据较时间序列数据更容易产生异方差。例如，运用截面数据研究消费和收入之间的关系时，如果采取不同家庭收入组的数据，低收入组的家庭用于购买生活必需品的比例相对较大，消费的分散程度不大，组内各家庭消费的差异也较小；高收入组的家庭有更多自由支配的收入，家庭消费有更广泛的选择范围，消费的分散程度较大，组内各家庭消费的差异也较大。这种不同收入组家庭的消费偏离均值程度的差异，最终反映为随机误差项偏离其均值的程度有变化，而出现异方差。异方差性在截面数据中比在时间序列数据中可能更常出现，这是因为，同一时点不同对象的差异一般来说会大于同一对象不同时间的差异。不过，在时间序列数据发生较大变化的情况下，也可能出现比截面数据更严重的异方差。

以上只是对产生异方差的经验总结，在建立计量经济学模型的过程中，具体是什么原因产生异方差，应对变量的经济意义和数据所表现出的特征进行认真地分析。

二、异方差性的后果

在计量经济分析中，如果模型存在异方差，则会对模型产生一系列后果。

（一）对参数估计式统计特性的影响

1. 参数的 OLS 估计仍然具有无偏性

由第二章参数估计的统计特性可知，参数 OLS 估计的无偏性仅依赖于基本假定中随机误差项的零均值假定（即 $E(u_i)=0$），以及解释变量的非随机性，异方差的存在并不影响参数估计式的无偏性。

2. 参数 OLS 估计式的方差不再是最小的

在模型参数的所有线性估计式中，OLS 估计方差最小的重要前提条件之一是随机误差项为同方差，如果随机误差项是异方差，将不能保证最小二乘估计的方差最小。事实上可以证明，能够找到比 OLS 估计的方差更小的估计方法，本章第四节将会介绍这类估计方法。也就是说，在异方差存在时，虽然 OLS 估计仍保持线性无偏性和一致性，但已失去了有效性，即参数的 OLS 估计量不再具有最小方差。

（二）对参数显著性检验的影响

在 u_i 存在异方差时，OLS 估计式不再具有最小方差，如果仍然用不存在异方差时的 OLS 方式估计其方差，例如在一元回归时仍用 $Var(\hat{\beta}_2)=\sigma^2/\sum x_i^2$ 去估计参数估计式的方差，将会低估存在异方差时的真实方差，从而低估 $SE(\hat{\beta}_2)$，这将夸大用于参数显著性检验的 t 统计量。如果仍用夸大的 t 统计量进行参数的显著性检验，可能造成本应接受的原假设被错误地拒绝，从而夸大所估计参数的统计显著性。

（三）对预测的影响

尽管参数的 OLS 估计量仍然无偏，并且基于此的预测也是无偏的，但是由于参数估计量不是有效的，从而对 Y 的预测也将不是有效的。在 u_i 存在异方差时，σ_i^2 与 X_i 的变化有关，参数 OLS 估计的方差 $Var(\hat{\beta}_k)$ 不能唯一确定，Y 的预测区间的建立将比较困难。而且即 $Var(\hat{\beta}_k)$ 将会增大，Y 预测值的精确度将会下降。

异方差性的存在，会对回归模型的建立和统计推断带来严重后果，因此在计量经济分析中，有必要检验模型是否存在异方差。

三、异方差性的检验

要检验模型是否存在异方差，需要了解随机误差项 u_i 的概率分布。由于随机误差很难直接观测，只能对随机误差的分布特征进行某种推测，所以对异方差性的检验还没有完全可靠的准则，只能针对产生异方差不同原因的假设，提出一些检验异方差的经验办法。本节只介绍一些最常用的方法。

（一）图示检验法

1. 相关图形分析

方差描述的是随机变量相对其均值的离散程度，而被解释变量 Y 与随机误差项 u 有相同的方差，所以分析 Y 与 X 的相关图形，可以粗略地看到 Y 的离散程度及 Y 与 X 之间是否存在相关关系。如果随着 X 的增加，Y 的离散程度有逐渐增大（或减小）的趋势，则认为存在递增型（或递减型）的异方差。通常在建立回归模型时，为了判断模型的函数形式，需要观测 Y 与 X 的相关图形，同时也可利用相关图形大致判断模型是否存在异方差性。例如，用 2021 年四川省各地区医疗机构数与人口数（见表 4.3），绘制出医疗机构数对人口数的散点图（见图 4.25），其中 Y 表示医疗机构数，X 表示人口数。

【Stata 实现】

```
. use inc.dta, clear
. twoway scatter institution population
```

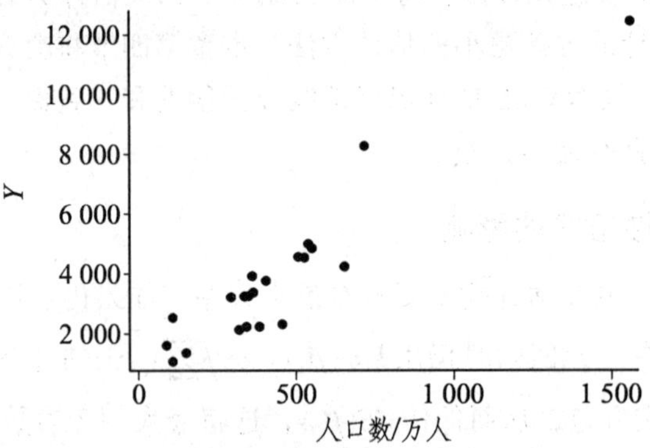

图 4.25　人口数对医疗机构数的散点图

2. 残差图形分析

虽然随机误差项无法观测，但样本回归的残差一定程度上反映了随机误差的某些分布特征，可通过残差的图形对异方差性进行观察。例如，一元线性回归模型 $Y_i=\beta_1+\beta_2X_i+u_i$，在 OLS 估计基础上得到残差的平方 e_i^2，然后绘制出 e_i^2 对 X_i 的散点图。如果 e_i^2 不随 X_i 变化而变化，如图 4.26（a）所示，表明 u_i 不存在异方差；如果 e_i^2 随 X_i 变化而变化，如图 4.26（b）、（c）、（d）所示，则表明 u_i 存在异方差。

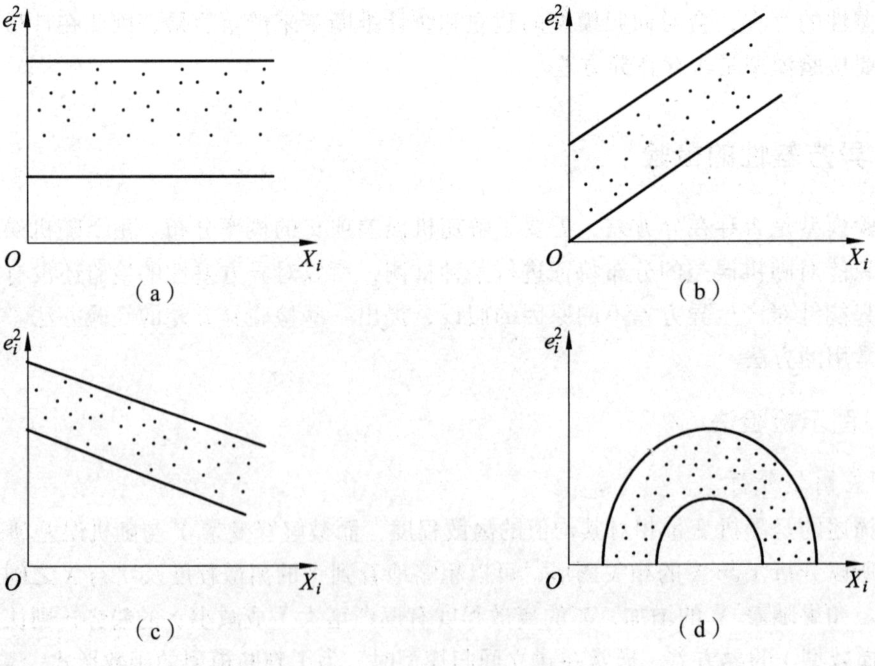

图 4.26　残差和拟合值的散点图

残差图形分析的 Stata 命令：

打开需要处理异方差问题的数据，按照以下命令进行处理。

【Stata 代码】

```
. regress y x1 x2 x3 x4 //其中 y 为被解释变量，x1-x4 为解释变量
. rvfplot,yline（0） xline（0）//画出残差和拟合值散点图的命令，其中 yline（0）xline（0）表示画出坐标轴的意思
. rvpplot x1 //画出 x1 和残差之间散点图
```

图形法的优点是简单易操作，不足是对异方差性的判断比较粗糙。由于引起异方差性的原因错综复杂，仅靠图形法有时对是否存在异方差很难准确下结论，还需要采用其他统计检验方法。

（二）戈德菲尔德-夸特（Goldfeld-Quanadt，G-Q）检验

该检验方法是戈德菲尔德和夸特于 1965 年提出的，可用于检验递增性或递减性异方差。此检验的基本思想是将样本分为两部分，然后分别对两个样本进行回归，并计算比较两个回归的剩余平方和是否有明显差异，以此判断是否存在异方差。

1. 检验的前提条件

（1）此检验只适用于大样本。

（2）除了同方差假定不成立外，其他假定均满足。

2. 检验的具体做法

（1）将观测值按解释变量 X_i 的大小排序。

（2）将排列在中间的 C 个（约 1/4）观察值删除掉，再将剩余的观测值分为两个部分，每部分观察值的个数均为$(n-c)/2$。

（3）提出假设。即

H_0：两部分数据的方差相等；H_1：两部分数据的方差不相等。

（4）构造 F 统计量。分别对上述两个部分的观察值作回归，由此得到两个部分的残差平方和，以 $\sum e_{1i}^2$ 表示前一部分样本回归产生的残差平方和，以 $\sum e_{2i}^2$ 表示后一部分样本回归产生的残差平方和，它们的自由度均为$[(n-c)/2]-k$，其中 k 为参数的个数。在原假设成立的条件下，因 $\sum e_{1i}^2$和$\sum e_{2i}^2$ 均服从自由度为$[(n-c)/2]-k$ 的 χ^2 分布①，可推导出

$$F^* = \frac{\sum e_{2i}^2 \Big/ \left(\dfrac{n-c}{2}-k\right)}{\sum e_{1i}^2 \Big/ \left(\dfrac{n-c}{2}-k\right)} = \frac{\sum e_{2i}^2}{\sum e_{1i}^2} \sim F\left(\frac{n-c}{2}-k, \frac{n-c}{2}-k\right) \tag{4.33}$$

（5）判断。给定显著性水平 α，查 F 分布表，得临界值 $F_{(\alpha)} = F_{(\alpha)}\left(\dfrac{n-c}{2}-k, \dfrac{n-c}{2}-k\right)$。计算统计量 F^*，如果 $F^* > F_{(\alpha)}$，则拒绝原假设，不拒绝备择假设，即认为模型中的随机误差存在异方差；反之，如果 $F^* < F_{(\alpha)}$，则不拒绝原假设，认为模型中的随机误差项不存在异方差。

戈德菲尔德-夸特检验的功效，一是与对观测值的正确排序有关；二是与删除数据的个数

① 可参阅[美] J. M. 伍德里奇：《计量经济学导论》，中国人民大学出版社 2003 年版。

c 的大小有关。经验认为，当 $n=30$ 时，可以取 $c=4$；当 $n=60$ 时，可以取 $c=10$ 为宜。该方法得到的只是异方差是否存在的判断，在多个解释变量的情况下，对判断是哪一个变量引起异方差还存在局限性。

G-Q 检验法的 Stata 命令：

在 Stata 中，可以使用 qreg 命令来进行 G-Q 检验。

【Stata 代码】

```
. qreg dependent_variable independentvariables, nolog
```

其中，dependentvariable 表示因变量；independentvariables 表示自变量；nolog 表示不输出回归分析的结果。

下面是使用 qreg 命令进行 Goldfeld-Quandt 检验的示例代码：

【Stata 实现】

```
. sysuse auto.dta, clear
. qreg mpg weight // 对 mpg 和 weight 变量进行回归分析
. estat hettest // 进行 Goldfeld-Quandt 检验，输出结果
```

在上述代码中，sysuse auto.dta, clear 用于加载 Stata 自带的 auto 数据集，qreg mpg weight 用于回归分析，estat hettest 用于 G-Q 检验，并输出结果。

注意：需要安装 qreg 命令，如果没有安装，可以在 Stata 中使用 finditqreg 命令进行搜索安装。

（三）怀特（White）检验

White 检验的基本思想是，如果存在异方差，其方差 σ_t^2 与解释变量有关系，分析 σ_t^2 是否与解释变量的某些形式有联系可判断是否存在异方差。但是 σ_t^2 一般是未知的，可用 OLS 估计的残差平方 e_t^2 作为其估计值。在大样本的情况下，作 e_t^2 对常数项、解释变量、解释变量的平方及其交叉乘积等构成辅助回归，利用辅助回归相应的检验统计量，即可判断是否存在异方差。

例如，二元线性回归模型为

$$Y_t=\beta_1+\beta_2X_{2t}+\beta_3X_{3t}+u_t \tag{4.34}$$

设异方差与 X_{2t},X_{3t} 的一般关系为

$$\sigma_t^2=\alpha_1+\alpha_2X_{2t}+\alpha_3X_{3t}+\alpha_4X_{2t}^2+\alpha_5X_{3t}^2+\alpha_6X_{2t}X_{3t}+v_t \tag{4.35}$$

其中 v_t 为随机误差项。

1. White 检验的基本步骤

（1）用 OLS 法估计式（4.38），计算残差 $e_t=Y_t-\hat{Y}_t$，并求残差的平方 e_t^2。

（2）用残差平方 e_t^2 作为异方差 σ_t^2 的估计，并作 e_t^2 对 $X_{2t},X_{3t},X_{2t}^2,X_{3t}^2,X_{2t}X_{3t}$ 的辅助回归，即

$$\hat{e}_t^2=\hat{\alpha}_1+\hat{\alpha}_2x_{2t}+\hat{\alpha}_3x_{3t}+\hat{\alpha}_4x_{2t}^2+\hat{\alpha}_5x_{3t}^2+\hat{\alpha}_6x_{2t}x_{3t} \tag{4.36}$$

式中，$\hat{e}_t^2$ 表示 e_t^2 的估计。

（3）计算统计量 nR^2。其中 n 为样本容量，R^2 为辅助回归的可决系数。

（4）在“$H_0:\alpha_2=\cdots=\alpha_6=0, H_1:\alpha_j$（$j=2,3,\cdots,6$）中至少有一个不为零”的原假设下，可证明，$nR^2$ 渐近地服从自由度为 5 的 χ^2 分布。给定显著性水平 α，查 χ^2 分布表得临界值 $\chi^2_\alpha(5)$，如果 $nR^2 > \chi^2_\alpha(5)$，则拒绝原假设，表明模型中随机误差存在异方差。

White 检验的特点是，不仅能够检验异方差的存在性，同时在多变量的情况下，还能判断出是哪一个变量引起的异方差。此方法不需要异方差的先验信息，但要求观测值为大样本。

2. White 检验的 Stata 命令

【Stata 代码】

```
. reg y x1 x2 x3 //进行 OLS 回归
. imtest, white //执行 White 检验
```

（四）ARCH 检验

通常，人们在计量经济分析时对截面数据产生异方差给予足够的关注，而放松了对时间序列数据产生异方差的警惕。恩格尔（Engel）于 1982 年提出，在时间序列背景下也有可能出现异方差性，并从理论上提出了一种观测时间序列方差变动的方法，这就是所谓的 ARCH（AutoRegressive Conditional Heteroscedasticity）检验方法。ARCH 检验的基本思想是，在时间序列数据中，可认为存在的异方差性为 ARCH（自回归条件异方差）过程，并通过检验这一过程是否成立去判断时间序列是否存在异方差。

1. ARCH 过程

设 ARCH 过程为

$$\sigma_t^2=\alpha_0+\alpha_1\sigma_{t-1}^2+\cdots+\alpha_p\sigma_{t-p}^2+v_t \tag{4.37}$$

式中，p 为 ARCH 过程的阶数；$\alpha_0>0, \alpha_i\geqslant 0, (i=1,2,\cdots,p)$；$v_t$ 为随机误差。

2. ARCH 检验的基本步骤

（1）提出原假设：

$H_0:\alpha_1=\alpha_2=\cdots=\alpha_p=0$; $H_1:\alpha_j$（$j=1,2,\cdots,p$）中至少有一个不为零。

（2）对原模型作 OLS 估计，求出残差 e_t，并计算残差平方序列 $e_t^2, e_{t-1}^2, \cdots, e_{t-p}^2$，将其分别作为对 $\sigma_t^2, \sigma_{t-1}^2, \cdots, \sigma_{t-p}^2$ 的估计。

（3）作辅助回归：

$$\hat{e}_t^2=\hat{\alpha}_0+\hat{\alpha}_1 e_{t-1}^2+\cdots+\hat{\alpha}_p e_{t-p}^2 \tag{4.38}$$

式中，$\hat{e}_t^2$ 表示 e_t^2 的估计。

（4）计算式（4.38）辅助回归的可决系数 R^2，可以证明在 H_0 成立下，基于大样本，有 $(n-p)R^2$ 渐近服从 $\chi^2(p)$，p 为自由度，也即式（4.37）中变量的滞后期数；给定显著性水平 α，查 χ^2 分布表，得临界值 $\chi_\alpha{}^2(p)$，如果 $(n-p)R^2 > \chi_\alpha{}^2(p)$，则拒绝原假设，表明模型中的随机误差项存在异方差①。

① 陆懋祖：《高等时间序列经济计量学》，上海人民出版社 1999 年版。

ARCH 检验的特点是，要求变量的观测值为大样本，并且是时间序列数据；它只能判断模型中是否存在异方差，而不能诊断出是哪一个变量引起的异方差。

3. ARCH 检验的 Stata 命令

【Stata 实现】

```
. use wpi1.dta, clear
*_检验 ARCH 效应是否存在：archlm 命令
```

【Stata 实现】

```
. regress D.In_wpi
. archlm,lag（1/20）
. regress D.ln_wpi l（1/3）.D.ln_wpi
. archim,lag（1/20）
```

（五）格莱泽（Glejser）检验

Glejser 检验的基本思想是，由 OLS 法得到残差 e_i，取 e_i 的绝对值 $|e_i|$，然后作 $|e_i|$ 对某个解释变量 X_i 的回归，根据回归模型的显著性和拟合优度来判断是否存在异方差。该检验的特点是不仅能对异方差的存在进行判断，而且还能对异方差随某个解释变量变化的函数形式进行诊断。该检验要求变量的观测值为大样本。

1. Glejser 检验的具体步骤

（1）根据样本数据建立回归模型，并求残差序列 $e_i = Y_i - \hat{Y}_i$。

（2）用残差绝对值 $|e_i|$ 对 X_i 进行回归，由于 $|e_i|$ 与 X 的真实函数形式并不知道，可用各种函数形式去试验，从中选择最佳形式。Glejser 曾提出如下一些假设的函数形式：

$$|e_i| = \beta X_i + v_i，\ |e_i| = \alpha + \beta X_i + v_i，\ |e_i| = \beta\sqrt{X_i} + v_i，$$

$$|e_i| = \beta\frac{1}{X_i} + v_i，\ |e_i| = \beta\frac{1}{\sqrt{X_i}} + v_i$$

其中，v 为随机误差项。

（3）根据选择的函数形式作 $|e_i|$ 对 X_i 的回归，用回归所得到的 R^2, t, F 等信息进行判断，若表明参数 β 显著不为零，即认为存在异方差性。

对上述各种检验方法，很难说哪一种方法最为有效。这些检验方法的共同思想是，基于不同的假定，分析随机误差项的方差与解释变量之间的相关性，以判断随机误差项的方差是否随解释变量变化而变化。其中，有的检验方法还能提供随机误差项的方差与解释变量之间关系的某些信息，这些信息对补救异方差性可能是有价值的。

2. Glejser 检验的 Stata 命令

【Stata 代码】

```
. reg y L.y L.x //滞后 1 期
. estat ic //显示 AIC 与 BIC 取值，以便选择最佳滞后期
```

```
. reg y L.y L.x L2.y L2.x
.estat ic //显示 AIC 与 BIC 取值，以便选择最佳滞后期
```

根据信息准则确定 p，q 后，检验；所用的命令就是 test

特别说明，此处 p 和 q 的取值完全可以不同，而且应该不同，这样才能获得最有说服力的结果，这也是该方法的最大优点。该方法的缺点是命令过于繁琐。

四、异方差性的补救措施

如果通过检验证实存在异方差，则需要采取措施对异方差性进行修正，基本思想是采用适当的估计方法，消除或减小异方差对模型的影响。

（一）对模型变换

当可以确定异方差的具体形式时，将模型作适当变换有可能消除或减轻异方差的影响。

以一元线性回归模型为例，对于

$$Y_i = \beta_1 + \beta_2 X_i + u_i \tag{4.39}$$

经检验，u_i 存在异方差，并已知 $Var(u_i) = \sigma_i^2 = \sigma^2 f(X_i)$，其中 σ^2 为常数，$f(X_i)$ 为 X_i 的某种函数。显然，当 $f(X_i)$ 是常数时，u_i 为同方差；当 $f(X_i)$ 不是常数时，u_i 为异方差。为变换模型，用 $\sqrt{f(X_i)}$ 去除式（4.39）的两端，得

$$\frac{Y_i}{\sqrt{f(X_i)}} = \frac{\beta_1}{\sqrt{f(X_i)}} + \beta_2 \frac{X_i}{\sqrt{f(X_i)}} + \frac{u_i}{\sqrt{f(X_i)}} \tag{4.40}$$

记

$$Y_i^* = \frac{Y_i}{\sqrt{f(X_i)}}, \quad X_i^* = \frac{X_i}{\sqrt{f(X_i)}}, \quad \beta_1^* = \frac{\beta_1}{\sqrt{f(X_i)}}, \quad v_i = \frac{u_i}{\sqrt{f(X_i)}}$$

则有

$$Y_i^* = \beta_1^* + \beta_2 X_i^* + v_i \tag{4.41}$$

式（4.41）的随机误差项 v_i 的方差为

$$Var(v_i) = Var\left(\frac{u_i}{\sqrt{f(X_i)}}\right) = \frac{1}{f(X_i)} Var(u_i) = \sigma^2 \tag{4.42}$$

可见，经变换后的式（4.41）的随机误差项 $v_i = \dfrac{u_i}{\sqrt{f(X_i)}}$ 是同方差。

根据图示法或 Glejser 检验所得到的相应信息，可以对 $f(X_i)$ 的函数形式作出各种假定，常见的 $f(X_i)$ 形式有以下几种：

（1）设 $f(X_i) = X_i$，即 $Var(u_i) = \sigma^2 X_i$，这时对式（4.39）两端同除 $\sqrt{X_i}$，得

$$\frac{Y_i}{\sqrt{X_i}} = \frac{\beta_1}{\sqrt{X_i}} + \beta_2 \frac{X_i}{\sqrt{X_i}} + \frac{u_i}{\sqrt{X_i}} \tag{4.43}$$

令 $v_i=\frac{u_i}{\sqrt{X_i}}$，则 $Var(v_i)$ 为同方差。因为

$$Var(v_i)=Var\left(\frac{u_i}{\sqrt{X_i}}\right)=\frac{1}{X_i}Var(u_i)=\sigma^2 \tag{4.44}$$

（2）设 $f(X_i)=X_i^2$，则 $Var(u_i)=\sigma^2X_i^2$，同理可得

$$\frac{Y_i}{X_i}=\beta_1\frac{1}{X_i}+\beta_2\frac{X_i}{X_i}+\frac{u_i}{X_i} \tag{4.45}$$

令 $v_i=\frac{u_i}{X_i}$，则 $Var(v_i)$ 为同方差。因为

$$Var(v_i)=Var\left(\frac{u_i}{X_i}\right)=\frac{1}{X_i^2}Var(u_i)=\sigma^2 \tag{4.46}$$

（3）设 $f(X_i)=(a_0+a_1X_i)^2$，则 $Var(u_i)=\sigma^2(a_0+a_1X_i)^2$，同理可得

$$\frac{Y_i}{a_0+a_1X_i}=\beta_1\frac{1}{a_0+a_1X_i}+\beta_2\frac{X_i}{a_0+a_1X_i}+\frac{u_i}{a_0+a_1X_i} \tag{4.47}$$

令 $v_i=\frac{u_i}{a_0+a_1X_i}$，则 $Var(v_i)$ 为同方差。因为

$$Var(v_i)=Var\left(\frac{u_i}{a_0+a_1X_i}\right)=\frac{1}{(a_0+a_1X_i)^2}Var(u_i)=\sigma^2 \tag{4.48}$$

（二）加权最小二乘法

为了便于说明问题，以一元线性回归模型为例，对于

$$Y_i=\beta_1+\beta_2X_i+u_i \tag{4.49}$$

存在异方差的形式为 $Var(u_i)=\sigma_i^2=\sigma^2f(X_i)$，其中 σ^2 为常数，$f(X_i)$ 为 X_i 的某种函数。对式（4.46）按照最小二乘法的基本原则，要使残差平方和 $\sum e_i^2=\sum(Y_i-\hat{\beta}_1-\hat{\beta}_2X_i)^2$ 最小。在同方差性假定下，普通最小二乘法是把每个残差平方 $e_i^2(i=1,2,\cdots,n)$ 都同等看待，都赋予相同的权数 1。但是，当存在异方差性时，方差 σ_i^2 越小，其样本值偏离均值的程度越小，其观测值越应受到重视，即方差 σ_i^2 越小，在确定回归线时的作用应当越大；反之，方差 σ_i^2 越大，其样本值偏离均值的程度越大，其观测值所起的作用应当越小。也就是说，在拟合存在异方差的模型的回归线时，对不同的 σ_i^2 应该区别对待。从样本的角度看，对较小的 e_i^2 给予较大的权数，对较大的 e_i^2 给予较小的权数，从而使 $\sum e_i^2$ 更好地反映 σ_i^2 对残差平方和的影响。通常可将权数取为 $w_i=1/\sigma_i^2\,(i=1,2,\cdots,n)$，由此，当 σ_i^2 越小时，w_i 越大；当 σ_i^2 越大时，w_i 就越小。将权数与残差平方相乘再求和，得

$$\sum w_ie_i^2=\sum w_i(Y_i-\beta_1^*-\beta_2^*X_i)^2 \tag{4.50}$$

式（4.50）称为加权的残差平方和。根据最小二乘原理，要使加权的残差平方和最小，即

$$\min\left\{\sum w_i e_i^2 = \sum w_i (Y_i - \beta_1^* - \beta_2^* X_i)^2\right\} \tag{4.51}$$

可得

$$\begin{aligned} \hat{\beta}_1^* &= \bar{Y}^* - \hat{\beta}_2^* \bar{X}^* \\ \hat{\beta}_2^* &= \frac{\sum w_i (X_i - \bar{X}^*)(Y_i - \bar{Y}^*)}{\sum w_i (X_i - \bar{X}^*)^2} \end{aligned} \tag{4.52}$$

其中，$\bar{X}^* = \dfrac{\sum w_i X_i}{\sum w_i}, \bar{Y}^* = \dfrac{\sum w_i Y_i}{\sum w_i}$。这样估计的参数 β_1^* 和 β_2^* 称为加权最小二乘估计。这种求解参数估计式的方法为加权最小二乘法（Weighted Least Square，WLS）。

容易证明，对原模型变换的方法与加权最小二乘法实际上是等价的。例如以式（4.49）的一元线性模型为例，如果已知存在异方差，且 $Var(u_i) = \sigma_i^2 = \sigma^2 f(X_i)$，变换后的模型为

$$\frac{X_i}{\sqrt{f(X_i)}} = \frac{\beta_1}{\sqrt{f(X_i)}} + \beta_2 \frac{X_i}{\sqrt{f(X_i)}} + \frac{u_i}{\sqrt{f(X_i)}} \tag{4.53}$$

由前面的讨论知，式（4.53）的随机误差项 $u_i / \sqrt{f(X_i)}$ 已是同方差的。用 OLS 法估计式（4.53）的参数，其剩余平方和为

$$\sum e_i^2 = \sum \left(\frac{Y_i}{\sqrt{f(X_i)}} - \frac{\hat{\beta}_1}{\sqrt{f(X_i)}} - \hat{\beta}_2 \right)^2 = \sum \frac{1}{f(X_i)} (Y_i - \hat{\beta}_1 - \hat{\beta}_2 X_i)^2 \tag{4.54}$$

当对式（4.49）采用加权最小二乘法时，其权数为 $w_i = 1/\sigma_i^2 = 1/\sigma^2 f(X_i) (i = 1, 2, \cdots, n)$，其残差平方和为

$$\sum \left(\frac{e_i^{*2}}{\sigma_i^2} \right) = \sum \frac{1}{\sigma_i^2} (Y_i - \beta_1^* - \beta_2^* X_i)^2 = \sum \frac{1}{\sigma^2 f(X_i)} (Y_i - \beta_1^* - \beta_2^* X_i)^2 \tag{4.55}$$

将式（4.54）模型变换的残差平方和与式（4.55）加权最小二乘的残差平方和加以对比，可以看出二者的剩余平方和只相差常数因子 σ^2，能使其中一个最小时必能使另一个最小。对模型变换后用 OLS 估计其参数，实际上与应用加权最小二乘法估计的参数是一致的。这也间接证明了加权最小二乘法可以消除异方差。只是对原模型变换后的模型拟合优度有可能变小，这是由于对样本观测值加权的结果。

加权最小二乘法的 Stata 实现命令：

【Stata 代码】

. quietly regress Y X1 X2 //被解释变量 Y 对解释变量 X1X2 做安静回归，即做回归但不显示回归结果

```
. predict e, residuals //提取回归模型中的残差并命名为 e
. gen r2=e^2 //增加新变量残差的平方
. gen X12 =X1^2
. gen X22 =X2^2 //增加解释变量 X1 X2 的平方
. regress r2 X12 X22 //得出残差平方和与解释变量 X1 X2 的回归关系
. predict ee, residuals
. gen rr2 =ee^2 //提取回归结果中的残差并进行平方和
* 以上代码是对权重的计算，得到权重后，进行回归
. regress Y X1 X2[aw=1/rr2]
```

（三）模型的对数变换

在经济意义成立的情况下，如果对式（4.39）的模型作对数变换，其变量 Y_i 和 X_i 分别用 $\ln Y_i$ 和 $\ln X_i$ 代替，即

$$\ln Y_i = \beta_1 + \beta_2 \ln X_i + u_i \tag{4.56}$$

对数变换后的模型通常可以降低异方差性的影响。

首先，运用对数变换能使测定变量值的尺度缩小。它可以将两个数值之间原来 10 倍的差异缩小到只有 2 倍的差异。例如，100 是 10 的 10 倍，但在常用对数情况下，lg100=2 是 lg10=1 的 2 倍；又如，80 是 8 的 10 倍，但在自然对数情况下，ln80=4.3820 是 ln8=2.0794 的 2 倍多。

其次，经过对数变换后的线性模型，其残差 e 表示相对误差，而相对误差往往比绝对误差有较小的差异。

对变量取对数虽然能够减少异方差对模型的影响，但应注意取对数后变量的经济意义。如果变量之间在经济意义上并非呈对数线性关系，则不能简单地对变量取对数，这时只能用其他方法对异方差进行修正。

变量 Y_i 和 X_i 分别用 $\ln Y_i$ 和 $\ln X_i$ 代替，代码如下：

【Stata 实现】

```
. gen lny = ln(Y)
. gen lnx = ln(X)
```

五、案例分析

1. 问题的提出和模型设定

为了给制定医疗机构的规划提供依据，分析比较医疗机构与人口数量的关系，建立医疗机构数与人口数的回归模型。假定医疗机构数与人口数之间满足线性约束，则理论模型设定为

$$Y_i = \beta_1 + \beta_2 X_i + u_i \tag{4.57}$$

其中，Y_i 表示卫生医疗机构数，X_i 表示人口数。由《四川统计年鉴 2022》得到如下数据（见表 4.3）。

表 4.3　四川省 2021 年各地区医疗机构数与人口数

地区	人口数 X/万人	医疗机构数 Y/个	地区	人口数 X/万人	医疗机构数 Y/个
成都	1556.2	12 497	眉山	340.5	2247
自贡	316.7	2143	宜宾	550.5	4867
攀枝花	107.5	1077	广安	453.2	2333
泸州	506.7	4556	达州	649.1	4223
德阳	381.5	2251	雅安	152.2	1365
绵阳	527.0	4556	巴中	361.6	3366
广元	295.2	3210	资阳	336.9	3225
遂宁	357.6	3907	阿坝	89.7	1620
内江	403.0	3764	甘孜	109.2	2528
乐山	347.2	3237	凉山	538.3	4975
南充	714.8	8302			

数据来源:《四川统计年鉴 2022》。

利用Stata数据编辑器,把 *Y*, *X* 数据录入,并把数据保存为Stata格式数据,文件名为inc.dta。

2. 参数估计

进入 Stata 软件包，确定时间范围；编辑输入数据；输入代码，估计样本回归结果。

【Stata 实现】

```
. use pop.dta,clear
. reg institution population
```

回归结果如图 4.27 所示。

```
      Source |       SS           df       MS      Number of obs   =        22
-------------+----------------------------------   F(1, 20)        =    130.83
       Model |  129694456         1  129694456     Prob > F        =    0.0000
    Residual |  19826357.3       20  991317.866    R-squared       =    0.8674
-------------+----------------------------------   Adj R-squared   =    0.8608
       Total |  149520813        21  7120038.71    Root MSE        =    995.65

------------------------------------------------------------------------------
 Institution | Coefficient  Std. err.      t    P>|t|     [95% conf. interval]
-------------+----------------------------------------------------------------
  Population |   8.088196    .707127    11.44   0.000     6.613155    9.563237
       _cons |   418.6661   380.0932     1.10   0.284    -374.1945    1211.527
------------------------------------------------------------------------------
```

图 4.27　回归结果

3. 检验模型的异方差

本案例用的是四川省 2021 年各地区的医疗机构数和人口数，由于地区之间存在的不同人口数，因此，对各种医疗机构的设置数量会存在不同的需求，这种差异使得模型很容易产生异方差，从而影响模型的估计和运用。为此，必须对该模型是否存在异方差进行检验。

（1）图形法。

【Stata 实现】

```
. predict e,
```

. gen r2 = e*e

. twoway scatter　r2　population

解释变量 X 和残差平方 e_i^2 之间的散点图如图 4.28 所示。

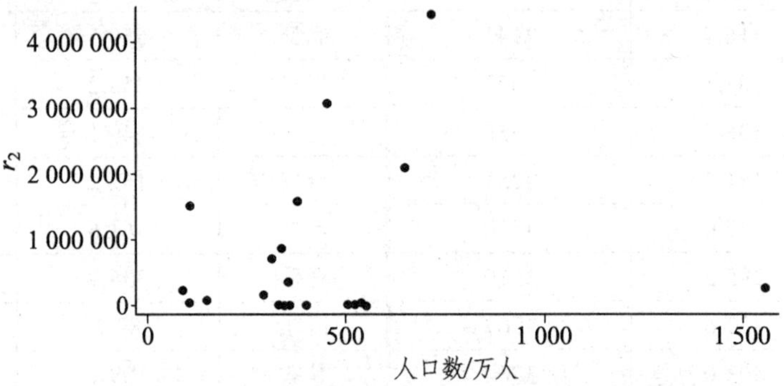

图 4.28　解释变量 X 和残差平方 e_i^2 之间的散点图

由图 4.28 可以看出，残差平方 e_i^2 对解释变量 X 的散点图主要分布在图形中的下三角部分，残差平方 e_i^2 大致随 X_i 的变动呈增大的趋势，因此，模型很可能存在异方差。但是否确实存在异方差还应作更进一步的检验。

（2）Goldfeld-Quanadt 检验。

① 在 command 里输入代码（先调入数据）。

【Stata 实现】

. rename population X

. rename institution Y

用 OLS 方法求得如下回归结果（见图 4.29）。

Source	SS	df	MS			
				Number of obs	=	22
				F(1, 20)	=	130.83
Model	129694456	1	129694456	Prob > F	=	0.0000
Residual	19826357.3	20	991317.866	R-squared	=	0.8674
				Adj R-squared	=	0.8608
Total	149520813	21	7120038.71	Root MSE	=	995.65

Y	Coefficient	Std. err.	t	P>|t|	[95% conf.	interval]
X	8.088196	.707127	11.44	0.000	6.613155	9.563237
_cons	418.6661	380.0932	1.10	0.284	-374.1945	1211.527

图 4.29　OLS 回归结果

② 求 F 统计量。F 统计量为

$$F = 130.83 \tag{4.58}$$

③ 判断。在 $\alpha = 0.05$ 下，式（4.58）中分子、分母的自由度均为 6，查 F 分布表，得临界值 $F_{0.05}(6,6) = 4.28$，因为 $F = 130.83 > F_{0.05}(6,6) = 4.28$，所以拒绝原假设，表明模型确实存在异方差。

（3）White 检验。

先调入数据，然后一步步进行。

【Stata 实现】

. estat ovtest, rhs

怀特检验结果如图 4.30 所示。

```
Ramsey RESET test for omitted variables
Omitted: Powers of independent variables

H0: Model has no omitted variables

F(3, 17) =    3.78
Prob > F = 0.0303
```

图 4.30　怀特检验结果

由估计出的 White 检验结果可知，P 值为 0.0303，所以拒绝原假设，不拒绝备择假设，表明模型存在异方差。

4. 异方差性的修正

（1）加权最小二乘法（WLS）。

【Stata 实现】

```
* 先调入数据
. rename population X
. rename institution Y
. quietly regress Y X
. predict e ,r
. gen r2 = e*e
. gen X12 = X*X
. reg r2 X12
. predict ee ,r
. gen rr2 = ee*ee
. reg Y X aw =1/rr2
```

WLS 回归结果如图 4.31 所示。

```
(sum of wgt is 1.32802678674e-07)

      Source |       SS           df       MS      Number of obs   =        22
-------------+----------------------------------   F(1, 20)        =     45.75
       Model |  15810.4431         1  15810.4431   Prob > F        =    0.0000
    Residual |  6912.19233        20  345.609616   R-squared       =    0.6958
-------------+----------------------------------   Adj R-squared   =    0.6806
       Total |  22722.6354        21  1082.03026   Root MSE        =    18.591

------------------------------------------------------------------------------
           Y | Coefficient  Std. err.      t    P>|t|     [95% conf. interval]
-------------+----------------------------------------------------------------
           X |   7.368429   1.089421     6.76   0.000     5.095937    9.640922
       _cons |  -261.7012   370.9632    -0.71   0.489    -1035.517    512.1145
------------------------------------------------------------------------------
```

图 4.31　WLS 回归结果

最终估计结果如下：

$$\hat{Y}_i = -261.70 + 7.37X_i$$
$$(370.96) \quad (1.09) \tag{4.59}$$
$$R^2 = 0.6958, F = 45.75$$

括号中数据为 t 统计量值。

可以看出，运用加权最小二乘法消除了异方差性后，参数的 t 检验均显著，可决系数大幅提高，F 检验也显著，同时说明人口数量每增加 1 万人，将平均增加 7.37 个医疗机构。虽然该模型可能还存在某些需要进一步解决的其他问题，但这一估计结果或许更为接近真实情况。

第三节　自相关

一、什么是自相关？

前面几章的讨论中，均假定随机误差项前后期之间是不相关的，但在经济系统中，经济变量前后期之间很可能有关联，使得随机误差项不能满足无自相关的假定。本章将探讨随机误差项不满足无自相关的古典假定时的参数估计问题。

1. 自相关的概念

自相关（auto correlation）又称序列相关（serial correlation），是指总体回归模型的随机误差项 u_i 之间存在相关关系。前面几章中强调，在回归模型的古典假定中假设随机误差项是无自相关的，即 u_i 在不同观测点之间是不相关的，即 $Cov(u_i,u_j)=E(u_i,u_j)=0\ (i \neq j)$。如果该假定不能满足，就称 u_i 与 u_j 存在自相关，即不同观测点上的误差项彼此相关。

自相关的程度可用自相关系数表示，随机误差项 u_t 与滞后一期的 u_{t-1} 的自相关系数为

$$\rho = \frac{\sum_{t=2}^{n} u_t u_{t-1}}{\sqrt{\sum_{t=2}^{n} u_t^2}\sqrt{\sum_{t=2}^{n} u_{t-1}^2}} \tag{4.60}$$

式（4.60）定义的自相关系数 ρ 与普通相关系数的公式形式相同，ρ 的取值范围为 $-1 \leqslant \rho \leqslant 1$。式（4.60）中 u_{t-1} 是 u_t 滞后一期的随机误差项，因此，将式（4.60）计算的自相关系数 ρ 称为一阶自相关系数。

根据自相关系数 ρ 的符号可以判断自相关的状态，如果 $\rho<0$，则 u_t 与 u_{t-1} 为负相关；如果 $\rho>0$，则 u_t 与 u_{t-1} 为正相关；如果 $\rho=0$，则 u_t 与 u_{t-1} 不相关。

2. 自相关产生的原因

（1）经济系统的惯性。

自相关现象大多出现在时间序列数据中，而经济系统的经济行为都具有时间上的惯性。例如 GDP、价格、就业等经济数据，都会随经济系统的周期而波动。又如在经济高涨时期，较高的经济增长率会持续一段时间，而在经济衰退期，较高的失业率也会持续一段时间，这种情况下经济数据很可能表现为自相关。

（2）经济活动的滞后效应。

滞后效应是指某一变量对另一变量的影响不仅限于当期，而是延续若干期。这会带来变量的自相关。例如，居民当期可支配收入的增加，不会使居民的消费水平在当期就达到应有水平，而是要经过若干期才能达到。因为人的消费观念的改变存在一定的适应期。

（3）数据处理造成的自相关。

因为某些原因对数据进行了修正和内插处理，在这样的数据序列中可能产生自相关。例如，将月度数据调整为季度数据，由于采用了加合处理，修正了月度数据的波动，使季度数据具有平滑性，这种平滑性可能产生自相关。对缺失的历史资料，采用特定统计方法进行内插处理，也可能使得数据前后期相关，而产生自相关。

（4）蛛网现象。

蛛网现象是微观经济学中的一个概念。它表示某种商品的供给量 Y_t 受前一期价格 P_{t-1} 影响而表现出的某种规律性，即呈蛛网状收敛或发散于供需的均衡点。许多农产品的供给呈现为蛛网现象，供给对价格的反应要滞后一段时间，因为供给的调整需要经过一定的时间才能实现。如果时期 t 的价格 P_t 低于上一期的价格 P_{t-1}，农民就会减少时期 $t+1$ 的生产量。如此则形成蛛网现象，此时的供给模型为

$$Y_t = \beta_1 + \beta_2 P_{t-1} + u_t \tag{4.61}$$

式中，随机误差项 u_t 可能产生自相关。

（5）模型设定偏误。

如果模型中省略了某些重要的解释变量或者模型函数形式不正确，都会产生系统误差，这种误差存在于随机误差项中，从而产生自相关。由于设定误差造成的自相关，在经济计量分析中经常可能发生。例如，本来应该用两个解释变量去解释 Y，即

$$Y_t = \beta_1 + \beta_2 X_{2t} + \beta_3 X_{3t} + u_t \tag{4.62}$$

而建立模型时，模型设定为

$$Y_t = \beta_1 + \beta_2 X_{2t} + u_t \tag{4.63}$$

这样，X_{3t} 对 Y_t 的影响在式（4.63）中便归入到随机误差项 u_t 中，由于 X_{3t} 在不同观测点上是相关的，就造成了 u_t 是自相关的。

模型函数形式的设定误差也会导致自相关现象。如将本来应是 U 形成本曲线的模型设定为线性成本曲线的模型，则会导致自相关。由设定误差产生的自相关，可通过改变模型设定予以消除。

自相关关系主要存在于时间序列数据中，而在横截面数据中也可能会出现自相关，通常称其为空间自相关（spatial auto correlation）。例如，一个家庭或一个地区的消费行为可能会影响另外一些家庭或另外一些地区，也就是说不同观测点的随机误差项可能是相关的。多数经济时间序列在较长时间内都表现为上升或下降的趋势，因此大多表现为正自相关。但就自相关本身而言，可以为正相关也可以为负相关。

3. 自相关的表现形式

自相关的性质可以用自相关系数 ρ 的符号判断，即 $\rho<0$ 为负相关，$\rho>0$ 为正相关。$|\rho|$越

接近 1 时，表示相关的程度越高。自相关是 $u_1, u_2,\cdots, u_n$ 序列自身的相关，因 n 个随机误差项的关联形式不同而可能具有不同的自相关形式。自相关大多出现在时间序列数据中。下面以时间序列为例说明自相关的不同表现形式。

对于样本观测期为 n 的时间序列数据，可得到总体回归模型（PRF）的随机误差项为 $u_1, u_2,\cdots, u_n$，如果自相关形式为

$$u_t = \rho u_{t-1}+v_t\,(-1<\rho<1) \tag{4.64}$$

其中，ρ 为自相关系数，v_t 为满足古典假定的误差项，即 $E(v_t) = 0$，$Var(v_t) = \sigma^2$，$Cov(v_t, v_{t+s}) = 0$，$s \neq 0$。因为模型（4.64）中 u_{t-1} 是 u_t 滞后一期的值，则式（4.64）称为一阶自回归形式，记为 AR(1)。式（4.64）中的 ρ 也称为一阶自相关系数。

如果式（4.64）中的随机误差项 v_t 是不满足古典假定的误差项，即 v_t 中包含有 u_t 的成分，例如包含有 u_{t-2} 的影响，则需将 u_{t-2} 包含在回归模型中，即

$$u_t = \rho_1 u_{t-1}+\rho_2 u_{t-2}+v'_t \tag{4.65}$$

其中，ρ_1 为一阶自相关系数，ρ_2 为二阶自相关系数，v'_t 是满足古典假定的误差项。

则式（4.65）称为二阶自回归形式，记为 AR(2)。

一般地，如果 $u_1, u_2,\cdots, u_t$ 之间的关系为

$$u_t = \rho_1 u_{t-1} + \rho_2 u_{t-2} + \cdots + \rho_m u_{t-m} + v_t \tag{4.66}$$

其中，v_t 为满足古典假定的误差项。则称式（4.66）为 m 阶自回归形式，记为 AR(m)。

此外，自相关的形式可能为移动平均形式，记为 MA(n)，还可能为更复杂的移动平均自回归形式，记为 ARMA(m, n)。这些是时间序列分析的专题内容，本书不作讨论。

在经济计量分析中，通常采用式（4.64）的一阶自回归形式，即假定自回归形式为一阶自回归 AR(1)。这种假定简化了自回归形式，在实际分析中常能取得较好的效果。本章只讨论假定自相关为 AR(1)的形式。

二、自相关的后果

当一个线性回归模型的随机误差项存在自相关时，就违背了线性回归方程的古典假定，如果仍然用普通最小二乘法（OLS）估计参数，将会产生严重后果。自相关产生的后果与异方差情形类似（对比见表 4.4）。

1. 一阶自回归形式的性质

以一元线性回归模型为例，对于

$$Y_t = \beta_1 + \beta_2 X_t + u_t \tag{4.67}$$

假定随机误差项 u 存在一阶自相关

$$u_t = \rho u_{t-1} + v_t \tag{4.68}$$

其中，u_t 为现期随机误差；u_{t-1} 为前期随机误差；v_t 是满足古典假定的误差项，即 v_t 满足零均值 $E(v_t) = 0$，同方差 $Var(v_t) = \sigma^2 v$，无自相关 $E(v_t v_s) = 0\ (t\neq s)$的假定。

表 4.4　异方差与自相关对比分析

	异方差	自相关
定义	$Var(u_i^2)=\sigma_i^2$	$u_t=\delta u_{t-1}+\varepsilon_t$
参数估计的方差性	（1）参数估计是无偏的； （2）方差不再是最小方差（满足古典假设的方差小于实际方差，用其替代实际方差时，就会出现实际方差被低估的情况）	（1）参数估计是无偏的； （2）方差不再是最小方差（满足古典假设的方差小于实际方差，用其替代实际方差时，就会出现实际方差被低估的现象）； （3）$\frac{1}{n-k}\sum e_t^2=\hat{\delta}_u^2$ 不再是 δ_u^2 的无偏估计，而是 $\hat{\delta}_u^2$ 的低估，即 $\hat{\delta}_u^2 \succ \delta_u^2$
区别（主要在低估方差上存在区别）	$Var(\hat{\beta}_t)_{异方差}=Var(\hat{\beta}_t)_{古典假设}\times A$ 简而言之，乘法形式扩大了参数估计的方差	$Var(\hat{\beta}_t)_{异方差}=Var(\hat{\beta}_t)_{古典假设}+B$； $Var(\hat{\beta}_t)_{古典假设}=\sigma_u^2\frac{1}{\sum x_t^2}$ 中的 σ_u^2 会被错误估计，同理，加法形式扩大了参数的估计方法
显著性检验	（1）比值 $t=\frac{\hat{\beta}_i}{\widehat{SE}(\hat{\beta}_i)}$ 不再-遵从 t 分布； （2）即使 $t=\frac{\hat{\beta}_i}{\widehat{SE}(\hat{\beta}_i)}$ 遵从 t 分布，也是失效的	比值 $t=\frac{\hat{\beta}_i}{\widehat{SE}(\hat{\beta}_i)}$ 虽然遵从 t 分布，但 t 检验失去意义
预测精度	降低了预测区间估计精度，造成预测区间失真	降低了预测区间估计精度，造成预测区间失真

在大样本情况下，ρ 的 OLS 估计式为

$$\hat{\rho}=\frac{\sum u_t u_{t-1}}{\sum u_{t-1}^2} \tag{4.69}$$

u_t 与 u_{t-1} 的相关系数为（当样本较大时，$\sum u_t^2 \approx \sum u_{t-1}^2$）

$$\rho=\frac{\sum u_t u_{t-1}}{\sqrt{\sum u_t^2}\sqrt{\sum u_{t-1}^2}} \approx \frac{\sum u_t u_{t-1}}{\sum u_{t-1}^2}=\hat{\rho} \tag{4.70}$$

如果将随机误差项 u_t 的各期滞后值 $u_{t-1}=\rho u_{t-2}+v_{t-1}, u_{t-2}=\rho u_{t-3}+v_{t-2},\cdots$ 逐次代入式(4.68)，可得

$$u_t=v_t+\rho v_{t-1}+\rho^2 v_{t-2}+\cdots=\sum_{r=0}^{\infty}\rho^r v_{t-r} \tag{4.71}$$

式（4.71）表明，随机误差项 u_t 可表示为独立同分布的随机误差序列 $v_t, v_{t-1}, v_{t-2},\cdots$ 的加权和，权数分别为 $1, \rho, \rho^2,\cdots$。当 $0<\rho<1$ 时，这些权数随时间推移而几何衰减；而当 $-1<\rho<0$ 时，这些权数随时间推移而交错振荡衰减。

在随机误差项 u_t 存在一阶自回归形式的自相关时，由式（4.71）可推出

$$E(u_t)=\sum_{r=0}^{\infty}\rho^r E(v_{t-r})=0 \tag{4.72}$$

$$Var(u_t)=\sum_{r=0}^{\infty}\rho^{2n}Var(v_{t-r})=\frac{\sigma_v{}^2}{1-\rho^2}=\sigma_u^2 \tag{4.73}$$

式（4.72）和（4.73）表明，在 u_t 为一阶自回归形式的自相关时，随机误差项 u_t 依然满足零均值、同方差的假定。

由于现期的随机误差项 v_t 并不影响回归模型中随机误差项 u_t 的以前各期值 u_{t-k}（$k>0$），所以 v_t 与 u_{t-k} 不相关，即有 $E(v_tu_{t-k})=0$。因此，由式（4.68）可得随机误差项 u_t 与其以前各期 u_{t-k} 的协方差分别为

$$\begin{aligned}Cov\,(u_t,u_{t-1})&=E(u_tu_{t-1})\\&=E((\rho u_{t-1}+v_t)u_{t-1})\\&=\rho E(u_{t-1}^2)+E(v_tu_{t-1})\\&=\rho\sigma_u^2\\&=\frac{\rho\sigma_v^2}{1-\rho^2}\end{aligned} \tag{4.74}$$

$$\begin{aligned}Cov(u_t,u_{t-2})&=E(u_tu_{t-2})\\&=E((\rho u_{t-1}+v_t)u_{t-2})\\&=E((\rho^2u_{t-2}+\rho v_{t-1}+v_t)u_{t-2})\\&=\rho^2E(u_{t-2}^2)\\&=\frac{\rho^2\sigma_v^2}{1-\rho^2}\end{aligned} \tag{4.75}$$

以此类推，可得

$$Cov(u_t,u_{t-k})=\rho^kVar(u_{t-k})=\frac{\rho^k\sigma_v^2}{1-\rho^2} \tag{4.76}$$

这些协方差分别称为随机误差项 u_t 的一阶自协方差、二阶自协方差和 k 阶自协方差，这些自协方差均不为零，这正是存在自相关的含义。

2. 自相关对参数估计的影响

以一元线性回归模型（4.67）为例，当 u_t 满足各项古典假定时，普通最小二乘估计 $\hat{\beta}_2$ 的方差为

$$Var(\hat{\beta}_2)=\frac{\sigma^2}{\sum x_t{}^2}$$

首先，当随机误差项 u_t 存在自相关时，$\hat{\beta}_2$ 依然是无偏的，即 $E(\hat{\beta}_2)=\beta_2$，因为在普通最小二乘法无偏性的证明中并不需要 u_t 满足无自相关的假定。

其次，看 OLS 估计式的方差，式（4.67）中 $\hat{\beta}_2$ 的 OLS 估计式为

$$\hat{\beta}_2 = \frac{\sum x_t y_t}{\sum x_t^2} = \beta_2 + \frac{\sum x_t u_t}{\sum x_t^2} \tag{4.77}$$

可以证明

$$Var(\hat{\beta}_2) = \frac{\sigma_u^2}{\sum_{t=1}^{n} x_t^2}\left(1 + 2\rho \frac{\sum_{t=1}^{n-1} x_t x_{t+1}}{\sum_{t=1}^{n} x_t^2} + 2\rho^2 \frac{\sum_{t=1}^{n-2} x_t x_{t+2}}{\sum_{t=1}^{n} x_t^2} + \cdots + 2\rho^{n-1}\frac{x_1 x_n}{\sum_{t=1}^{n} x_t^2}\right) \tag{4.78}$$

当随机误差项无自相关时，ρ=0，此时式（4.78）等价于式（2.40）。当存在正的自相关时，式（4.78）的方差将大于式（2.40）的方差。可以证明，当存在自相关时，普通最小二乘估计量不再是最佳线性无偏估计量，即它在线性无偏估计量中不是方差最小的。

由式（4.78）可以看出，当 $\rho>0$，即存在正相关时，对所有的 j 都有 $\rho^j>0$。另外，回归模型中的解释变量在不同时期通常也呈正相关，即对于 x_t 和 x_{t+j} 来说 $\sum x_t x_{t+j}$ 大于 0。因此式（4.78）右边括号内的值通常大于 0，如果仍用 OLS 法 $Var(\hat{\beta}_2) = \sigma^2 / \sum x_t^2$ 去计算 $\hat{\beta}_2$ 的方差，将会低估存在自相关时参数估计值的真实方差。

当随机误差项 u_t 不存在自相关时，已知 $\hat{\sigma}^2 = \sum e_t^2 / (n-2)$ 是 u_t 的方差 σ^2 的无偏估计，即 $E(\hat{\sigma}^2) = E(\sum e_t^2 / (n-2)) = \sigma^2$。但是，如果随机误差项 u_t 存在一阶自相关，可以证明

$$E(\sum e_t^2) = \sigma^2\left[(n-2) - \left(2\rho\frac{\sum x_t x_{t+1}}{\sum x_t^2} + 2\rho^2 \frac{\sum x_t x_{t+2}}{\sum x_t^2} + \cdots + 2\rho^{n-1}\frac{\sum x_t x_n}{\sum x_t^2}\right)\right] \tag{4.79}$$

当 u_t 及 x_t 都是正自相关时，式（4.79）中圆括号内的值为正值，将使 $\sum e_t^2$ 的值降低。这说明如果仍用 $\hat{\sigma}^2 = \sum e_t^2 / (n-2)$ 去估计 u_t 的方差 σ^2，则会导致低估真实的 σ^2。显然，这将使得参数估计值的方差被进一步低估。

3. 自相关对模型检验的影响

通过前面的讨论可知，当存在自相关时，如果忽视自相关问题，依然用满足古典假定的 OLS 法去估计参数及其方差，会低估真实的 σ^2，更会低估参数估计值的方差。由于对参数显著性检验的 t 统计量为 $t = \frac{(\hat{\beta}_2 - \beta_2)}{\widehat{SE}(\hat{\beta}_2)} \sim t(n-2)$，当参数估计值的方差被低估时，其标准误差 $\widehat{SE}(\hat{\beta}_2)$ 也将被低估，从而过高估计 t 统计量的值，会夸大所估计参数的显著性，对本来不重要的解释变量可能误认为重要而被保留。这时通常的回归系统显著性的 t 检验将失去意义。

类似地，由于自相关的存在，参数的最小二乘估计量是无效的，使得 F 检验和 R^2 检验也是不可靠的。

4. 自相关对模型预测的影响

模型预测的精度决定于抽样误差和总体误差项的方差 σ^2。抽样误差来自对 $\hat{\beta}_j$ 的估计，在自相关情形下，$\hat{\beta}_j$ 的方差的最小二乘估计变得不可靠，由此必定加大抽样误差。同时，在自相关情形下，对 σ^2 的估计 $\hat{\sigma}^2 = \sum e_t^2 / (n-k)$ 也会不可靠。由此看出，影响预测精度的两大因素

都因自相关的存在而加大不确定性，使预测的置信区间不可靠，从而降低了预测的精度。

多重共线性、异方差性与自相关性的区别如表 4.5 所示。

表 4.5　多重共线性、异方差性与自相关性的区别

	多重共线性	异方差性	自相关性
基本思想	不是检验存在与否的问题，而是检验容忍程度，主要检验解释变量间的线性相关程度	异方差检验是要找出方差变动的模型 $Var(u_i)=\sigma^2=$变数 $=\begin{cases} f(\text{原因})=\begin{cases}\text{没有出现在模型中的其他变量}\\ \text{误差不断积累的过程}\end{cases} \\ \text{图示法、}G\text{-}Q\text{法、怀特检验法、残差图等}\end{cases}$	用“球门”方式检验
具体方法	简单相关系数检验法、t 和 F 综合判断、可决系数检验法、方差膨胀因子检验法、逐步回归法	样本分段比较检验法 残差回归检验法：怀特检验、阿奇检验、Glejser 检验、ARCH 检验	DW 检验

三、自相关的检验

随机误差项存在自相关给普通最小二乘法的应用带来的后果是严重的。因此，必须设法诊断是否存在自相关。检测回归模型是否存在自相关的常用方法有图示检验法、DW 检验法等。

1. 图示检验法

图示法是一种直观的诊断方法，它是对给定的回归模型直接用普通最小二乘法估计其参数，求出残差项 e_t，以 e_t 作为随机项 u_t 的估计值，再描绘 e_t 的散点图，根据散点图来判断 e_t 的相关性。残差 e_t 的散点图通常有两种绘制方式。

（1）用 $e_{t-1}, e_t (t = 1, 2, 3, \cdots, n)$ 作为散布点绘图。如果大部分点落在第Ⅰ、Ⅲ象限，表明随机误差项 u_t 存在正自相关，如图 4.32 所示。如果大部分点落在第Ⅱ、Ⅳ象限，那么随机误差项 u_t 存在负自相关，如图 4.33 所示。

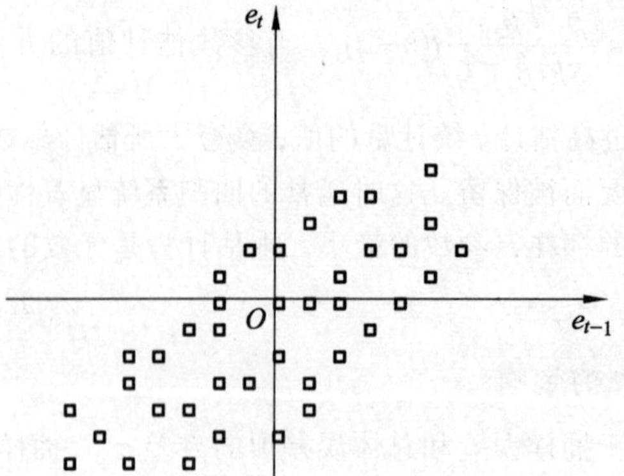

图 4.32　e_t 与 e_{t-1} 的关系（一）

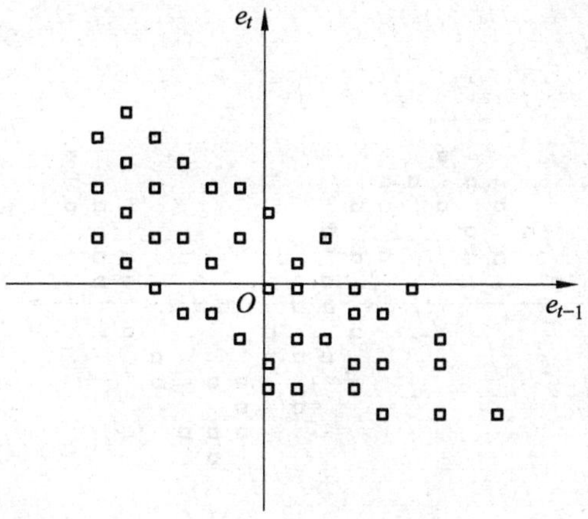

图 4.33　e_t 与 e_{t-1} 的关系（二）

常用的时间序列算子包括滞后（lag）与差分（difference），分别用“L.”与“D.”来表示（可以小写）。一阶滞后算子为“L.”，即 L.x_t=x_{t-1}；二阶滞后算子为“L2.”，即 L2.x_t=x_{t-2}，依此类推。假设在做完回归后，将残差记为 e，滞后记为 L.e，可输入如下命令画残差与残差滞后的散点图。

【Stata 代码】

```
. scatter e L.e //scatter 表示绘制的是散点图
```

（2）按照时间顺序绘制回归残差项 e_t 的图形。如果 $e_t\,(t = 1, 2, 3,\cdots, n)$随着 t 的变化逐次有规律地变化，呈现锯齿形或循环形状的变化，就可判断 e_t 存在相关，表明 u_t 存在着自相关；如果 e_t 随着 t 的变化逐次变化并不断地改变符号，那么随机误差项 u_t 存在负自相关，如图 4.34 所示。如果 e_t 随着 t 的变化逐次变化并不频繁地改变符号，而是几个正的 e_t 后面跟着几个负的，则表明随机误差项 u_t 存在正自相关，如图 4.35 所示。

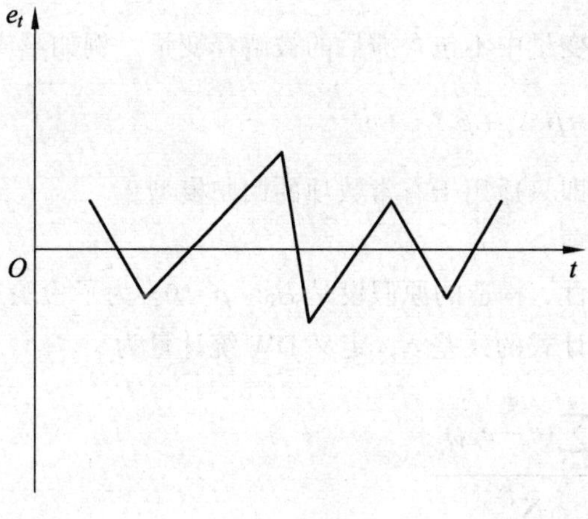

图 4.34　e_t 的分布（一）

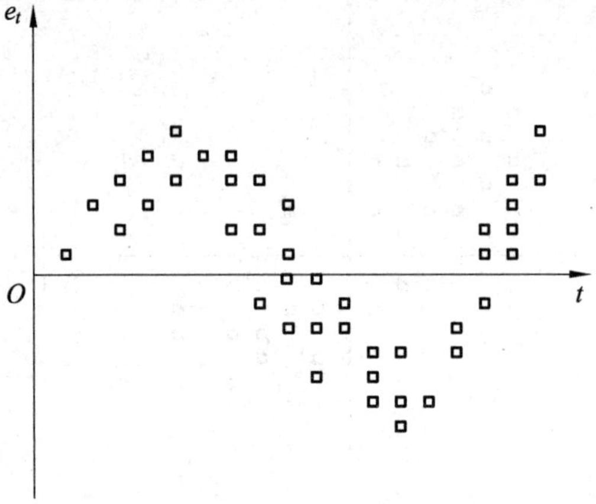

图 4.35　e_t 的分布

若想得到回归残差项 e_t 的变化图，输入如下命令。

【Stata 代码】

```
. tsline e // tsline 表示绘制的是时间序列标绘图
```

2. DW 检验法

DW 检验是 J. Durbin（杜宾）和 G. S. Watson（沃特森）于 1951 年提出的一种适用于小样本的检验方法。DW 检验方法是检验自相关的常用方法，许多计量经济学和统计软件都提供 *DW* 值。

DW 检验法的前提条件是：

（1）解释变量 *X* 为非随机的；

（2）随机误差项为一阶自回归形式，即

$$u_t = \rho u_{t-1} + v_t \text{（}v_t\text{满足古典假定）} \tag{4.80}$$

（3）线性模型的解释变量中不包含滞后的被解释变量，例如不应出现下列形式：

$$Y_t = \beta_1 + \beta_2 X_t + \beta_3 Y_{t-1} + u_t$$

（4）截距项不为零，即只适用于有常数项的回归模型；

（5）数据序列无缺失项。

为了检验序列的相关性，构造的原假设是 H_0：$\rho = 0$。为了检验这一假设，构造 DW 统计量，首先，要计算回归估计式的残差 e_t，定义 DW 统计量为

$$\text{DW} = \frac{\sum_{t=2}^{n}(e_t - e_{t-1})^2}{\sum_{t=1}^{n} e_t^2} \tag{4.81}$$

其中，$e_t = Y_t - \hat{Y}_t \ (t = 1,2,\cdots,n)$。

由式（4.81）可得

$$\mathrm{DW}=\frac{\sum_{t=2}^{n}e_t^2+\sum_{t=2}^{n}e_{t-1}^2-2\sum_{t=2}^{n}e_te_{t-1}}{\sum_{t=1}^{n}e_t^2} \tag{4.82}$$

如果认为 $\sum_{t=2}^{n}e_t^2\approx\sum_{t=2}^{n}e_{t-1}^2\approx\sum_{t=1}^{n}e_t^2$ ，则由式（4.82）得

$$\mathrm{DW}\approx 2\left(1-\frac{\sum_{t=2}^{n}e_te_{t-1}}{\sum_{t=1}^{n}e_t^2}\right) \tag{4.83}$$

同理，若认为 $\sum_{t=2}^{n}e_t^2\approx\sum_{t=2}^{n}e_{t-1}^2\approx\sum_{t=1}^{n}e_t^2$ ，则

$$\hat{\rho}\approx\frac{\sum_{t=2}^{n}e_te_{t-1}}{\sum_{t=1}^{n}e_t^2} \tag{4.84}$$

因此

$$\mathrm{DW}\approx 2(1-\hat{\rho}) \tag{4.85}$$

DW 值与 $\hat{\rho}$ 的对应关系如表 4.6 所示。

表 4.6　DW 值与 $\hat{\rho}$ 值的对应关系

$\hat{\rho}$	DW
-1	4
(-1, 0)	(2, 4)
0	2
(0, 1)	(0, 2)
1	0

由上述讨论可知，DW 的取值范围为 0≤DW≤ 4 。

根据样本容量 n 和解释变量的数目 k'（不包括常数项），查 DW 分布表，可得临界值 d_L 和 d_U，然后依下列准则考察计算的 DW 值，以决定模型的自相关状态（见表 4.7）。

表 4.7　DW 检验决策规则

$0\leqslant \mathrm{DW}\leqslant d_L$	误差项 $u_1,u_2,\cdots,u_n$ 间存在正相关
$d_L<\mathrm{DW}\leqslant d_U$	不能判定是否有自相关
$d_U<\mathrm{DW}<4-d_U$	误差项 $u_1,u_2,\cdots,u_n$ 间无自相关
$4-d_U\leqslant \mathrm{DW}<4-d_L$	不能判定是否有自相关
$4-d_L\leqslant \mathrm{DW}\leqslant 4$	误差项 $u_1,u_2,\cdots,u_n$ 间存在负相关

可以用坐标图更加直观地表示 DW 检验，如图 4.36 所示。

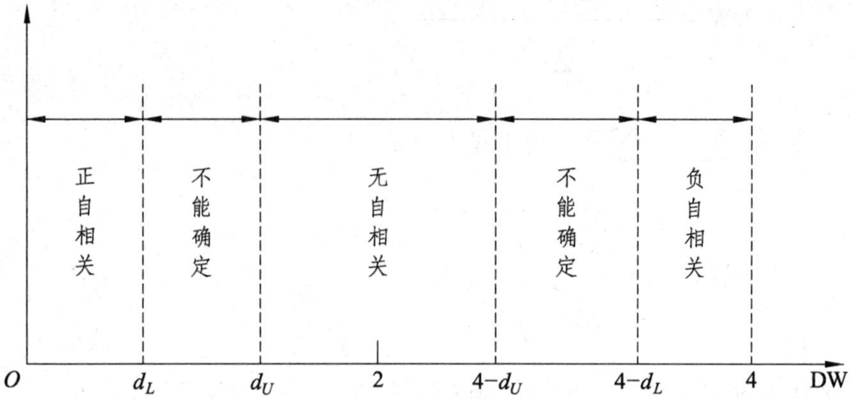

图 4.36　DW 检验示意图

需要注意的是，DW 检验尽管有着广泛的应用，但也有明显的缺点和局限性。

（1）DW 检验有运用的前提条件，只有符合这些前提条件，DW 检验才是有效的。

（2）DW 统计量的上下界表一般要求 $n \geqslant 15$，这是因为样本如果再小，当 $n<15$ 时，DW 检验上下界表的数据不完整，利用残差将很难对自相关的存在性做出比较正确的诊断。

（3）DW 检验不适应随机误差项具有高阶序列相关的检验。

（4）DW 检验有两个不能确定的区域，一旦 DW 值落在这两个区域，就无法判断。这时，只有增大样本容量或选取其他方法。也可以采用修正的 DW 检验法进行检验，即扩大拒绝区域，当 $d_U<d<4-d_U$ 时，不拒绝 $H_0:\rho=0$，认为不存在自相关；而当 $d<d_U$ 或 $d>d_U$ 时，则拒绝 $H_0:\rho=0$，认为存在自相关。这种修正实际上是将拒绝区域扩大到不确定区域，由于自相关后果严重，在自相关不确定时，宁可拒绝 $H_0:\rho=0$，而不宜轻易接受无自相关。

下面以我国农村地区 1985—2003 年的收入与消费数据作为实例。数据集 consume.dta 包含的 18 年时间序列数据：consume（农村居民人均消费支出），income（农村人均居民纯收入）。

打开数据集，将其设为时间序列数据。

【Stata 实现】

```
. use consume.dta,clear //导入数据
. tsset year
. reg consume income //进行 OLS 回归
. estat dwatson //计算 DW 统计量
```

计算得出，回归结果可决系数较高，回归系数均显著。DW = 0.7705，对于样本量为 19、一个解释变量的模型、1%显著水平，查 DW 统计表可知，d_L=0.93，d_U= 1.13，模型中 DW<d_L，显然消费模型中存在自相关。

四、自相关的补救

异方差与自相关的区别如表 4.8 所示。

表 4.8　异方差与自相关的区别

	异方差	自相关
定义	$Var(u_i)=\sigma_i^2$	$u_t=\delta u_{t-1}+v$
变换	$\frac{y_i}{\sigma_i}=(\beta_1+\beta_2X_i+u_i)\frac{1}{\sigma_i}$ $Var\left(\frac{u_i}{\sigma_i}\right)=1$	$Y_t-\rho Y_{t-1}=\beta_1(1-\rho)+\beta_2(X_t-\rho X_{t-1})+u_t-\rho u_{t-1}$ $u_t-\rho u_{t-1}=v_t$
最小二乘法	加权最小二乘法，具体权重的选择	广义最小二乘法，$\hat{\rho}$ 的不同确定方法（多重共线用逐步回归法）
实际做法	找到 σ_i^2	找到 $\hat{\rho}$

如果自相关是由模型设定误差造成的，可以通过改变模型的设定去消除。对于设定正确的模型，如果随机误差项有自相关，则可采用如下方法予以消除。

1. 广义差分法

由于随机误差项 u_t 是不可观测的，通常假定 u_t 为一阶自回归形式，即 $u_t=\rho u_{t-1}+v_t$，其中，$|\rho|<1$，v_t 为满足古典假定的误差项。

当自相关系数 ρ 为已知时，可使用广义差分法解决自相关问题。以一元线性回归模型为例，对于

$$Y_t=\beta_1+\beta_2X_t+u_t \tag{4.86}$$

将模型（4.86）滞后一期，得

$$Y_{t-1}=\beta_1+\beta_2X_{t-1}+u_{t-1} \tag{4.87}$$

用 ρ 乘式（4.87）两边，得

$$\rho Y_{t-1}=\rho\beta_1+\rho\beta_2X_{t-1}+\rho u_{t-1} \tag{4.88}$$

用式（4.86）减去式（4.88），得

$$Y_t-\rho Y_{t-1}=\beta_1(1-\rho)+\beta_2(X_t-\rho X_{t-1})+u_t-\rho u_{t-1} \tag{4.89}$$

由式（4.80），式（4.89）中的 $u_t-\rho u_{t-1}=v_t$ 是满足古典假定的误差项。因此，模型（4.89）满足古典假定，随机误差项 $u_t-\rho u_{t-1}=v_t$ 无自相关。

令 $$Y_t^*=Y_t-\rho Y_{t-1}, X_t^*=X_t-\rho X_{t-1}，\beta_1^*=\beta_1(1-\rho)，\beta_2^*=\beta_2$$

则式（4.89）可表示为

$$Y_t^*=\beta_1^*+\beta_2^*X_t^*+v_t \tag{4.90}$$

对模型（4.90）使用普通最小二乘估计，可得到参数的最佳线性无偏估计量。因为式（4.89）

中被解释变量与解释变量均为现期值减去前期值的一部分，所以称为广义差分方程。在进行广义差分时，解释变量 X 与被解释变量 Y 均以差分形式出现，因而样本容量由 n 减少为 $n-1$，即丢失了第一个观测值。如果样本容量较大，减少一个观测值对估计结果影响不大。但是，如果样本容量较小，则会对估计精度产生较大影响。此时，可采用普莱斯-温斯滕（Prais-Winsten）变换，将第一个观测值分别变换为 $Y_1\sqrt{1-\rho^2}$ 和 $X_1\sqrt{1-\rho^2}$，补充到差分序列 Y_t^*, X_t^* 中，再使用普通最小二乘法估计参数。

用 Stata 软件来实现回归模式（4.90）的广义差分法的估计过程如下。

【Stata 实现】

. use 数据.dta, clear //数据.dta 为操作者自己整理的数据

. reg Y X //Y 为数据中的因变量，X 为数据中的自变量

. g Y=L. Y //L.Y 为滞后一期的 Y

. g X=L.X //L.X 为滞后一期的 X

. g Y1=Y -ρ* L.Y //得到 Y_t^*

. g X1= X-ρ*L.X //得到 X_t^*

. reg Y1 X1 //先将计算得出的 $Y_1\sqrt{1-\rho^2}$ 和 $X_1\sqrt{1-\rho^2}$ 补充到 Stata 数据第一排，再进行 reg 回归，最后得到式（4.90）的方程结果。

2. 科克伦-奥克特（Cochrane-Orcutt）迭代法

在实际应用中，自相关系数 ρ 往往是未知的，必须通过一定的方法去估计 ρ。最简单的方法是依据 DW 统计量去估计 ρ。由式（4.85）中 DW 与 ρ 的关系可知

$$\hat{\rho} \approx 1-\frac{\mathrm{DW}}{2} \tag{4.91}$$

但是，式（4.90）得到的只是一个粗略的结果，这样得到的 $\hat{\rho}$ 只是对 ρ 精度不高的估计，根本原因在于对有自相关的回归模型使用了普通最小二乘法。为了得到 ρ 的更精确的估计值，可采用科克伦-奥克特（Cochrane-Orcutt）迭代法。

科克伦-奥克特（Cochrane-Orcutt）迭代法的基本思想是，通过逐次迭代去寻求更为满意的 ρ 的估计值，然后再采用广义差分法。具体来说，该方法是利用残差 e_t 去估计未知的 ρ。

对于一元线性回归模型

$$Y_t = \beta_1 + \beta_2 X_t + u_t$$

假定 u_t 为一阶自回归形式，即

$$u_t = \rho u_{t-1} + v_t \tag{4.92}$$

科克伦-奥克特迭代法估计 ρ 的步骤如下：

第一步，使用 OLS 法估计模型 $Y_t = \beta_1 + \beta_2 X_t + u_t$，并计算残差 $e_t^{(1)}$：

$$e_t^{(1)} = Y_t - \hat{Y}_t = Y_t - (\hat{\beta}_1 + \hat{\beta}_2 X_t)$$

第二步，利用残差 $e_t^{(1)}$ 作如下回归：

$$e_t^{(1)} = \hat{\rho}^{(1)} e_{t-1}^{(1)} + v_t \tag{4.93}$$

第三步，用 OLS 法估计式（4.93）中的 $\hat{\rho}^{(1)}$，对模型（4.91）进行广义差分，即

$$Y_t - \hat{\rho}^{(1)} Y_{t-1} = \beta_1(1-\hat{\rho}^{(1)}) + \beta_2(X_t - \hat{\rho}^{(1)} X_{t-1}) + u_t - \hat{\rho}^{(1)} u_{t-1} \tag{4.94}$$

令 $$Y_t^* = Y_t - \hat{\rho}^{(1)} Y_{t-1},\quad X_t^* = X_t - \hat{\rho}^{(1)} X_{t-1},\quad \beta_1^* = \beta_1(1-\hat{\rho}^{(1)})$$

对式（4.94）使用 OLS 法，可得样本回归函数为

$$\hat{Y}_t^* = \hat{\beta}_1^* + \hat{\beta}_2^* X_t^* + e_t^{(2)} \tag{4.95}$$

第四步，由前一步估计的结果有 $\hat{\beta}_1 = \hat{\beta}_1^* / (1-\hat{\rho}^{(1)})$ 和 $\hat{\beta}_2 = \hat{\beta}_2^*$，将 $\hat{\beta}_1, \hat{\beta}_2$ 代入原回归方程，求得新的残差 $e_t^{(3)}$：

$$e_t^{(3)} = Y_t - \beta_1 - \beta_2 X_t \tag{4.96}$$

第五步，利用残差 $e_t^{(3)}$ 作如下回归：

$$e_t^{(3)} = \rho^{(2)} e_{t-1}^{(3)} + v_t \tag{4.97}$$

运用 OLS 法估计的 $\hat{\rho}^{(2)}$ 是对 ρ 的第二轮估计值。

当不能确认 $\hat{\rho}^{(2)}$ 是否是 ρ 的最佳估计值时，继续迭代估计 ρ 的第三轮估计值 $\hat{\rho}^{(3)}$。直到估计的 $\hat{\rho}^{(k)}$ 与 $\hat{\rho}^{(k-1)}$ 相差很小时，收敛并满足精度要求，或回归所得 DW 统计量说明已不存在自相关时为止。通常，经过迭代很快就能得到有较高精度的 $\hat{\rho}$，用作广义差分对自相关的修正效果也较好。

用 Stata 软件来实现科克伦-奥克特（Cochrane-Orcutt）迭代法的过程如下：

【Stata 代码】

```
. use 数据.dta, clear //数据.dta 为自己整理的数据
. reg Y X //Y 为数据中的因变量，X 为数据中的自变量
. predict e, residual //生成残差
. g  e¹t-1=L. e¹t //生成残差滞后一阶
. reg  e¹t  e¹t-1  //分别为因变量和自变量
. g Y=L. Y //L.Y 为滞后一期的 Y
. g X=L.X //L.X 为滞后一期的 X
. g Y1=Y -ρ1* L.Y //得到 Y*t，ρ1 为残差回归系数
. g X1=X-ρ1*L.X //得到 X*t，ρ1 为残差回归系数
. reg Y1 X1 //模型回归
. predict e, residual //生成残差 e²t
. estat dwatson //计算 DW 统计量判断是否存在自相关
```

3. 其他方法简介

（1）一阶差分法。

一阶差分法是模型存在完全一阶正自相关时消除自相关的一种简单有效方法。仍以一元

线性回归模型为例，对于

$$Y_t = \beta_1 + \beta_2 X_t + u_t \tag{4.98}$$

其中，u_t 为一阶自回归 AR(1)，即 $u_t = \rho u_{t-1} + v_t$。如果原模型存在完全一阶正自相关，即 $\rho = 1$，由式（4.89），可将模型（4.98）变换为

$$\Delta Y_t = \beta_2 \Delta X_t + u_t - u_{t-1} \tag{4.99}$$

其中，$\Delta Y_t = Y_t - Y_{t-1}, \Delta X_t = X_t - X_{t-1}$。这时的随机误差为

$$u_t = u_{t-1} + v_t \tag{4.100}$$

其中，v_t 为满足古典假定的误差项，则式（4.100）的随机误差项 $u_t - u_{t-1} = v_t$ 为满足古典假定的误差项，无自相关问题。对式（4.100）使用普通最小二乘法估计参数，可得到最佳线性无偏估计量。虽然实际经济问题中完全一阶正自相关并不多见。但是只要 ρ 是正的且比较大，一阶差分法往往是有效的。但应注意，一阶差分法得到的回归方程（4.100）中没有常数项，如回归分析要求有常数项，该方法就不一定适用。

用 Stata 软件来实现一阶差分法的过程如下：

【Stata 代码】

```
. use 数据.dta,clear //数据.dta 为自己整理的数据
. g dY=D. Y //dY 为 Y 的一阶差分
. g dX=D.X //dX 为 X 的一阶差分
. reg dY dX //模型回归
```

（2）德宾两步法。

当自相关系数 ρ 未知时，也可采用德宾提出的两步法去消除自相关。

将广义差分方程（4.100）表示为

$$Y_t = \beta_1(1-\rho) + \beta_2 X_t - \rho\beta_2 X_{t-1} + \rho Y_{t-1} + v_t \tag{4.101}$$

采用如下步骤消除自相关：

第一步，将式（4.101）作为一个多元回归模型，使用普通最小二乘法估计其参数。把 Y_{t-1} 的回归系数 $\hat{\rho}$ 看作 ρ 的一个估计值，它是 ρ 的一个有偏、一致估计。

第二步，利用估计的 $\hat{\rho}$ 进行广义差分。求得序列 $Y_t^* = Y_t - \hat{\rho} Y_{t-1}$ 和 $X_t^* = X_t - \hat{\rho} X_{t-1}$，然后使用 OLS 法对广义差分方程估计参数，求得最佳线性无偏估计量。

用 Stata 软件来实现德宾两步法的过程如下：

【Stata 代码】

```
. use 数据.dta,clear //数据.dta 为操作者自己整理的数据
. g Y1=L.Y //L.Y 为滞后一期的 Y
. g X1=L.X //L.X 为滞后一期的 X
. reg Y X X1 Y1 //模型回归
```

五、案例分析

1. 研究目的

2021 年中国农村人口占 35.2%，而消费总量却只占 21.4%，农村居民的收入和消费是一个值得研究的问题。消费模型是研究居民消费行为的常用工具。通过中国农村居民消费模型的分析可判断农村居民的边际消费倾向，这是宏观经济分析的重要参数。同时，农村居民消费模型也能用于农村居民消费水平的预测。

2. 模型设定

正如第二章所叙述的，影响居民消费的因素很多，但受各种条件的限制，通常只引入“居民收入”变量作为解释变量，即消费模型设定为

$$consume_t = \beta_1 + \beta_2 income_t + u_t \quad (4.102)$$

式中，$consume_t$ 为农村居民人均消费支出，$income_t$ 为农村人均居民纯收入，u_t 为随机误差项。表 4.9 是中国农村居民 1985—2003 年的收入与消费数据。我国在该时段宏观调控思路开始形成，从紧缩性财政政策转变为积极财政政策，2003 年后实行稳健的财政政策，因此，采用 1985—2003 年的数据具有可观测性和研究性。

表 4.9 1985—2003 年农村居民人均收入和消费 单位：元

年份	全年人均纯收入（现价）	全年人均消费性支出（现价）	消费价格指数（1985=100）	人均实际纯收入（1985 可比价）	人均实际消费性支出（1985 可比价）
1985	397.60	317.42	100.0	397.60	317.40
1986	423.80	357.00	106.1	399.43	336.48
1987	462.60	398.30	112.7	410.47	353.42
1988	544.90	476.70	132.4	411.56	360.05
1989	601.50	535.40	157.9	380.94	339.08
1990	686.30	584.63	165.1	415.69	354.11
1991	708.60	619.80	168.9	419.54	366.96
1992	784.00	659.80	176.8	443.44	373.19
1993	921.60	769.70	201.0	458.51	382.94
1994	1221.00	1016.81	248.0	492.34	410.00
1995	1577.70	1310.36	291.4	541.42	449.69
1996	1923.10	1572.10	314.4	611.67	500.03
1997	2090.10	1617.15	322.3	648.50	501.77
1998	2162.00	1590.33	319.1	677.53	498.28
1999	2214.30	1577.42	314.3	704.52	501.75
2000	2253.40	1670.00	314.0	717.64	531.85
2001	2366.40	1741.00	316.5	747.68	550.08
2002	2475.60	1834.00	315.2	785.41	581.85
2003	2622.24	1943.30	320.2	818.86	606.81

资料来源：《中国统计年鉴（1986—2004）》。

为了消除价格变动因素对农村居民收入和消费支出的影响，不宜直接采用现价人均纯收入和现价人均消费支出的数据，而需要用经消费价格指数进行调整后的 1985 年可比价格计的人均纯收入和人均消费支出的数据作回归分析。

由表 4.9，根据调整后的 1985 年可比价格计的人均纯收入和人均消费支出的数据，使用普通最小二乘法估计消费模型，得

$$\widehat{consume_t} = 106.7574 + 0.5998 income_t \tag{4.103}$$

$$Se = (12.2236) \quad (0.0214)$$

$$t = (8.73) \quad (28.04)$$

$$R^2 = 0.9788,\ F = 786.06,\ df = 17,\ \text{DW} = 0.7705$$

该回归方程可决系数较高，回归系数均显著。对于样本量为 19、一个解释变量的模型、1%显著水平，查 DW 统计表可知，$d_L = 0.93$，$d_U = 1.13$，模型中 $\text{DW} < d_L$，显然消费模型中存在自相关。这一点从残差图中也可以看出，首先计算残差（记为 e），及其滞后一期值（记为 L.e），然后画残差与残差滞后的散点图（见图 4.37）。

【Stata 实现】

```
. use consume.dta, clear
. reg consume income
. predict e, res
. twoway ( scatter e L.e ) ( lfit e L.e )
```

其中，lfit 表示“线性拟合”（linear fit），即画出 e 与 L.e 的拟合回归线。

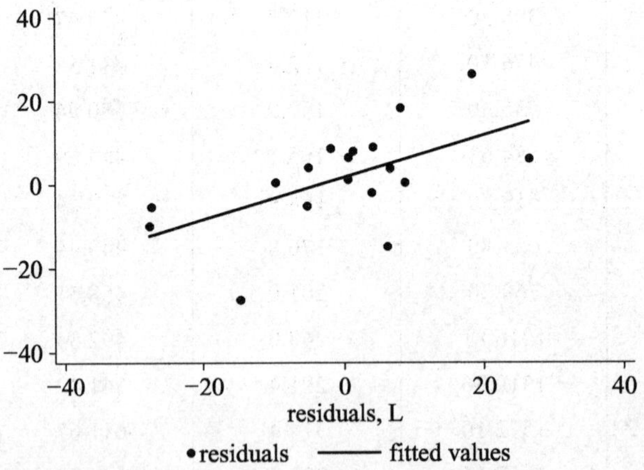

图 4.37　残差与残差滞后的散点图

图 4.37 显示，扰动项可能存在一阶正的自相关，即正的扰动项后面更可能跟着正的扰动项，而负的扰动项后面更可能跟着负的扰动项。作为对比，下面画残差与其二阶滞后的散点图（见图 4.38）。

【Stata 实现】

```
. twoway ( scatter e L2.e ) ( lfit e L2.e )
```

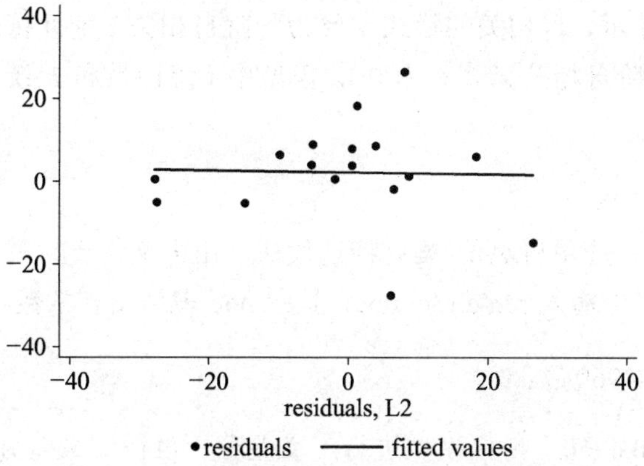

图 4.38　残差与二阶残差滞后的散点图

图 4.38 显示，残差似乎不存在二阶自相关（散点分布没有规律，且样本回归线的斜率接近于 0），为了观察各阶自相关系数及其显著性，下面画残差的自相关图（见图 4.39）与偏自相关图（见图 4.40）。

【Stata 实现】

. ac e //ac 代表的是 autocorrelation，即自相关。

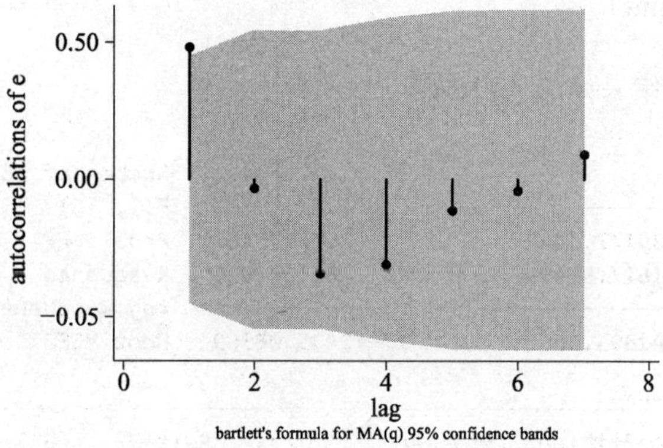

图 4.39　自相关图

【Stata 实现】

. pac e //pac 代表的是 partial autocorrelation，即偏自相关。

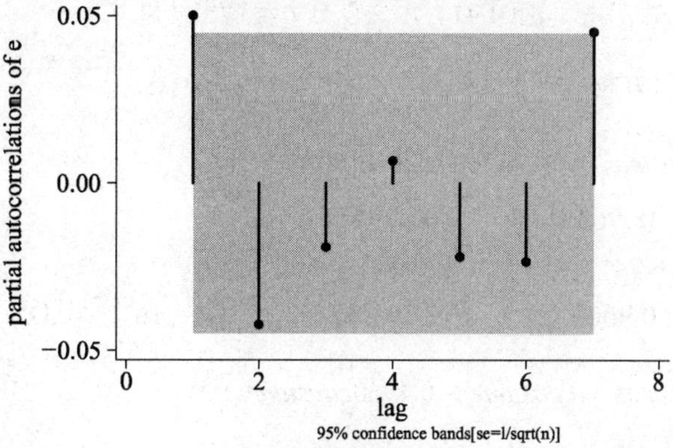

图 4.40　偏自相关图

图 4.39 和图 4.10 显示，自相关的形式主要为一阶自相关（统计量落在 95%的阴影置信区间之外或附近，表明一阶自相关显著不为 0），模型中 t 统计量和 F 统计量的结论不可信，需采取补救措施。

3. 自相关问题的处理

为解决自相关问题，选用科克伦-奥克特迭代法。由上文得出，残差记为 e，滞后一期的残差记为 L.e，在命令栏中输入 reg e L.e, noc，其中 noc 表示没有常数项，可得如下回归方程：

$$e_t = 0.4960\, e_{t-1} \tag{4.104}$$

由式（4.104）可知 $\hat{\rho}$ =0.4960，对原模型进行广义差分，可得广义差分方程：

$$consume_t - 0.4960consume_{t-1} = \beta_1(1-0.4960) + \beta_2(income_t - 0.4960income_{t-1}) + u_t \tag{4.105}$$

对式（4.105）的广义差分方程进行回归，在 Stata 命令栏中输入：

【Stata 实现】

```
. g consume=L.consume
. g income=L.income
. g consume1= consume -0.4960* L.consume
. g income1= income-0.4960*L.income
. reg consume1 income1
. estat dwatson
```

广义差分方程输出结果如图 4.41 所示。

Source	SS	df	MS		
				Number of obs =	18
				F(1, 16) =	393.47
Model	39777.5462	1	39777.5462	Prob > F =	0.0000
Residual	1617.51999	16	101.094999	R-squared =	0.9609
				Adj R-squared =	0.9585
Total	41395.0662	17	2435.00389	Root MSE =	10.055

consume1	Coefficient	Std. err.	t	P>|t|	[95% conf.	interval]
income1	.5832827	.0294053	19.84	0.000	.5209464	.6456191
_cons	60.44777	8.963871	6.74	0.000	41.44521	79.45033

图 4.41 广义差分方程输出结果

由图 4.41 可得回归方程为

$$\widehat{consume_t}^* = 60.4478 + 0.5833income_t^* \tag{4.106}$$

$$Se = (8.9639) \qquad (0.0294)$$

$$t = (6.74) \qquad (19.84)$$

$$R^2 = 0.9609 \qquad F = 393.47 \qquad df = 16 \qquad DW = 1.3975$$

式中 $\widehat{consume_t}^* = consume_t - 0.4960consume_{t-1}$，

$$income_t^* = income - 0.4960income_{t-1}$$

由于使用了广义差分数据，样本容量减少了 1 个，为 18 个。查 1%显著性水平的 DW 统计表可知，$d_L = 0.93$，$d_U = 1.13$，模型中 DW = 1.3975> d_U，说明广义差分模型中已无自相关，不必再进行迭代。可见，可决系数 R^2, t, F 统计量也均达到理想水平。

对比模型（4.103）和（4.106），显然普通最小二乘法低估了回归系数 $\hat{\beta}_2$ 的标准误差。原模型中 $Se(\hat{\beta}_2) = 0.0214$，广义差分模型中 $Se(\hat{\beta}_2) = 0.0294$。

经广义差分后的样本容量会减少 1 个，为了保证样本数不减少，可以使用普莱斯-温斯腾变换补充第一个观测值，方法是 $X_1^* = X_1\sqrt{1-\rho^2}$ 和 $Y_1^* = Y_1\sqrt{1-\rho^2}$ 。在本例中，即 $consume_1\sqrt{1-0.4960^2}$ 和 $income_1\sqrt{1-0.4960^2}$，其中 $consume_1$，$income_1$ 为 *consume*, *income* 列中的原始数据。由于要补充因差分而损失的第一个观测值，所以在 Stata 中就不能采用前述方法直接在命令栏输入 *consume* 和 *income* 的广义差分函数表达式，而是要生成 *consume* 和 *income* 的广义差分序列（前文已生成），记为 *consume*1 和 *income*1。此时的 *consume*1 和 *income*1 都缺少第一个观测值，需计算后补充进去，计算得到 $consume_1$=275.598，$income_1$=345.236，双击数据编辑器（编辑），将 $consume_1$=275.598 补充到 1985 年对应的栏目里，得到 *consume*1 的 19 个观测值的序列，同样的方法可得到 *income*1 的 19 个观测值的序列。在命令栏中输入 reg consume1 income1，可得到普莱斯-温斯腾变换的广义差分模型：

$$consume_t^* = 59.5108 + 0.5889income_t^* \quad (4.107)$$

$$Se = (9.1288) \qquad (0.0297)$$

$$t = (6.52) \qquad (19.81)$$

$$R^2 = 0.9585 \qquad F = 392.46 \qquad df = 19 \qquad DW = 1.3455$$

变换后的广义差分方程输出结果如图 4.42 所示。

Source	SS	df	MS			
				Number of obs	=	19
				F(1, 17)	=	392.46
Model	41408.0645	1	41408.0645	Prob > F	=	0.0000
Residual	1793.66712	17	105.509831	R-squared	=	0.9585
				Adj R-squared	=	0.9560
Total	43201.7316	18	2400.0962	Root MSE	=	10.272

consume1	Coefficient	Std. err.	t	P>|t|	[95% conf.	interval]
income1	.5888853	.0297259	19.81	0.000	.5261692	.6516014
_cons	59.51082	9.12875	6.52	0.000	40.25084	78.7708

图 4.42　变换后的广义差分方程输出结果

对比模型（4.106）和（4.107）发现，两者的参数估计值和各检验统计量的差别很微小，说明在本例中使用普莱斯-温斯腾变换与直接使用科克伦-奥克特两步法的估计结果无显著差异，这是因为本例中的样本还不算太小。如果实际应用中样本较小，则两者的差异会较大。通常对于小样本，应采用普莱斯-温斯腾变换补充第一个观测值。

由差分方程（4.105），得

$$\hat{\beta}_1 = \frac{59.5108}{1-0.4960} = 118.0769 \tag{4.108}$$

由此，可得到最终的中国农村居民消费模型为

$$consume_t = 118.0769+0.5889\ income_t \tag{4.109}$$

由式（4.109）的中国农村居民消费模型可知，中国农村居民的边际消费倾向为 0.5889，即中国农民每增加收入 1 元，将增加消费支出 0.5889 元。

课后练习题

1. 假设在模型 $Y_i = \beta_1 + \beta_2 X_{2i} + \beta_3 X_{3i} + u_i$ 中，X_2与X_3之间的相关系数为零，于是有人建议你进行如下回归：

$$Y_i = \alpha_1 + \alpha_2 X_{2i} + u_{1i}$$

$$Y_i = \gamma_1 + \gamma_3 X_{3i} + u_{2i}$$

试回答以下问题：

（1）是否存在 $\hat{\alpha}_2 = \hat{\beta}_2$ 且 $\hat{\gamma}_3 = \hat{\beta}_3$？为什么？

（2）$\hat{\beta}_1$ 会等于 $\hat{\alpha}_1$ 或 $\hat{\gamma}_1$ 或两者的某个线性组合吗？

（3）是否有 $Var(\hat{\beta}_2) = Var(\hat{\alpha}_2)$ 且 $Var(\hat{\beta}_3) = Var(\hat{\gamma}_3)$？

2. 克莱因与戈德伯格曾以 1921—1950 年（1942—1944 年战争期间数据略去）美国国内消费 Y 和工资收入 X_1、非工资—非农业收入 X_2、农业收入 X_3 的时间序列资料，利用 OLSE 估计出下列回归方程：

$$\hat{Y} = 8.133 + 1.059X_1 + 0.452X_2 + 0.121X_3$$
$$(8.92) \quad (0.17) \quad (0.66) \quad (1.09)$$
$$R^2 = 0.95 \quad F = 107.37$$

试对上述模型进行评析，指出其中存在的问题（括号中的数据为相应参数估计量的标准误）。

3. 设消费函数为

$$Y_i = \beta_1 + \beta_2 X_{2i} + \beta_3 X_{3i} + u_i$$

式中，Y_i 为消费支出；X_{2i} 为个人可支配收入；X_{3i} 为个人的流动资产；u_i 为随机误差项。并且，$E(u_i) = 0$，$Var(u_i) = \sigma^2 X_{2i}^2$（其中 σ^2 为常数）。试回答以下问题：

（1）选用适当的变换修正异方差，要求写出变换过程；

（2）写出修正异方差后的参数估计量的表达式。

4. 下表中给出的是 2021 年我国北方几个省份的农业总产值、农用化肥量、农用水利、农业劳动力、农村住户固定资产投资以及农机动力数据，要求：

（1）试建立我国北方地区农业产出线性模型；

（2）选用适当的方法检验模型中是否存在异方差；

（3）如果存在异方差，采用适当的方法加以修正。

省份	农业总产值/亿元	农业劳动力/万人	灌溉面积/千公顷	化肥用量/万吨	资产投资/亿元	农机动力/万千瓦
北京	263.4	145	109.4	6.3	133.0	121.2
天津	476.4	107	299.1	15.7	15.3	372.5
河北	6742.5	1510	4470.0	276.9	277.3	8096.8
山西	1935.8	701	1517.4	105.6	131.2	1654.2
内蒙古	3472.4	428	3199.1	241.9	146.8	4239.4
辽宁	4582.6	707	1632.5	135.0	230.3	2552.6
吉林	2976.0	510	1905.4	223.0	140.5	4149.2
黑龙江	6438.1	528	6171.6	239.0	262.1	6912.1
山东	10 190.6	2089	5293.6	371.0	602.8	11 186.1
河南	9956.3	2213	5463.1	624.7	461.7	10 650.2
陕西	4056.6	838	1336.8	200.7	237.9	2431.2
新疆	4315.6	586	4893.4	240.7	184.8	2995.9

第四章 Stata 数据

分布滞后模型与自回归模型

在现实经济活动中，滞后现象是普遍存在的，这就要求我们在做计量经济分析时应该考虑时滞的影响。怎样才能把这类时间上滞后的经济关系纳入计量经济模型呢？

前面各章所讨论的回归模型属于静态模型，即认为被解释变量的变化仅仅依赖于解释变量的当期影响，没有考虑变量之间的前后联系。事实上，在现实经济活动中，由于经济活动主体的决策与行动都需要一个过程，加之受人们生活习惯的延续、制度或技术条件的限制以及预期效应等因素的影响，经济变量的变化往往存在时滞现象。因此，为了探索受时滞因素影响的经济变量的变化规律，需要在回归模型中引入滞后变量进行分析。本章主要介绍经济分析中较为常用的分布滞后模型与自回归模型，并讨论它们的产生背景、特点及估计。

第一节　滞后效应与滞后变量模型

一、经济活动中的滞后现象

一般来说，解释变量对被解释变量的影响不可能在短时间内完成，在这一过程中通常都存在时间滞后，也就是说，解释变量需要通过一段时间才能完全作用于被解释变量。此外，由于经济活动的惯性，一个经济指标以前的变化态势往往会延续到本期，从而形成被解释变量的当期变化同自身过去取值水平相关的情形。这种被解释变量受自身或其他经济变量过去值影响的现象称为滞后效应。

下面我们看两个涉及滞后效应的例子。

（1）消费滞后。

消费者的消费水平不仅依赖于当年的收入，还与以前的收入水平有关。一般来说，消费者不会把当年的收入全部花光。假定消费者将每一年收入的 40%用于当年花费，30%用于第二年花费，20%用于第三年花费，其余的作为长期储蓄。这样，该消费者的消费函数就可以表示成

$$Y_t = \alpha + 0.4X_t + 0.3X_{t-1} + 0.2X_{t-2} + \mu_t$$

其中，Y_t, X_t 分别为第 t 年的消费和收入，α 为常数。

（2）通胀滞后。

通货膨胀与货币供应量的变化有着较为密切的联系。物价上涨最直接的原因是相对于流

通中商品和服务的价值量来说货币供应过多，货币的超量供应通常是通货膨胀产生的必要条件。但是，货币供应量的变化对通货膨胀的影响并不是即期的，总存在一定时滞。美国一学者在研究通胀滞后效应时，采用了如下模型：

$$P_t = \alpha + \beta_0 M_t + \beta_1 M_{t-1} + \beta_2 M_{t-2} + \cdots + \beta_s M_{t-s} + \mu_t$$

其中，P_t, M_t分别为第 t 季度的物价指数和广义货币的增长率，s 是滞后（时滞）期。通过对实际数据的分析发现，西方发达国家的通货膨胀时滞期 s 为 2~3 个季度。

二、滞后效应产生的原因

为什么经济变量会存在滞后现象呢？其原因众多，但主要原因有以下三方面。

1. 心理预期因素

经济社会是一个复杂的有机体系，经济活动离不开人的参与，在这个体系中，人的心理因素对经济变量的变化有很大影响。由于人们的心理定势及社会习惯的作用，适应新的经济条件和经济环境需要一个过程，从而表现为决策滞后。而且，经济主体的大多数行动都会受到预期心理的影响。以消费为例，人们对某种商品的消费量不仅受商品当前价格影响，而且还受预期价格影响，当人们预计价格上涨时，就会加快当期的购买，而当人们预期价格下降时，则会持币观望，减少当期的购买。由于对将来的预期要依据过去的经验，所以在一定条件下，这种“预期”因素的影响可转化为滞后效应。

2. 技术因素

在国民经济运行中，从生产到流通再到使用，每一个环节都需要一段时间，从而形成时滞。例如，农产品产量对价格信息的反应总是滞后的，其原因在于农产品的生产过程需要一个较长的时期；又如，在工业生产中，当年的产出量会在某种程度上依赖于过去若干期内投资形成的固定资产规模；再如，货币投放量的增减对物价水平会产生影响，但这种影响并不会全部反映在当期内，总会滞后一段时期。这些滞后效应都是经济活动的技术因素所致。

3. 制度因素

契约、管理制度等因素也会形成一定程度的滞后。例如，企业要改变它的产品结构或产量，会受到过去签订的供货合同的制约；拥有一定数量定期存款的消费者，要调整自己的消费水平，会受到银行契约制度的限制。此外，管理层次过多、管理的低效率也会造成滞后效应。这些情况说明，当一种变量发生变化时，另一种变量由于制度方面的原因，需经过一定时期才能作出相应的变动，从而形成滞后现象。

三、滞后变量模型

所谓滞后变量，是指过去时期的、对当前被解释变量产生影响的变量。滞后变量可分为滞后解释变量与滞后被解释变量两类。把滞后变量引入回归模型，这种回归模型称为滞后变量模型。在经济分析中，运用滞后变量模型可以使不同时期的经济现象彼此联系起来，同时也将经济活动的静态分析转化为动态分析，使模型更加切合实际经济的运行状况。

滞后变量模型的一般形式为

$$
\begin{aligned}
Y_t = \alpha + \beta_0 X_t + \beta_1 X_{t-1} + \beta_2 X_{t-2} + \cdots + \beta_s X_{t-s} + \\
\gamma_1 Y_{t-1} + \gamma_2 Y_{t-2} + \cdots + \gamma_q Y_{t-q} + \mu_t
\end{aligned}
\tag{5.1}
$$

其中，s, q 分别为滞后解释变量和滞后被解释变量的滞后期长度。若滞后期长度为有限，称模型为有限滞后变量模型；若滞后期长度为无限，称模型为无限滞后变量模型。

1. 分布滞后模型

如果滞后变量模型中没有滞后被解释变量，被解释变量只受到解释变量的影响，且这种影响分布在解释变量不同时期的滞后值上，即模型形如

$$
Y_t = \alpha + \beta_0 X_t + \beta_1 X_{t-1} + \beta_2 X_{t-2} + \cdots + \beta_s X_{t-s} + \mu_t \tag{5.2}
$$

则具有这种滞后分布结构的模型称为分布滞后模型，其中 s 为滞后长度。根据滞后长度 s 取值的有限和无限，将对应模型分别称为有限分布滞后模型和无限分布滞后模型。前面涉及滞后效应的例子中所设定的回归模型就属于有限分布滞后模型。

在分布滞后模型中，各系数体现了解释变量的各个滞后值对被解释变量的不同影响程度，即通常所说的乘数效应：

β_0，称为短期乘数或即期乘数，表示本期 X 变动一个单位对 Y 值的影响大小；

β_i，称为延迟乘数或动态乘数（$i = 1, 2, \cdots, s$），表示过去各时期 X 变动一个单位对 Y 值的影响大小；

$\sum_{i=0}^{s} \beta_i$，称为长期乘数或总分布乘数，表示 X 变动一个单位时，包括滞后效应而形成的对 Y 值总的影响。

2. 自回归模型

如果滞后变量模型的解释变量仅包括自变量 X 的当期值和被解释变量的若干期滞后值，即模型形如

$$
Y_t = \alpha + \beta_0 X_t + \gamma_1 Y_{t-1} + \gamma_2 Y_{t-2} + \cdots + \gamma_q Y_{t-q} + \mu_t \tag{5.3}
$$

则称这类模型为自回归模型，其中 q 为自回归模型的阶数。

第二节　分布滞后模型的估计

一、分布滞后模型估计的困难

如前所述，分布滞后模型可分为有限分布滞后模型与无限分布滞后模型两类。对于无限分布滞后模型，由于滞后项无限多而样本观测总是有限的，不能直接对其进行估计。对于有限分布滞后模型，如果随机扰动项满足古典假定，可以考虑运用最小二乘法对模型进行估计。

阿尔特（Alt）和丁伯根（Tinbergen）曾建议使用最小二乘法递推的估计模型，其基本思路是，首先做被解释变量 Y_t 关于解释变量 X_t 的回归，然后做 Y_t 关于 X_t 和 X_{t-1} 的回归，再做 Y_t 关于 X_t，X_{t-1} 和 X_{t-2} 的回归，依次添加解释变量 X_t 的滞后项，直到滞后变量的回归系数开始变成统计上不显著或至少有一个变量的系数改变符号时结束。例如，为了获得燃油消耗量 Y 与订货量 X 之间的关系，阿尔特（Alt）曾利用十年的季度数据递推估计回归方程，得到如下结果：

$$\hat{Y}_t = 8.37 + 0.171X_t$$

$$\hat{Y}_t = 8.27 + 0.111X_t + 0.064X_{t-1}$$

$$\hat{Y}_t = 8.27 + 0.109X_t + 0.071X_{t-1} - 0.055X_{t-2}$$

$$\hat{Y}_t = 8.32 + 0.108X_t + 0.063X_{t-1} + 0.022X_{t-2} - 0.020X_{t-3}$$

根据回归结果，由于 X_{t-2} 的符号不稳定，并且 X_{t-2}，X_{t-3} 的符号为负，其经济意义难以解释，所以阿尔特（Alt）最后选择第二个回归模型作为最佳模型。

上述估计法表面上看似乎可行，但事实上还存在一些缺陷：

1. 自由度问题

假设有限分布滞后模型的滞后长度为 s，如果样本观测值个数 n 较小，随着滞后长度 s 的增大，有效样本容量 $n-s$ 变小，会出现自由度不足的问题。自由度的过分损失，致使估计偏差增大，统计显著性检验失效。

2. 多重共线性问题

由于经济活动的前后继起性，经济变量的滞后值之间通常存在较强的联系，所以分布滞后模型中滞后解释变量观测值之间往往会存在严重的多重共线性问题。如果直接使用最小二乘法进行估计，则至少有些参数的估计会有较大偏差，可能导致一些重要的滞后变量被剔除。

二、滞后长度难以确定

在实际经济分析中，运用分布滞后模型处理滞后现象时，模型中滞后长度的确定较为困难，没有充分的先验信息可供使用。

针对分布滞后模型直接估计存在一些缺陷，学界进行了广泛的研究，提出了一系列修正估计方法。对于有限分布滞后模型，其基本思想是对滞后模型中系数施加某种约束，设法有目的地减少需要直接估计的模型参数的个数，以缓解多重共线性，从而保证自由度。对于无限分布滞后模型，主要是通过适当的模型变换，将其转化为只需估计有限个参数的自回归模型。有限分布滞后模型的常用估计方法主要有经验加权估计法、阿尔蒙法等。

三、经验加权估计法

所谓经验加权估计法，是根据实际经济问题的特点及经验判断，形成相应的约束，对解释变量的系数赋予一定的权数，利用这些权数构成各滞后变量的线性组合，以形成新的变量，再应用最小二乘法进行估计。权数分布的确定取决于模型滞后结构的不同类型。常见的滞后结构类型有：

（1）递减滞后结构。这类滞后结构假定权数是递减的，认为滞后解释变量对被解释变量的影响随着时间的推移越来越小，即遵循远小近大的原则［见图 5.1（a）］。这种滞后结构在现实经济活动中较为常见，比较典型的例子是消费函数，显然现期收入对消费的影响较大，越滞后，影响越小。

（2）不变滞后结构。这类滞后结构假定权数不变，即认为滞后解释变量对被解释变量的影响不随时间变化而变化［见图 5.1（b）］。

（3）Λ形滞后结构。即两头小中间大，权数先递增后递减，呈Λ形［见图 5.1（c）］。这类滞后结构适合于前后期滞后解释变量对被解释变量的影响不大，而中期滞后解释变量对被解释变量的影响较大的分布滞后模型。如投资对产出的影响，就是以周期期中的投资对本期产出贡献最大，因此可选择Λ型滞后结构。

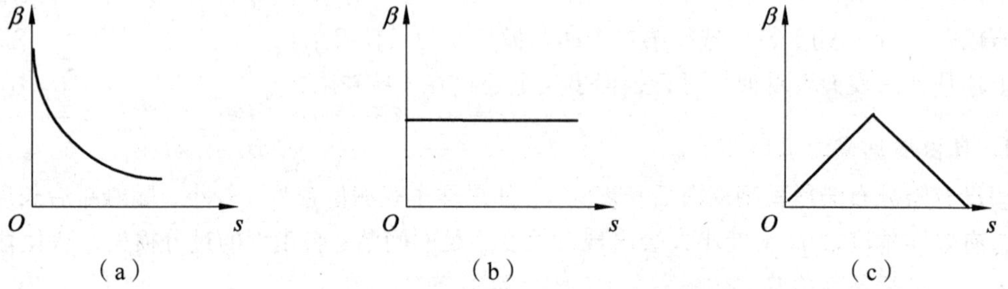

图 5.1　常见的滞后结构类型

例如，假设某经济变量服从一个滞后 3 期的分布滞后模型：

$$Y_t = \alpha + \beta_0 X_t + \beta_1 X_{t-1} + \beta_2 X_{t-2} + \beta_3 X_{t-3} + \mu_t$$

如果根据经验判断滞后解释变量对被解释变量的影响递减，权数取某种形式，比如

$$\frac{1}{2},\frac{1}{4},\frac{1}{6},\frac{1}{8}$$

则有

$$\begin{aligned} Y_t &= \alpha + \beta_0\left(\frac{1}{2}X_t\right) + \beta_0\left(\frac{1}{4}X_{t-1}\right) + \beta_0\left(\frac{1}{6}X_{t-2}\right) + \beta_0\left(\frac{1}{8}X_{t-3}\right) + \mu_t \\ &= \alpha + \beta_0\left(\frac{1}{2}X_t + \frac{1}{4}X_{t-1} + \frac{1}{6}X_{t-2} + \frac{1}{8}X_{t-3}\right) + \mu_t \end{aligned}$$

则新的线性组合变量为

$$Z_t = \frac{1}{2}X_t + \frac{1}{4}X_{t-1} + \frac{1}{6}X_{t-2} + \frac{1}{8}X_{t-3}$$

原模型变换为经验加权模型：

$$Y_t = \alpha + \beta_0 Z_t + \mu_t$$

若随机扰动项与解释变量不相关，从而与滞后解释变量的线性组合变量不相关，则可直接应用最小二乘法对该模型进行估计。

经验加权法具有简单易行、不损失自由度、避免多重共线性干扰及参数估计具有一致性等特点。缺点是设置权数的主观随意性较大，要求分析者对实际问题的特征有比较透彻的了解。通常的做法是，依据先验信息，多选几组权数分别估计多个模型，然后根据可决系数、F 检验值、t 检验值、估计标准误以及 DW 值，从中选出最佳估计方程。

【例 5.1】已知 1973—2021 年期间我国国内生产总值（Y）、总人口（X）的统计资料，如表 5.1 所示。设定有限分布滞后模型为

$$Y_t = \alpha + \beta_0 X_t + \beta_1 X_{t-1} + \beta_2 X_{t-2} + \beta_3 X_{t-3} + \mu_t$$

运用经验加权法，选择下列三组权数：

（1）1，1/2，1/4，1/8；

（2）1/4，1/2，2/3，1/4；

（3）1/4，1/4，1/4，1/4。

分别估计上述模型，并从中选择最佳方程。

表 5.1　1973—2021 年我国国内生产总值和总人口

年份	Y	X	年份	Y	X
1973	138 544 284 709	881 940 000	1998	1 029 043 097 554	1 241 935 000
1974	144 182 133 388	900 350 000	1999	1 093 997 267 271	1 252 735 000
1975	163 431 551 780	916 395 000	2000	1 211 346 869 605	1 262 645 000
1976	153 940 455 342	930 685 000	2001	1 339 395 718 865	1 271 850 000
1977	174 938 098 827	943 455 000	2002	1 470 550 015 082	1 280 400 000
1978	149 540 752 829	956 165 000	2003	1 660 287 965 663	1 288 400 000
1979	178 280 594 413	969 005 000	2004	1 955 347 004 963	1 296 075 000
1980	191 149 211 575	981 235 000	2005	2 285 965 892 361	1 303 720 000
1981	195 866 382 433	993 885 000	2006	2 752 131 773 355	1 311 020 000
1982	205 089 699 859	1 008 630 000	2007	3 550 342 737 011	1 317 885 000
1983	230 686 747 153	1 023 310 000	2008	4 594 307 032 661	1 324 655 000
1984	259 946 510 957	1 036 825 000	2009	5 101 703 073 086	1 331 260 000
1985	309 488 028 133	1 051 040 000	2010	6 087 163 874 512	1 337 705 000
1986	300 758 100 107	1 066 790 000	2011	7 551 500 124 203	1 345 035 000
1987	272 972 974 765	1 084 035 000	2012	8 532 229 986 994	1 354 190 000
1988	312 353 631 208	1 101 630 000	2013	9 570 406 235 660	1 363 240 000
1989	347 768 051 312	1 118 650 000	2014	10 475 682 920 595	1 371 860 000
1990	360 857 912 566	1 135 185 000	2015	11 061 553 079 876	1 379 860 000
1991	383 373 318 084	1 150 780 000	2016	11 233 276 536 737	1 387 790 000
1992	426 915 712 711	1 164 970 000	2017	12 310 409 370 893	1 396 215 000
1993	444 731 282 437	1 178 440 000	2018	13 894 817 549 374	1 402 760 000
1994	564 324 670 006	1 191 835 000	2019	14 279 937 500 607	1 407 745 000
1995	734 547 898 221	1 204 855 000	2020	14 687 673 892 882	1 411 100 000
1996	863 746 717 504	1 217 550 000	2021	17 734 062 645 371	1 412 360 000
1997	961 603 952 952	1 230 075 000			

注：① 数据来源于世界银行数据库；② GDP 单位为现值美元，人口单位为人。

记新的线性组合变量分别为

$$Z_1 = X_t + \frac{1}{2}X_{t-1} + \frac{1}{4}X_{t-2} + \frac{1}{8}X_{t-3}$$

$$Z_2 = \frac{1}{4}X_t + \frac{1}{2}X_{t-1} + \frac{2}{3}X_{t-2} + \frac{1}{4}X_{t-3}$$

$$Z_3 = \frac{1}{4}X_t + \frac{1}{4}X_{t-1} + \frac{1}{4}X_{t-2} + \frac{1}{4}X_{t-3}$$

根据 X 的数据，由上述公式生成线性组合变量 Z_1, Z_2, Z_3 的数据。然后，分别估计如下经验加权模型：

$$Y_t = \alpha + \beta Z_{kt} + \mu_t \quad (k = 1,2,3)$$

具体操作步骤如下：

（1）引入案例 1 数据。

【Stata 实现】

```
. use case1.dta,clear
```

（2）设置时间变量。

【Stata 实现】

```
. tsset year
```

（3）分别生成人口滞后一、二、三期变量，并用 population1、population2、population3 分别表示。

【Stata 实现】

```
. gen X1=L.X
. gen X2=L2.X
. gen X3=L3.X
```

（4）根据上文不同权重，分别生成新的线性组合变量 Z_1, Z_2, Z_3。

【Stata 实现】

```
. gen z1=X+X1/2+ X2/4+ X3/8
. gen z2=X/4+ X1/2+ X2/(3/2)+ X3/4
. gen z3=(X+X1+X2+X3)/4
```

（5）对经验加权模型一进行最小二乘法估计。

【Stata 实现】

```
. reg Y z1
```

所得结果如图 5.2 所示。

```
      Source |       SS           df       MS      Number of obs   =        46
-------------+----------------------------------   F(1, 44)        =     62.94
       Model |  6.6625e+26         1  6.6625e+26   Prob > F        =    0.0000
    Residual |  4.6577e+26        44  1.0586e+25   R-squared       =    0.5886
-------------+----------------------------------   Adj R-squared   =    0.5792
       Total |  1.1320e+27        45  2.5156e+25   Root MSE        =    3.3e+12

------------------------------------------------------------------------------
           Y | Coefficient  Std. err.      t    P>|t|     [95% conf. interval]
-------------+----------------------------------------------------------------
          z1 |   13465.96   1697.375     7.93   0.000     10045.12    16886.79
       _cons |  -2.66e+13   3.86e+12    -6.90   0.000    -3.44e+13   -1.89e+13
------------------------------------------------------------------------------
```

图 5.2　模型一最小二乘法估计回归结果

（6）计算模型一 DW 检验 d 统计量。

【Stata 实现】

. estat dwatson

所得结果如下：

Durbin-Watson d-statistic (2,46) =   .0424162

（7）对经验加权模型二进行最小二乘法估计。

【Stata 实现】

. reg Y z2

所得结果如图 5.3 所示。

Source	SS	df	MS
Model	6.7107e+26	1	6.7107e+26
Residual	4.6096e+26	44	1.0476e+25
Total	1.1320e+27	45	2.5156e+25

Number of obs	=	46
F(1, 44)	=	64.06
Prob > F	=	0.0000
R-squared	=	0.5928
Adj R-squared	=	0.5835
Root MSE	=	3.2e+12

Y	Coefficient	Std. err.	t	P>|t|	[95% conf.	interval]
z2	14958.73	1869.024	8.00	0.000	11191.96	18725.5
_cons	-2.60e+13	3.76e+12	-6.93	0.000	-3.36e+13	-1.85e+13

图 5.3　模型二最小二乘法估计回归结果

（8）计算模型二 DW 检验 d 统计量。

【Stata 实现】

. estat dwatson

所得结果如下：

Durbin-Watson d-statistic (2,46) =   .0424151

（9）对经验加权模型三进行最小二乘法估计。

【Stata 实现】

. reg Y z3

所得结果如图 5.4 所示。

Source	SS	df	MS
Model	6.7062e+26	1	6.7062e+26
Residual	4.6141e+26	44	1.0486e+25
Total	1.1320e+27	45	2.5156e+25

Number of obs	=	46
F(1, 44)	=	63.95
Prob > F	=	0.0000
R-squared	=	0.5924
Adj R-squared	=	0.5831
Root MSE	=	3.2e+12

Y	Coefficient	Std. err.	t	P>|t|	[95% conf.	interval]
z3	24950.13	3119.957	8.00	0.000	18662.27	31237.99
_cons	-2.61e+13	3.76e+12	-6.93	0.000	-3.37e+13	-1.85e+13

图 5.4　模型三最小二乘法估计回归结果

（10）计算模型三 DW 检验 d 统计量。

【Stata 实现】

```
. estat dwatson
```

所得结果如下：

Durbin-Watson d-statistic (2,46) = .0424291

回归分析结果整理如表 5.2 所示。

表 5.2　回归分析结果

VARIABLES	(1) Y	(2) Y	(3) Y
z1	13 465.960*** (7.933)		
z2		14 958.734*** (8.003)	
z3			24 950.126*** (7.997)
Constant	−2.665e+13*** (−6.896)	−2.604e+13*** (−6.934)	−2.608e+13*** (−6.930)
DW	0.042 416 2	0.042 415 1	0.042 429 1
Observations	46	46	46
R-squared	0.589	0.593	0.592

注：*、**、***分别代表 1%、5%、10%显著性水平，括号内为 t 统计量。

由上述结果可知，对比 DW 临界值表，上述三模型中皆存在扰动项正自相关问题。但为起示范作用，本节暂时忽略自相关问题。根据上述回归结果，综合判断可决系数、t 统计值、扰动项一阶是否有自相关，可以认为最佳方案为模型三，即权数为（1/4，1/4，1/4，1/4）的分布滞后模型。

四、阿尔蒙法

为了消除多重共线性的影响，阿尔蒙（Almon）提出利用多项式来逼近滞后参数的变化结构，从而减少待估参数的数目。其基本思想是，在有限分布滞后模型滞后长度 s 已知的情况下，滞后项系数可以看成是相应滞后期 i 的函数。在以滞后期 i 为横轴、滞后系数取值为纵轴的坐标系中，如果这些滞后系数落在一条光滑曲线上，或近似落在一条光滑曲线上，则可以由一个关于 i 的次数较低的 m 次多项式很好地逼近，即

$$\beta_i = \alpha_0 + \alpha_1 i + \alpha_2 i^2 + \cdots + \alpha_m i^m \quad (i = 0,1,2,\cdots,s; m < s) \tag{5.4}$$

此式称为阿尔蒙多项式变换（见图 5.5）。

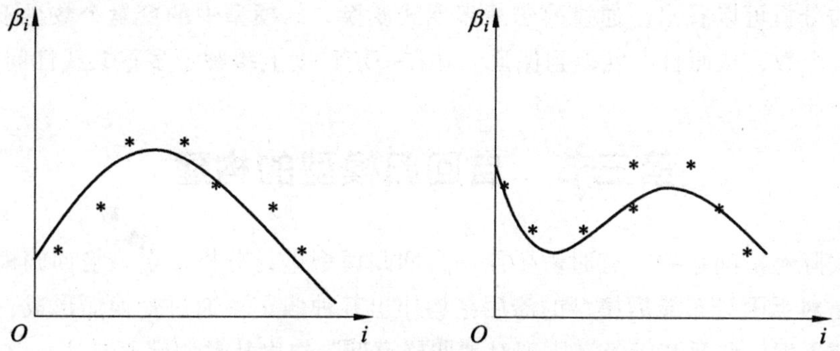

图 5.5　阿尔蒙多项式滞后结构

具体列出阿尔蒙多项式变换，即

$$i=0,\beta_0=\alpha_0+\alpha_1 0+\alpha_2 0^2+\cdots+\alpha_m 0^m$$

$$i=1,\beta_1=\alpha_0+\alpha_1 1+\alpha_2 1^2+\cdots+\alpha_m 1^m$$

$$i=2,\beta_2=\alpha_0+\alpha_1 2+\alpha_2 2^2+\cdots+\alpha_m 2^m$$

$$\vdots$$

$$i=s,\beta_s=\alpha_0+\alpha_1 s+\alpha_2 s^2+\cdots+\alpha_m s^m$$

代入式（5.2）并整理各项，模型变为如下形式：

$$\begin{aligned}Y_t=\alpha+\alpha_0(X_t+X_{t-1}+X_{t-2}+\cdots+X_{t-s})+\\ \alpha_1(X_{t-1}+2X_{t-2}+3X_{t-3}+\cdots+sX_{t-s})+\\ \alpha_2(X_{t-1}+2^2X_{t-2}+3^2X_{t-3}+\cdots+s^2X_{t-s})+\cdots+\\ \alpha_m(X_{t-1}+2^mX_{t-2}+3^mX_{t-3}+\cdots+s^mX_{t-s})+\mu_t\end{aligned}$$

即

$$Y_t=\alpha+\alpha_0Z_{0t}+\alpha_1Z_{1t}+\alpha_2Z_{2t}+\cdots+\alpha_mZ_{mt}+\mu_t \tag{5.5}$$

其中

$$Z_{0t}=X_t+X_{t-1}+X_{t-2}+\cdots+X_{t-s}$$

$$Z_{1t}=X_{t-1}+2X_{t-2}+3X_{t-3}+\cdots+sX_{t-s}$$

$$Z_{2t}=X_{t-1}+2^2X_{t-2}+3^2X_{t-3}+\cdots+s^2X_{t-s}$$

$$\vdots$$

$$Z_{mt}=X_{t-1}+2^mX_{t-2}+3^mX_{t-3}+\cdots+s^mX_{t-s}$$

称为滞后变量的线性组合变量。

对于模型（5.5），在 u_t 满足古典假定的条件下，可用最小二乘法进行估计。将估计的参数 $\hat{\alpha},\hat{a}_0,\hat{a}_1,\cdots,\hat{a}_m$ 代入式（5.4），可求出原分布滞后模型参数的估计值。

在实际应用中，阿尔蒙多项式的次数 m 通常取值较低，一般取 2 或 3，很少超过 4。如果 m 取值过大，则达不到通过阿尔蒙多项式变换减少变量个数的目的。

从上面的分析可以看出，通过阿尔蒙多项式变换，新模型中的变量个数少于原分布滞后模型中的变量个数，从而自由度得到保证，并在一定程度上缓解了多重共线性问题。

第三节　自回归模型的构建

在处理实际经济问题中，有时需要使用自回归模型进行分析。引入自回归模型主要有两条途径：一是对无限分布滞后模型的滞后结构作出某种假定，通过变换而形成；二是在模型中考虑了预期因素，然后基于经济原理对“期望模型”作出某种假定而导出。

一、库伊克（Koyck）模型

许多经济变量的滞后效应都在相当长的时期内存在。例如，消费水平受收入的影响，可以追溯到较远的过去时期的收入水平；经济政策对经济效益的影响有一个逐步扩散的过程，当前的经济效益除了受不久前经济政策的影响外，还要受很久以前经济政策的影响，尽管这种影响可能很微弱。对于这种滞后现象，如果采用截尾的办法忽略某滞后期以前滞后解释变量对被解释变量的影响，建立有限分布滞后模型进行分析，则存在滞后长度难以确定的问题。为了回避这一难点，可使用无限分布滞后模型来处理。

但是，正如前面所述，无限分布滞后模型中滞后项无限多，而样本观测总是有限的，因此不可能对其直接进行估计。显然，要使模型估计能够顺利进行，必须施加一些约束或假定条件，将模型的结构做某种转化。库伊克变换就是其中较具代表性的方法。

库伊克认为，对于如下无限分布滞后模型：

$$Y_t = \alpha + \beta_0 X_t + \beta_1 X_{t-1} + \beta_2 X_{t-2} + \cdots + \mu_t \tag{5.6}$$

可以假定滞后解释变量 X_{t-i} 对被解释变量 Y 的影响随着滞后期 $i(i=0,1,2,\cdots)$ 的增加而按几何级数衰减，即滞后系数的衰减服从某种公比小于 1 的几何级数：

$$\beta_i = \beta_0 \lambda^i (0<\lambda<1,\ i=0,1,2,\cdots) \tag{5.7}$$

其中，β_0 为常数，公比 λ 为待估参数。λ 值的大小决定了滞后衰减的速度，λ 值越接近零，衰减速度越快（见图 5.6），通常称 λ 为分布滞后衰减率，称 $1-\lambda$ 为调整速度。

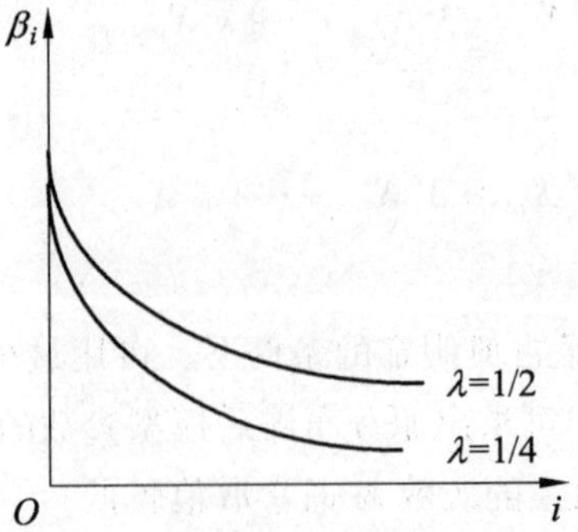

图 5.6　按几何级数衰减的滞后结构（库伊克）

将式（5.7）代入式（5.6），得

$$Y_t = \alpha + \beta_0 X_t + \beta_0 \lambda X_{t-1} + \beta_0 \lambda^2 X_{t-2} + \cdots + \mu_t$$
$$= \alpha + \beta_0 (X_t + \lambda X_{t-1} + \lambda^2 X_{t-2} + \cdots) + \mu_t$$
$$= \alpha + \beta_0 \sum_{i=0}^{\infty} \lambda^i X_{t-i} + \mu_t \tag{5.8}$$

将式（5.8）滞后一期，有

$$Y_{t-1} = \alpha + \beta_0 \sum_{i=0}^{\infty} \lambda^i X_{t-1-i} + \mu_{t-1} = \alpha + \beta_0 \sum_{i=0}^{\infty} \lambda^{i-1} X_{t-i} + \mu_{t-1} \tag{5.9}$$

对式（5.9）两边同乘 λ 并与式（5.8）相减，得

$$Y_t - \lambda Y_{t-1} = (\alpha + \beta_0 \sum_{i=0}^{\infty} \lambda^i X_{t-i} + \mu_t) - \lambda(\alpha + \beta_0 \sum_{i=0}^{\infty} \lambda^{i-1} X_{t-i} + \mu_{t-1}) \tag{5.10}$$

即

$$Y_t = \alpha(1-\lambda) + \beta_0 X_t + \lambda Y_{t-1} + (\mu_t - \lambda \mu_{t-1}) \tag{5.11}$$

这就是库伊克模型。上述变换过程称为库伊克变换。

令

$$\alpha^* = (1-\lambda)\alpha, \beta_0^* = \beta_0, \beta_1^* = \lambda, \mu_t^* = \mu_t - \lambda \mu_{t-1}$$

则库伊克模型（5.11）式变为

$$Y_t = \alpha^* + \beta_0^* X_t + \beta_1^* Y_{t-1} + \mu_t^* \tag{5.12}$$

这是一个一阶自回归模型。

由此可见，利用库伊克变换，可以将一个无限分布滞后模型变成只有一个本期解释变量 X_t 和滞后一期被解释变量 Y_{t-1} 的自回归模型。该模型以一个滞后一期被解释变量 Y_{t-1} 代替了大量的滞后解释变量 $X_{t-i}(i=1,2,\cdots)$，使模型结构得到极大简化，而且最大限度地保证了自由度，解决了滞后长度难以确定的问题；同时，滞后一期的被解释变量 Y_{t-1} 与 X_t 的线性相关程度将低于 X 的各滞后值之间的相关程度，从而在很大程度上缓解了多重共线性。

当然，尽管库伊克变换具有上述优点，但也存在一些缺陷：

（1）它假定无限滞后分布呈几何滞后结构，即滞后影响按某固定比例递减，解释变量当期值对被解释变量影响最大，滞后一期次之，依此类推。这种假定对某些经济变量可能不适用，例如固定资产投资对总产出影响的滞后结构就不是这种类型。

（2）库伊克模型的随机扰动项，形如

$$\mu_t^* = \mu_t - \lambda \mu_{t-1} \tag{5.13}$$

说明新模型的随机扰动项 μ_t^* 存在一阶自相关，且与解释变量 Y_{t-1} 相关。

（3）将随机变量 Y_{t-1} 作为解释变量引入模型，不一定符合基本假定。

（4）库伊克变换是纯粹的数学运算结果，缺乏经济理论依据。

这些缺陷，特别是第二个缺陷，将给模型的参数估计带来一定困难。

二、自适应预期模型

在经济活动中，经济活动主体经常根据他们对某些经济变量未来走势的“预期”来改变自己的行为决策。例如，一家公司的价值在过去稳步增长，投资者就可能会预期这种情况会持续下去，并依据这种预期作出投资决策。又如，企业会根据对产品未来价格走势的预期，决定现期的生产量以及是否对新设备进行投资。同样，为了确定种植哪种农作物最有利可图，农民往往要对各种农作物的未来价格进行预测；消费者在决定是否购买房屋、汽车或家用电器时，也需对这些消费品的未来价格进行预测。再如，当期居民消费水平的高低，在一定程度上取决于对未来收入水平的预计，即取决于预期的收入水平。

这些例子表明，某些经济变量的变化会或多或少地受到另一些经济变量预期值的影响。为了处理这种经济现象，可以将解释变量预期值引入模型，建立“期望模型”。例如，包含一个预期解释变量的“期望模型”可以表现为如下形式：

$$Y_t = \alpha + \beta X_t^* + \mu_t \tag{5.14}$$

其中，Y_t 为被解释变量，X_t^* 为解释变量预期值，u_t 为随机扰动项。

在回归分析中，如何获取解释变量预期值，是上述模型的难点。预期是对未来的判断，在大多数情况下，预期值是不可观测的。因此，实际应用中需要对预期的形成机理作出某种假定。自适应预期假定就是其中之一，这种假定比较切合实际，具有一定代表性。

自适应预期假定认为，经济活动主体对某经济变量的预期，是通过一种简单的学习过程而形成的。其机理是，经济活动主体会根据自己过去在作出预期时所犯错误的程度，来修正他们以后每一时期的预期，即按照过去预测偏差的某一比例对当前期望进行修正，使其适应新的经济环境。用数学式子表示就是

$$X_t^* = X_{t-1}^* + \gamma(X_t - X_{t-1}^*) \tag{5.15}$$

其中，参数 γ 为调节系数，也称为适应系数。也就是说，本期预期值 X_t^* 等于前一期预期值 X_{t-1}^* 加上一修正量，该修正量 $\gamma(X_t - X_{t-1}^*)$ 是前一期预期误差 $X_t - X_{t-1}^*$ 的一部分。这一调整过程称为自适应过程。

将式（5.15）改写为

$$X_t^* = \gamma X_t + (1-\gamma)X_{t-1}^* \tag{5.16}$$

这表明本期预期值是前一期预期值和本期实际值的加权平均，权数分别为 $1-\gamma$ 和 γ。如果 γ=0，说明本期实际值被忽略，预期没有进行修正；如果 γ=1，则以本期实际值作为预期值，本期预期与前一期预期无关。一般情况下，$0 \leqslant \gamma \leqslant 1$。

通常，将解释变量预期值满足自适应调整过程的期望模型，称为自适应预期模型（adaptive expectation model）。根据自适应预期假定，自适应预期模型可转化为自回归形式。

将式（5.16）代入式（5.14），得

$$Y_t = \alpha + \beta[\gamma X_t + (1-\gamma)X_{t-1}^*] + \mu_t \tag{5.17}$$

同时，将式（5.14）滞后一期，并乘以 $1-\gamma$，得

$$(1-\gamma)Y_{t-1}=\alpha(1-\gamma)+\beta(1-\gamma)X_{t-1}^{*}+(1-\gamma)\mu_{t-1} \tag{5.18}$$

将式（5.17）减去式（5.18），整理得

$$Y_t=\gamma\alpha+\gamma\beta X_t+(1-\gamma)Y_{t-1}+[\mu_t-(1-\gamma)\mu_{t-1}] \tag{5.19}$$

令

$$\alpha^{*}=\gamma\alpha,\beta_0^{*}=\gamma\beta,\beta_1^{*}=1-\gamma,\mu_t^{*}=\mu_t-(1-\gamma)\mu_{t-1} \tag{5.20}$$

则式（5.19）变为

$$Y_t=\alpha^{*}+\beta_0^{*}X_t+\beta_1^{*}Y_{t-1}+\mu_t^{*} \tag{5.21}$$

这是一个一阶自回归模型。如果能得到该模型参数$\alpha^{*},\beta_0^{*},\beta_1^{*}$的估计值，代入式（5.20），即可求得自适应预期模型（5.14）的参数估计值。

三、局部调整模型

在经济活动中，会遇到为了适应解释变量的变化，被解释变量有一个预期的最佳值与之对应的现象。例如，企业为了确保生产或供应，必须保持一定的原材料储备，对应于一定的产量或销售量，存在着预期的最佳库存量；为了确保一国经济健康发展，中央银行必须保持一定的货币供应，对应于一定的经济总量水平，应该有一个预期的最佳货币供应量。也就是说，解释变量的现值影响着被解释变量的预期值，即存在如下关系：

$$Y_t^{*}=\alpha+\beta X_t+\mu_t \tag{5.22}$$

其中，Y_t^{*}为被解释变量的预期最佳值，X_t为解释变量的现值。

由于技术、制度、市场以及管理等各方面的限制，被解释变量的预期水平在单一周期内一般不会完全实现，而只能得到部分的调整。局部调整假设认为，被解释变量的实际变化仅仅是预期变化的一部分，即

$$Y_t-Y_{t-1}=\delta(Y_t^{*}-Y_{t-1}) \tag{5.23}$$

其中，δ为调整系数，它代表调整速度。δ越接近1，表明调整到预期最佳水平的速度越快。若δ=1，则$Y_t=Y_t^{*}$，表明实际变动等于预期变动，调整在当期完全实现；若δ=0，则$Y_t=Y_{t-1}$，表明本期值与上期值一样，完全没有调整。一般情况下，0<δ<1。

满足局部调整假设的模型（5.22），称为局部调整模型（partial adjustment model）。局部调整假设模型（5.23）也可写成

$$Y_t=\delta Y_t^{*}+(1-\delta)Y_{t-1} \tag{5.24}$$

即被解释变量实际值是本期预期最佳值与前一期实际值的加权和，权数分别为δ和$1-\delta$。将式（5.22）代入式（5.24），可得局部调整模型的转化形式：

$$\begin{aligned}Y_t&=\delta(\alpha+\beta X_t+\mu_t)+(1-\delta)Y_{t-1}\\&=\delta\alpha+\delta\beta X_t+(1-\delta)Y_{t-1}+\delta\mu_t\end{aligned} \tag{5.25}$$

令

$$\alpha^{*}=\delta\alpha,\beta_0^{*}=\delta\beta,\beta_1^{*}=1-\delta,\beta_1^{*}=1-\delta,\mu_t^{*}=\delta\mu_t \tag{5.26}$$

则式（5.25）变为

$$Y_t = \alpha^* + \beta_0^* X_t + \beta_1^* Y_{t-1} + \mu_t^* \tag{5.27}$$

这说明局部调整模型本质上是一个自回归模型。若能得到该模型的参数估计，代入式（5.26）就可求出原模型的参数估计。

从上述分析可以看出，库伊克模型、自适应预期模型与局部调整模型的最终形式，都是一阶自回归形式，这样，对这三类模型的估计就转化为对相应一阶自回归模型的估计。它们的区别在于两个方面：一是导出模型的经济背景与思想不同，库伊克模型是在无限分布滞后模型的基础上根据库伊克几何分布滞后假定而导出的；自适应预期模型是由解释变量的自适应过程而得到的；局部调整模型则是对被解释变量的局部调整而得到的。二是在这三个模型对应的自回归形式中，模型的形成机理不同导致随机误差项的结构有所不同，这一区别将对模型的估计带来一定影响。

此外，有时需要将局部调整模型与自适应期望模型结合起来对某一经济问题进行研究，即建立局部调整-自适应期望综合模型。考虑如下模型：

$$Y_t^* = \alpha + \beta X_t^* + \mu_t$$

该模型反映了被解释变量的预期水平同解释变量预期值的关联性。对 Y_t^* 作局部调整假设、对 X_t^* 作自适应假设情况下，局部调整-自适应期望综合模型可转化为如下形式的自回归模型（读者不妨自己推导）：

$$Y_t = \alpha^* + \beta_0^* X_t + \beta_1^* Y_{t-1} + \beta_2^* Y_{t-2} + \mu_t^* \tag{5.28}$$

第四节　自回归模型的估计

一、自回归模型估计的困难

上一节所讨论的库伊克模型、自适应预期模型与局部调整模型，其模型结构有一共性，即最终都可表示为一阶自回归形式：

$$Y_t = \alpha^* + \beta_0^* X_t + \beta_1^* Y_{t-1} + \mu_t^* \tag{5.29}$$

因此，对这三个模型的估计转化为对一阶自回归模型的估计。但是，上述一阶自回归模型的解释变量中含有滞后被解释变量 Y_{t-1}，Y_{t-1} 是随机变量，它可能与随机扰动项相关，而且随机扰动项还可能自相关。也就是说，模型可能违背古典假定，从而给模型的估计带来一定困难。为了说明这一点，现考察三个模型对应的一阶自回归模型中随机扰动项的特征。

库伊克模型：$\mu_t^* = \mu_t - \lambda\mu_{t-1}$

自适应预期模型：$\mu_t^* = \mu_t - (1-\lambda)\mu_{t-1}$

局部调整模型：$\mu_t^* = \delta\mu_t$

假定原模型中随机扰动项 μ_t 满足古典假定，即

$$E(\mu_t)=0$$

$$Var(\mu_t)=\sigma^2$$

$$Cov(\mu_i,\mu_j)=0,\ i\neq j$$

对于库伊克模型，有

$$\begin{aligned}Cov(\mu_t^*,\mu_{t-1}^*)&=E(\mu_t-\lambda\mu_{t-1}-E(\mu_t-\lambda\mu_{t-1}))(\mu_{t-1}-\lambda\mu_{t-2}-E(\mu_{t-1}-\lambda\mu_{t-2}))\\&=E(\mu_t\mu_{t-1})-\lambda E\mu_{t-1}^2-\lambda E(\mu_t\mu_{t-2})+\lambda^2E(\mu_{t-1}\mu_{t-2})\\&=-\lambda E\mu_{t-1}^2=-\lambda\sigma^2\neq 0\end{aligned}$$

$$\begin{aligned}Cov(Y_{t-1},\mu_t^*)&=Cov(Y_{t-1},\mu_{t-1}\lambda\mu_{t-1})\\&=Cov(Y_{t-1},\mu_t)-\lambda Cov(Y_{t-1},\mu_{t-1})\\&=-\lambda Cov(Y_{t-1},\mu_{t-1})\neq 0\end{aligned}$$

同理可证，对自适应预期模型，有

$$Cov(\mu_t^*,\mu_{t-1}^*)\neq 0$$

$$Cov(Y_{t-1},\mu_t^*)\neq 0$$

对于局部调整模型，有

$$Cov(\mu_t^*,\mu_{t-1}^*)=E\left(\delta\mu_t-E(\delta\mu_t)\right)\left(\delta\mu_{t-1}-E(\delta\mu_{t-1})\right)=\delta^2E(\mu_t\mu_{t-1})=0$$

$$Cov(Y_{t-1},\mu_t^*)=Cov(Y_{t-1},\delta\mu_t)=\delta Cov(Y_{t-1},\mu_t)=0$$

由此可见，对自回归模型的估计存在两个主要问题：一是出现了随机解释变量 Y_{t-1}，而 Y_{t-1} 可能与 u_i 存在相关；二是随机扰动项 u_i 可能自相关，库伊克模型和自适应预期模型的随机扰动项都会导致自相关，只有局部调整模型的随机扰动无自相关。如果用最小二乘法直接估计自回归模型，则估计可能是有偏的，而且不是一致估计。因此，估计自回归模型需要解决两个问题：一是设法消除 Y_{t-1} 与 u_i 的相关性；二是检验 u_i 是否存在自相关。

为了缓解解释变量 Y_{t-1} 与扰动项 u_i 存在相关带来的估计偏倚，可采用工具变量法；诊断一阶自回归模型扰动项是否存在自相关，可用德宾 h-检验法。而对于扰动项自相关问题的处理比较复杂，涉及动态回归模型的深入内容，在此从略。

二、工具变量法

所谓工具变量法，指在进行参数估计的过程中选择适当的工具变量，代替回归模型中同随机扰动项存在相关性的解释变量。工具变量的选择应满足如下条件：

（1）与所代替的解释变量高度相关；

（2）与随机扰动项不相关；

（3）与其他解释变量不相关，以免出现多重共线性。

可以证明，利用工具变量法所得到的参数估计是一致估计。

在实际应用中，工具变量有多种选择方式，例如可选用 $\hat{Y}_{t-1}$ 作工具变量，代替滞后被解释变量 Y_{t-1} 进行估计，这样，一阶自回归模型就变为如下形式：

$$Y_t = \alpha^* + \beta_0^* X_t + \beta_1^* \hat{Y}_{t-1} + \mu_t^* \tag{5.30}$$

其中，$\hat{Y}_{t-1}$ 是 $\hat{Y}_t$ 的滞后值。$\hat{Y}_t$ 是 Y 对 X 的滞后值的回归，即由如下回归方程得到：

$$\hat{Y}_t = \hat{c}_0 + \hat{c}_1 X_{t-1} + \hat{c}_2 X_{t-2} + \cdots + \hat{c}_s X_{t-s} \tag{5.31}$$

其中，滞后期 s 适当选取，一般取 2 或 3。由于 X_t 与 μ_t^* 不相关，$\hat{Y}_t$ 作为对 X 的滞后值的回归，也与 μ_t^* 不相关，进而 $\hat{Y}_{t-1}$ 也与 μ_t^* 不相关，因此，对模型（5.30）应用最小二乘法，可以得到参数的一致估计。

三、德宾 h-检验

关于随机扰动项是否存在自相关的诊断，前面已介绍过 DW 检验法，这一检验法不适合方程含有滞后被解释变量的场合（见 DW 检验的假设条件）。在自回归模型中，滞后被解释变量是随机变量，已有研究表明，如果用 DW 检验法，则 d 统计量值总是趋近于 2。也就是说，在一阶自回归中，当随机扰动项存在自相关时，DW 检验倾向于得出非自相关的结论。为此，德宾提出了检验一阶自相关的 h-检验法。

h 统计量的定义为

$$h = \hat{\rho}\sqrt{\frac{n}{1 - nVar(\hat{\beta}_1^*)}} = \left(1 - \frac{d}{2}\right)\sqrt{\frac{n}{1 - nVar(\hat{\beta}_1^*)}} \tag{5.32}$$

其中，$\hat{\rho}$ 为随机扰动项一阶自相关系数 ρ 的估计量，d 为 d 统计量，n 为样本容量，$Var(\hat{\beta}_1^*)$ 为滞后被解释变量 Y_{t-1} 的回归系数的估计方差。

德宾证明了在 $\rho=0$ 的假定下，h 统计量的极限分布为标准正态分布。因此，在大样本情况下，可以用 h 统计量值判断随机扰动项是否存在一阶自相关。具体做法如下：

（1）对一阶自回归方程

$$Y_t = \alpha^* + \beta_0^* X_t + \beta_1^* Y_{t-1} + \mu_t^*$$

直接进行最小二乘估计，得到 $Var(\hat{\beta}_1^*)$ 及 d 统计量值。

（2）将 $Var(\hat{\beta}_1^*)$，d 及样本容量 n 代入式（5.32）计算 h 统计量值。

（3）给定显著性水平 α，查标准正态分布表得临界值 h_α。若 $|h| > h_\alpha$，拒绝原假设 $\rho = 0$，说明自回归模型存在一阶自相关；若 $|h| < h_\alpha$，则接受原假设 $\rho = 0$，说明自回归模型不存在一阶自相关。

例如，已知 1973—2021 年期间我国总进口额（Y）和国内生产总值（X）的统计资料如表 5.3 所示。假设对下列模型进行估计：

$$Y_t = \alpha^* + \beta_0^* X_t + \beta_1^* Y_{t-1} + \mu_t^*$$

表 5.3　1973—2021 年期间我国总进口额和国内生产总值

年份	Y	X	年份	Y	X
1973	10 360 000 000	138 544 284 709	1998	1 199 740 561 178	1 029 043 097 554
1974	15 280 000 000	144 182 133 388	1999	1 391 221 413 343	1 093 997 267 271
1975	14 740 000 000	163 431 551 780	2000	1 856 919 192 595	1 211 346 869 605
1976	12 930 000 000	153 940 455 342	2001	2 019 395 459 011	1 339 395 718 865
1977	13 280 000 000	174 938 098 827	2002	2 446 843 757 461	1 470 550 015 082
1978	18 740 000 000	149 540 752 829	2003	3 411 258 981 269	1 660 287 965 663
1979	24 290 000 000	178 280 594 413	2004	4 603 411 742 957	1 955 347 004 963
1980	29 880 000 000	191 149 211 575	2005	5 315 742 445 029	2 285 965 892 361
1981	36 770 000 000	195 866 382 433	2006	6 241 676 894 556	2 752 131 773 355
1982	33 664 026 175	205 089 699 859	2007	7 227 282 986 149	3 550 342 737 011
1983	38 299 546 001	230 686 747 153	2008	7 984 308 188 886	4 594 307 032 661
1984	57 327 907 788	259 946 510 957	2009	7 121 965 125 693	5 101 703 073 086
1985	112 482 667 695	309 488 028 133	2010	9 697 885 213 229	6 087 163 874 512
1986	115 988 462 608	300 758 100 107	2011	11 794 839 038 624	7 551 500 124 203
1987	125 739 438 438	272 972 974 765	2012	12 266 158 517 211	8 532 229 986 994
1988	182 325 956 820	312 353 631 208	2013	13 131 242 550 188	9 570 406 235 660
1989	173 641 869 369	347 768 051 312	2014	13 769 132 404 216	10 475 682 920 595
1990	183 970 285 266	360 857 912 566	2015	12 475 283 948 909	11 061 553 079 876
1991	233 919 028 426	383 373 318 084	2016	12 920 124 576 180	11 233 276 536 737
1992	341 074 701 951	426 915 712 711	2017	14 926 838 283 925	12 310 409 370 893
1993	495 948 758 258	444 731 282 437	2018	16 964 120 305 879	13 894 817 549 374
1994	838 172 412 028	564 324 670 006	2019	17 244 388 056 172	14 279 937 500 607
1995	1 001 339 758 256	734 547 898 221	2020	16 387 509 916 757	14 687 673 892 882
1996	1 141 222 697 753	863 746 717 504	2021	19 935 531 127 926	17 734 062 645 371
1997	1 198 902 543 036	961 603 952 952			

注：① 数据来源于世界银行数据库；② 国内生产总值单位为现值美元，总进口额单位为现值美元。

（1）引入案例 2 数据。

【Stata 实现】

```
. use case2.dta,clear
```

（2）设置时间变量。

【Stata 实现】

```
. tsset year
```

（3）生成 Y 的滞后一期变量，并用 Y1 表示。

【Stata 实现】

. gen Y1=L.Y

（4）对上述模型进行 OLS 估计。

【Stata 实现】

. reg Y X Y1

回归结果如图 5.7 所示。

Source	SS	df	MS			
				Number of obs	=	48
				F(2, 45)	=	1524.14
Model	1.7151e+27	2	8.5756e+26	Prob > F	=	0.0000
Residual	2.5319e+25	45	5.6265e+23	R-squared	=	0.9855
				Adj R-squared	=	0.9848
Total	1.7404e+27	47	3.7031e+25	Root MSE	=	7.5e+11

Y	Coefficient	Std. err.	t	P>|t|	[95% conf.	interval]
X	.3051921	.1215465	2.51	0.016	.0603849	.5499993
Y1	.7980602	.1058868	7.54	0.000	.5847932	1.011327
_cons	1.89e+11	1.37e+11	1.37	0.176	-8.80e+10	4.65e+11

图 5.7　OLS 估计回归结果

（5）计算模型 DW 检验 d 统计量。

【Stata 实现】

. estat dwatson

结果如下：

Durbin-Watson d-statistic (4, 47) = 1.532 312

综上可得，$d=1.53$，$Var(\hat{\beta}_2^*)=0.1062$，样本容量 n=48，根据如下公式计算出 h 统计量的值：

$$h=\left(1-\frac{d}{2}\right)\sqrt{\frac{n}{1-nVar\left(\hat{\beta}_1^*\right)}}$$

【Stata 实现】

.dis(1−1.53/2)*(48/(1−48*0.106^2))^(1/2)

结果如下：

.dis(1−1.53/2)*(48/(1−48*0.106^2))^(1/2)

2.3987919

取显著性水平 $\alpha=0.05$，查标准正态分布表得临界值 $h_{\frac{\alpha}{2}}=1.96$，由于 $|h|=2.399>h_{\frac{\alpha}{2}}=1.96$，则在 5%的置信水平下无法接受原假设 $\rho=0$，说明自回归模型存在一阶自相关。

值得注意的是，该检验法适用任意阶的自回归模型，对应的 h 统计量的计算式（5.32）仍然成立，即只用到 Y_{t-1} 回归系数的估计方差；此外，该检验法是针对大样本的，用于小样本的效果较差。

第五节　案例分析

货币主义学派认为，产生通货膨胀的必要条件是货币的超量供应。物价变动与货币供应量的变化有着较为密切的联系，但是两者之间的关系不是瞬时的，货币供应量的变化对物价的影响存在一定时滞。有研究表明，西方国家的通货膨胀时滞为 2~3 个季度。

在中国，大家普遍认同货币供给的变化对物价具有滞后影响，但滞后期究竟有多长，还存在不同的认识。选取 2003—2022 年全国广义货币供应量和物价指数的月度数据进行描述性统计，具体如表 5.4 所示。

表 5.4　2003—2022 年全国广义货币供应量和物价指数描述性统计

变量	变量名	Obs	Mean	Std.dev.	Min	Max
M2	广义货币供应量	240	1 106 227	730 311.3	188 444.4	2 664 321
M2z	广义货币增长量	240	14.440 48	4.810 685	7.970 82	29.74
TBZS	物价指数	240	100.2054	0.571 935 8	98.8	102.5779

为了考察货币供应量的变化对物价的影响，我们用广义货币 M2 的月增长量 M2z 作为解释变量，以物价指数 TBZS 为被解释变量进行研究。具体操作如下：

（1）引入案例 3 数据。

【Stata 实现】

. use case3.dta,clear

根据图 5.8 所示的时间类型生成对应的新时间变量 Y。

	时间	M2	M2z	TBZS
1	01-2003	188918.38	19.3	101.1
2	02-2003	188444.37	18.1	100.9
3	03-2003	192832.44	18.5	99.4
4	04-2003	194476.98	19.2	99.8

图 5.8　时间类型变量

【Stata 实现】

. gen Y=monthly(时间," MY")

根据图 5.9 所示设置时间变量 Y。

	时间	M2	M2z	TBZS	Y
1	01-2003	188918.38	19.3	101.1	2003m1
2	02-2003	188444.37	18.1	100.9	2003m2
3	03-2003	192832.44	18.5	99.4	2003m3
4	04-2003	194476.98	19.2	99.8	2003m4

图 5.9　生成时间变量 Y

【Stata 实现】

. tsset Y ,monthly

. Time variable: Y, 2003m1 to 2022m12

. Delta: 1 month

考察货币供应量对物价的影响，以广义货币供应量 M2 作为解释变量，物价指数 TBZS 作为被解释变量。同时，使用 aic 信息准则判定最佳滞后且对广义货币供应量 M2 作对数处理。

【Stata 实现】

. gen lnM2=log(M2)

. ardl TBZS lnM2,aic

其中，ardl 为自回归分布滞后模型的命令，选择项 aic 表示运用 aic 信息准则选择最优模型。aic（akaike information criterion）信息准则，又称赤池信息准则，是衡量统计模型拟合优良性的一种标准，由日本统计学家赤池弘次创建。

回归结果如图 5.10 所示。

```
Sample:  2003m5 thru 2022m12                    Number of obs =    236
                                                F(8, 227)     =   6.85
                                                Prob > F      = 0.0000
                                                R-squared     = 0.1944
                                                Adj R-squared = 0.1660
Log likelihood = -175.78128                     Root MSE      = 0.5196
```

TBZS	Coefficient	Std. err.	t	P>|t|	[95% conf.	interval]
TBZS						
L1.	.297031	.0657732	4.52	0.000	.1674269	.4266351
L2.	-.0697376	.0673969	-1.03	0.302	-.2025413	.063066
L3.	-.1038562	.0624422	-1.66	0.098	-.2268967	.0191844
lnM2						
--.	-1.113422	3.802117	-0.29	0.770	-8.605378	6.378534
L1.	15.22502	4.949735	3.08	0.002	5.471718	24.97832
L2.	-25.43654	4.953013	-5.14	0.000	-35.1963	-15.67678
L3.	3.375846	5.329141	0.63	0.527	-7.125064	13.87676
L4.	7.886616	3.961136	1.99	0.048	.0813188	15.69191
_cons	88.75691	9.295599	9.55	0.000	70.44021	107.0736

图 5.10　运用 aic 信息准则选择的回归结果

图 5.10 显示，当运用 aic 信息准则选择时，物价指数最佳滞后期为滞后三期，广义货币供应量最佳滞后期为滞后四期。回归结果显示，广义货币供应量滞后一期与滞后四期的系数为正，且 p 值分别小于 0.01 与 0.05，即广义货币供给量滞后一期、滞后四期与当期物价指数至少在 5%的置信水平下存在正相关关系。同理，广义货币供给量滞后二期与当期物价指数至少在 1%的置信水平下存在负相关关系。

考察货币供应量对物价的影响，以广义货币供应量 M2 作为解释变量，物价指数 TBZS 作为被解释变量。同时，使用 bic 信息准则判定最佳滞后且对广义货币供应量 M2 作对数处理。

【Stata 实现】

. gen lnM2=log(M2)

. ardl TBZS lnM2,bic

其中，选择项 bic 表示运用 bic 信息准则选择最优模型。bic（Bayesian information criterion）信息准则，又称贝叶斯信息准则，与 aic 信息准则（赤池信息准则）类似，用于模型的选择。

回归结果如图 5.11 所示。

```
Sample:  2003m5 thru 2022m12                     Number of obs =     236
                                                 F(6, 229)     =    8.13
                                                 Prob > F      =  0.0000
                                                 R-squared     =  0.1757
                                                 Adj R-squared =  0.1541
Log likelihood = -178.49368                      Root MSE      =  0.5233
```

TBZS	Coefficient	Std. err.	t	P>|t|	[95% conf. interval]	
TBZS						
L1.	.2804729	.0623829	4.50	0.000	.157555	.4033909
lnM2						
--.	-.3693347	3.815152	-0.10	0.923	-7.886624	7.147955
L1.	14.08301	4.956093	2.84	0.005	4.317634	23.84838
L2.	-25.13836	4.939116	-5.09	0.000	-34.87028	-15.40644
L3.	2.561377	5.083184	0.50	0.615	-7.454413	12.57717
L4.	8.804463	3.797884	2.32	0.021	1.321198	16.28773
_cons	72.97935	6.294762	11.59	0.000	60.57629	85.3824

图 5.11　运用 bic 信息准则选择的回归结果

图 5.11 显示，当运用 bic 信息准则选择时，物价指数最佳滞后期为滞后一期，广义货币供应量最佳滞后期为滞后四期。回归结果显示，广义货币供应量滞后一期与滞后四期的系数为正，且 p 值分别小于 0.01 与 0.05，即广义货币供给量滞后一期、滞后四期与当期物价指数至少在 5%的置信水平下存在正相关关系。同理，广义货币供给量滞后二期与当期物价指数至少在 1%的置信水平下存在负相关关系。

考察货币供应量增长率对物价的影响，以广义货币增长量 M2z 作为解释变量，物价指数 TBZS 作为被解释变量。同时，使用 aic 信息准则判定最佳滞后。

【Stata 实现】

. gen lnM2=log(M2)

. ardl TBZS M2z,aic

回归结果如图 5.12 所示。

图 5.12 显示，当运用 aic 信息准则选择时，物价指数最佳滞后期为滞后三期，广义货币增长量最佳滞后期为滞后四期。回归结果显示，广义货币增长量滞后三期的系数为正，且 p 值分别小于 0.01，即广义货币增长量滞后三期与当期物价指数在 1%的置信水平下存在正相关关系。同理，广义货币供给量滞后二期与当期物价指数至少在 10%的置信水平下存在负相关关系。

```
Sample:  2003m5 thru 2022m12                       Number of obs =     236
                                                   F(8, 227)     =    3.85
                                                   Prob > F      =  0.0003
                                                   R-squared     =  0.1196
                                                   Adj R-squared =  0.0885
Log likelihood = -186.26572                        Root MSE      =  0.5432
```

TBZS	Coefficient	Std. err.	t	P>|t|	[95% conf. interval]	
TBZS						
L1.	.2688252	.0656215	4.10	0.000	.1395201	.3981303
L2.	-.087105	.0668039	-1.30	0.194	-.21874	.0445301
L3.	-.1050768	.0646888	-1.62	0.106	-.2325441	.0223905
M2z						
--.	-.0538041	.041138	-1.31	0.192	-.1348652	.0272571
L1.	.0749859	.056998	1.32	0.190	-.0373269	.1872988
L2.	-.1097188	.0568352	-1.93	0.055	-.2217107	.0022732
L3.	.1573225	.0575574	2.73	0.007	.0439074	.2707376
L4.	-.0611224	.0413983	-1.48	0.141	-.1426965	.0204516
_cons	92.41156	9.724049	9.50	0.000	73.25062	111.5725

图 5.12　使用 aic 信息准则判定最佳滞后结果

考察货币供应量增长率对物价的影响，以广义货币增长量 M2z 作为解释变量，物价指数 TBZS 作为被解释变量。同时，使用 bic 信息准则判定最佳滞后。

【Stata 实现】

```
. gen lnM2=log(M2)
. ardl TBZS M2z,bic
```

回归结果如图 5.13 所示。

```
Sample:  2003m5 thru 2022m12                       Number of obs =     236
                                                   F(2, 233)     =    7.84
                                                   Prob > F      =  0.0005
                                                   R-squared     =  0.0630
                                                   Adj R-squared =  0.0550
Log likelihood = -193.60836                        Root MSE      =  0.5531
```

TBZS	Coefficient	Std. err.	t	P>|t|	[95% conf. interval]	
TBZS						
L1.	.2428321	.0634249	3.83	0.000	.1178725	.3677916
M2z	.0062946	.0074973	0.84	0.402	-.0084766	.0210657
_cons	75.78088	6.351613	11.93	0.000	63.26695	88.29481

图 5.13　运用 bic 信息准则判定最佳滞后结果

图 5.13 显示，当运用 bic 信息准则选择时，物价指数最佳滞后期为滞后一期，广义货币增长量最佳滞后期为当期。

综合上述结果，整理如表 5.5 所示。

表 5.5　结果综合表

变量	(1) TBZS	(2) TBZS	(3) TBZS	(4) TBZS
L.TBZS	0.297***	0.280***	0.269***	0.243***
	(4.516)	(4.496)	(4.097)	(3.829)
L2.TBZS	−0.0697		−0.0871	
	(−1.035)		(−1.304)	
L3.TBZS	−0.104*		−0.105	
	(−1.663)		(−1.624)	
lnM2	−1.113	−0.369		
	(−0.293)	(−0.0968)		
L.lnM2	15.23***	14.08***		
	(3.076)	(2.842)		
L2.lnM2	−25.44***	−25.14***		
	(−5.136)	(−5.090)		
L3.lnM2	3.376	2.561		
	(0.633)	(0.504)		
L4.lnM2	7.887**	8.804**		
	(1.991)	(2.318)		
M2z			−0.0538	0.00629
			(−1.308)	(0.840)
L.M2z			0.0750	
			(1.316)	
L2.M2z			−0.110*	
			(−1.930)	
L3.M2z			0.157***	
			(2.733)	
L4.M2z			−0.0611	
			(−1.476)	
Constant	88.76***	72.98***	92.41***	75.78***
	(9.548)	(11.59)	(9.503)	(11.93)
Observations	236	236	236	236
R−squared	0.194	0.176	0.120	0.063

注：*、**、***分别代表 1%、5%、10%的显著性水平，括号内为 t 统计量。

从表 5.5 回归结果可知，根据不同的信息准则有不同的最佳滞后期选择。纵观可得，广义货币供应量在当期对物价指数没有显著的影响，但其滞后第一、四期存在明显的正相关关系。同理，广义货币供给量的增长率在当期对物价指数没有明显的影响，但在 aic 信息准则的选择下，其滞后第三期对物价指数有明显的正相关关系。

✎ 课后练习题

1. 什么是滞后现象？产生滞后现象的主要原因有哪些？

2. 对分布滞后模型进行估计存在哪些困难？实际应用中如何处理这些困难？

3. 库伊克模型、自适应预期模型与局部调整模型有哪些共性和不同之处？模型估计会存在哪些困难？如何解决？

4. 考虑如下模型：

$$Y_t = \alpha + \beta_1 X_{1t} + \beta_2 X_{2t} + \beta_3 Y_{t-1} + u_t$$

假定 Y_{t-1} 和 u_t 相关。为了消除相关，采用如下工具变量法：先求 Y_t 对 X_{1t} 和 X_{2t} 的回归，得到 Y_t 的估计值 $\hat{Y}_t$，然后做如下回归：

$$Y_t = \alpha + \beta_1 X_{1t} + \beta_2 X_{2t} + \beta_3 \hat{Y}_{t-1} + u_t$$

其中，$\hat{Y}_{t-1}$ 是第一步粗估计值 $\hat{Y}_t$ 的滞后值。分析说明该方法为什么可以消除原模型中 $\hat{Y}_{t-1}$ 和 u_t 之间的相关性。

5. 检验一阶自回归模型随机扰动项是否存在自相关，为什么用德宾 h-检验而不用 DW 检验？

第五章 Stata 数据

虚拟变量回归

第六章

第一节　虚拟变量

一、虚拟变量的基本概念

在前面的分析中，被解释变量主要受到一些可以直接度量的变量影响，如收入、产出、商品需求量、价格、成本、资金、人数等。但现实经济生活中，影响被解释变量变动的因素，除了这些可以直接获得实际观测数据的定量变量外，还包括一些本质上为定性因素（或称属性因素）的影响，如性别、种族、肤色、职业、季节、文化程度、战争、自然灾害、政府经济政策的变动等因素。在实际经济分析中，这些定性变量有时具有不可忽视的重要影响。例如，研究某个企业的销售水平，产业部门（制造业、零售业）、所有制（私营、非私营）、地理位置（东、中、西部）、管理者素质的高低等是值得经常考虑的影响因素，这些因素有共同的特征，即都是表示某种属性的、不能直接用数据精确描述的因素。因此，被解释变量的变动通常是定量因素和属性因素共同作用的结果。在计量经济模型中，应当同时包含定量和属性两种因素对被解释变量的影响作用。

定量因素是指那些可直接测度的数值型因素，如 GDP、M2 等。定性因素，或称为属性因素，是不能直接测度的、说明某种属性或状态存在与否的非数值型因素，如男性或女性、城市居民或非城市居民、气候条件正常或异常、政府经济政策不变或改变等。在计量经济学的建模中，应当将定量因素和定性因素同时纳入模型之内。

为了在模型中反映定性因素，可以将定性因素转化为虚拟变量去表现。虚拟变量，或称为属性变量、双值变量、类型变量、定性变量、二元型变量等，是人工构造的取值为 0 和 1 的作为属性变量代表的变量，一般用字母 D（或 DUM，英文 dummy 的缩写）表示。属性因素通常具有若干类型或水平，通常虚拟变量的取值为 0 和 1，当虚拟变量取值为 0，即 $D=0$ 时，表示某种属性或状态不出现或不存在，即不是某种类型；当虚拟变量取值为 1，即 $D=1$ 时，表示某种属性或状态出现或存在，即是某种类型。例如，构造政府经济政策人工变量，当经济政策不变时，虚拟变量取值为 0，当经济政策改变时，虚拟变量取值为 1。这种做法实际上是一种变换或映射，将不能精确计量的定性因素的水平或状态变换为用 0 和 1 来定量描述。

二、虚拟变量的设置规则

在计量经济学模型中引入虚拟变量，可以同时兼顾定量因素和定性因素的影响和作用。但是，在设置虚拟变量时应遵循一定的规则。

1. 虚拟变量数量的设置规则

虚拟变量数量的设置规则是：若定性因素有 m 个相互排斥的类型（或属性、水平），在有截距项的模型中只能引入 $m-1$ 个虚拟变量，否则会陷入“虚拟变量陷阱”，产生完全的多重共线性。在无截距项的模型中，定性因素有 m 个相互排斥的类型时，引入 m 个虚拟变量不会导致完全多重共线性，这时虚拟变量参数的估计结果，实际上是 $D=1$ 时的样本均值。

例如，城镇居民和农村居民住房消费支出的模型可设定为

$$C_i = \alpha_1 + \beta Y_i + \alpha_2 D_i + u_i \tag{6.1}$$

其中，C_i 为居民的住房消费支出；Y_i 为居民的可支配收入；D_i 为虚拟变量，$D_i = \begin{cases} 1, 城镇居民 \\ 0, 其他 \end{cases}$，即当 $D_i = 1$ 时，为城镇居民；当 $D_i = 0$ 时，为其他（农村居民）。这里，区分城镇居民和农村居民的定性变量的类型有 $m = 2$ 个，按虚拟变量的设置规则应引入 $m-1 = 2-1 = 1$ 个虚拟变量。

但是，如果引入 $m = 2$ 个虚假变量，即

$$D_{2i} = \begin{cases} 1, 城镇居民 \\ 0, 其他 \end{cases}，\quad D_{3i} = \begin{cases} 1, 农村居民 \\ 0, 其他 \end{cases}$$

则有

$$C_i = \alpha_1 + \beta Y_i + \alpha_2 D_{2i} + \alpha_3 D_{3i} + u_i \tag{6.2}$$

这时，当 $D_{2i} = 1$ 时有 $D_{3i} = 0$；反之，当 $D_{2i} = 0$ 时有 $D_{3i} = 1$。即对于任何被调查的居民家庭都有 $D_{2i} + D_{3i} = 1$，D_2 和 D_3 存在完全的共线性，无法利用 OLS 估计其参数，从而陷入“虚拟变量陷阱”。由此，所谓的“虚拟变量陷阱”的实质是出现完全多重共线性。可见，虚拟变量有其积极作用的一面，也有不良影响的一面，引入的虚拟变量适当，则发挥积极的作用，引入的虚拟变量过度，则会带来负面的影响。

2. 虚拟变量的“0”和“1”的选取原则

虚拟变量取“0”或“1”的原则，应从分析问题的目的出发予以界定。从理论上讲，虚拟变量取“0”值，通常代表比较的基础类型；而虚拟变量取“1”值，通常代表被比较的类型。例如，引入政府经济政策的变动对被解释变量的影响时，由于此时的比较是在政府经济政策不变的基础上进行的，故虚拟变量确定为

$$D_t = \begin{cases} 1, 比较类型：政府经济政策变动 \\ 0, 基础类型：政府经济政策不变 \end{cases}$$

三、虚拟变量的作用

在计量经济模型中，虚拟变量可以发挥多方面的作用：

（1）可以作为属性因素的代表，如性别、所有制等；

（2）作为某些非精确计量的数量因素的代表，如受教育程度、管理者素质等；

（3）作为某些偶然因素或政策因素的代表，如战争、灾害、改革前后等；

（4）还可以作为时间序列分析中季节（月份）的代表；

（5）可以实现分段回归，研究斜率、截距的变动，或比较两个回归模型的结构差异。

在计量经济学中，包含虚拟变量的模型称为虚拟变量模型。常用的虚拟变量模型有三种类型：① 解释变量中只包含虚拟变量，作用是假定其他因素都不变时，只研究定性变量是否使被解释变量表现出显著差异；② 解释变量中既包含定量变量，又包含虚拟变量，研究定量变量和虚拟变量同时对被解释变量的影响；③ 被解释变量本身为虚拟变量的模型，是被解释变量本身取值为 0 或 1 的模型，适用于对某社会经济现象进行“是”与“否”的判断研究。

特别要注意的是，定型或属性变量，通常由 1 个以上的虚拟变量描述。例如，分析考证区域这样一个定性因素的影响时，若将区域因素划分为东、中、西三种属性时，在有截距项的回归模型中，只能引入 2 个虚拟变量，而这 2 个虚拟变量只是描述了 1 个定性因素（区域因素），而不是 2 个定性因素。当然，当定性因素为性别因素时，1 个虚拟变量就描述了 1 个定性因素。

第二节　虚拟解释变量的回归

在计量经济模型中，加入虚拟解释变量的途径有两种基本类型：一是加法；二是乘法。引入虚拟变量的途径不同作用也不同。加法形式引入虚拟变量改变的是截距，乘法形式引入虚拟变量改变的是斜率。

一、用虚拟变量表示不同截距的回归

以加法形式引入虚拟解释变量的模型，如

$$Y_t = \alpha_1 + \alpha_2 X_t + \alpha_3 D + u_t \tag{6.3}$$

在设定的计量经济模型（6.3）中，虚拟解释变量与其他解释变量是相加关系。以加法形式引入虚拟解释变量，从计量经济模型的意义看，其作用是改变了设定模型的截距水平。

以加法形式引入虚拟变量，分为四种情形：① 解释变量只有 1 个分为两种相互排斥类型的定性变量而无定量变量；② 解释变量包含 1 个定量变量和 1 个分为两种类型的定性变量；③ 解释变量包含 1 个定量变量和 1 个两种以上类型的定性变量；④ 解释变量包含 1 个定量变量和 2 个定性变量。

二、解释变量只有定性变量的回归

这种情况的模型又被称为方差分析模型，如

$$Y_i = \alpha + \beta D_i + u_i \tag{6.4}$$

其中，Y_i为居民的年可支配收入；D_i为虚拟解释变量，D_i=1代表城镇居民，D_i=0代表非城镇居民。

模型（6.4）的意义是，假设其他因素（包括文化程度、职业、性别等）保持不变的条件下，研究城镇居民和非城镇居民的收入是否存在差别。当u_i满足古典假定时，由式（6.4）有

非城镇居民的年平均收入：

$$E(Y_i \mid D_i = 0) = \alpha \tag{6.5}$$

城镇居民的年平均收入：

$$E(Y_i \mid D_i = 1) = \alpha + \beta \tag{6.6}$$

即在式（6.4）中，截距项α给出了非城镇居民的年平均可支配收入水平，而另一系数β则表明城镇居民年平均可支配收入水平不同于非城镇居民年平均可支配收入水平的部分。由式（6.5）和（6.6）可知，虚拟解释变量的作用是改变设定模型的截距水平。

为了检验城镇居民和非城镇居民的年均可支配收入是否有显著差别，可构造假设 H_0：$\beta = 0$，即城镇居民与非城镇居民年均可支配收入无差别。对式（6.4）回归，依据β估计值的t检验是否显著，可作出接受或不能接受假设H_0的判断。

三、解释变量包含定量变量和定性变量的回归

考虑如下模型：

$$Y_i = \alpha_1 + \alpha_2 D_i + \beta X_i + \mu_i \tag{6.7}$$

其中，Y_i为消费支出；X为收入；$D_i = \begin{cases} 1, \text{城镇居民} \\ 0, \text{农村居民} \end{cases}$。

模型（6.7）的意义在于描述收入和城乡差别对居民消费支出的影响。式（6.7）由1个定量解释变量X、1个分为两种类型的虚拟解释变量组成。注意，这里的1个定性变量具有两种类型，只使用了1个虚拟变量。当式（6.7）中的u_i服从古典假定时，有

（基础类型）农村居民消费支出：

$$E(Y_i \mid X_i, D_i = 0) = \alpha_1 + \beta X_i \tag{6.8}$$

（比较类型）城镇居民消费支出：

$$E(Y_i \mid X_i, D_i = 1) = (\alpha_1 + \alpha_2) + \beta X_i \tag{6.9}$$

其中，α_1为差异截距系数。

式（6.7）可用图6.1示意，表明非城镇居民与城镇居民两种类型收入函数的斜率相同（均为β），而截距水平不同。这说明，城镇居民和非城镇居民在消费支出水平上存在着规模为α_1的差异，而由收入因素产生的平均消费支出水平变化却是相同的。

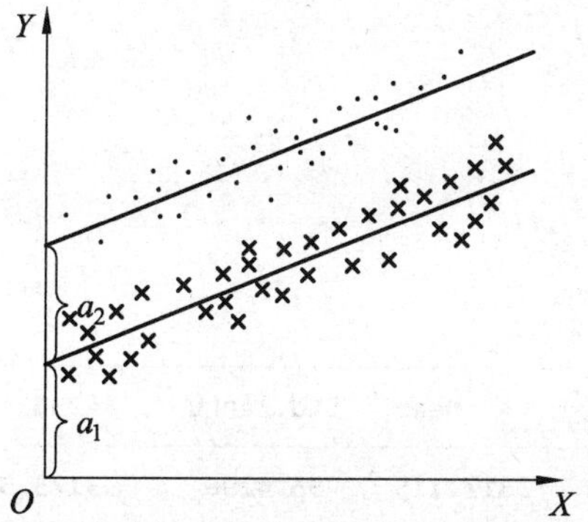

图 6.1　城镇农村居民消费支出水平的差异

在 $H_0:\alpha_1=0$ 的假设下，对参数 α_1 估计值的 t 检验，可以检验消费支出是否存在城乡差异。

四、解释变量包含两种以上类型定性变量的回归

考虑如下模型：

$$Y_i=\alpha_1+\alpha_2 D_{2i}+\alpha_3 D_{3i}+\beta X_i+u_i \tag{6.10}$$

其中，Y_i 为年医疗保健费用支出；X_i 为居民的年可支配收入；$D_{2i}=\begin{cases}1,\text{高中及高中以上}\\0,\text{其他}\end{cases}$，

$D_{3i}=\begin{cases}1,\text{大专及大专以上}\\0,\text{其他}\end{cases}$。

显然，模型（6.9）是描述居民的年医疗保健费用支出与居民年可支配收入（定量变量）、受教育程度（定性变量）间的因果关系。这里，定性因素（受教育程度）可分为 3 种类型：高中以下、高中、大专及大专以上。注意，这里的定性变量有 3 种类型，依据虚拟变量设置规则引入 $m-1=3-1=2$ 个虚拟变量，而且 1 个定性变量有多种类型时，虚拟变量可同时取值为 0，但不能同时取值为 1，因为同一定性变量的各种类型间“非此即彼”。

当式（6.10）的 u_i 服从古典假定时，有

（基础类型）高中以下：

$$E(Y_i\mid X_i,D_2=0,D_3=0)=\alpha_1+\beta X_1 \tag{6.11}$$

（比较类型）高中：

$$E(Y_i\mid X_i,D_2=1,D_3=0)=(\alpha_1+\alpha_2)+\beta X_i \tag{6.12}$$

大专及大专以上：

$$E(Y_i\mid X_i,D_2=0,D_3=1)=(\alpha_1+\alpha_3)+\beta X_i \tag{6.13}$$

这表明，三种不同教育程度居民的医疗保健费用年均支出的起点水平（截距）不同，差异截距系数为 α_2 和 α_3。对式（6.10）进行回归，依据 $H_0:\alpha_2=0$ 和 $H_0:\alpha_1=0$ 的 t 检验，可以检验与比较基准组（高中以下教育水平）相比，另两种类型截距的差异在统计上是否存在显著差异。关于 $\alpha_2=\alpha_3=0$ 的联合假设检验，可由方差分析或 F 检验完成。例如：

【Stata 实现】

. sysuse auto.dta

. mean weight if foreign==0

检验结果如图 6.2 所示。

Mean estimation　　　　Number of obs = 52

	Mean	Std. err.	[95% conf. interval]	
weight	3317.115	96.4296	3123.525	3510.706

图 6.2　检验结果 1

【Stata 实现】

. mean weight if foreign==1

检验结果如图 6.3 所示。

Mean estimation　　　　Number of obs = 22

	Mean	Std. err.	[95% conf. interval]	
weight	2315.909	92.31665	2123.926	2507.892

图 6.3　检验结果 2

五、解释变量包含定量变量和两个定性变量的回归

以加法形式引入虚拟解释变量的做法，很容易扩展到处理一个以上定性变量的情形。例如，依据某地区家庭调查资料建立如下卷烟需求模型：

$$Q_i = \alpha_1 + \alpha_2 D_{2i} + \alpha_3 D_{3i} + \beta Y_i + u_i \qquad (6.14)$$

其中，Q_i 为卷烟需求量；Y_i 为居民可支配收入；D_{2i} 和 D_{3i} 是虚拟解释变量，$D_{2i} = \begin{cases} 1, \text{城镇居民} \\ 0, \text{其他} \end{cases}$，

$D_{3i} = \begin{cases} 1, \text{男性} \\ 0, \text{女性} \end{cases}$。

一般认为，城镇居民的卷烟消费量高于非城镇居民，同时男性居民的吸烟量大于女性居民。为了分析城乡差别和性别差别对卷烟需求的影响，模型（6.14）以加法形式引入 2 个虚拟解释变量。注意，这里的 2 个定性变量选用 2 个虚拟变量来表示，这并不会出现“虚拟变量陷阱”，对比前面 1 个定性变量有 3 种类型时也用了 2 个虚拟变量，二者性质是不同的。这里，D_{2i} 和 D_{3i} 是代表不同定性变量的虚拟变量，可以同时为 0，也可以同时为 1，因为不同定性变量间并没有“非此即彼”的关系。

当式（6.14）满足古典假定时，有

（基础类型）农村女性居民：

$$E(Q_i \mid Y_i, D_2 = 0, D_3 = 0) = \alpha_1 + \beta Y_i \qquad (6.15)$$

（比较类型）农村男性居民：

$$E(Q_i \mid Y_i, D_2 = 0, D_3 = 1) = (\alpha_1 + \alpha_3) + \beta Y_i \tag{6.16}$$

城镇女性居民：

$$E(Q_i \mid Y_i, D_2 = 1, D_3 = 0) = (\alpha_1 + \alpha_2) + \beta Y_i \tag{6.17}$$

城镇男性居民：

$$E(Q_i \mid Y_i, D_2 = 1, D_3 = 1) = (\alpha_1 + \alpha_2 + \alpha_3) + \beta Y_i \tag{6.18}$$

显然，模型（6.14）是以农村女性居民为基础类型，并假设各种类型居民的卷烟需求函数仅有不同的截距，相对于收入的斜率系数 β 相同。用 t 检验分别检验 $\hat{\alpha}_2$ 和 $\hat{\alpha}_3$ 的统计显著性，可验证两个定性变量对截距是否有显著影响。

上述讨论的结果，可以推广到解释变量有多个定量变量和多个定性变量的情形。在推广过程，注意引入虚拟变量的个数应遵从前述的设置规则。例如，在考虑季节因素对冷饮销售量影响时，有春、夏、秋、冬四个类型的季节，依据设置规则，可引入 $m-1=4-1=3$ 个虚拟解释变量。

第三节　用虚拟变量表示不同斜率的回归——乘法类型

以乘法形式引入虚拟解释变量，是在所设定的计量经济模型中，将虚拟解释变量与其他解释变量相乘作为解释变量，以表示模型中斜率系数的差异。以乘法形式引入虚拟解释变量的主要作用在于：① 两个回归模型的比较；② 因素间的交互效应分析；③ 提高模型对现实经济现象的描述精度。

一、回归模型的比较——结构变化检验

以加法形式引入虚拟解释变量，属性因素仅影响不同类型模型的平均水平，而不会影响不同类型模型的相对变化。但是在现实经济生活中，属性因素也可能影响模型的斜率系数的变化。例如，随着可支配收入水平的提高，城乡居民的消费结构将出现较大的差异，这种差异会表现在定性因素对斜率的影响上。又如，研究我国改革开放前后储蓄—收入总量间关系是否发生了变化时，也存在着经济结构变化从而导致模型斜率发生变化的问题。这类问题可归结于两个回归模型的比较。例如，在研究改革开放前后储蓄—收入总量关系时，所设定的模型为

改革开放前：

$$Y_t = \lambda_1 + \lambda_2 X_t + u_{1t},\ t=1950, 1951, \cdots, 1977 \tag{6.19}$$

改革开放后：

$$Y_t = \gamma_1 + \gamma_2 X_t + u_{2t},\ t=1978, 1979, \cdots, 2004 \tag{6.20}$$

其中，Y 为储蓄总额（亿元）；X 为收入总额（亿元）；u_{1t}, u_{2t} 为随机扰动项。如果分别对式

（6.19）和式（6.20）在不同的时间区间内进行回归，则可能得到以下四种结果：

（1）$\lambda_1 = \gamma_1, \lambda_2 = \gamma_2$，表明这两个回归模型是相同的，或称为重合回归；

（2）$\lambda_1 \neq \gamma_1, \lambda_2 = \gamma_2$，表明这两个回归模型仅在位置水平（即截距水平）上存在差异，或称为平行回归；

（3）$\lambda_1 = \gamma_1, \lambda_2 \neq \gamma_2$，表明这两个回归模型具有相同的位置水平（或起点相同）而变化速率不等，或称为共点回归；

（4）$\lambda_1 \neq \gamma_1, \lambda_2 \neq \gamma_2$，表明这两个回归模型完全不相同，或称为不同的回归。

以上四种情形可用图示法描述（见图 6.4）。

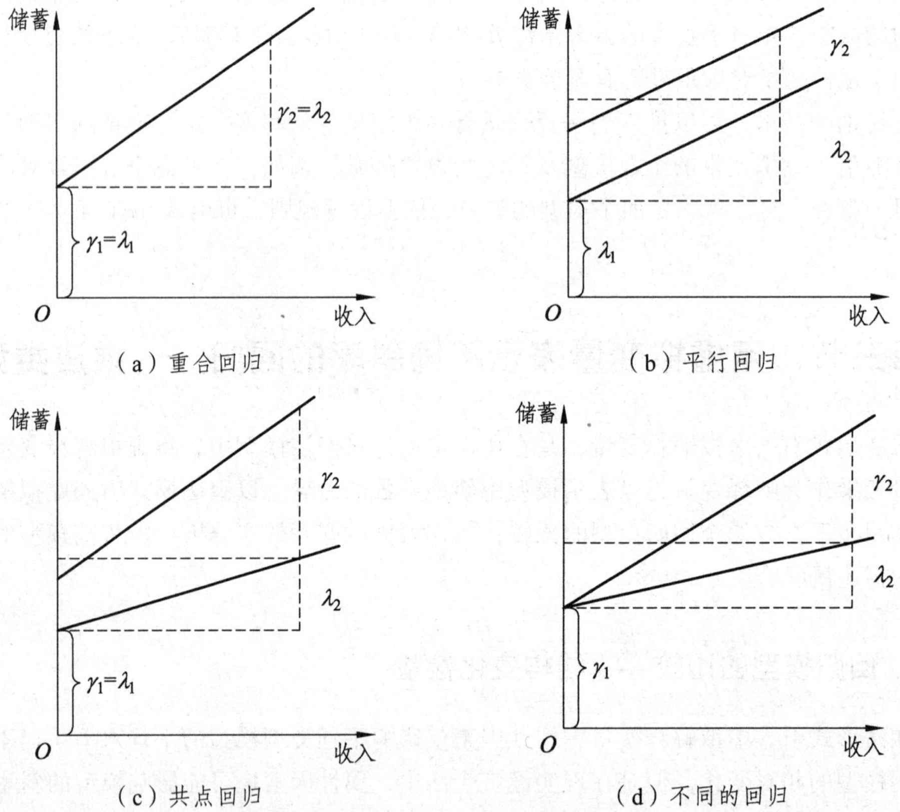

图 6.4　储蓄—收入回归模型

现在的问题是，当运用样本数据对式（6.14）和式（6.15）进行回归后，如何界定所得结果在统计意义上属于哪一种类型呢？这时可采用以乘法形式引入虚拟变量的方法。例如，对于改革开放前后储蓄—收入模型，可设定为

$$Y_t = \alpha_1 + \alpha_2 D_t + \beta_1 X_t + \beta_2 (D_t X_t) + u_t \tag{6.21}$$

其中，Y_t为储蓄；X_t为收入；D_t为虚拟变量，$D_t = \begin{cases} 0, \text{改革开放以前} \\ 1, \text{改革开放以后} \end{cases}$。

显然在式（6.21）中，以乘法形式引入虚拟变量所形成的解释变量为$D_t X_t$，以加法形式引入虚拟变量所形成的解释变量是D_t。

事实上，当式（6.21）满足古典假定时，有

改革开放前：

$$E\{Y_t \mid D_t = 0, X_t\} = \alpha_1 + \beta_1 X_t \tag{6.22}$$

改革开放后：

$$E\{Y_t \mid D_t = 1, X_t\} = (\alpha_1 + \alpha_2) + (\beta_1 + \beta_2) X_t \tag{6.23}$$

式（6.22）和式（6.23）分别是改革开放前和改革开放后的平均储蓄函数。与式（6.19）及式（6.20）相比，有

$$\lambda_1 = \alpha_1, \lambda_2 = \beta_1; \gamma_1 = \alpha_1 + \alpha_2, \gamma_2 = \beta_1 + \beta_2$$

在式（6.21）中，α_2 称为截距差异系数，β_2 称为斜率差异系数，分别代表改革开放前后储蓄函数的截距与斜率所存在的差异。当利用 1950—2004 年的数据估计式（6.21）时，等价于分别对式（6.19）和式（6.20）两个储蓄函数进行估计。

假如对式（6.21）进行 OLS 法估计，得

$$\hat{Y}_t = -1.7502 + 1.4839 D_t + 0.1504 X_t - 0.1034 D_t X_t$$

$$(0.3319) \quad (0.4704) \quad (0.0163) \quad (0.0332)$$

$$t = (-5.2733) \quad (3.1545) \quad (9.2270) \quad (-3.1144)$$

结果表明，截距和斜率差异系数 α_2, β_2 在统计意义下均为显著的，说明改革开放前后的储蓄—收入行为确实不相同。即

改革开放前：

$$\hat{Y}_t = -1.7502 + 0.1504 X_t$$

改革开放后：

$$\hat{Y}_t = (-1.7502 + 1.4839) + (0.1504 - 0.1034) X_t$$

$$= -0.2663 + 0.0470 X_t$$

以乘法形式引入虚拟变量作回归模型的比较和结构变化检验有以下优点：① 用一个回归替代了多个回归，简化了分析过程；② 方便对模型结构的差异作各种假设检验；③ 合并了的回归增加了自由度，提高了参数估计的精确性。但是，也应注意合并后模型的 u_i 应服从基本假定，特别是所比较的方程的方差应相同，否则会出现异方差。

二、交互效应分析

当分析解释变量对被解释变量影响时，大多数情形只是分析了解释变量自身变动对被解释变量的影响作用，而没有深入分析解释变量间的相互作用对被解释变量的影响。前面讨论分析两个定性变量对被解释变量影响的虚拟变量模型中，暗含着一个假定：两个定性变量是分别独立地影响被解释变量的。但是在实际经济活动中，两个定性变量对被解释变量的影响可能存在一定的交互作用，即一个解释变量的边际效应有时可能要依赖于另一个解释变量。为描述这种交互作用，可以把两个虚拟变量的乘积以加法形式引入模型。

考虑如下模型：

$$Y_i = \alpha_1 + \alpha_2 D_{2i} + \alpha_3 D_{3i} + \beta X_i + u_i \tag{6.24}$$

其中，Y_i 为农副品生产总收益；X_i 为农副产品生产投入；D_{2i} 为代表油菜籽生产的虚拟变量，$D_{2i} = \begin{cases} 1, \text{发展油菜籽生产} \\ 0, \text{其他} \end{cases}$；$D_{3i}$ 为代表养蜂生产的虚拟变量，$D_{3i} = \begin{cases} 1, \text{发展养蜂生产} \\ 0, \text{其他} \end{cases}$。

显然式（6.22）描述了是否发展油菜籽生产与是否发展养蜂生产的差异对农副产品总收益的影响。虚拟解释变量 D_{2i} 和 D_{3i} 是以加法形式引入的，暗含着一个假定：油菜籽生产和养蜂生产是分别独立地影响农副品生产总收益的。但是，在发展油菜籽生产的同时也发展养蜂生产，所取得的农副产品生产总收益，可能会高于不发展养蜂生产的情况。即在是否发展油菜籽生产与养蜂生产的虚拟变量 D_{2i} 和 D_{3i} 间，很可能存在着一定的交互作用，且这种交互影响对被解释变量农副产品生产总收益会有影响。

为了描述交互作用对被解释变量的效应，在式（6.24）中以加法形式引入两个虚拟解释变量的乘积，即

$$Y_i = \alpha_1 + \alpha_2 D_{2i} + \alpha_3 D_{3i} + \alpha_4 (D_{2i} D_{3i}) + \beta X_i + u_i \tag{6.25}$$

式中，各变量的含义与式（6.24）相同。

基础类型：不发展油菜籽生产，也不发展养蜂生产时，农副产品生产总收益的平均支出为

$$E(Y_i |\ D_2 = 0, D_3 = 0, X_i) = \alpha_1 + \beta X_i \tag{6.26}$$

对比类型：同时发展油菜籽生产和养蜂生产时，农副产品生产总收益的平均支出为

$$E(Y_i |\ D_2 = 1, D_3 = 1, X_i) = (\alpha_1 + \alpha_2 + \alpha_3 + \alpha_4) + \beta X_i \tag{6.27}$$

这里的截距水平由 4 项组成，其中：

α_1 为不发展油菜籽生产，也不发展养蜂生产时的截距；

α_2 为是否发展油菜籽生产对农副产品生产总收益的截距差异系数；

α_3 为是否发展养蜂生产对农副产品生产总收益的截距差异系数；

α_4 为同时发展油菜籽生产和养蜂生产时对农副产品生产总收益的交互效应系数。

关于交互效应是否存在，可借助于交互效应虚拟解释变量系数的显著性检验加以判断。如果 t 检验表明交互效应虚拟变量 D_{2i}, D_{3i} 在统计意义上是显著的，说明交互效应对 Y_i 存在显著影响。

【Stata 实现】

```
. use dumv.dta,clear    // 调入数据
. sum Y X1 X2   // 描述性统计
. gen D=1
. replace D=0 if hukou == "城镇"
. gen DX1= D* X1
. gen DX2= D* X2
. reg Y D X1 X2 DX1 DX2 // 可计算得到虚拟变量的截距，读者可自行尝试
```

三、分段线性回归

有的社会经济现象的变动会在解释变量达到某个临界值时发生突变，为了区分不同阶段的截距和斜率，可利用虚拟变量进行分段回归。

例如，某公司为了激励公司销售人员，按其销售额的一定比例计提奖励，但是销售额在某一目标水平 X^* 以下和某一目标水平 X^* 以上时计提奖励的方法不同。当销售额高于 X^* 时，计提奖励额与销售额的比例要高于销售额低于 X^* 时的比例，也就是销售额高于 X^* 时，奖励额与销售额的线性关系更为陡峭（见图 6.5）。为了确切地描述奖励额度（Y）与销售额（X）间的关系，需要分两段进行回归。这种分段回归可以用虚拟变量来实现。

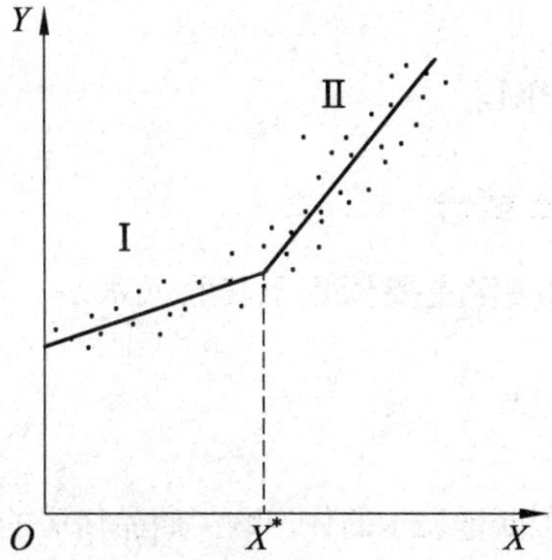

图 6.5　奖励额与销售额的关系

设虚拟变量 D 为

$$D=\begin{cases}1, X \geqslant X^* \\ 0, X < X^*\end{cases}$$

则奖励额度（Y_t）和销售额（X_t）间的关系式可以统一地表示为

$$Y_t=\alpha_0+\beta_1 X_t+\beta_2(X_t-X^*)D_t+u_t \tag{6.28}$$

其中，Y_t 为奖励额，X_t 为销售额，X^* 为已知的销售目标临界水平。利用统计资料估计式（6.28）的参数，可以得到不同斜率和截距的回归方程：

销售额低于 X^* 时：

$$E(Y_t | X_t, D=0, X^*)=\hat{\alpha}_0+\hat{\beta}_1 X_t \tag{6.29}$$

销售额不低于 X^*：

$$E(Y_t | X_t, D=1, X^*)=(\hat{\alpha}_0+\hat{\beta}_1 X^*)+(\hat{\beta}_1+\hat{\beta}_2)(X_t-X^*) \tag{6.30}$$

整理得

$$E(Y_t | X_t, D=1, X^*)=(\hat{\alpha}_0-\hat{\beta}_2 X^*)+(\hat{\beta}_1+\hat{\beta}_2)X_t \tag{6.31}$$

显然，β_1 是图 6.5 中第Ⅰ段回归直线的斜率，而 $\hat{\beta}_1+\hat{\beta}_2$ 是第Ⅱ段回归直线的斜率。只需检验 $\hat{\beta}_2$ 的统计显著性，就可以判断在所设定的临界水平 X^* 处是否存在着“突变”。

在分段回归中，第Ⅰ、Ⅱ段回归不仅截距不同，斜率也不同。在分两段回归时，使用了 1 个虚拟变量，容易推广；在分 K 段回归时，可用 K-1 个虚拟变量。

第四节　虚拟被解释变量

在计量经济学模型中，虚拟变量除了可以作为解释变量外，还可以作为被解释变量。当虚拟变量作为被解释变量时，其作用是对某一经济现象或活动进行“是”与“否”的判断或决策。例如，研究是否购买商品住房、是否参加人寿或财产保险、是否能按期偿还贷款、新产品在市场上是否畅销、对某一改革措施所持的态度等。这些问题的特征是被研究的对象（即被解释变量）在受到多种因素影响时，其取值只有两种状态：“是”与“否”。这在计量经济学中被称为“二元型响应”现象，这种现象常在市场研究或社会问题研究中遇到。如何处理二元型响应被解释变量模型的估计、推断问题，是本节要解决的问题。

一、线性概率模型（LPM）

（一）线性概率模型的基本概念

假设住户是否购买商品房的决定主要依赖于其收入水平，考虑如下模型：

$$Y_i = \beta_1 + \beta_2 X_i + u_t \tag{6.32}$$

其中，X_i 为住户的收入；Y_i 为一虚拟变量表示的住户购买商品住房的情况，$Y_i = \begin{cases} 1, 已购买商品住房 \\ 0, 未购买商品住房 \end{cases}$。

现在的问题是：前面讨论的回归分析主要是研究 $E(Y_i|\ X_i) = \beta_1 + \beta_2 X_i$ 的问题，即研究条件均值的轨迹的问题，而在上述模型中，被解释变量是某种属性发生与否的状况，怎样把某种属性发生与否的问题同条件均值的轨迹研究联系起来呢？当然，在计量经济学中，研究被解释变量某种属性发生与否，通常是研究这种属性发生与否的概率。也就是说，上述问题可表述为：怎样把被解释变量某种属性发生与否的概率问题同条件均值的轨迹研究联系起来呢？另外，若概率问题与条件均值轨迹能够联系起来，那么，我们所讨论的线性回归分析会出现什么问题？

由式（6.32），其中 u_t 服从 $E(u_t)=0$，有

$$E(Y_i|\ X_i) = \beta_1 + \beta_2 X_i \tag{6.33}$$

Y_i 是取值为 0 和 1 的随机变量，那么 Y_i 满足下列分布（ p_i 为 Y_i=1 的概率）：

Y_i	0	1
概率	$1-p_i$	p_i

根据数学期望的定义，得

$$E(Y_i) = 0\times(1-p_i) + 1\times p_i = p_i \tag{6.34}$$

也就是说，$E(Y_i)$ 等于 Y_i 取值为 1 时的概率，即

$$E(Y_i) = Prob(Y_i = 1|\ X_i) = p_i \tag{6.35}$$

注意，事件 Y=1 发生是在给定收入 X 的条件下发生的，因此 $E(Y_i) = E(Y_i|\ X_i)$。于是，比较式

（6.33）和式（6.34），则有

$$E(Y_i | X_i) = \beta_1 + \beta_2 X_i = p_i \qquad (6.36)$$

这表明购买商品用房的概率是收入的线性函数。像式（6.32）那样，以虚拟变量作为被解释变量的模型的条件期望实际上等于随机变量 Y_i 取值为 1 的条件概率。即当住户的收入水平为 X 时，其购买商品住房的概率可表示成 X 的线性函数，故式（6.32）也被称为线性概率模型（LPM）。显然，只要得到式（6.32）中 β_1 和 β_2 和估计量，就可以估计出不同收入水平住户购买商品住房的概率。

由于购买商品住房的概率 p_i 必须在 0 和 1 之间，故在估计式（6.32）时必须满足约束条件：

$$0 \leqslant E(Y_i = 1 | X_i) \leqslant 1 \qquad (6.37)$$

（二）线性概率模型的估计

从形式上看，式（6.32）与普通的线性计量经济模型相似，是否能够运用 OLS 法直接对其进行估计呢？答案是否定的。因为直接采用 OLS 法对模型（6.32）式进行估计，将会遇到一些特殊的问题，使得估计结果失去了合理的经济解释，因而需要寻求相应的处理方法。

1. 随机扰动项 u_t 的非正态性

在线性概率模型中，关于 u_i 的正态性假设不再成立，因为式（6.30）的随机误差项为

$$u_i = Y_i - \beta_1 - \beta_2 X_i \qquad (6.38)$$

当 Y_i=1 时，$u_i = 1 - \beta_1 - \beta_2 X_i$；

当 Y_i=0 时，$u_i = -\beta_1 - \beta_2 X_i$。

显然，这里的 u_i 不遵从正态分布，而是服从二项分布。

线性概率模型中的随机扰动项 u_i 不遵从正态分布，对参数的估计并不产生影响，OLS 法本身并不要求随机扰动项 u_i 具备正态性，此时参数的 OLS 估计仍是最佳无偏估计量。但对参数的假设检验和区间估计，要求随机扰动项 u_i 遵从正态分布。不过，随着样本容量的无限增大，根据中心极限定理，OLS 估计量的概率分布将会趋近于正态分布。因此，大样本条件下线性概率模型的统计推断，也可以按正态性假设条件下 OLS 的统计推断方式进行。也就是说，直接运用 OLS 法对线性概率模型进行估计，对参数的估计不会产生太大影响。

2. 随机扰动项 u_i 的异方差性

根据 Y_i 的概率分布，有

当 Y_i=1 时，$u_i = 1 - (\beta_1 + \beta_2 X_i)$ 的概率为 p_i；

当 Y_i=0 时，$u_i = -(\beta_1 + \beta_2 X_i)$ 的概率为 1- p_i。

u_i	$-(\beta_1 + \beta_2 X_i)$	$1-(\beta_1 + \beta_2 X_i)$
概率	1- p_i	p_i

根据方差的定义，有

$$
\begin{aligned}
Var(u_i) &= E(u_i - E(u_i))^2 \\
&= E(u_i^2) \\
&= (-\beta_1 - \beta_2 X_i)^2 (1 - p_i) + (-\beta_1 - \beta_2 X_i)^2 p_i \\
&= (-\beta_1 - \beta_2 X_i)^2 (1 - \beta_1 - \beta_2 X_i) + (1 - \beta_1 - \beta_2 X_i)^2 (\beta_1 + \beta_2 X_i) \\
&= (-\beta_1 - \beta_2 X_i)(1 - \beta_1 - \beta_2 X_i) \\
&= p_i (1 - p_i)
\end{aligned} \tag{6.39}
$$

这里利用了 $p_i = \beta_1 + \beta_2 X_i$。式（6.39）表示，当 u_i 满足 $E(u_i)=0$ 和 $E(u_i u_j) = 0 (i \neq j)$ 时，u_i 的方差是 Y_i 条件期望的函数，即 $Var(u_i) = f(E(Y_i \mid X_i)$，这表明 u_i 是异方差的。这时利用 OLS 法所得的 LPM 估计量不再具有最小方差的特性，且各参数估计量的标准差也不可信。也就是说，LPM 参数的 OLS 估计量虽仍为线性无偏估计量，但不是最佳估计量。

为了消除异方差性的影响，可利用第四章中有关修正异方差的方法，例如可用加权最小二乘法（WLS）修正异方差。

根据前面的讨论，已知 LPM 中 u_i 的方差是 Y_i 条件期望的函数，故选择权重的一种方法是

$$
\sqrt{w_i} = \sqrt{E(Y_i \mid X_i)[1 - (Y_i \mid X_i)]} = \sqrt{p_i (1 - p_i)} \tag{6.40}
$$

其中，w_i 为权重。

对式（6.32）两边加权，有

$$
\frac{Y_i}{\sqrt{w_i}} = \frac{\beta_1}{\sqrt{w_i}} + \beta_2 \frac{X_i}{\sqrt{w_i}} + \frac{u_i}{\sqrt{w_i}} \tag{6.41}
$$

式中，权重 w_i 是未知的，随机扰动项 $u_i / \sqrt{w_i}$ 也是未知的。在实践中为了估计 w_i 进而估计 LPM 模型，可采取以下步骤：

第一步，不考虑异方差，用 OLS 法估计原模型（6.30），计算 $\hat{Y}_i = \hat{\beta}_1 + \hat{\beta}_2 X_i$ 作为 $E(Y_i \mid X_i) = P_i$ 的估计值 $\hat{P}_i$，取 $\hat{w}_i = \hat{Y}_i(1 - \hat{Y}_i) = \hat{P}_i(1 - \hat{P}_i)$ 作为 w_i 的估计值。

第二步，用 $\hat{w}_i$ 按照式（6.41）对观察数据 Y_i 和 X_i 进行变换，再用 OLS 法估计变换后的模型参数，可得 LPM 的参数，从而消除异方差。

3. 不满足 $0 \leqslant E(Y_i \mid X_i) \leqslant 1$ 的约束

在线性概率模型中，$E(Y_i \mid X_i)$ 表示在给定 X 的条件下事件 Y 发生的概率，从理论上讲，$E(Y_i \mid X_i)$ 的取值范围必须在 0 和 1 之间，然而在实证分析中，$E(Y_i \mid X_i)$ 的估计量 $\hat{Y}_i$ 并不一定介于 0 和 1 之间，也就是说，$\hat{Y}_i$ 的值可能大于 1，也可能小于 0，这是 LPM 的 OLS 法估计存在的实际问题。解决这一问题的方法之一是，当 $\hat{Y}_i$>1 时，认定 $\hat{Y}_i$=1；当 $\hat{Y}_i$<0 时，认定 $\hat{Y}_i$=0。这是人为地将大概率事件当作必然事件，将小概率事件当作不可能事件。另一种方法是，选择 Logit 模型或 Probit 模型等能够保证满足 $0 \leqslant E(Y_i \mid X_i) \leqslant 1$ 约束的非线性模型。

（三）非线性概率模型

应当指出的是，虽然可以采用 WLS 解决异方差性问题、增大样本容量减轻非正态性问题，

通过约束迫使所估计的事件 Y 发生的概率落入 0~1，但是，LPM 与经济意义的要求不符：随着 X 的变化，X 对 p_i 的“边际效应”保持不变。例如，对于住户是否购买商品房，当 $\hat{\beta}_2 = 0.1$ 时，表明 X 每变化一个单位（比如说 1000 元），拥有商品住房的概率恒等地增加 0.1。这就是说，无论住户的收入水平为 8000 元还是 22 000 元，拥有商品住房的概率都以相同的增量增加。在线性概率模型中，不论 X 的变化是在什么水平上发生的，参数都不发生变化，显然这与现实经济所发生的情况是不符的。

因此，表现概率平均变化比较理想的模型应当具有以下特征：

（1）概率 $p_i = E(Y_i = 1 | X_i)$ 随 X 变化而变化，但永远不超出 0~1 区间。

（2）随着 $x_i \to \infty$，$p_i \to 0$；随着 $x_i \to \infty$，$p_i \to 0$。即随着 x_i 变小，概率 p_i 趋于 0 的速度越来越慢；而随着 X_i 变大，概率 p_i 趋于 1 的速度越来越慢。p_i 随 X_i 变化而变化，且变化速率不是常数，p_i 和 X_i 之间是非线性关系。

符合这些特征的函数可用图 6.6 形象地刻画。

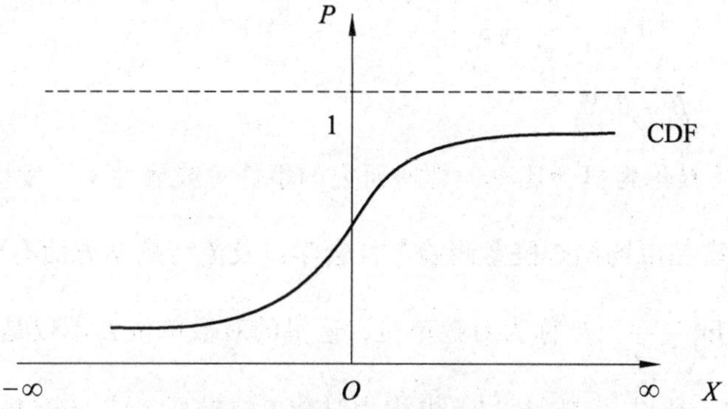

图 6.6　非线性概率函数的图形

图 6.6 所示的模型满足 $0 \leqslant E(Y_i | X_i) \leqslant 1$，且 p_i 是 X_i 非线性函数的假设，呈现出 S 形的曲线特征。因此可以设法找到符合这种 S 形曲线特征的函数形式来作为二元响应计量经济模型的设定形式。

原则上，任何适当的、连续的、定义在实轴上的概率分布都将满足上述两个条件。对于连续随机变量来说，密度函数的积分代表概率的大小，也就是说，连续随机变量的（累积）分布函数（CDF）可以满足上述两个条件。通常选择逻辑斯蒂分布函数和正态分布的累积分布函数去设定非线性概率模型。当选用逻辑斯蒂分布时，就生成了 Logit 模型（对数单位模型）。本书只介绍 Logit 模型。

二、对数单位模型（Logit 模型）

1. Logit 模型的基本概念

如上所述，当选择逻辑斯谛分布函数（logistic distribution）去设定二元响应计量经济模型时，有

$$Prob(Y_i = 1) = p_i = \frac{e^{\beta_1 + \beta_2 X_i}}{1 + e^{\beta_1 + \beta_2 X_i}} = \frac{1}{1 + e^{-\beta_1 + \beta_2 X_i}} = \frac{1}{1 + e^{-z_i}} \tag{6.42}$$

其中，$z_i = \beta_1 + \beta_2 X_i$。

式（6.42）有以下特征：

（1）随着 $z_i \to +\infty$，$p_i \to 1$（1 为 p_i 的饱和值），随着 $z_i \to -\infty$，$p_i \to 0$，即 $-\infty \leqslant z_i \leqslant +\infty$，$0 \leqslant p_i \leqslant 1$；当 $z_i = 0$ 时，$p_i = 0.5$。

（2）式（6.42）存在一个拐点，在拐点之前，随着 z_i 或 X_i 增大，p_i 的增长速度越来越快；在拐点之后，随着 z_i 或 X_i 增大，p_i 的增长速度越来越慢，逐渐趋近于 1。

这些特征恰好满足前面讨论的非线性概率模型的要求。

考虑到估计中的便利，采用以下变换：

$$L_i = \ln\left(\frac{Prob(Y=1)}{Prob(Y=0)}\right) = \ln\left(\frac{p_i}{1-p_i}\right)$$

$$= \ln\left(\frac{\dfrac{e^{\beta_1+\beta_2 X_i}}{1+e^{\beta_1+\beta_2 X_i}}}{1-\left(\dfrac{e^{\beta_1+\beta_2 X_i}}{1+e^{\beta_1+\beta_2 X_i}}\right)}\right) = \ln(e^{\beta_1+\beta_2 X_i})$$

$$= \beta_1 + \beta_2 X_i \tag{6.43}$$

式中，比率 $\dfrac{p_i}{1-p_i}$ 通常被称为机会比率，即所研究的事件（或属性）“发生”与“没有发生”的概率之比。机会比率在市场调查民意测验等社会学以及流行病学方面有着广泛的应用。“机会比率的对数” $L_i = \ln\left(\dfrac{p_i}{1-p_i}\right)$ 被称为对数单位，这里的对数单位 L_i 不仅是 X_i 的线性函数，而且也是 β 的线性函数。所以，式（6.43）也称为对数单位模型（或 logit 模型）。

找到一个合适的数据库，并进行 Stata 演示。

2. Logit 模型的估计

虽然 Logit 模型（6.42）或（6.43）满足非线性概率模型的要求，但由于 p_i 不仅对 X_i 是非线性关系，而且对 β_1 和 β_2 也是非线性关系，不能直接运用 OLS 法估计参数。必须设法把非线性关系转换为可以运用 OLS 估计的线性形式。

若记 p_i 为事件发生的概率，则有

$$p_i = \frac{1}{1+e^{-z_i}}$$

$$1-p_i = 1-\frac{1}{1+e^{-z_i}} = \frac{1}{1+e^{z_i}} \tag{6.44}$$

由式（6.43）和式（6.44），得

$$\frac{p_i}{1-p_i} = \frac{1+e^{z_i}}{1+e^{-z_i}} = e^{z_i} \tag{6.45}$$

式（6.45）两边取自然对数，得

$$L_i = \ln\left(\frac{p_i}{1-p_i}\right) = \ln(e^{z_i}) = z_i = \beta_1 + \beta_2 X_i \tag{6.46}$$

模型（6.46）表明，X_i 每变动一个单位，机会比率的对数（注意不是概率 p_i）平均变动 β_2 个单位。对数单位模型具有以下特点：

（1）随着 p_i 从 0 变化到 1，或 z_i 从 $-\infty$ 变化到 $+\infty$，对数单位 L_i 从 $-\infty$ 变化到 $+\infty$，即概率 p_i 在 0 与 1 之间，但对数单位 L_i 并不一定在 0 与 1 之间。

（2）虽然对数单位 L_i 对 X_i 是线性的，但概率 p_i 对 X_i 并不是线性的，这与线性概率模型不同。

（3）对数单位模型中参数的意义：β_2 是 X_i 每变动一个单位时，对数单位 L_i（机会比率的对数）的平均变化，然而我们研究的目的并不是对数单位 L_i，而是概率 p_i。

（4）设法估计出参数 β_1 和 β_2，给定某一水平 $X_i = X^*$，若欲估计 p_i，当 β_1 和 β_2 估计量已知时，可从式（6.46）中直接得到 $(z_i = \hat{\beta}_1 + \hat{\beta}_2 X_i)$，就可能计算出要估计的概率 p_i。

从经济计量的角度引入随机扰动项，将式（6.46）改写为

$$L_i = \ln\frac{p_i}{1-p_i} = z_i = \beta_1 + \beta_2 X_i + u_i \tag{6.47}$$

现在的问题是：如何得到 β_1 和 β_2 的估计量？对式（6.47）直接估计会遇到以下困难：

（1）当事件发生时，$p_i = 1$，$L_i = \ln(1/0)$；当事件没有发生时，$p_i = 0$，$L_i = \ln(1/0)$，机会比率 $p_i/(1-p_i)$ 的对数都无意义，不能直接用 OLS 法估计模型，而只能采用极大似然法（ML）估计参数。当样本容量 N 较大，可选用加权最小二乘法进行估计。

（2）估计参数需要的机会比率对数 L_i 的数据无法观测。解决办法是对应于每个 X_i，样本观测值个数 N_i 较大时，可利用整理汇总的数据，以相对频率作为对 p_i 的估计，并估计机会比率对数 L_i。例如购买商品房的模型，对于收入水平 X_i，家庭总数为 N_i，其中购买商品房家庭数为 n_i，可计算相对频率 $\hat{P}_i = n_i/N_i$。样本容量 N_i 足够大时，$\hat{p}_i$ 可视为对 p_i 的较好估计，并用以估计机会比率对数 L_i：$\hat{L}_i = \ln(\hat{P}_i/(1-\hat{P}_i))$。

（3）模型（6.47）的随机项 u_i 为异方差，可以证明，当 N 足够大时，

$$u_i \sim N\left(0, \frac{1}{N_i P_i (1-P_i)}\right) \tag{6.48}$$

为了估计 u_i 的方差 σ_i^2，可使用相对频率 $\hat{p}_i$ 代替 p_i 去估计：

$$\hat{\sigma}_i^2 = \frac{1}{N_i \hat{p}_i (1-\hat{p}_i)} \tag{6.49}$$

估计出 u_i 的方差以后，可用加权最小二乘法估计参数，则权数 w_i 为

$$w_i = \sqrt{\hat{\sigma}_i^2} = 1/\sqrt{N_i \hat{P}_i (1-\hat{P}_i)} \tag{6.50}$$

可以看出，对数单位模型参数的估计程序是较为繁琐的，但运用 Stata 进行估计却很方便，具体的估计步骤将在下一节的案例分析中介绍。

另外，关于二元选择模型的模型设定检验、异方差性检验、拟合优度分析等内容，已超出本书的讨论范围，在此不作讨论。

第五节 案例分析

改革开放以来，随着经济的发展，中国城乡居民的收入快速增长，同时城乡居民的储蓄存款也迅速增长。经济学界的一种观点认为，20 世纪 90 年代以后由于经济体制、住房、医疗、养老等社会保障体制的变化，居民的储蓄行为发生了明显改变。为了考察改革开放以来中国居民的储蓄存款与收入的关系是否已发生变化，以城乡居民人民币储蓄存款年底余额（Y）代表居民储蓄存款，以国民总收入（GNI）代表城乡居民收入，分析居民收入对储蓄存款影响的数量关系。

1978—2021 年我国的国民总收入和城乡居民人民币储蓄存款年底余额的数据，整理如表 6.1 所示。

表 6.1 我国国民总收入与居民储蓄存款 单位：亿元

年份	国民总收入（GNI）	城乡居民人民币储蓄存款年底余额（Y）	城乡居民人民币储蓄存款增加额（YY）	年份	国民总收入（GNI）	城乡居民人民币储蓄存款年底余额（Y）	城乡居民人民币储蓄存款增加额（YY）
1978	3624.1	210.6	NA	2000	99 066.1	64 332.4	4976.7
1979	4038.2	281.0	70.4	2001	109 276.2	73 762.4	9457.6
1980	4517.8	399.5	118.5	2002	120 480.4	86 910.6	13 233.2
1981	4860.3	532.7	124.2	2003	136 576.3	103 617.7	16 631.9
1982	5301.8	675.4	151.7	2004	161 415.4	119 555.4	15 937.7
1983	5957.4	892.5	217.1	2005	185 998.9	141 051.0	21 495.6
1984	7206.7	1214.7	322.2	2006	219 028.5	161 587.3	20 536.3
1985	8989.1	1622.6	407.9	2007	270 704	172 534.2	10 946.9
1986	10 201.4	2237.6	615.0	2008	321 229.5	217 885.4	45 351.2
1987	11 954.5	3073.3	835.7	2009	347 934.9	260 771.7	42 886.3
1988	14 922.3	3801.5	728.2	2010	410 354.1	303 302.2	42 530.5
1989	16 917.8	5146.9	1374.2	2011	483 392.8	343 635.9	40 333.7
1990	18 923.3	7119.8	1923.4	2012	537 329	399 551.0	55 915.1
1991	22 050.3	9241.6	2121.8	2013	588 141.2	447 601.6	48 050.6
1992	27 208.2	11 759.4	2517.8	2014	644 380.2	485 261.3	37 659.8
1993	35 599.2	15 203.5	3444.1	2015	686 255.7	526 508.6	41 247.2
1994	48 548.2	21 518.8	6315.3	2016	743 408.3	606 500.0	79 991.4
1995	60 356.6	29 662.3	8143.5	2017	831 381.2	643 790.9	37 290.9
1996	70 779.6	38 520.8	8858.5	2018	914 327.1	716 038.2	72 247.3
1997	78 802.9	46 279.8	7759.0	2019	988 528.9	813 017.1	96 979.0
1998	83 817.6	53 407.5	7615.4	2020	1 008 782.5	926 036.6	113 019.5
1999	89 366.5	59 621.8	6253.0	2021	1 133 239.8	1 025 062.0	99 025.4

数据来源：《中国统计年鉴 2022》，中国统计出版社 2023 年版。表中"城乡居民人民币储蓄存款年增加额"部分为年鉴数值，与采用年底余额计算的数值有差异。

为了研究1978—2021年城乡居民储蓄存款随收入的变化规律是否有变化，考察城乡居民储蓄存款、国民总收入随时间的变化情况，如图6.7所示。

【Stata实现】

```
. use cniy.dta,clear //导入数据
. line GNI Y year
```

输入以上代码并画出曲线图，进而修改底色与线条颜色。

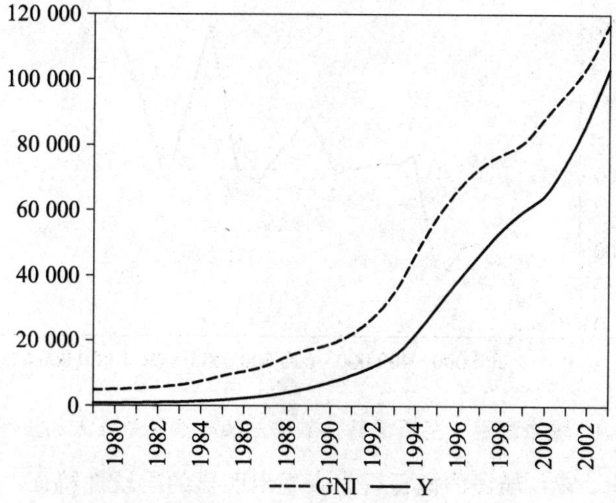

图 6.7　国民总收入与城乡居民人民币储蓄存款年底余额的折线图

从图6.7看出，尚无法得到居民的储蓄行为发生明显改变的详尽信息。考察居民储蓄的增量（*YY*），并作时序图（见图6.8）。

【Stata实现】

```
. line YY year
```

输入以上代码并画出曲线图，进而修改底色与线条颜色。

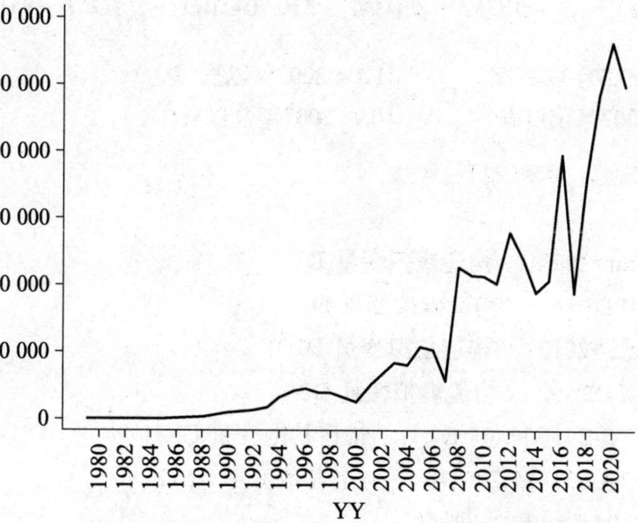

图 6.8　城乡居民人民币储蓄存款增加额的时序图

【Stata 实现】

```
. line YY GNI
```

输入以上代码并画出曲线图（见图 6.9），进而修改底色与线条颜色。

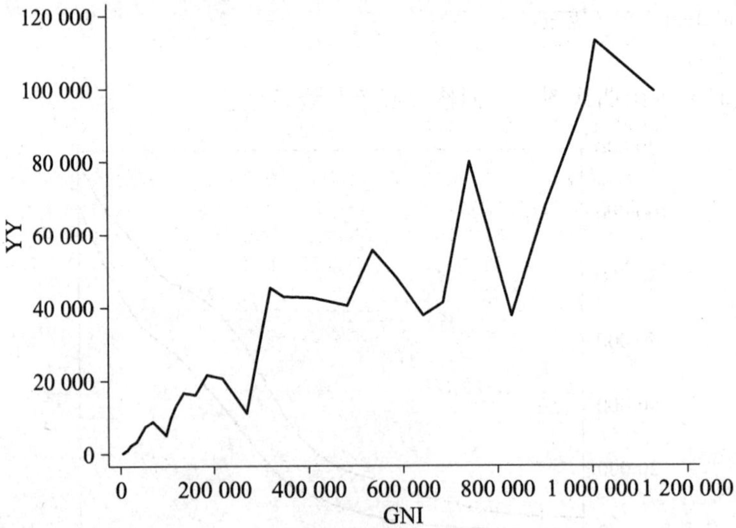

图 6.9　城乡居民人民币储蓄存款增加额与国民总收入的折线图

从图 6.8 可以看出，城乡居民的储蓄行为表现出明显的阶段性特征：在 2007 年和 2017 年有两个明显的转折点。

从图 6.9 可以看出，城乡居民储蓄行为也呈现出相同的阶段性特征。

为了分析居民储蓄行为在 2007 年前后、2017 年前后三个阶段的数量关系，引入虚拟变量 D_1 和 D_2。D_1 和 D_2 的选择，以 2007 年、2017 年两个转折点为依据，2007 年 *GNI* 为 270 704.0 亿元，2017 年 *GNI* 为 831 381.2 亿元，并设定了如下以加法和乘法两种方式同时引入虚拟变量的模型：

$$YY_t = \beta_1 + \beta_2 GNI_t + \beta_3 (GNI_t - 270\,704.0) D_{1t} + \beta_4 (GNI_t - 831\,381.2) D_{2t} + u_t$$

其中，$D_{1t} = \begin{cases} 1, t = 2007\text{年以后} \\ 0, t\text{=2007年及以前} \end{cases}$，$D_{2t} = \begin{cases} 1, t = 2007\text{年以后} \\ 0, t\text{=2007年及以前} \end{cases}$。

对上式进行回归后，代码如下：

【Stata 实现】

```
. gen D1=1 if year>2007    //构造虚拟变量 D1
. replace D1=0 if D1==.   //构造虚拟变量 D1
. gen D2=1 if year>2017    //构造虚拟变量 D2
. replace D2=0 if D2==.   //构造虚拟变量 D2
. gen CNI1 = (CNI-270704.0)* D1      //构造其他变量 CNI1
. gen CNI2 = (CNI-831381.2)* D2   //构造其他变量 CNI2
. reg YY CNI CNI1 CNI2      //回归
```

回归结果如图 6.10 所示。

Source	SS	df	MS			
				Number of obs	=	43
				F(3, 39)	=	154.32
Model	3.5611e+10	3	1.1870e+10	Prob > F	=	0.0000
Residual	2.9999e+09	39	76919412.6	R-squared	=	0.9223
				Adj R-squared	=	0.9163
Total	3.8611e+10	42	919312325	Root MSE	=	8770.4

YY	Coefficient	Std. err.	t	P>|t|	[95% conf.	interval]
GNI	.1143625	.017885	6.39	0.000	.0781866	.1505384
GNI1	-.0605274	.0276723	-2.19	0.035	-.1165	-.0045548
GNI2	.1262876	.0392165	3.22	0.003	.0469647	.2056104
_cons	-802.8178	2154.28	-0.37	0.711	-5160.261	3554.625

图 6.10　回归结果

$$YY_t = -802.8178 + 0.1144GNI_t - 0.0605(GNI_t - 270\,704.0)D_{1t} + 0.1263(GN_t - 831\,381.2)D_{2t}Se$$

$$= (-2200) \quad (0.0179) \quad (0.0277) \quad (0.0392)$$

$$t = (-0.3727) \quad (6.3943) \quad (-2.1873) \quad (3.2203)$$

$$R^2 = 0.9223 \quad \bar{R}^2 = 0.9163 \quad F = 154.3228$$

由于各个系数的 t 检验均大于 2，表明各解释变量的系数显著地不等于 0，居民人民币储蓄存款年增加额的回归模型分别为

$$YY_t = \begin{cases} YY_t = -802.8178 + 0.1144GNI_t + \varepsilon_{1t}, & t \leqslant 2007 \\ YY_t = 15\,574.774\,2 + 0.0539GNI_t + \varepsilon_{2t}, & 2007 < t \leqslant 2017 \\ YY_t = -105\,806.263\,4 + 0.2407GNI_t + \varepsilon_{3t}, & t > 2007 \end{cases}$$

这表明三个阶段居民储蓄增加额的回归方程在统计意义上是不相同的。2007 年以前，收入每增加 1 亿元，居民储蓄存款的增加额为 0.1144 亿元；2017 年以后，增加额为 0.2407 亿元，已发生了很大变化。上述模型与城乡居民储蓄存款和国民总收入之间的散布图是吻合的，与当时中国的实际经济运行状况也是相符的。

需要指出的是，在上述建模过程中，主要是从教学的目的出发运用虚拟变量法则，没有考虑通货膨胀因素。而在实证分析中，储蓄函数还应当考虑通货膨胀因素。

课后练习题

1. 表中给出 2016—2021 年某国制造业利润和销售额的季度数据。假定利润不仅与销售额有关，而且与季度因素有关。要求：

（1）如果认为季度因素使利润平均值发生变化，应如何引入虚拟变量？

（2）如果认为季度因素使利润对销售额的变化率发生变化，应当如何引入虚拟变量？

（3）如果认为上述两种情况都存在，又应当如何引入虚拟变量？

（4）对上述三种情况分别估计利润模型，并进行对比分析。

季度	利润 Y	销售额 X	季度	利润 Y	销售额 X
2016Q1	10 503	114 862	2019Q1	12 539	148 862
2016Q2	12 092	123 968	2019Q2	14 849	153 913
2016Q3	10 834	123 545	2019Q3	13 203	155 727
2016Q4	12 201	131 917	2019Q4	14 947	168 409
2017Q1	12 245	129 911	2020Q1	14 151	162 781
2017Q2	14 001	140 976	2020Q2	15 949	176 057
2017Q3	12 213	137 828	2020Q3	14 024	172 419
2017Q4	12 820	145 465	2020Q4	14 315	183 327
2018Q1	11 349	136 989	2021Q1	12 381	170 415
2018Q2	12 615	145 126	2021Q2	13 991	181 313
2018Q3	11 014	141 536	2021Q3	12 174	176 712
2018Q4	12 730	151 776	2021Q4	10 985	180 370

2. 在统计学教材中，采用方差分析方法分析不同班次对劳动效率的影响，其样本数据为

早班	中班	晚班
34	49	39
37	47	40
35	51	42
33	48	39
33	50	41
35	51	42
36	51	40

试采用虚拟解释变量回归的方法对上述数据进行方差分析。

3. Greene 在分析讲授某门经济学课程采用新的教学方法效应时，收集了如下表所示的数据。其中，$GRADE$ 是学生在接受新教学方法（$PSI=\begin{cases}1,\text{接受新教学方法}\\0,\text{没有采用新方法}\end{cases}$）后学习成绩是否有所提高的虚拟变量，$GRADE=\begin{cases}1,\text{有所提高}\\0,\text{没有提高}\end{cases}$；其他变量分别为平均绩点 GPA，非期末考试成绩分数 $TUCE$。试用 Logit 模型对此进行估计，并分析相应的边际效应。

obs	*GRADE*	*GPA*	*TUCE*	*PSI*	obs	*GRADE*	*GPA*	*TUCE*	*PSI*
1	0.000 000	2.660 000	20.000 00	0.000 000	17	0.000 000	2.750 000	25.000 00	0.000 000
2	0.000 000	2.890 000	22.000 00	0.000 000	18	0.000 000	2.830 000	19.000 00	0.000 000
3	0.000 000	3.280 000	24.000 00	0.000 000	19	0.000 000	3.120 000	23.000 00	1.000 000
4	0.000 000	2.920 000	12.000 00	0.000 000	20	1.000 000	3.160 000	25.000 00	1.000 000
5	1.000 000	4.000 000	21.000 00	0.000 000	21	0.000 000	2.060 000	22.000 00	1.000 000
6	0.000 000	2.860 000	17.000 00	0.000 000	22	1.000 000	3.620 000	28.000 00	1.000 000
7	0.000 000	2.760 000	17.000 00	0.000 000	23	0.000 000	2.890 000	14.000 00	1.000 000
8	0.000 000	2.870 000	21.000 00	0.000 000	24	0.000 000	3.510 000	26.000 00	1.000 000
9	0.000 000	3.030 000	25.000 00	0.000 000	25	1.000 000	3.540 000	24.000 00	1.000 000
10	1.000 000	3.920 000	29.000 00	0.000 000	26	1.000 000	2.830 000	27.000 00	1.000 000
11	0.000 000	2.630 000	20.000 00	0.000 000	27	1.000 000	3.390 000	17.000 00	1.000 000
12	0.000 000	3.320 000	23.000 00	0.000 000	28	0.000 000	2.670 000	24.000 00	1.000 000
13	0.000 000	3.570 000	23.000 00	0.000 000	29	1.000 000	3.650 000	21.000 00	1.000 000
14	1.000 000	3.260 000	25.000 00	0.000 000	30	1.000 000	4.000 000	23.000 00	1.000 000
15	0.000 000	3.530 000	26.000 00	0.000 000	31	0.000 000	3.100 000	21.000 00	1.000 000
16	0.000 000	2.740 000	19.000 00	0.000 000	32	1.000 000	2.390 000	19.000 00	1.000 000

第六章 Stata 数据

第七章

设定误差与测量误差

第一节　设定误差

一、设定误差的类型

计量经济模型是对变量间经济关系因果性的设想，若所设定的回归模型是“正确”的，主要任务是所选模型参数的估计和假设检验。若检验统计量 R^2, t, F 和 DW 等在统计意义上是显著的，则模型的建模过程结束；反之，若这些统计量中的一个或多个不显著，就要寻找其他的估计方法进行参数估计和检验。例如，在加权和广义差分的基础上用最小二乘法解决异方差性或自相关性问题。但是如果对计量模型的各种诊断或检验仍不能令人满意，这时就应把注意力集中到模型的设定方面，考虑所建模型是否遗漏了重要的变量，是否包含了多余的变量，所选模型的函数形式是否正确，随机扰动项的设定是否合理，关于被解释变量和解释变量的数据收集是否有误差，等等。所有这些在计量经济学中被统称为设定误差。

从误差来源看，设定误差主要包括：① 变量的设定误差，包括相关变量的遗漏（欠拟合）、无关变量的误选（过拟合）；② 变量数据的测量误差；③ 模型函数形式的设定误差；④ 随机扰动项设定误差。本章主要讨论前两类设定误差。

出现设定误差的原因是多方面的。首先，数据来源渠道可能不畅。在建模过程中，尽管某个变量有着重要的经济意义和计量经济学解释作用，但这个变量的数据很难获得，而被迫将该变量排斥在模型之外，消费行为分析中消费者财富的变量就是例证。其次，虽然知道模型中应当包含哪些变量，但不知道这些变量应当以什么确切的函数形式出现在回归模型中。也就是说，经济管理的基本理论并没有提示模型中变量的准确函数形式。例如，经济学理论不会肯定消费水平与有关变量的关系是线性的还是对数线性的，或者是两者的某种混合形式。最后，更为重要的是，事实上我们事先并不知道所研究的实证数据中所隐含的真实模型究竟是什么。正是由于上述这些原因，设定误差在建模中是较容易出现的。设定误差的存在可能会对模型形成不良的后果。

二、变量设定误差的后果

变量设定误差主要有两类：一类是相关变量的遗漏，也称为模型“欠拟合”；另一类是无关变量的误选，也称为模型“过拟合”。从实质上看，变量设定误差的主要后果，是一个或多个解释变量与随机扰动项之间存在着相关性，而影响参数估计的统计特性。

1. 遗漏相关变量（欠拟合）的偏误

采用遗漏了重要解释变量的模型进行估计而带来的偏误，称为遗漏相关变量偏误。

如果正确的模型应当为

$$Y_i = \beta_1 + \beta_2 X_{2i} + \beta_3 X_{3i} + \mu_i \tag{7.1}$$

其离差形式为

$$y_i = \beta_2 x_{2i} + \beta_2 x_{3i} + (\mu_i - \bar{\mu}) \tag{7.2}$$

但是由于某种原因，设定模型时将变量 X_{3i} 遗漏了，实际采用的回归模型为

$$Y_i = \alpha_1 + \alpha_2 X_{2i} + \nu_i \tag{7.3}$$

假定其他有关线性模型的古典假设都成立，则式（7.3）中 α_2 的 OLS 估计式为

$$\hat{\alpha}_2 = \frac{\sum x_{2i} y_i}{\sum x_{2i}^2} \tag{7.4}$$

将正确模型的离差形式（7.2）代入式（7.4），得

$$\begin{aligned}\hat{\alpha}_2 &= \frac{\sum x_{2i}[\beta_2 x_{2i} + \beta_3 x_{3i} + (\mu_i - \bar{\mu})]}{\sum x_{2i}^2} \\ &= \frac{\sum \beta_2 x_{2i}^2 + \beta_3 \sum x_{2i} x_{3i} + \sum x_{2i}(\mu_i - \bar{\mu})}{\sum x_{2i}^2} \\ &= \beta_2 + \beta_3 \frac{\sum x_{2i} x_{3i}}{\sum x_{2i}^2} + \frac{\sum x_{2i}(\mu_i - \bar{\mu})}{\sum x_{2i}^2}\end{aligned} \tag{7.5}$$

式（7.5）两边取期望，有

$$E(\hat{\alpha}_2) = E\left(\beta_2 + \beta_3 \frac{\sum x_{2i} x_{3i}}{\sum x_{2i}^2} + \frac{\sum x_{2i}(\mu_i - \bar{\mu})}{\sum x_{2i}^2}\right) \tag{7.6}$$

当样本容量无限增大时，观察 $\hat{\alpha}_2$ 的概率极限性质，对式（7.5）两边取概率极限：

$$p\lim_{n\to\infty} \hat{\alpha}_2 = \beta_2 + \beta_3 \frac{Cov(X_{2i}, X_{3i})}{Var(X_{2i})} + \frac{Cov(X_{2i}, \mu_i)}{Var(X_{2i})} \tag{7.7}$$

由此可以看出，X_3 的遗漏将产生如下后果：

（1）如果漏掉的 X_3 与 X_2 相关，则参数 $\hat{\alpha}_1$ 和 $\hat{\alpha}_2$ 将是有偏的且不一致的，即 $E(\hat{\alpha}_1 \neq \beta_1)$，$E(\hat{\alpha}_2 \neq \beta_2)$，且 $p\lim_{n\to\infty}(\hat{\alpha}_1) \neq \beta_1$, $p\lim_{n\to\infty}(\hat{\alpha}_2) \neq \beta_2$。

由于式（7.3）中 $v_i = \beta_3 X_{3i} + \mu_i$，所以

$$Cov(v_i, X_{2i}) = Cov(\beta_3 X_{3i} + \mu_i, X_{2i}) = Cov(\beta_3 X_{3i}, X_{2i}) + Cov(\mu_i, X_{2i}) \tag{7.8}$$

式（7.8）中，虽然 $Cov(\mu_i, X_{2i})$=0，但 $Cov(\beta_3 X_{3i}, X_{2i}) = \beta_3 Cov(X_{3i}, X_{2i}) \neq 0$。在小样本下，式（7.6）中的第二项的期望不会为零，表明 OLS 估计量在小样本下有偏。在大样本下，式（7.7）

第二项中的 $\frac{1}{n}\sum x_{2i}x_{3i}$ 也不会随着样本的增大而趋于零，表明 OLS 估计量在大样本下不一致，即有 $p\lim_{n\to\infty}(\hat{\alpha}_2)\neq\beta_2$。因此，如果漏掉的 X_3 与 X_2 相关，OLS 估计量在大样本下也不一致。

（2）若 X_3 与 X_2 不相关，即 $\sum x_{2i}x_{3i}=0$，$\hat{\alpha}_2$ 满足无偏性和一致性，但可以证明这时截距项的估计 $\hat{\alpha}_1$ 却是有偏的（证明从略）。

（3）$\hat{\alpha}_2$ 的方差是 $\hat{\beta}_2$ 方差的有偏估计：

对于式（7.3），已知［见式（2.40）］

$$Var(\hat{\alpha}_2)=\frac{\sigma^2}{\sum x_{2i}^2}$$

而对于式(7.1)，有

$$Var(\hat{\beta}_2)=\frac{\sigma^2}{\sum x_{2i}^2\left(1-\frac{\sum x_{2i}x_{3i}}{\sum x_{2i}^2\sum x_{3i}^2}\right)}=\frac{\sigma^2}{\sum x_{2i}^2(1-r_{23}^2)} \tag{7.9}$$

如第三章所讨论的，$Var(\hat{\beta}_2)$ 是 β_2 方差的无偏估计，而如果漏掉的 X_3 与 X_2 相关，$r_{23}^2\neq 0$，$Var(\hat{\alpha}_2)=Var(\hat{\beta}_2)$，故 $Var(\hat{\alpha}_2)$ 是有偏的。

（4）漏掉 X_3 的式（7.3）中的随机扰动项 v_i 的方差估计量 $\hat{O}_v^2=RSS_v/(n-2)$ 将是有偏的，即 $E(\hat{O}_v^2)=\hat{O}_\mu^2$。

（5）与方差相关的检验，包括假设检验、区间估计等，在关于参数的统计显著性方面，都容易导出错误的结论。

对模型中遗漏变量时参数估计性质的认识，还有两点要特别注意：

（1）若 X_3 与 X_2 相关，$r_{23}^2\neq 0$，显然 $Var(\hat{\alpha}_2)\neq Var(\hat{\beta}_2)$，由式(4.14)，似乎有 $Var(\hat{\alpha}_2)<Var(\hat{\beta}_2)$，但实际情形并不完全如此。可以注意到，式（7.1）和（7.3）的剩余平方和 RSR 是不一样的，其自由度也是不等的。在样本容量相同的条件下，$RSS_v/(n-2)\neq RSS_\mu/(n-3)$，或 $\hat{O}_v^2\neq\hat{O}_\mu^2$。因此，从式（7.3）回归得到的 $RSS_v/(n-2)$ 有可能大于从式（7.1）回归得到的 $RSS_\mu/(n-3)$。

（2）若 X_3 与 X_2 不相关，$r_{23}^2=0$ 和 $\sum x_{2i}x_{3i}/\sum x_{2i}^2=0$，由式（7.6）和式（4.14），似乎分别有 $E(\hat{\alpha}_2)=\beta_2$，$Var(\hat{\alpha}_2)=Var(\hat{\beta}_2)$。若这两个等式成立，意味着尽管变量 X_3 理论分析上是有关的变量，但从所选模型中略去似乎也不会导致什么危害。这种认识实际也不正确。因为 $\widehat{Var(\hat{\alpha}_2)}=\frac{\hat{\sigma}_v^2}{\sum x_{2i}^2}=\frac{RSS_v/(n-2)}{\sum x_{2i}^2}$，为 $\widehat{Var(\hat{\beta}_2)}=\frac{\hat{\sigma}_\mu^2}{\sum x_{2i}^2}=\frac{RSS_\mu/(n-3)}{\sum x_{2i}^2}$ 的有偏估计，即使 X_3 与 X_2 不相关，也有 $\widehat{Var(\hat{\alpha}_2)}\neq\widehat{Var(\hat{\beta}_2)}$，致使假设检验程序很有可能是可疑的。而且，在大多数的实证经济研究中，X_3 与 X_2 通常是相关的，更可能会产生上述后果。因此一旦根据相关理论把模型建立起来，再从中遗漏变量需要充分地谨慎。

2. 包含无关变量（过拟合）的偏误

模型中包含了不重要的解释变量，即采用误选了无关解释变量的模型进行估计而带来的偏误，称为包含无关变量偏误。

为讨论方程中包含了无关变量的情形，假设正确的模型是

$$Y_i = \beta_1 + \beta_2 X_{2i} + \mu_i \tag{7.10}$$

而回归模型加入了无关变量 X_3，设定模型为

$$Y_i = \alpha_1 + \alpha_2 X_{2i} + \alpha_3 X_{3i} + \nu_i \tag{7.11}$$

可将式（7.10）视为以 $\alpha_3 = 0$ 为约束的式(7.11)的特殊形式。采用 OLS 法对式（7.11）进行参数估计，由式（3.27）有

$$\hat{\alpha}_2 = \frac{\sum x_{2i} y_i \sum x_{3i}^2 - \sum x_{3i} y_i \sum x_{2i} x_{3i}}{\sum x_{2i}^2 \sum x_{3i}^2 - \left(\sum x_{2i} \sum x_{3i}\right)^2} \tag{7.12}$$

将式（7.10）的离差形式 $y_i = \beta_2 X_{2i} + (\mu_i - \overline{\mu})$ 代入式（7.12），整理得

$$\hat{\alpha}_2 = \beta_2 + \frac{\left(\sum x_{3i}^2\right)\left(\sum x_{2i}(\mu_i - \overline{\mu})\right) - \left(\sum x_{2i} x_{3i}\right)\left(\sum x_{3i}(\mu_i - \overline{\mu})\right)}{\sum x_{2i}^2 \sum x_{3i}^2 - \left(\sum x_{2i} \sum x_{3i}\right)^2} \tag{7.13}$$

当 X_3 与 X_2 为非随机时，求式（7.13）的数学期望，得

$$E(\hat{\alpha}_2) = \beta_2$$

其方差为

$$Var(\hat{\alpha}_2) = \frac{\sigma_\nu^2}{\sum x_{2i}^2 (1 - r_{23}^2)} \tag{7.14}$$

由上述可知，无关变量的设定误差的后果为：

（1）可以证明，式（7.11）参数的 OLS 估计量是无偏的，且为一致性估计量。

（2）$E(\hat{\alpha}_2) = \beta_2$，$p\lim\limits_{n\to\infty} \hat{\alpha}_2 = \beta_2$。同理，可证明 $E(\hat{\alpha}_1) = \beta_1$，$E(\hat{\alpha}_3) = \beta_3 = 0$；$p\lim\limits_{n\to\infty} \hat{\alpha}_1 = \beta_1$，$p\lim\limits_{n\to\infty} \hat{\alpha}_3 = \beta_3 = 0$。

（3）$\hat{\alpha}_2$ 不是有效估计量。

因为 β_2 的方差为 $\frac{\sigma^2}{\sum x_{2i}^2}$，那么

$$\frac{Var(\hat{\alpha}_2)}{Var(\hat{\beta}_2)} = \frac{1}{1 - r_{23}^2} \tag{7.15}$$

虽然变量 X_3 对被解释变量 Y 是无关的，但解释变量 X_3 与 X_2 之间很可能存在一定程度相关，即 $0 \leqslant r_{23}^2 \leqslant 1$，则 $Var(\hat{\alpha}_2) \geqslant Var(\hat{\beta}_2)$。这表明，无关变量 X_3 的误选，会使得 $\hat{\alpha}_2$ 的方差增大，导致 $\hat{\alpha}_2$ 的估计精度下降，且偏离程度随着解释变量间相关程度的增加而增大。此结论对 $\hat{\alpha}_1$ 也成立；

（4）$E(\hat{O}_\nu^2) = O_\nu^2$，即随机误差项的方差的估计仍为无偏估计。

（5）通常的区间估计和假设检验程序依然有效，但 $\hat{\alpha}_2$ 的方差增大，接受错误假设的概率会较高。

比较遗漏相关变量和误选无关变量两类设定误差可以看出，如果遗漏了相关变量，将导致参数估计量和假设检验是有偏的且不一致的；如果误选了无关变量，虽然参数估计量具有无偏性、一致性，但会损失参数估计量的有效性。由于事先并不可能清楚地知道隐含在数据中的真实数量关系，建模过程中将面临如何选择更为恰当变量的两难境地。若是注重检验的无偏性、一致性，那么可能会宁愿误选无关变量也不愿遗漏相关变量；若是注重估计量的有效性，一般的选择则是宁愿删除相关变量。通常误选无关变量不如遗漏相关变量的后果严重。因此，一定程度上模型的设定实际上是对偏误与有效进行权衡，偏爱哪一方取决于模型的研究目的。若建模目的只是为了进行预测，最小均方误差则可能是兼顾有效性和无偏性的良好准则。

均方误差（MSE）是参数估计值 β^* 与参数真实值 β 离差平方的期望：

$$MSE(\beta^*) = E(\beta^* - \beta)^2 \tag{7.16}$$

容易证明，均方误差与方差有如下关系：

$$E(\beta^* - \beta)^2 = E(\beta^* - E(\beta^*))^2 + (E(\beta^*) - \beta)^2 \tag{7.17}$$

均方误差 $E(\beta^* - \beta)^2$ 是方差 $E(\beta^* - E(\beta^*))^2$ 与偏倚的平方 $(E(\beta^*) - \beta)^2$ 之和，包含了两个方面的因素。当在较小偏倚（或无偏性）和较小方差（或最小方差性）“二者不可兼得”时，需要进行“权衡与折中”，可采用均方误差准则。

第二节　设定误差的检验

相关变量的遗漏和无关变量的误选，在不同程度上给模型的设定产生了不良影响，有必要对变量设定误差进行检验。当然，这种假设检验必须在经济理论指导下进行，不可抛弃经济理论而进行假设检验。对于是否误选无关变量的检验，只要针对无关变量系数的期望值为零的假设用 t 检验或 F 检验，针对无关变量系数作显著性检验即可。对于遗漏变量设定误差的检验有多种方法，例如 DW 检验、拉格朗日乘数检验（Lagrange multiplier, LM）、豪斯曼检验（Hausman-test）、RESET 一般性检验等。这里只讨论设定误差的一些最常用的检验方法。

一、DW 检验

用 DW 检验法检验是否遗漏相关变量，其基本思想是认为遗漏的相关变量应包含在随机扰动项中，那么回归所得的残差序列就会呈现单侧的正（负）相关性，因此可从自相关性的角度检验相关变量的遗漏。

从遗漏变量的模型看，可以认为遗漏变量模型是无遗漏变量模型的一个特例：被遗漏变量的系数为 0。例如，式（7.3）是式（7.1）变量 X_{3i} 的系数为 0 的特例。称式（7.1）为无约束回归模型，而式（7.3）为受约束回归模型。

DW 检验的具体步骤如下：

（1）对回归模型运用 OLS 法得残差序列 e_i。

（2）设定"H_0：受约束回归模型，H_1：无约束回归模型"。按遗漏解释变量的递增次序对残差序列 e_i 进行排序，对排序后的残差序列 $Y_i = \beta_1 + \beta_2 X_{2i}$ 计算 d 统计量：

$$d = \frac{\sum_{i=2}^{n}(e_i - e_{i-1})^2}{\sum_{i=1}^{n} e_i^2} \tag{7.18}$$

（3）查 Durbin-Watson 表，若 d 统计量显著，则拒绝原假设，受约束回归模型不成立，存在模型设定误差；否则接受原假设，受约束回归模型成立，模型无设定误差。

例如，我国农业发展的相关统计资料如表 7.1 所示，准备使用如下的 3 个备选模型进行 DW 检验。

表 7.1　粮食总产量、化肥施用总量、粮食播种总面积、乡村人口统计表

年份	粮食总产量/千吨	化肥施用总量/千吨	粮食播种总面积/千公顷	乡村人口总数/百万人
2012	612 226	58 388	114 368.00	637.47
2013	630 482	59 119	115 908.00	622.24
2014	639 648	59 959	117 455.00	609.08
2015	660 603	60 226	118 963.00	590.24
2016	660 435	59 844	119 230.00	573.08
2017	661 607	58 594	117 989.00	556.68
2018	657 892	56 534	117 038.00	541.08
2019	663 843	54 036	116 064.00	525.82
2020	669 492	52 507	116 768.00	509.92
2021	682 847	51 913	117 631.00	498.35

数据来源：《中国统计年鉴》。

（1）$Y_i = \beta_1 + \beta_2 X_{2i} + \beta_3 X_{3i} + \beta_4 X_{4i} + u_i$。

【Stata 实现】

首先，打开数据集，并将其设为时间序列数据，时间变量为 year。

```
. use fertilizer.dta,clear
. tsset year
```

其次，进行 OLS 回归估计。

```
. reg output fertilizer area population
```

OLS 多元回归结果如图 7.1 所示。

Source	SS	df	MS		
Model	3.7699e+09	3	1.2566e+09	Number of obs =	10
Residual	61266494.8	6	10211082.5	F(3, 6) =	123.06
				Prob > F =	0.0000
				R-squared =	0.9840
				Adj R-squared =	0.9760
Total	3.8311e+09	9	425679646	Root MSE =	3195.5

output	Coef.	Std. Err.	t	P>|t|	[95% Conf.	Interval]
fertilizer	-1.471423	1.330693	-1.11	0.311	-4.727512	1.784666
area	7.397964	1.633842	4.53	0.004	3.400096	11.39583
population	-247.56	88.73235	-2.79	0.032	-464.6803	-30.43979
_cons	11552.62	169861.9	0.07	0.948	-404084.4	427189.6

图 7.1 OLS 多元回归结果

根据图 7.1 所示回归结果，得

$$\hat{Y}_i = 11\,552.62 - 1.471X_{2i} + 7.398X_{3i} - 247.56X_{4i}$$

$$R^2 = 0.9840，\bar{R} = 0.9760$$

最后，计算残差序列 e_1，根据排序后的残差序列计算 d 统计量，进行显著性判断。

【Stata 实现】

```
. predict e1,r
. estat dwatson
```

d 统计量计算结果如图 7.2 所示。

```
Durbin-Watson d-statistic(  4,    10) =  3.645651
```

图 7.2 d 统计量计算结果

本例中，由于遗漏变量已经按递增次序排列，此时的 DW 值等于 d 值，无需重新计算 d 统计量。由于 DW 统计量的局限性，Stata 并未提供临界值。但是，通过查德宾-沃森 d 统计量表可知，对于模型（1）有 DW=3.65，当 n=10，$k'=3$，$\alpha=5\%$时，$d_L=0.525$，$d_U=2.016$，显然有 $4-d_L$=3.475<d=3.65，存在负的自相关，拒绝 H_0，表示存在遗漏的变量。

（2）$Y_i=\beta_1+\beta_2X_{2i}+\beta_3X_{3i}$。

【Stata 实现】

首先，打开数据集，并将其设为时间序列数据，时间变量为 year。

```
. use fertilizer.dta,clear
. tsset year
```

其次，进行回归估计。

```
. reg output fertilizer area
```

回归结果如图 7.3 所示。

$$\hat{Y}_i = -398\,252.4 - 5.057X_{2i} + 11.448X_{3i}$$

$$R^2 = 0.9633，\bar{R} = 0.9528$$

Source	SS	df	MS			
				Number of obs	=	10
				F(2, 7)	=	91.77
Model	3.6904e+09	2	1.8452e+09	Prob > F	=	0.0000
Residual	140748510	7	20106929.9	R-squared	=	0.9633
				Adj R-squared	=	0.9528
Total	3.8311e+09	9	425679646	Root MSE	=	4484.1

output	Coef.	Std. Err.	t	P>|t|	[95% Conf.	Interval]
fertilizer	-5.057222	.4838264	-10.45	0.000	-6.20129	-3.913154
area	11.4476	1.05252	10.88	0.000	8.958786	13.93642
_cons	-398252.4	119711.2	-3.33	0.013	-681324.3	-115180.5

图 7.3　回归结果

最后，计算残差序列 e_2，根据排序后的残差序列计算 d 统计量，进行显著性判断。

【Stata 实现】

```
. predict e2,r
. estat dwatson
```

d 统计量计算结果如图 7.4 所示。

```
Durbin-Watson d-statistic(  3,    10) =  2.165424
```

图 7.4　d 统计量计算结果

由图 7.4 计算结果可知，DW=2.17，靠近 2 而远离 4，可大致判断无自相关。同时，查德宾-沃森 d 统计量表可知，当 n=10，$k'=2$，$\alpha=5\%$时，$d_L=0.697$，$d_U=1.641$，显然有 1.641<d=2.17<2.359，表明不存在自相关关系，不拒绝 H_0，表示没有遗漏的变量。

（3）$Y_i - \beta_1 + \beta_2 X_{2i}$。

【Stata 实现】

首先，打开数据集，并将其设为时间序列数据，时间变量为 year。

```
. use fertilizer.dta,clear
. tsset year
```

其次，进行回归估计。

```
. reg output fertilizer
```

回归结果如图 7.5 所示。

Source	SS	df	MS			
				Number of obs	=	10
				F(1, 8)	=	4.17
Model	1.3118e+09	1	1.3118e+09	Prob > F	=	0.0756
Residual	2.5193e+09	8	314913428	R-squared	=	0.3424
				Adj R-squared	=	0.2602
Total	3.8311e+09	9	425679646	Root MSE	=	17746

output	Coef.	Std. Err.	t	P>|t|	[95% Conf.	Interval]
fertilizer	-3.793642	1.858731	-2.04	0.076	-8.079885	.4925997
_cons	870570	106304.1	8.19	0.000	625432.3	1115708

图 7.5　回归结果

$$Y_i = 870\,570 - 3.794X_{2i}$$

$$R^2 = 0.3424\ ,\quad \bar{R} = 0.2602$$

最后，计算残差序列 e_3，根据排序后的残差序列计算 d 统计量，进行显著性判断。

【Stata 实现】

```
. predict e3,r
. estat dwatson
```

d 统计量计算结果如图 7.6 所示。

```
Durbin-Watson d-statistic(  2,     10) =  .5403861
```

图 7.6　d 统计量计算结果

对于模型（3）有 DW=0.54，当 n=10，$k'=1$，$\alpha = 5\%$ 时，$d_L = 0.879$，$d_U = 1.320$，显然存在正的自相关，拒绝 H_0，表明存在遗漏的变量。这说明除了化肥施用总量之外，粮食总产量还会受到其他因素的影响，如粮食播种面积、总人口等，模型存在设定误差。

二、拉格朗日乘数（LM）检验

拉格朗日乘数检验的基本思想是，认为模型中遗漏的相关变量包含在随机扰动项中，因此随机扰动项或回归所得的残差序列应与遗漏的相关变量呈现出某种依存关系，可以进行残差序列与相关变量的回归，在一定显著水平下若相关变量具有统计显著性，则认为存在遗漏变量形成的设定偏误，若相关变量不具有统计显著性，则认为没有遗漏变量形成的设定误差。

拉格朗日乘数检验的具体步骤如下：

（1）对存在遗漏变量设定偏误的模型（受约束回归模型）进行回归，得残差序列 e_i；

（2）用残差序列 e_i 对全部的解释变量（包括遗漏变量）进行回归，得可决系数 R^2；

（3）设定"H_0: 受约束回归模型，H_1：无约束回归模型"。在大样本情况下，构造检验统计量 nR^2，恩格尔（Engle）曾经证明，

$$nR^2 \underset{\sim}{\text{asy}} \chi^2(m) \tag{7.19}$$

其中，asy（asymptotically）表示"渐近地"；m 是 H_0 中设定的受约束个数。

（4）进行显著性检验的判断：若 $nR^2 > \chi^2_\alpha(m)$，则拒绝 H_0，认为受约束模型不成立，存在遗漏变量；否则，接受 H_0，认为受约束模型成立，没有遗漏的变量。

例如，对表 7.1 中数据，用如下两个模型进行 LM 检验，其中模型（1）为真实模型。

（1）$Y_i = \beta_1 + \beta_2 X_{2i} + \beta_3 X_{3i}$

（2）$Y_i = \beta_1 + \beta_2 X_{2i}$

【Stata 实现】

首先，打开数据集，并将其设为时间序列数据，时间变量为 year。

```
. use fertilizer.dta,clear
. tsset year
```

其次，对存在遗漏变量的模型进行回归，同时计算残差序列。

. reg output fertilizer

. predict e,r

回归结果如图 7.7 所示。

```
      Source |       SS           df       MS      Number of obs   =        10
-------------+----------------------------------   F(1, 8)         =      4.17
       Model |  1.3118e+09         1  1.3118e+09   Prob > F        =    0.0756
    Residual |  2.5193e+09         8   314913428   R-squared       =    0.3424
-------------+----------------------------------   Adj R-squared   =    0.2602
       Total |  3.8311e+09         9   425679646   Root MSE        =     17746

------------------------------------------------------------------------------
      output |      Coef.   Std. Err.      t    P>|t|     [95% Conf. Interval]
-------------+----------------------------------------------------------------
  fertilizer |  -3.793642   1.858731    -2.04   0.076    -8.079885    .4925997
       _cons |     870570   106304.1     8.19   0.000     625432.3     1115708
------------------------------------------------------------------------------
```

图 7.7　回归结果

再次，用残差序列对所有的解释变量进行回归。

. reg e fertilizer area

残差序列对所有解释变量回归结果如图 7.8 所示。

```
      Source |       SS           df       MS      Number of obs   =        10
-------------+----------------------------------   F(2, 7)         =     59.15
       Model |  2.3786e+09         2  1.1893e+09   Prob > F        =    0.0000
    Residual |   140748510         7  20106929.9   R-squared       =    0.9441
-------------+----------------------------------   Adj R-squared   =    0.9282
       Total |  2.5193e+09         9   279923047   Root MSE        =    4484.1

------------------------------------------------------------------------------
           e |      Coef.   Std. Err.      t    P>|t|     [95% Conf. Interval]
-------------+----------------------------------------------------------------
  fertilizer |  -1.263579   .4838264    -2.61   0.035    -2.407647   -.1195117
        area |    11.4476    1.05252    10.88   0.000     8.958786    13.93642
       _cons |   -1268822   119711.2   -10.60   0.000     -1551894   -985750.5
------------------------------------------------------------------------------
```

图 7.8　残差序列对所有解释变量回归结果

最后，构造检验统计量，计算卡方检验 5%显著性水平对应的临界值，进行显著性判断。

【Stata 实现】

. di "LM= "　e(N)*e(r2)

统计量计算结果显示，$LM = 9.4413206$。

【Stata 实现】

. di invchi2tail(1,0.05)

结果显示，卡方检验 5%对应的临界值为 3.841 458 8。

因为 $LM = 9.44 > 3.84$，故拒绝 H_0，认为受约束模型不成立，存在遗漏变量。

三、一般性检验（RESET）

RESET 检验（regression error specification test）是拉姆齐（Ramsey）于 1969 年提出的一种检验方法。其检验的基本思想是，如果事先知道遗漏了某个变量，只需将此变量引入模型，估计并检验其参数是否显著不为零即可，可实际问题是并不知道遗漏了哪个变量，这时可寻找一个替代变量 Z 来进行上述检验。RESET 检验中，替代变量 Z 通常选用所设定模型被解释变量拟合值 $\hat{Y}$ 若干次幂的线性组合。若模型估计所得的残差包含着遗漏的相关变量，那么这个残差可用被解释变量拟合值的线性组合近似表示；若这个线性组合是显著的，则认为原模型的设定有误。由于可引入若干个替代变量去判断是否有多个变量被遗漏，所以该方法被称为一般性设定偏误检验。

RESET 检验的基本步骤如下：

（1）对模型进行回归，用 OLS 法估计：

$$Y_i = \beta_1 + \beta_2 X_{2i} + \cdots + \beta_k X_{ki} + \mu_i$$

分别得到 Y_i 的拟合值 $\hat{Y}_i$ 和残差 e_i。若残差 e_i 与拟合值 $\hat{Y}_i$ 之间存在某种函数关系，则可用拟合值 $\hat{Y}_i$ 若干次幂的线性组合充当工具变量。

（2）用被解释变量 Y_i 的拟合值 $\hat{Y}_i$ 的线性组合，测度残差中是否包含着遗漏的相关变量。具体做法为，在第（1）步的模型中增加一个包含拟合值 $\hat{Y}_i$ 的函数。这个函数通常选择为拟合值 $\hat{Y}_i$ 的平方、立方和四次方的线性组合。例如：

$$Y_i = \beta_1 + \beta_2 X_{2i} + \cdots + \beta_k X_{ki} + \delta_1 \hat{Y}_i^2 + \delta_2 \hat{Y}_i^3 + \delta_3 \hat{Y}_i^4 + v_i \tag{7.20}$$

并对上述模型进行估计。

（3）构造原假设“$H_0: \boldsymbol{\delta}_j = \mathbf{0}$， $j = 1,2,3$”。然后用 F 统计量进行检验。F 统计量为

$$F = \frac{(RSS_R - RSS_U)/J}{\frac{RSS_U}{n} - (k+J)} = \frac{(R_U^2 - R_R^2)/J}{\frac{1-R_U^2}{n} - (k+J)} \tag{7.21}$$

即

$$F = \frac{(RSS_R - RSS_U)/3}{\frac{RSS_U}{n} - (k+3)} = \frac{(R_U^2 - R_R^2)/3}{\frac{1-R_U^2}{n} - (k+3)} \tag{7.22}$$

其中，RSS_U 和 R_U^2 分别为对方程（7.20）进行回归得到的残差平方和与拟合优度；RSS_U 和 R_U^2 分别为当原假设“$H_0: \boldsymbol{\delta}_j = \mathbf{0}$， $j = 1,2,3$”成立时，对方程（7.20）进行回归得到的残差平方和与拟合优度；J 为约束条件的个数。

若 F 统计值大于 F 临界值，则拒绝原假设，表明存在某种形式的设定误差。

【Stata 实现】

例如，对表 7.1 中数据的模型（2）进行 RESET 检验：

$$Y_i = \beta_1 + \beta_2 X_{2i} + \beta_3 X_{3i}$$

首先，进行回归。

```
. reg output fertilizer area
```

回归结果如图 7.9 所示。

```
      Source |       SS           df       MS      Number of obs   =        10
-------------+----------------------------------   F(2, 7)         =     91.77
       Model |  3.6904e+09         2  1.8452e+09   Prob > F        =    0.0000
    Residual |   140748510         7  20106929.9   R-squared       =    0.9633
-------------+----------------------------------   Adj R-squared   =    0.9528
       Total |  3.8311e+09         9   425679646   Root MSE        =    4484.1

------------------------------------------------------------------------------
      output |      Coef.   Std. Err.      t    P>|t|     [95% Conf. Interval]
-------------+----------------------------------------------------------------
  fertilizer |  -5.057222   .4838264   -10.45   0.000     -6.20129   -3.913154
        area |    11.4476    1.05252    10.88   0.000     8.958786    13.93642
       _cons |  -398252.4   119711.2    -3.33   0.013    -681324.3   -115180.5
------------------------------------------------------------------------------
```

图 7.9　回归结果

其次，使用 y-hat 的 2、3、4 次项作为非线性项，进行一般性检验。

【Stata 实现】

. estat ovtest

一般性检验结果如图 7.10 所示。

```
Ramsey RESET test using powers of the fitted values of output
       Ho:  model has no omitted variables
                  F(3, 4) =      1.73
                  Prob > F =      0.2982
```

图 7.10　一般性检验结果

由运行结果可知，$Prob > F$ =0.2982>5%，则不拒绝“无遗漏变量”的原假设。

第三节　测量误差

经济计量研究中需要运用大量的观测数据，在搜集相关数据时，经常会遇到所搜集的数据不能确实地反映变量间经济行为的情况。在计量经济模型中使用了经济变量不准确的数据时，称模型中包含了测量误差。测量误差将会影响计量经济分析的结果。

一、模型变量的测量误差

测量误差指在收集数据过程中的登记误差、在数据加工整理过程中的整理误差以及其他统计误差。计量经济研究中运用的观测数据出现测量误差，其原因是多方面的。首先，受人为因素和技术因素的影响，对经济现象和过程的调查登记本身就可能产生误差，例如虚报和误解指标含义而产生的统计误差；其次，数据的加工整理过程中也可能导致一定的误差，例如错误的汇总或分组导致的偏差，又如经过修匀加工的数据与实际情况的偏差；最后，数据的不当使用也会出现误差，例如错误地理解和运用了不同内涵、不同范围、不同计量单位的数据。这些有关数据的误差统称为“测量误差”。测量误差可能是被解释变量的测量误差，也可能是解释变量的测量误差。

为了说明测量误差的后果，设正确的回归模型为

$$Y_i^* = \alpha + \beta_i^* X_i^* + \mu_i \tag{7.23}$$

其中，Y_i^* 为被解释变量的理论真实值；X_i^* 为解释变量的理论真实值。Y_i^* 和 X_i^* 都是不可直接测量的，而只能通过下列测量过程得到其样本数据：

$$Y_i = Y_i^* + \varepsilon_i, \varepsilon_i \sim N(0, \sigma_\varepsilon^2) \tag{7.24}$$

$$X_i = X_i^* + \omega_i, \omega_i \sim N(0, \sigma_\omega^2) \tag{7.25}$$

且

$$Cov(\varepsilon_i, \omega_i) = 0, Cov(\varepsilon_i, X_i) = 0$$

其中，Y_i 是 Y_i^* 的测量结果；ε_i 是 Y_i^* 的测量误差；X_i 是 X_i^* 的测量结果；ω_i 是 X_i^* 的测量误差；ε_i 与 ω_i 无关，ε_i 与 X_i 也无关，且各误差都没有序列相关。

用观测到的样本数据进行回归时，等价于对下式回归：

$$\begin{aligned} Y_i &= \alpha + \beta(X_i - \omega_i) + \mu_i + \varepsilon_i \\ &= \alpha + \beta X_i + \mu_i + \varepsilon_i - \beta\omega_i \end{aligned} \tag{7.26}$$

将式（7.23）~（7.25）分别以离差形式表示：

$$Y_i^* = \beta x_i^* + (\mu_i - \overline{\mu}) \tag{7.27}$$

$$y_i = Y_i^* + (\varepsilon_i - \overline{\varepsilon}) \tag{7.28}$$

$$x_i = x_i^* + (\omega_i - \overline{\omega}) \tag{7.29}$$

对式（7.26）采用 OLS 法，有

$$\hat{\beta} = \frac{\sum x_i y_i}{\sum x_i^2}$$

将式（7.28）和式（7.29）代入，并在大样本下，取概率极限得

$$p\lim \hat{\beta} = \frac{\beta Var X_i^*}{Var X_i^* + \sigma_\omega^2} = \frac{\beta}{1 + \frac{\sigma_\omega^2}{\sigma_{X^*}^2}} \tag{7.30}$$

式中，σ_ω^2 为式（7.25）中 ω 的方差；$\sigma_{X^*}^2$ 为 X_i^* 的方差。其中 $\frac{\sigma_\omega^2}{\sigma_{X^*}^2} > 0$，这表明当测量误差存在时，OLS 法常常会低估真实的回归参数。

需指出的是，回归变量中的测量误差是数据问题，目前计量经济学家们还未提出有效的解决方法。一般的做法是忽略测量误差问题，主观上希望测量误差足够小，从而不破坏计量的合理性。

二、测量误差的检验

测量误差的存在使得回归系数被低估，将直接影响计量经济分析的结果，因此有必要对是否存在测量误差进行检验。

关于测量误差存在与否的检验是豪斯曼（Hausman）于 1978 年提出的检验方法，豪斯曼方法的具体步骤为：

（1）对所研究的回归模型，无论是否存在测量误差，先采用 OLS 法得到参数估计量；

（2）对可能存在测量误差的解释变量，选择与其相关的工具变量，将可能存在测量误差的解释变量对选择的工具变量进行回归，并获得回归残差 ω；

（3）将回归残差 ω 加入第（1）步中的回归表达式，再次进行 OLS 估计，得 ω 的参数估计值 $\hat{\beta}_{\omega}$ 及假设检验结果；

（4）若 $\hat{\beta}_{\omega}$ 为显著，认为解释变量的确存在观测误差，反之，则认为解释变量不存在测量误差。

例如，云南省 2010—2019 年的财政相关数据如表 7.2 所示。

表 7.2　云南省财政相关数据

年份	财政支出/亿元	中央政府拨款/亿元	财政收入/亿元	总人口/万人	贫困人口/万人
2010	2285.72	1289.82	871.19	4602.00	1486.00
2011	2929.60	1733.20	1111.16	4620.00	1014.00
2012	3572.66	2054.36	1338.15	4631.00	804.00
2013	4096.51	2162.21	1611.30	4641.00	661.00
2014	4437.98	2472.62	1698.06	4653.00	574.00
2015	4712.83	2534.84	1808.15	4663.00	471.00
2016	5018.86	2693.09	1812.29	4677.00	373.00
2017	5712.97	3012.93	1886.17	4693.00	279.00
2018	6075.00	3239.39	1994.35	4703.00	179.00
2019	6770.09	3813.44	2073.56	4714.00	66.00

数据来源：《中国财政统计年鉴》。

先将表 7.2 中数据导入 Stata。

【Stata 实现】

```
. use aid.dta,clear
```

首先，利用表 7.2 的样本数据作普通回归，进行基础分析。

```
. reg exp aid inc pop
```

回归结果如图 7.11 所示。

Source	SS	df	MS			
Model	17741889.1	3	5913963.03	Number of obs	=	10
Residual	36173.928	6	6028.988	F(3, 6)	=	980.92
				Prob > F	=	0.0000
Total	17778063	9	1975340.34	R-squared	=	0.9980
				Adj R-squared	=	0.9969
				Root MSE	=	77.647

exp	Coef.	Std. Err.	t	P>|t|	[95% Conf.	Interval]
aid	.8275488	.2041402	4.05	0.007	.3280358	1.327062
inc	.5808584	.2131803	2.72	0.034	.0592249	1.102492
pop	15.54938	4.350526	3.57	0.012	4.904023	26.19473
_cons	-70904.81	19707.41	-3.60	0.011	-119127.1	-22682.53

图 7.11　回归结果

根据图 7.11 回归结果，得

$$\widehat{exp} = -70\,904.81 + 0.828aid + 0.581inc + 15.549pop \qquad (7.31)$$

$$t = (-3.6) \qquad (4.05) \qquad (2.72) \qquad (3.57)$$

$$R^2 = 0.9980 \qquad \bar{R}^2 = 0.9969 \qquad F = 980.92$$

由以上回归估计的模型可知，中央政府拨款对云南省政府财政支出的影响系数高达 82.75%，而且在 1%的显著性水平上显著不为零。因这个系数似乎太高了，怀疑中央政府的拨款量 *aid* 可能存在测量误差。故选择工具变量 *ps* 进行检验，其原因为，扶贫支出是该地区地方政府支出中比重最大的支出，其经费来源主要依赖于中央政府的拨款，因此 *ps* 与 *aid* 有较高相关性。

其次，将 *aid* 对 *ps* 进行回归，并计算残差变量 $\hat{e}_i$。

【Stata 实现】

```
. reg aid ps
. predict ei,r
```

回归结果如图 7.12 所示。

Source	SS	df	MS			
Model	4544789.52	1	4544789.52	Number of obs	=	10
Residual	394588.598	8	49323.5748	F(1, 8)	=	92.14
				Prob > F	=	0.0000
Total	4939378.11	9	548819.79	R-squared	=	0.9201
				Adj R-squared	=	0.9101
				Root MSE	=	222.09

aid	Coef.	Std. Err.	t	P>|t|	[95% Conf.	Interval]
ps	-1.667164	.1736796	-9.60	0.000	-2.06767	-1.266658
_cons	3485.384	124.3285	28.03	0.000	3198.682	3772.086

图 7.12　回归结果

最后，将残差 $\hat{e}_i$ 加入式（7.31）中，再次回归，可得图 7.13 所示回归结果。

【Stata 实现】

```
. reg exp aid inc pop ei,r
```

```
Linear regression                               Number of obs     =         10
                                                F(4, 5)           =   16787.68
                                                Prob > F          =     0.0000
                                                R-squared         =     0.9984
                                                Root MSE          =     75.746

------------------------------------------------------------------------------
             |               Robust
         exp |      Coef.   Std. Err.      t    P>|t|     [95% Conf. Interval]
-------------+----------------------------------------------------------------
         aid |   .6173839   .1507296     4.10   0.009      .229921    1.004847
         inc |   .9412871   .3683942     2.56   0.051    -.0057003    1.888275
         pop |   15.70029   4.192165     3.75   0.013     4.923982    26.47659
          ei |   .2765076   .1426025     1.94   0.110    -.0900639    .6430791
       _cons |  -71666.52   18976.94    -3.78   0.013    -120448.3   -22884.73
------------------------------------------------------------------------------
```

图 7.13　回归结果

$$\widehat{exp} = -71\,666.52 + 0.617aid + 0.941inc + 15.70pop + 0.277\hat{e}_i \tag{7.32}$$

$$t = (-3.78) \qquad (4.1) \qquad (2.56) \qquad (3.75) \qquad (1.94)$$

从图 7.13 可以看出，残差 $\hat{e}_i$ 系数对应的 t 值为 1.94，回归结果不显著，接受原假设，不认为存在测量误差。注意到，如果存在测量误差，通过引入工具变量可以对测量误差进行修正，调整存在测量误差的变量的系数，避免夸大或者低估其对解释变量的影响。

第四节　案例分析

1992—2021 年中国进口总额、GDP 及汇率统计数据如表 7.3 所示，分析影响中国进口量的主要因素。

表 7.3　中国进口总额、GDP 及汇率统计表

年份	进口总额/亿元	国内生产总值/亿元	汇率
1992	4443.33	27 194.50	551.46
1993	5986.21	35 673.20	576.20
1994	9960.06	48 637.50	861.87
1995	11 048.13	61 339.90	835.10
1996	11 557.43	71 813.60	831.42
1997	11 806.56	79 715.00	828.98
1998	11 626.14	85 195.50	827.91
1999	13 736.46	90 564.40	827.83
2000	18 638.81	100 280.10	827.84
2001	20 159.18	110 863.10	827.70
2002	24 430.27	121 717.40	827.70
2003	34 195.56	137 422.00	827.70
2004	46 435.76	161 840.20	827.68

续表

年份	进口总额/亿元	国内生产总值/亿元	汇率
2005	54 273.68	187 318.90	819.17
2006	63 376.86	219 438.50	797.18
2007	73 296.93	270 092.30	760.40
2008	79 526.53	319 244.60	694.51
2009	68 618.37	348 517.70	683.10
2010	94 699.50	412 119.30	676.95
2011	113 161.39	487 940.20	645.88
2012	114 800.96	538 580.00	631.25
2013	121 037.46	592 963.20	619.32
2014	120 358.03	643 563.10	614.28
2015	104 336.10	688 858.20	622.84
2016	104 967.17	746 395.10	664.23
2017	124 789.80	832 035.90	675.18
2018	140 881.30	919 281.10	661.74
2019	143 253.70	986 515.20	689.85
2020	142 936.40	1 013 567.00	689.76
2021	173 634.29	1 143 669.70	645.15

数据来源:《中国统计年鉴 2022》。

设定如下模型：

$$IM_t = \alpha_1 + \alpha_2 GDP_t + u_t \tag{7.33}$$

其中，IM_t 为进口总额，GDP_t 是国内生产总值。

为了分析此模型是否存在变量设定误差，进行变量设定误差检验。

有人认为，货物与服务的进口量受到一国的生产规模、货物与服务的进口价格、汇率等其他因素影响，而不能仅用 GDP_t 来解释商品进口的变化。因此，设定的回归模型应该为

$$IM_t = \beta_1 + \beta_2 f(GDP_t) + \beta_3 g(Exchange_t) + u_t \tag{7.34}$$

其中，GDP_t 为国内生产总值；$f(GDP_t)$ 为 GDP_t 的线性函数；$Exchange_t$ 为美元兑换人民币的汇率；$g(Exchange_t)$ 为 $Exchange_t$ 的线性函数。显然设定的回归模型（7.33）中可能遗漏了变量 GDP，$Exchange$ 以及两者的线性组合。那么 GDP，$Exchange$ 以及两者的线性组合是否为被遗漏的重要变量呢?

【Stata 实现】

首先，将表 7.3 数据录入到 Stata 中，打开数据集，将其设为时间序列数据，再进行基础回归。

```
. use gdp.dta,clear
. tsset year
. reg im gdp
```

回归结果如图 7.14 所示。

Source	SS	df	MS			
				Number of obs	=	30
				F(1, 28)	=	320.34
Model	7.3301e+10	1	7.3301e+10	Prob > F	=	0.0000
Residual	6.4070e+09	28	228821418	R-squared	=	0.9196
				Adj R-squared	=	0.9167
Total	7.9708e+10	29	2.7485e+09	Root MSE	=	15127

im	Coef.	Std. Err.	t	P>|t|	[95% Conf.	Interval]
gdp	.1459019	.0081518	17.90	0.000	.1292036	.1626001
_cons	12889.17	4166.804	3.09	0.004	4353.859	21424.48

图 7.14　回归结果

由图 7.14 回归结果，得

$$IM_i = 12\,889.17 + 0.146GDP_i + e_i$$

$$t = \quad (3.09) \quad (17.90)$$

$$R^2 = 0.9196 \qquad \overline{R}^2 = 0.9167$$

其次，计算残差序列，画出残差图，并进行基础分析。

【Stata 实现】

```
. predict e,r
. line e year
```

残差图如图 7.15 所示。

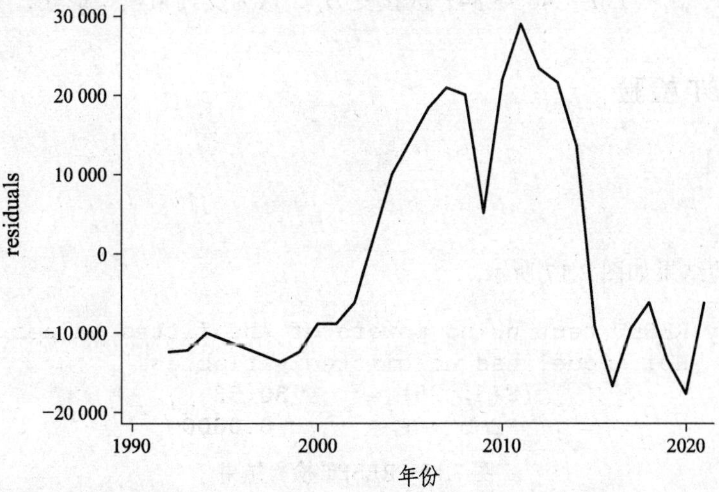

图 7.15　残差图

由残差图 7.15 可以看出，显然存在自相关现象，可能是建模时遗漏了重要的相关变量造成的。所以，接下来采用 DW 检验、LM 检验以及 RESET 检验进行遗漏变量的检验。

一、DW 检验

【Stata 实现】

```
. estat dwatson
```

d 统计量计算结果如图 7.16 所示。

```
Durbin-Watson d-statistic(  2,    30) =  .2685247
```

图 7.16 d 统计量计算结果

由于遗漏变量 *Exchange* 或 *GDP* 已经按从小到大顺序排列，无需重新计算 d 统计量。对 n=30 和 $k'=1$，且 5%的德宾-沃森 d 统计量的临界值为 $d_L=1.352$，$d_U=1.489$，DW=0.2685< d_L=1.352，表明存在显著的遗漏变量现象。

二、LM 检验

按照 LM 检验步骤，首先生成残差序列 e_i，用残差序列对全部解释变量（包括遗漏变量）进行回归；其次构造检验统计量；最后，进行显著性检验判断。

【Stata 实现】

```
. reg e gdp exchange
. di "LM= "   e(N)*e(r2)
```

统计量计算结果显示 LM=1.4623583。

【Stata 实现】

```
. di invchi2tail(1,0.05)
```

结果显示，卡方检验 5%对应的临界值为 3.841 458 8。

由上述可知，显然 LM=1.46 <3.84，故接受 H_0，认为受约束模型成立，不存在遗漏变量。

三、RESET 检验

【Stata 实现】

```
. reg im gdp
. estat ovtest
```

RESET 检验结果如图 7.17 所示。

```
Ramsey RESET test using powers of the fitted values of im
       Ho:  model has no omitted variables
                 F(3, 25) =      30.52
                 Prob > F =       0.0000
```

图 7.17 RESET 检验结果

由图 7.21 检验结果可知，$Prob > F$ =0.0000<1%，拒绝原假设，认为存在遗漏变量问题。

综上所述，由 DW 检验结果可知，DW=0.2685< d_L=1.352，显然存在显著的遗漏现象；由 LM 检验结果可知，LM=1.46 <3.84，接受原假设，认为模型不存在遗漏变量；由 RESET 检验结果可知，F 统计值大于 F 临界值，拒绝原假设，表明存在某种形式的设定误差问题。从上

述三种检验可看出，中国总进口额的影响因素不应只考虑 GDP，还存在其余的遗漏变量，如关税税率、价格指数等。遗漏变量问题的存在会导致模型最终估计结果的有偏，所以进行变量设定的误差检验是必要的。

课后练习题

1. 假设制造业企业工人的平均劳动生产率（Y）与工人的平均培训时间（t）、平均能力（X）之间存在依存关系，可建立如下回归模型：

$$Y = \beta_0 + \beta_1 t + \beta_2 X + u$$

若政府给那些工人能力低的企业以政府培训补助，则平均培训时间与工人平均能力负相关。现考虑这个因素，采用如下模型进行回归：

$$Y = \alpha_0 + \alpha_1 t + \varepsilon$$

试问由此获得的 $\hat{\alpha}_1$ 会有怎样的偏误？

第七章 Stata 数据

第八章

时间序列计量经济模型

时间序列数据被广泛地运用于计量经济研究。经典时间序列分析和回归分析有许多假定前提，如序列的平稳性、正态性等，如果直接将经济变量的时间序列数据用于建模分析，实际上隐含了这些假定。在这些假定成立的条件下，进行的 t 检验、F 检验、卡方检验等才具有较高的可靠度。但是，越来越多的经验证据表明，经济分析中所涉及的大多数时间序列是非平稳的。那么，如果直接将非平稳时间序列当作平稳时间序列进行分析，会造成什么不良后果？如何判断一个时间序列是否为平稳序列？当计量经济分析中涉及非平稳时间序列时，应作如何处理呢？这就是本章要讨论的基本内容。

第一节　时间序列计量经济分析的基本概念

一、伪回归问题

经典计量经济学建模过程中，通常假定经济时间序列是平稳的，而且主要以某种经济理论或对某种经济行为的认识来确立计量经济模型的理论关系形式，借此形式进行数据收集、参数估计以及模型检验，这是 20 世纪 70 年代以前计量经济学的主导方法。然而，这种方法所构建的计量经济模型在 20 世纪 70 年代石油危机引起的经济动荡面前却失灵了。这里的失灵不是指这些模型没能预见石油危机的出现，而是指这些模型无法预计石油危机的振荡对许多基本经济变量的动态影响。这引起了计量经济学界对经典计量经济学方法论的反思，并将研究的注意力转向宏观经济变量非平稳性对建模的影响。人们发现，由于经济分析中所涉及的经济变量数据基本上是时间序列数据，而大多数经济时间序列是非平稳的，如果直接将非平稳时间序列当作平稳时间序列进行回归分析，则可能会带来不良后果，如伪回归问题。

所谓伪回归，是指变量间本来不存在有意义的关系，但回归结果却得出存在有意义关系的错误结论。经济学家早就发现经济变量之间可能会存在伪回归现象，但在什么条件下会产生伪回归现象却长期以来无统一认识。直到 20 世纪 70 年代，Grange、Newbold 研究发现，造成伪回归的根本原因在于时间序列变量的非平稳性。他们运用 Monte Carlo 模拟方法研究表明，如果用传统回归分析方法对彼此不相关联的非平稳变量进行回归，t 检验值和 F 检验值往往会倾向于显著，从而得出“变量相依”的“伪回归结果”。

因此，在利用回归分析方法讨论经济变量有意义的经济关系之前，必须对经济变量时间序列的平稳性与非平稳性进行判断。如果经济变量时间序列是非平稳的，则需要寻找新的处理方法。20 世纪 80 年代发展起来的协整理论就是处理非平稳经济变量关系的行之有效的方法。该理论自诞生以来，受到众多经济学家的重视，并被广泛运用于实际经济问题的研究。

二、随机过程的概念

在概率论和数理统计中，随机变量是分析随机现象的有力工具。对于一些简单的随机现象，一个随机变量就足够了，如候车人数、某单位一天的总用水量等。对于一些复杂的随机现象，用一个随机变量来描述是不够的，而需要用若干个随机变量来加以刻画，如平面上的随机点，某企业一天的工作情况（产量、次品率、耗电量、出勤人数等），都需要用多个随机变量来刻画。

对有些随机现象，要认识它，必须研究其发展变化过程，这一类随机现象不能只用一个或多个随机变量来描述，而必须考察其动态变化过程。随机现象的这种动态变化过程就是随机过程。例如，某一天电话的呼叫次数 ξ，是一个随机变量。若考察它随时间 t 变动的情况，则需要考察依赖于时间 t 的随机变量 ξ_t，$\{\xi_t\}$就是一个随机过程。又如，某国某年的国民生产总值（GNP），是一个随机变量，但若考察它随时间 t 变化的情形，则$\{GNP_t\}$就是一个随机过程。

一般地，若对于每一特定的 $t(t \in T)$，Y_t 为一随机变量，则称这一族随机变量$\{Y_t\}$为一个随机过程。若 T 为一连续区间，则$\{Y_t\}$为连续型随机过程。若 T 为离散集合，如 $T=(0, 1, 2, \cdots)$ 或 $T=(\cdots, -2, -1, 0, 1, 2, \cdots)$，则$\{Y_t\}$为离散型随机过程。随机过程的统计特征通常用其分布及数字特征来刻画。

离散型时间指标集的随机过程通常称为随机型时间序列，简称时间序列。经济分析中常用的时间序列数据都是经济变量随机序列的一个实现。

三、时间序列的平稳性

所谓时间序列的平稳性，是指时间序列的统计规律不会随着时间的推移而发生变化。也就是说，生成变量时间序列数据的随机过程的特征不随时间变化而变化。以平稳时间序列数据作为计量经济模型变量的观测值时，其估计方法、检验过程才可能采用前面几章所介绍的方法。

直观上，一个平稳的时间序列可以看作一条围绕其均值上下波动的曲线。从理论上，它有两种意义的平稳性：一是严格平稳，二是弱平稳。

严格平稳是指随机过程$\{Y_t\}$的联合分布函数与时间的位移无关。设$\{Y_t\}$为一随机过程，n，h 为任意实数，若联合分布函数满足

$$F_{Y_{t_1},Y_{t_2},\cdots,Y_{t_n}}(y_1,\cdots,y_n)=F_{Y_{t_1+h},\cdots,Y_{t_n+h}}(y_1,\cdots,y_n) \tag{8.1}$$

则称$\{Y_t\}$为严格平稳过程，它的分布结构不随时间推移而变化。

弱平稳是指随机过程$\{Y_t\}$的期望、方差和协方差不随时间推移而变化。若$\{Y_t\}$满足

$$E(Y_t)=u$$

$$Var(Y_t)=r_0=\sigma^2$$

$$Cov(Y_t,Y_s)=Cov(Y_{t+h},Y_{s+h})=r(t-s,0)=r_{t-s} \tag{8.2}$$

则称$\{Y_t\}$为弱平稳随机过程。在以后的讨论中，关于平稳性的概念通常是指弱平稳。

所谓时间序列的非平稳性，是指时间序列的统计规律随着时间的位移而发生变化，即生成变量时间序列数据的随机过程的特征随时间变化而变化。当生成序列的随机过程是非平稳的时候，其均值函数、方差函数不再是常数，自协方差函数也不仅仅是时间间隔 $t-s$ 的函数，前面所介绍的高斯-马尔科夫定理不再成立，一个变量对其他变量的回归可能会导致伪回归结果，前面所介绍的计量经济技术也将遇到困难。

在经济领域中，得到的许多时间序列观测值大都不是由平稳过程产生的。

例如，使用中国的年度国民总收入（1980—2020 年，单位：亿元），并将数据命名为 GNI.dta，原始数据来源于国家统计局，观察 GNI 的时间趋势。

【Stata 实现】

```
.use GNI.dta,clear
.tsset year
.tsline GNI , xlabel(1980(10)2020)
```

其中，tsline 表示画时间趋势图；选择项“xlabel(1980(10)2020)”表示横轴为 1980—2020 期间，并每隔 10 年做一个标记（label）。

GNI 的时间趋势图如图 8.1 所示。

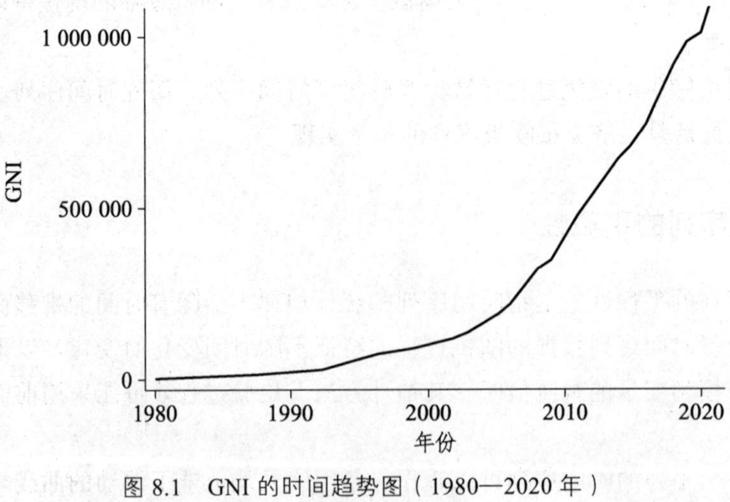

图 8.1　GNI 的时间趋势图（1980—2020 年）

从图 8.1 可知，GNI 在时间趋势上表现为指数增长，类似于“利滚利”的情形。由于在实际中遇到的时间序列数据很可能是非平稳序列，而平稳性在计量经济建模中又具有重要地位，所以有必要对观测值的时间序列数据进行平稳性检验。

第二节　时间序列平稳性的单位根检验

时间序列平稳性的检验方法主要有传统方法和现代方法。前者以自相关函数检验为代表，后者以单位根检验为代表。本书只介绍目前最常用的单位根检验法。

一、单位根过程

一般来讲，由于经济系统惯性的作用，经济时间序列往往存在着前后依存关系，这种前后依存关系是时间序列预测的基础。假定$\{Y_t\}$为一时间序列，最简单的一种前后依存关系就是变量当前的取值主要与其前一时期的取值状况有关，而与其前一时期以前的取值状况无直接关系，也就是说，Y_t主要与Y_{t-1}相关，而与Y_{t-2}，Y_{t-3}，…无关。可用如下的一阶自回归模型来描述这种关系：

$$Y_t = \varphi Y_{t-1} + \varepsilon_t \tag{8.3}$$

模型（8.3）常记作 AR(1)。

如果Y_t不仅与前一期Y_{t-1}有关，而且与Y_{t-2}相关，显然，在这种情况下用AR(1)来刻画Y_t的动态依存关系就不恰当了，而需要在模型中引入Y_{t-2}。一般地，如果Y_t与过去时期Y_{t-1}直到Y_{t-p}的取值相关，则$\{Y_t\}$的动态关系就需要使用包含Y_{t-1}，…，Y_{t-p}在内的 p 阶自回归模型加以刻画。p 阶自回归模型的一般形式为

$$Y_t = \varphi_1 Y_{t-1} + \varphi_2 Y_{t-2} + \cdots + \varphi_p Y_{t-p} + \varepsilon_t \tag{8.4}$$

为了说明单位根过程的概念，下面侧重以 AR(1)模型$Y_t = \varphi Y_{t-1} + \varepsilon_t$进行分析。根据平稳时间序列分析的理论可知，当$|\varphi|<1$时，该序列$\{Y_t\}$是平稳的，此模型是经典的 Box-Jenkins 时间序列 AR(1)模型。但是，如果$\varphi=1$，则序列的生成过程变为随机游走过程（Random Walk Process）：

$$Y_t = Y_{t-1} + \varepsilon_t \tag{8.5}$$

其中，$\{\varepsilon_t\}$独立同分布且均值为零、方差恒定为σ^2。随机游走过程的方差为

$$\begin{aligned} Var(Y_t) &= Var(Y_{t-1} + \varepsilon_t) \\ &= Var(Y_{t-2} + \varepsilon_{t-1} + \varepsilon_t) \\ &= Var(\varepsilon_1 + \varepsilon_2 + \cdots + \varepsilon_{t-1} + \varepsilon_t) \\ &= t\sigma^2 \end{aligned}$$

当$t \to \infty$时，序列的方差趋于无穷大，这说明随机游走过程是非平稳的。

如果一个序列是随机游动过程，则称这个序列是一个单位根过程[①]。较随机游动过程更一般的，是一般单位根过程。若随机过程$\{Y_t\}$遵从

$$Y_t = yY_{t-1} + u_t \tag{8.6}$$

其中，$y=1$，$\{u_t\}$为一平稳过程，且$Y_t = \alpha + \beta t + Y_{t-1} + u_t$。则称序列$\{Y_t\}$为（不带漂移的）单位根过程。带漂移和时间趋势的单位根过程服从如下模型：

$$Y_t = \alpha + \beta t + Y_{t-1} + u_t \tag{8.7}$$

显然，随机游动过程是一般单位根过程的一个特例。

从单位根过程的定义可以看出，对含一个单位根的过程$\{Y_t\}$，其一阶差分

$$\Delta Y_t = Y_t - Y_{t-1} = u_t$$

是一个平稳过程，像这种经过一次差分后变为平稳的序列称为一阶单整序列（Integrated Process），记为$\{Y_t\} \sim I(1)$。有时，一个序列经一次差分后可能仍是非平稳的，如果序列经过二阶差分后才变为平稳过程，则称序列为二阶单整序列，记为$\{Y_t\} \sim I(2)$。一般地，如果序列$\{Y_t\}$经过 d 次差分后平稳，而 d-1 次差分后却不平稳，那么称$\{Y_t\}$为 d 阶单整序列，记为$\{Y_t\} \sim I(d)$，d称为整形阶数。特别地，若序列$\{Y_t\}$本身是平稳的，则称序列为零阶单整序列，记为$\{Y_t\} \sim I(0)$。

二、Dickey-Fuller（DF）检验

大多数的经济变量，如 GDP、总消费、价格水平以及货币供应量 M2 等，都呈现出强烈的趋势特征。这些具有趋势特征的经济变量，当发生经济振荡或冲击后，一般会出现两种情形：一是受到振荡或冲击后，经济变量逐渐回到它们的长期趋势轨迹；二是这些经济变量没有回到原有轨迹，而呈现出随机游走的状态。若所研究的经济变量遵从一个非平稳过程（比如随机游走过程），当运用最小二乘法时，前面所介绍的高斯-马尔科夫定理不再成立，一个变量对其他变量的回归可能会导致伪回归结果。同时，如果所研究的经济变量（如 GDP）是非平稳的，则经济出现突发性振荡（如石油价格猛增，金融危机或政府开支骤减等）所造成的影响不会在短期内消失，其影响将是持久性的。这也是研究单位根检验的重要意义所在。

以自回归模型 AR(1)为例：

$$Y_t = \gamma_0 + \gamma_1 Y_{t-1} + \gamma t + \varepsilon_t \tag{8.8}$$

其中，ε_t为独立白噪声（期望为 0，方差有限），γt为时间趋势项（$\gamma = 0$，则时间趋势项为零），

---

① 将一阶自回归模型表示成如下形式：$Y_t - \varphi Y_{t-1} = \varepsilon_t$ 或 $(1-\varphi L)Y_t = \varepsilon_t$，其中，$L$ 是滞后算子，即 $LY_t = Y_{t-1}$。根据模型的滞后多项式 $(1-\varphi L)$，可以写出对应的线性方程：$1-\varphi z = 0$（通常称为特征方程），该方程的根为 $z = 1/\varphi$。当$|\varphi| < 1$ 时，序列是平稳的，特征方程的根满足条件$|z| > 1$，称方程的根在单位圆以外；当 $\varphi = 1$ 时，序列的生成过程变为随机游动过程，随机游动过程是非平稳的，由于此时方程的根 $z = 1$，所以通常称序列含有单位根，或者说序列的生成过程为“单位根过程”。由此可见，检验序列的非平稳性就变为检验特征方程是否有单位根，这便是单位根检验方法的由来。

γ_0为漂移项（γ_0=0，则为不带漂移项）。要检验该序列是否含有单位根。检验的原假设为 $H_0:\gamma_1=1$；替代假设为 $H_1:\gamma_1<1$。因为理论上认为不可能出现 $\gamma_1>1$的爆炸式增长的情形，若 H_0成立，则 Y_t为带漂移项的随机游走。

检验所用的统计量为

$$t=\frac{\hat{\gamma}-\gamma}{\hat{\sigma}_{\hat{\gamma}}} \tag{8.9}$$

更一般地，t统计量的通用公式为

$$t\equiv\frac{\text{估计量}-\text{假想值}}{\text{估计量的标准误}} \tag{8.10}$$

但是我们通常希望检验参数是否等于 0，为此在方程两边同时减去 Y_{t-1}，得

$$\Delta Y_t=\gamma_0+\delta Y_{t-1}+\gamma t+\varepsilon_t \tag{8.11}$$

其中 $\delta\equiv\gamma_1-1$，对应的原假设与替代假设分别变为

$$H_0:\ \delta=0 \quad H_1:\ \delta<0$$

因为原假设 H_0的不同，假想值通常为 0 或 1。但 Dickey、Fuller 研究发现，该统计量不服从传统的 t 分布，传统的 t 检验方法失效。在 Stata 中此统计量称为“Dickey-Fuller 统计量”（简记 DF），记为 $Z(t)$。DF 检验的临界值可通过蒙特卡罗模拟获得，Dickey、Fuller 得到 DF 检验的临界值，并编制了 DF 检验临界值表以供查找。因为 DF 检验是左侧单边检验，所以 $Z(t)$越小，越倾向于拒绝原假设。通过对方程（8.9）做 OLS 回归，可得相应的 DF 统计量 $Z(t)$。

例如，采用我国 1995—2021 年的 GDP 数据（见下文例 8.1），数据命名为 GDP.dta。采用 OLS 回归，获得相应的 DF 统计量 $Z(t)$。

【Stata 实现】

```
.use GDP.dta
.reg dlnGDP l.dlnGDP
```

回归结果如图 8.2 所示。

Source	SS	df	MS			
				Number of obs	=	25
				F(1, 23)	=	7.82
Model	.011641405	1	.011641405	Prob > F	=	0.0103
Residual	.034242151	23	.001488789	R-squared	=	0.2537
				Adj R-squared	=	0.2213
Total	.045883556	24	.001911815	Root MSE	=	.03858

dlnGDP	Coefficient	Std. err.	t	P>|t|	[95% conf.	interval]
dlnGDP						
L1.	.4918578	.175895	2.80	0.010	.1279913	.8557244
_cons	.0555232	.0212641	2.61	0.016	.0115351	.0995114

图 8.2　回归结果

由式（8.10），进行 DF 检验：

【Stata 实现】

. dis (0.4918578-1)/0.175895

-2.8888951

DF 检验的统计量 $Z(t)$ 为-2.888 895 1，与例 8.1 中 lnGDP 的 DF 检验的统计量 $Z(t)$（-2.889）相比，二者数值是一致的。

三、augmented Dickey-Fuller（ADF）检验

前述 DF 检验存在的问题是，在检验所设定的模型时，假设随机扰动项 ε_t 不存在自相关。但大多数的经济数据序列是不能满足此项假设的，当随机扰动项存在自相关时，直接使用 DF 检验法会出现偏误，为了保证单位根检验的有效性，对 DF 检验进行了拓展，从而形成了扩展的 DF 检验（augmented Dickey-Fuller test），简称 ADF 检验。ADF 检验在方程（8.9）中引入被解释变量 ΔY_t 的滞后差分项，以保证扰动项为白噪声。

$$\Delta Y_t = \gamma_0 + \delta Y_{t-1} + \beta_1 \Delta Y_{t-1} + \beta_2 \Delta Y_{t-2} + \cdots + \beta_{p-1} \Delta Y_{t-p+1} + \gamma t + \varepsilon_t \quad (8.12)$$

对应的原假设与替代假设依然为

$$H_0: \delta = 0, \quad H_1: \delta < 0$$

对方程（8.12）使用 OLS 回归，可得估计量 $\hat{\delta}$ 及相应的 t 统计量。在 Stata 中，此统计量称为“Augment Dickey-Fuller 统计量”（简称 ADF），记为 $Z(t)$。ADF 检验与 DF 检验一样，都是左侧单边检验。而且统计量的临界值与自由度、常数项、时间趋势项都相关，需要通过蒙特卡罗模拟得到。ADF 检验的三种情形如表 8.1 所示。

表 8.1　ADF 检验的三种情形

情形	真实模型	对方程（8.12）的约束	Stata 选项
1	含有截距项和趋势项	无约束	trend
2	只带漂移项，不带趋势项	$\gamma = 0$	drift
3	不带趋势项和漂移项	$\gamma_0 = 0$，$\gamma = 0$	noconstant

ADF 检验的 Stata 命令如下：

【Stata 代码】

```
.dfuller y,lags(p) regress noconstant drift trend
```

其中，选择项“lags(p)”包含 p 阶滞后差分项，默认为“lags(0)”，对应于 DF 检验；选择项“regress”表示显示回归结果；选择项“noconstant drift trend”三者选一，不可并用。

在 ADF 检验时，是否应该带漂移项（常数项）与时间趋势项，首先应该从理论上考虑。比如在考察 GDP 的对数是否有单位根时，一般应当包含时间趋势项；而在研究利率、汇率时，则不应该包含时间趋势项。

【**例 8.1**】根据《中国统计年鉴 2022》，得到我国 1995—2021 年的 GDP 数据，检验其是否为平稳序列。Stata 格式数据如表 8.2 所示，数据命名为 GDP.dta。

表 8.2　我国 1995—2021 年的 GDP 数据

年份	GDP	年份	GDP	年份	GDP
1995	60 356.64	2004	161 415.4	2013	588 141.2
1996	70 779.59	2005	185 998.9	2014	644 380.2
1997	78 802.86	2006	219 028.5	2015	685 571.2
1998	83 817.56	2007	270 704	2016	742 694.1
1999	89 366.48	2008	321 229.5	2017	830 945.7
2000	99 066.07	2009	347 934.9	2018	915 243.5
2001	109 276.2	2010	410 354.1	2019	983 751.2
2002	120 480.4	2011	483 392.8	2020	1 008 782
2003	136 576.3	2012	537 329	2021	1 133 240

【Stata 实现】

.use GDP.dta, clear

.tsline GDP , xlabel(1995(5)2021)

GDP 的时间趋势图如图 8.3 所示。

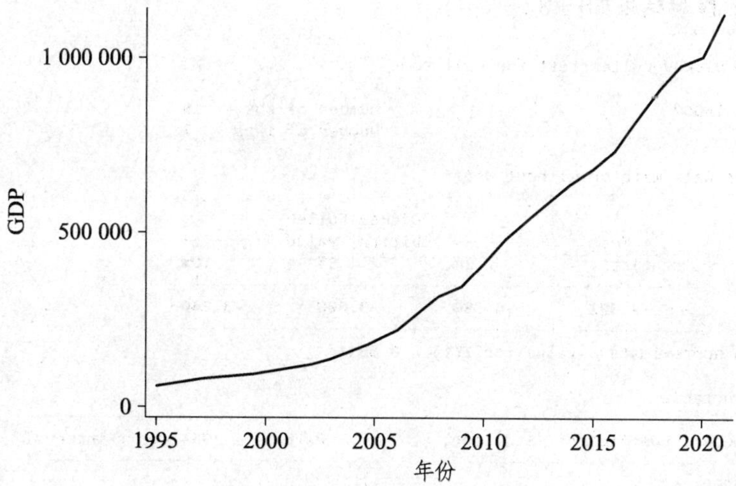

图 8.3　GDP 的时间趋势图（1995—2021 年）

由图 8.3 可以直观地看出，GDP 具有明显的上升时间趋势，故可能为单位根过程。对 GDP 的对数 lnGDP，先考虑带常数项和时间趋势项的 DF 检验：

【Stata 实现】

.dfuller lnGDP,trend

ADF 检验结果如图 8.4 所示。

```
Dickey-Fuller test for unit root                   Number of obs   = 26
Variable: lnGDP                                    Number of lags =  0

H0: Random walk with or without drift

                                       Dickey-Fuller
                    Test          ──────── critical value ────────
                 statistic            1%           5%          10%
──────────────────────────────────────────────────────────────────
 Z(t)              -0.202          -4.371       -3.596      -3.238
──────────────────────────────────────────────────────────────────
MacKinnon approximate p-value for Z(t) = 0.9915.
```

图 8.4　ADF 检验结果

由图 8.4 可知，DF 检验的 5%临界值为-3.596，DF 统计量 $Z(t)$ 为-0.202 >-3.596（左边单侧检验），故可在 5%的水平上接受"存在单位根"的原假设，该时间序列为非平稳序列。由于随机扰动项可能存在自相关，考虑更高阶的 ADF 检验。

首先，根据 Schwert（1989）的建议，计算最大滞后阶数 p_{max}=[12（T/100）$^{1/4}$]。

【Stata 实现】

.di 12*(27/100)^(1/4)

8.6501211

其中，样本容量为 27，这表明最大滞后阶数为 8。下面令 $\hat{p}=7$，进行 ADF 检验：

【Stata 实现】

.dfuller lnGDP, lags(7) trend reg

增广的 ADF 检验结果如图 8.5 所示。

```
Augmented Dickey-Fuller test for unit root

Variable: lnGDP                              Number of obs  = 19
                                             Number of lags =  7

H0: Random walk with or without drift

                                     Dickey-Fuller
                  Test         ─────── critical value ───────
               statistic          1%          5%         10%
─────────────────────────────────────────────────────────────
 Z(t)            -2.091        -4.380      -3.600      -3.240
─────────────────────────────────────────────────────────────
MacKinnon approximate p-value for Z(t) = 0.5511.

Regression table
```

D.lnGDP	Coefficient	Std. err.	t	P>|t|	[95% conf.	interval]
lnGDP						
L1.	-.7036059	.3364697	-2.09	0.066	-1.464753	.0575415
LD.	.7011156	.3540209	1.98	0.079	-.0997353	1.501967
L2D.	-.0801966	.3853958	-0.21	0.840	-.9520224	.7916292
L3D.	.4188004	.3515911	1.19	0.264	-.3765539	1.214155
L4D.	.5601787	.3639103	1.54	0.158	-.2630435	1.383401
L5D.	.3417387	.4423998	0.77	0.460	-.6590392	1.342517
L6D.	.6540706	.3825548	1.71	0.121	-.2113284	1.51947
L7D.	.1593863	.3768727	0.42	0.682	-.6931591	1.011932
_trend	.0838464	.0423968	1.98	0.079	-.0120618	.1797546
_cons	7.461681	3.469681	2.15	0.060	-.3872835	15.31064

图 8.5　增广的 ADF 检验结果

图 8.5 显示，时间趋势项（_trend）不显著（p 值为 0.079），且最后一阶滞后项（L7D.）在 5%的水平上并不显著（p 值为 0.682），依次令 $\hat{p}=6, 5, 4, 3$，进行 ADF 检验（过程略）。

令 $\hat{p}=2$，进行 ADF 检验。

【Stata 实现】

.dfuller lnGDP,lags(1) trend reg

增广的 ADF 检验结果如图 8.6 所示。

```
Augmented Dickey-Fuller test for unit root

Variable: lnGDP                          Number of obs  = 25
                                         Number of lags =  1

H0: Random walk with or without drift

                                       Dickey-Fuller
                   Test          ——— critical value ———
                 statistic           1%           5%          10%
—————————————————————————————————————————————————————————————————
 Z(t)             -1.635         -4.380       -3.600       -3.240
—————————————————————————————————————————————————————————————————
MacKinnon approximate p-value for Z(t) = 0.7784.

Regression table
————————————————————————————————————————————————————————————————————————————————
    D.lnGDP | Coefficient  Std. err.      t    P>|t|     [95% conf. interval]
————————————+———————————————————————————————————————————————————————————————————
      lnGDP |
        L1. |  -.1426895   .0872674    -1.64   0.117     -.324172     .038793
        LD. |   .6200441    .200587     3.09   0.006     .2029006    1.037188
            |
     _trend |    .017333   .0108864     1.59   0.126    -.0053064    .0399725
      _cons |   1.590508   .9348481     1.70   0.104     -.353615    3.534631
————————————————————————————————————————————————————————————————————————————————
```

图 8.6　增广的 ADF 检验结果

图 8.6 显示，最后一阶滞后项（LD.）在 5%的水平上显著地不为 0。ADF 统计量 $Z(t)$ 为 $-1.635>-3.600$，无法在 5%的水平上拒绝原假设，可认为 GDP 的对数 lnGDP 含有单位根。

进一步检验 lnGDP 的一阶差分是否为平稳过程，首先画出其时间趋势图。

【Stata 实现】

.gen dlnGDP=d.lnGDP

.tsline dlnGDP,xlabel(1995(5)2021)

lnGDP 差分的时间趋势图如图 8.7 所示。

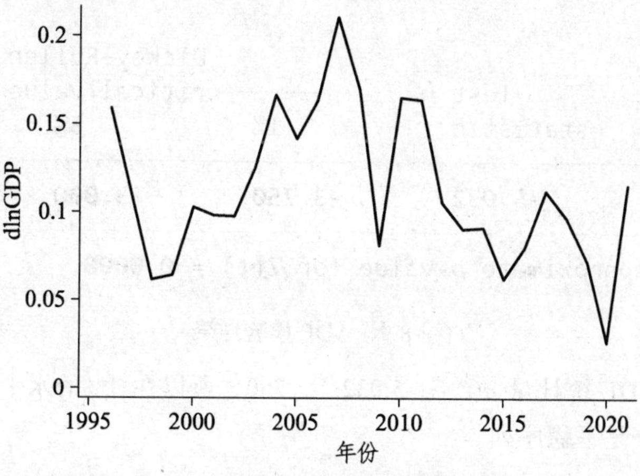

图 8.7　lnGDP 差分的时间趋势图

图 8.7 显示，Δ lnGDP 已不存在明显的时间趋势，可大致视为平稳序列。

因为进行了差分，所以已不存在时间趋势，故检验时不带时间趋势项。

【Stata 实现】

.dfuller d.lnGDP

ADF 检验结果如图 8.8 所示。

```
Dickey-Fuller test for unit root                Number of obs  = 25
Variable: D.lnGDP                               Number of lags =  0

H0: Random walk without drift, d = 0

                                       Dickey-Fuller
                   Test        ─────── critical value ───────
                statistic          1%            5%           10%
─────────────────────────────────────────────────────────────────
 Z(t)             -2.889       -3.750        -3.000        -2.630
─────────────────────────────────────────────────────────────────
MacKinnon approximate p-value for Z(t) = 0.0467.
```

图 8.8 ADF 检验结果

由图 8.8 可知，DF 统计量 $Z(t)$ 为$-2.889 > -3.750$，所以在 1%的水平上无法拒绝原假设，可认为 D.lnGDP 为非平稳序列。

进一步检验 lnGDP 的二阶差分是否为平稳过程。

【Stata 实现】

. gen d2lnGDP=d.dlnGDP

.dfuller d2lnGDP

ADF 检验结果如图 8.9 所示。

```
Dickey-Fuller test for unit root                Number of obs  = 24
Variable: d2lnGDP                               Number of lags =  0

H0: Random walk without drift, d = 0

                                       Dickey-Fuller
                   Test        ─────── critical value ───────
                statistic          1%            5%           10%
─────────────────────────────────────────────────────────────────
 Z(t)             -5.032       -3.750        -3.000        -2.630
─────────────────────────────────────────────────────────────────
MacKinnon approximate p-value for Z(t) = 0.0000.
```

图 8.9 ADF 检验结果

由图 8.9 可知，DF 统计量 $Z(t)$ 为$-5.032<-3.750$，所以在 1%的水平上拒绝原假设，可认为 lnGDP 的二阶差分是平稳序列。

第三节　协　整

一、协整的概念

在给出协整（cointegration）概念之前，先假设有两个 $I(1)$过程$\{y_t\}$，$\{x_t\}$，可以分别表示为

$$y_t = \alpha + \beta w_t + \varepsilon_t$$

$$x_t = \gamma + \delta w_t + u_t$$

其中，w_t为随机游走，$w_t = w_{t-1} + v_t$；ε_t, u_t, v_t均为白噪声。由于$\{y_t\}$与$\{x_t\}$拥有共同的随机趋势w_t，故二者的如下线性组合为平稳过程：

$$\delta y_t - \beta x_t = (\alpha\delta - \beta\gamma) + (\delta\varepsilon_t - \beta u_t)$$

其中，$\alpha\delta - \beta\gamma$为常数，而$\delta\varepsilon_t - \beta u_t$为白噪声的线性组合。此时称$\{y_t\}$与$\{x_t\}$是“协整的”，称向量$(\delta, -\beta)$为协整向量或协整系数。

上述例子揭示了这样一个事实：“包含非平稳变量的均衡系统，必然意味着这些非平稳变量的某种组合是平稳的”，这正是协整理论的思想。

所谓协整，是指多个非平稳经济变量的某种线性组合是平稳的。例如收入与消费、工资与价格、政府支出与税收、出口与进口等，这些经济时间序列一般是非平稳序列，但它们之间却往往存在着长期均衡关系。下面给出协整的严格定义：

一般地，设有$k(k \geqslant 2)$个序列$\{y_{1t}\},\{y_{2t}\},\cdots,\{y_{kt}\}$，用$\boldsymbol{Y}_t = (y_{1t}, y_{2t}, \cdots, y_{kt})'$表示由这$k$个序列构成的$k$维向量序列，如果

（1）每一个序列$\{y_{1t}\},\{y_{2t}\},\cdots,\{y_{kt}\}$都是$d$阶单整序列，即$y_{jt} \sim I(d)$；

（2）存在非零向量$\boldsymbol{\alpha} = (\alpha_1, \alpha_2, \cdots, \alpha_k)'$，使得$\boldsymbol{\alpha}'\boldsymbol{Y}_t = \alpha_1 y_{1t} + \alpha_2 y_{2t} + \cdots + \alpha_k y_{kt}$为$(d-b)$阶单整序列，即$\boldsymbol{\alpha}'\boldsymbol{Y}_t \sim I(d-b), 0 < b \leqslant d$，

则称向量序列$\boldsymbol{Y}_t = (y_{1t}, y_{2t}, \cdots, y_{kt})'$的分量间是$d, b$阶协整的，记为$\boldsymbol{Y}_t \sim CI\,(d, b)$，向量$\boldsymbol{\alpha} = (\alpha_1, \alpha_2, \cdots, \alpha_k)'$称为协整向量。

特别地，若$d = b = 1$，则$\boldsymbol{Y}_t \sim CI\,(1,1)$，说明尽管各个分量序列是非平稳的一阶单整序列，但它们的某种线性组合是平稳的。这种(1, 1)阶协整关系在经济计量分析中较为常见。例如，假设变量y_{it}与$y_{it}(i = 2, \cdots, m)$之间存在(1, 1)阶协整关系，协整向量为$\boldsymbol{\alpha} = (1, -\beta_2, \cdots, -\beta_m)'$，则这种协整关系可表示为

$$y_{1t} = \alpha + \beta_2 y_{2t} + \cdots + \beta_m y_{mt} + u_t \tag{8.13}$$

组合变量u_t为$I(0)$过程。

以数据集 mpyr.dta 为例，该数据集包含美国 1900—1989 年的年度宏观变量。打开此数据集后，考察 logy（名义净国内生产总值的对数）与 logmr（实际货币的对数，即 logm1-logp）之间的时间趋势，结果参见图 8.10。

【Stata 实现】

```
.use mpyr.dta,clear
.tsline logmr logy ,lpattern(solid dash shortdash) xlabel(1900(10)1990)
```

其中，选择项“lpattern(solid dash shortdash)”表示分别用实线、虚线、短虚线画图；选择项“xlabel(1900(10)1990)”表示在横轴上，1900—1990 年每隔 10 年做一个标注。

实际货币与收入的时间趋势图如图 8.10 所示。

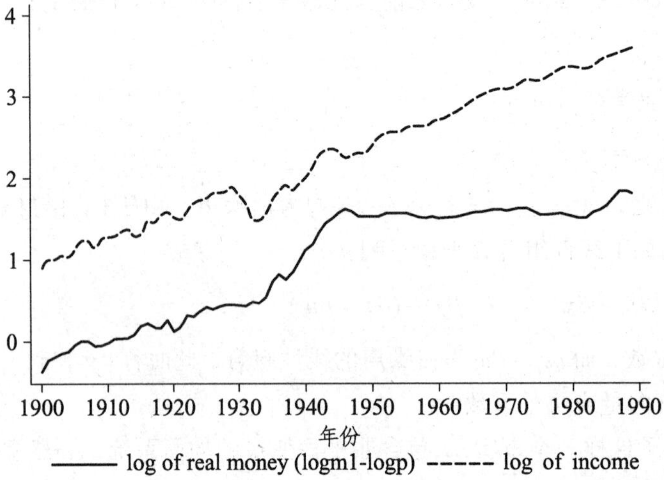

图 8.10　实际货币与收入的时间趋势图

由图 8.10 可知，变量 logy（名义净国内生产总值的对数）与 logmr（实际货币的对数）之间的时间趋势十分相近，两者很可能存在协整关系。

协整概念的提出，对于用非平稳变量建立经济计量模型以及检验这些变量之间的长期均衡关系非常重要。

（1）如果多个非平稳变量具有协整性，则这些变量可以合成一个平稳序列。这个平稳序列可以用来描述原变量之间的均衡关系。

（2）当且仅当多个非平稳变量之间具有协整性时，由这些变量建立的回归模型才有意义。所以，协整性检验也是区别真实回归与伪回归的有效方法。

（3）具有协整关系的非平稳变量可以用来建立误差修正模型。误差修正模型把长期关系和短期动态特征结合在一个模型中，因此既可以克服传统计量经济模型忽视伪回归的问题，又可以克服建立差分模型忽视水平变量信息的弱点。

二、协整检验

协整检验有两种方法：一种是基于回归残差的协整检验，这种检验也称为单一方程的协整检验；另一种是基于回归系数的完全信息协整检验。这里仅考虑单一方程的协整检验情形，而且主要介绍两变量协整关系的 EG 两步法检验。

第一步：若 X_t 与 Y_t 是一阶单整（$I(1)$）序列，即 ΔX_t 和 ΔY_t 是平稳的，用 OLS 法对回归方程（也称为协整回归方程）

$$X_t = \alpha + \beta Y_t + u_t \quad (8.14)$$

进行估计，得到残差序列 $e_t = X_t - (\hat{\alpha} + \hat{\beta} Y_t)$。

第二步：检验 e_t 的平稳性。若 e_t 为平稳的，X_t 与 Y_t 是协整的，反之，则不是协整的。若 X_t 与 Y_t 不是协整的，则它们的任一线性组合都是非平稳的，因此残差 e_t 将是非平稳的。换言之，对残差序列 e_t 是否具有平稳性的检验，也就是对 X_t 与 Y_t 是否存在协整的检验。

检验 e_t 为非平稳的假设有两种方法：一种方法是对残差序列进行 DF 检验，即对 e_t 进行单位根检验（该检验方法在前面已介绍），但要注意的是，DF 检验和 ADF 检验使用的临界值应该用 Engle-Granger 编制的专用临界值表。

另一种方法是 EG 两步法，EG 两步法有现成的程序。EG procedure 一般用于两个变量的协整检验。如果存在两个以上的变量，协整检验最好使用 Johansen test。两者的不同之处在于，EG 是 residual-based test，Johansen 是 VAR-based test。

【Stata 代码】

```
.ssc install egranger
.egranger var [, ecm lags(p) trend qtrend regress ]
```

其中，选择项“ecm”是指对 EG 两步法进行估计，默认报告 EG 协整测试；“lags(p)”表示包含 p 阶滞后差分项，默认为 “lags(0)”；“trend”表示在第一步回归中包含线性趋势；“qtrend”表示在第一步回归中包含二次趋势；“regress”表示显示回归结果。

表 8.3 EG-ADF 检验

解释变量 X_t 的个数	10%	5%	1%
1	−3.12	−3.41	−3.96
2	−3.52	−3.80	−4.36
3	−3.84	−4.16	−4.73
4	−4.20	−4.49	−5.07

EG-ADF 法的缺点是，不能同时处理多个协整关系（即协整秩大于 1）的情形。而且，由于 EG-ADF 法分两步进行，第一步估计得到的误差被代入第二步中，故该方法不是最有效率的方法。更有效率的方法是 MLE，可以同时估计所有参数。

假设$\{y_{1t},\cdots,y_{nt}\}$都是单位根变量，其中变量个数 $n\geqslant 2$。记随机向量 $\boldsymbol{y}_t=(y_{1t},\cdots,y_{nt})'$，则 $\boldsymbol{y}_t$ 的每个分量都为单位根过程。考虑 $\boldsymbol{y}_t$ 的向量自回归模型：

$$\boldsymbol{y}_t = \boldsymbol{\alpha} + \boldsymbol{\Phi}_1 \boldsymbol{y}_{t-1} + \boldsymbol{\Phi}_2 \boldsymbol{y}_{t-2} + \cdots + \boldsymbol{\Phi}_p \boldsymbol{y}_{t-p} + \varepsilon_t \quad (8.15)$$

对式（8.15）进行推导，可得此 VAR 模型对应的向量误差修正模型（vector error correction model，VECM）：

$$\Delta \boldsymbol{y}_t = \boldsymbol{\alpha} + \boldsymbol{T}_0 \boldsymbol{y}_{t-1} + \boldsymbol{T}_1 \Delta \boldsymbol{y}_{t-1} + \cdots + \boldsymbol{T}_{p-1} \Delta \boldsymbol{y}_{t-p+1} + \varepsilon_t$$

其中，$\boldsymbol{T}_0 \boldsymbol{y}_{t-1}$ 为误差修正项。当 $\boldsymbol{y}_{t-1}$ 偏离长期均衡关系时，$\boldsymbol{T}_0 \boldsymbol{y}_{t-1}$ 即 $\Delta \boldsymbol{y}_t$ 将要做出的调整（即误差修正）；矩阵 $\boldsymbol{T}_0$ 的秩即协整秩。

协整秩等于 0 时，不存在协整关系；协整秩大于 0 时，则存在协整关系。协整秩越大，其对应的似然函数最大值应该越大。据此可进行似然比检验，由于此检验统计量涉及矩阵的迹（主对角线元素之和），故称为“迹统计量”（tracestatistics），记为 λ_{trace}。由于迹检验（trace test）是似然比检验，故为单边右侧检验，即 λ_{trace} 越大，越倾向于拒绝原假设。除迹检验之外，还可进行“最大特征值统计量”（maximum eigenvalue statistics），记为 $\lambda_{\max}$。一般认为，迹检验的效果比特征值检验更好，故前者为 Stata 的默认方法。

三、误差修正模型

误差修正模型（error correction model，ECM），是一种具有特定形式的计量经济模型。其基本思想是，若变量间存在协整关系，表明这些变量间存在着长期稳定的关系，而这种长期稳定的关系是在短期动态过程的不断调整下得以维持的。产生这种结果的原因在于，大多数的经济时间序列的一阶差分是平稳序列。同时，存在着某种联系方式(如线性组合)，把相互协整过程和长期稳定均衡状态结合起来。这时相互协整隐含着：即使所研究的水平变量各自都是一阶差分后平稳，受支配于长期分量，但这些变量的某些线性组合也可以是平稳的，即所研究变量中的长期分量相互抵消，产生了一个平稳的时间序列。其原因是，一种调节过程（误差修正机制）在起作用，防止了长期关系的偏差在规模或数量上的扩大。因此，任何一组相互协整的时间序列变量都存在误差修正机制，以反映短期调节行为。

建立误差修正模型一般分两步，分别建立区分数据长期特征和短期待征的计量经济学模型。从理论上讲，第一步，建立长期关系模型，即通过水平变量和 OLS 法估计出时间序列变量间的关系。若估计结果形成平稳的残差序列，那么这些变量间就存在相互协整的关系，长期关系模型的变量选择是合理的，回归系数具有经济意义。第二步，建立短期动态关系，即误差修正方程。将长期关系模型中各变量以一阶差分形式重新加以构造，并将长期关系模型所产生的残差序列作为解释变量引入，在一个从一般到特殊的检验过程中，对短期动态关系进行逐项检验，不显著的项逐渐被剔除，直到最适当的表示方法被找到为止。值得注意的是，作为解释变量引入的长期关系模型的残差，代表着在取得长期均衡的过程中各时点上出现“偏误”的程度，使得第二步可以对这种偏误的短期调整或误差修正机制加以估计。

依然以 mpyr.dta 为例，该数据集包含美国 1900—1989 年的以下年度宏观变量：logp（价格水平的对数），logm1（M1 的对数），logy（名义净国内生产总值的对数）与 logmr（实际货币的对数，即 logm1-logp），r（名义利率）。在确定变量间的协整秩为 1、滞后阶数为 2 之后，以建立美国货币需求函数为例，说明误差修正模型的建模过程。

从经济理论出发，可将货币需求函数写为

$$\ln mr_t = \beta_0 + \beta_1 \ln y_t + \beta_2 r_t + \varepsilon_t$$

其中，ε_t 为扰动项。

使用 Johansen 的 MLE 方法估计该系统的向量误差修正模型（VECM）：

【Stata 实现】

```
.use mpyr.dta, clear
.vec logmr logy r,lags(2) rank(1)
```

误差修正模型和协整如图 8.11 所示。

```
Vector error-correction model

Sample: 1902 thru 1989                          Number of obs     =         88
                                                AIC               =  -3.037506
Log likelihood =  150.6503                      HQIC              =    -2.8447
Det(Sigma_ml)  =  6.54e-06                      SBIC              =   -2.55893

Equation           Parms      RMSE     R-sq      chi2     P>chi2
----------------------------------------------------------------
D_logmr               5     .050841   0.2758   31.61646   0.0000
D_logy                5     .056773   0.3483   44.35204   0.0000
D_r                   5      1.1287   0.2133   22.50845   0.0004
----------------------------------------------------------------

------------------------------------------------------------------------------
             | Coefficient  Std. err.      z    P>|z|     [95% conf. interval]
-------------+----------------------------------------------------------------
D_logmr      |
        _ce1 |
         L1. |  -.0533601   .0410678    -1.30   0.194    -.1338515    .0271314
             |
       logmr |
         LD. |   .2079032   .1107256     1.88   0.060    -.0091149    .4249214
             |
        logy |
         LD. |   .0086587    .101984     0.08   0.932    -.1912263    .2085438
             |
           r |
         LD. |  -.0063968   .0052854    -1.21   0.226    -.0167559    .0039624
             |
       _cons |   .0186333   .0064766     2.88   0.004     .0059393    .0313273
-------------+----------------------------------------------------------------

D_logy       |
        _ce1 |
         L1. |   .0298268   .0458591     0.65   0.515    -.0600554     .119709
             |
       logmr |
         LD. |   .2666361   .1236437     2.16   0.031     .0242989    .5089733
             |
        logy |
         LD. |   .2330244   .1138823     2.05   0.041     .0098191    .4562296
             |
           r |
         LD. |  -.0145323    .005902    -2.46   0.014    -.0261001   -.0029646
       _cons |   .0157173   .0072323     2.17   0.030     .0015424    .0298923
-------------+----------------------------------------------------------------
D_r          |
        _ce1 |
         L1. |  -3.482578   .9117297    -3.82   0.000    -5.269536   -1.695621
             |
       logmr |
         LD. |   2.663613   2.458173     1.08   0.279    -2.154318    7.481544
             |
        logy |
         LD. |   .6533844   2.264106     0.29   0.773    -3.784182     5.09095
             |
           r |
         LD. |    .294868   .1173386     2.51   0.012     .0648885    .5248475
             |
       _cons |  -.0001509   .1437852    -0.00   0.999    -.2819648     .281663
------------------------------------------------------------------------------
```

```
Cointegrating equations

Equation           Parms    chi2     P>chi2
-------------------------------------------
_ce1                   2  794.1155   0.0000
-------------------------------------------

Identification:  beta is exactly identified

                 Johansen normalization restriction imposed
-------------------------------------------------------------------------------
        beta | Coefficient  Std. err.      z    P>|z|     [95% conf. interval]
-------------+-----------------------------------------------------------------
_ce1         |
       logmr |          1          .        .       .            .           .
        logy |  -.9754246   .0346169   -28.18   0.000    -1.043273   -.9075767
           r |   .1124051   .0097191    11.57   0.000      .093356    .1314542
       _cons |   .7299535          .        .       .            .           .
-------------------------------------------------------------------------------
```

图 8.11 误差修正模型和协整

图 8.11 的上部为误差修正模型（vector error-correction model），而下部为协整（cointegrating equation），以“_ce1”来表示。根据此协整方程，可将估计的货币需求函数改写为

$$\widehat{\log mr_t} = -0.73 + 0.98\log y_t - 0.11r_t$$

其中，货币需求的收入弹性为 0.98，而货币需求的利率半弹性为-0.11，符合经济理论预期。

作为对比，下面直接用 OLS 估计此长期均衡关系（即 EG-ADF 两步法）：

【Stata 实现】

.reg logmr logy r

OLS 回归结果如图 8.12 所示。

```
. reg logmr logy r

      Source |       SS           df       MS      Number of obs   =        90
-------------+----------------------------------   F(2, 87)        =   1169.93
       Model |   41.216226         2  20.608113    Prob > F        =    0.0000
    Residual |  1.53248421        87  .017614761   R-squared       =    0.9642
-------------+----------------------------------   Adj R-squared   =    0.9633
       Total |  42.7487102        89  .480322587   Root MSE        =    .13272

------------------------------------------------------------------------------
       logmr | Coefficient  Std. err.      t    P>|t|     [95% conf. interval]
-------------+----------------------------------------------------------------
        logy |   .9418376   .0196178    48.01   0.000     .9028451    .9808302
           r |  -.0832229   .0053829   -15.46   0.000    -.0939219   -.0725239
       _cons |  -.7737089   .0426886   -18.12   0.000    -.8585572   -.6888606
------------------------------------------------------------------------------
```

图 8.12 OLS 回归结果

由图 8.12 可知，OLS 系数估计值与 Johansen 的 MLE 估计结果比较相近，从理论角度来说，MLE 估计更有效率。

第四节 案例分析

为了深入分析中国近四十年的国内生产总值（GDP，单位：亿元）与全体居民消费水平（Consume，单位：元）、就业人员（Employ，单位：万人）的具体数量关系，收集了上述指标 1985—2021 年的年度数据序列（见表 8.4，提供的 Stata 格式数据命名为 anli.dta）。

表 8.4 中国国内生产总值与全体居民消费水平、就业人员序列

年份	国内生产总值 GDP	全体居民消费水平（Consume）	就业人员合计（Employ）	年份	国内生产总值 GDP	全体居民消费水平（Consume）	就业人员合计（Employ）
1985	9098.948	440.3	49 873	2004	161 840.2	5071.1	74 264
1986	10 376.15	497	51 282	2005	187 318.9	5687.9	74 647
1987	12 174.59	565	52 783	2006	219 438.5	6318.9	74 978
1988	15 180.39	714	54 334	2007	270 092.3	7453.7	75 321
1989	17 179.74	788	55 329	2008	319 244.6	8504.5	75 564
1990	18 872.87	831.1	64 749	2009	348 517.7	9248.5	75 828
1991	22 005.63	932	65 491	2010	412 119.3	10 575.2	76 105
1992	27 194.53	1116	66 152	2011	487 940.2	12 668.1	76 196
1993	35 673.23	1393	66 808	2012	538 580	14 073.7	76 254
1994	48 637.45	1833	67 455	2013	592 963.2	15 586.2	76 301
1995	61 339.89	2329.4	68 065	2014	643 563.1	17 220.3	76 349
1996	71 813.63	2789	68 950	2015	688 858.2	18 857.2	76 320
1997	79 715.04	3002	69 820	2016	746 395.1	20 800.6	76 245
1998	85 195.51	3159	70 637	2017	832 035.9	22 968.5	76 058
1999	90 564.38	3346	71 394	2018	919 281.1	25 244.8	75 782
2000	100 280.1	3711.5	72 085	2019	986 515.2	27 504.1	75 447
2001	110 863.1	3967.8	72 797	2020	1 015 986	27 437.9	75 064
2002	121 717.4	4269.5	73 280	2021	1 143 670	31 072	74 652
2003	137 422	4555.3	73 736				

数据来源：中国国家统计局。

进行实证检验时均对数据进行了取对数处理，指标如下：lnGDP（国内生产总值的对数）、lnConsume（全体居民消费水平的对数）、lnEmploy（就业人员合计的对数）。从经济理论出发，可将国内生产总值函数写成

$$\ln GDP_t = \beta_0 + \beta_1 \ln Consume_t + \beta_2 \ln Employ_t + \varepsilon_t$$

【Stata 实现】

首先确定协整秩，对于这三个变量的系统，最多存在多少个协整关系，即有多少个线性无关的协整关系。可用 varsoc 命令确定该系统对应 VAR 模型的滞后阶数：

.use anli.dta, clear

.varsoc lnGDP lnConsume lnEmploy

统计结果如图 8.13 所示。

```
Lag-order selection criteria

Sample: 1989 thru 2021                              Number of obs = 33
```

Lag	LL	LR	df	p	FPE	AIC	HQIC	SBIC
0	58.7404				6.8e-06	-3.37821	-3.33243	-3.24216
1	223.034	328.59	9	0.000	5.6e-10	-12.7899	-12.6068	-12.2458*
2	237.166	28.264	9	0.001	4.2e-10*	-13.101	-12.7806*	-12.1487
3	246.487	18.641	9	0.028	4.3e-10	-13.1204*	-12.6627	-11.7599
4	255.365	17.756*	9	0.038	4.6e-10	-13.113	-12.5179	-11.3444

```
* optimal lag
Endogenous: lnGDP lnConsume lnEmploy
 Exogenous: _cons
```

图 8.13　VAR 模型的滞后阶数选择

注：*为根据不同准则所选的滞后阶数。

其中 FPE 准则、HQIC 准则，选择的是滞后两阶；SBIC 准则，选择滞后一阶；AIC 准则，选择滞后三阶。保守起见，在此选择滞后三阶。

下面进行协整秩检验：

【Stata 实现】

.vecrank lnGDP lnConsume lnEmploy ,lags(3) trend(trend) max

其中，选择项“lags(3)”表示对应的 VAR 模型滞后三阶；选择项“trend(trend)”表示既包括常数项，也包括时间趋势项；选择项“max”表示显示最大特征值统计量。

协整秩检验结果如图 8.14 所示。

```
Johansen tests for cointegration
Trend: Linear                               Number of obs  = 34
Sample: 1988 thru 2021                      Number of lags =  3
```

Maximum rank	Params	LL	Eigenvalue	Trace statistic	Critical value 5%
0	24	237.24866	.	55.0812	34.55
1	29	256.11875	0.67044	17.3410*	18.17
2	32	264.05616	0.37306	1.4662	3.74
3	33	264.78925	0.04221		

Maximum rank	Params	LL	Eigenvalue	Eigenvalue Maximum	Critical value 5%
0	24	237.24866	.	37.7402	23.78
1	29	256.11875	0.67044	15.8748	16.87
2	32	264.05616	0.37306	1.4662	3.74
3	33	264.78925	0.04221		

图 8.14　协整秩检验

协整秩检验结果表明，只有 1 个线性无关的协整向量，由最大特征值检验(maximum rank)，可在 5%的水平上拒绝“协整秩为 0”的原假设（37.7402 > 23.78），但无法拒绝“协整秩为 1”的原假设（15.8748 < 16.87），皆表明协整秩为 1。

使用 Johansen 的 MLE 方法估计向量误差修正模型（VECM）：

【Stata 实现】

.vec lnGDP lnConsume lnEmploy, lags(3) rank(1)

其中，选择项“lags(3)”表示对应的 VAR 模型滞后三阶（也是默认值）；选择项“rank(1)”表示协整秩为 1（也是默认值）。

统计结果如图 8.15 所示。

```
Cointegrating equations

Equation           Parms    chi2     P>chi2
-------------------------------------------
_ce1                   2  1241.902   0.0000
-------------------------------------------

Identification:  beta is exactly identified

                 Johansen normalization restriction imposed
------------------------------------------------------------------------------
        beta | Coefficient  Std. err.      z    P>|z|     [95% conf. interval]
-------------+----------------------------------------------------------------
_ce1         |
       lnGDP |          1          .        .       .            .           .
   lnConsume |  -1.181017   .0627979   -18.81   0.000    -1.304099   -1.057935
    lnEmploy |  -1.786945   .5891006    -3.03   0.002    -2.941561   -.6323288
       _cons |   18.46775          .        .       .            .           .
------------------------------------------------------------------------------
```

图 8.15　误差修正模型和协整方程

图 8.15 的上部为误差修正模型（VECM）(此处省略)，下部为协整方程，用“_ce1”表示。这里主要考虑国内生产总值函数，即协整方程所代表的长期均衡关系。根据此协整方程，协整向量为(1, −1.18, −1.79)，其中 lnGDP 的系数被标准化为 1，故标准误缺失；其他两个变量（lnConsume 与 lnEmploy）的协整系数均在 1%水平上显著。将协整向量移项，可将估计的国内生产总值函数改写为

$$\widehat{\ln GDP_t} = 18.47 - 1.18 \ln Consume_t - 1.79 \ln Employ_t$$

下面检验 VECM 模型的残差是否存在自相关。如存在自相关，需增加滞后阶数。(估计完 VAR 之后，对残差是否存在自相关进行 LM 检验。)

【Stata 实现】

.veclmar

LM 检验结果如图 8.16 所示。

```
Lagrange-multiplier test

  lag |      chi2    df   Prob > chi2
------+------------------------------
    1 |   15.7754     9     0.07172
    2 |   22.9709     9     0.00626

H0: no autocorrelation at lag order
```

图 8.16　LM 检验结果

图 8.16 显示，“H0: no autocorrelation at lag order”，即接受“无自相关”的原假设。

下面用 vecstable 命令检验 VECM 系统是否稳定。

【Stata 实现】

.vecstable , graph

向量误差修正模型的稳定性检验如图 8.17 所示。

```
Eigenvalue stability condition

   Eigenvalue                    Modulus
   1                             1
   1                             1
   .8486282                      .848628
   .6159028                      .615903
   .3388124 +    .447222i        .561072
   .3388124 -    .447222i        .561072
  -.4360181 +    .1232097i       .453092
  -.4360181 -    .1232097i       .453092
   .330933                       .330933

The VECM specification imposes 2 unit moduli.
```

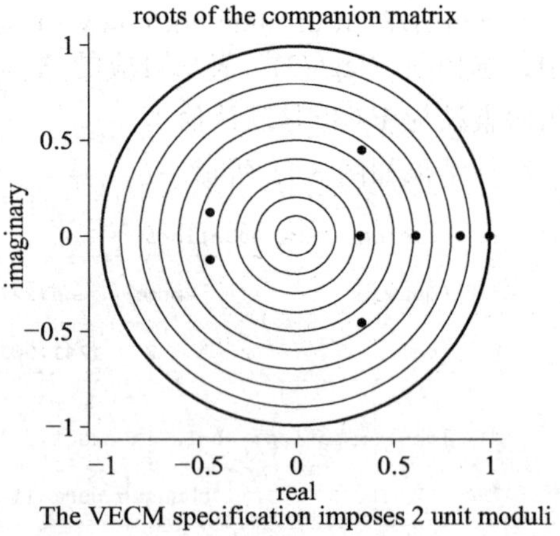

图 8.17　向量误差修正模型的稳定性检验

输出结果包含一个表，显示伴随矩阵的特征值及其关联模。imposes 2 unit moduli 提醒我们，指定的 VECM 在伴随矩阵上施加两个单位模量。结果显示，除了 VECM 模型本身所假设的单位根之外，伴随矩阵的所有特征值均落在单位圆之内，故是稳定系统。

课后练习题

1. 下表是我国规模以上大型工业企业 2003—2020 年固定资产合计（fixed）与主营业务收入（main）数据，以亿元计价。根据该数据，判断固定资产合计（fixed）与主营业务收入（main）序列是否平稳？

年份	固定资产合计	主营业务收入	年份	固定资产合计	主营业务收入
2003	31 851.23	52 552.29	2012	140 354.3	384 664.5
2004	37 690.68	71 150.97	2013	153 704.6	418 215.1
2005	45 316.94	93 688.64	2014	165 891.7	436 745.7
2006	53 924.89	116 301.7	2015	171 743.1	421 567.3
2007	63 003.14	145 096	2016	176 090.9	436 444.5
2008	71 048.15	172 737.7	2018	154 727.5	464 959.7
2009	86 083.44	180 700.7	2019	164 024	451 017.8
2010	99 212.72	238 016.8	2020	168 430.5	451 853.1
2011	127 776.8	358 893.2			

数据来源：中国国家统计局。

2. 下表是 1995—2021 年中国财政收入 Y 和各项税收 X 数据（单位：亿元），根据该数据判断 $\ln Y$ 和 $\ln X$ 的平稳性，如果是同阶单整的，检验它们之间是否存在协整关系，如果协整，则建立相应的协整模型。

年份	财政收入 Y	各项税收 X	年份	财政收入 Y	各项税收 X
1995	6242.2	6038.04	2009	68 518.3	59 521.59
1996	7407.99	6909.82	2010	83 101.51	73 210.79
1997	8651.14	8234.04	2011	103 874.4	89 738.39
1998	9875.95	9262.8	2012	117 253.5	100 614.3
1999	11 444.08	10 682.58	2013	129 209.6	110 530.7
2000	13 395.23	12 581.51	2014	140 370	119 175.3
2001	16 386.04	15 301.38	2015	152 269.2	124 922.2
2002	18 903.64	17 636.45	2016	159 605	130 360.7
2003	21 715.25	20 017.31	2017	172 592.8	144 369.9
2004	26 396.47	24 165.68	2018	183 359.8	156 402.9
2005	31 649.29	28 778.54	2019	190 390.1	158 000.5
2006	38 760.2	34 804.35	2020	182 913.9	154 312.3
2007	51 321.78	45 621.97	2021	202 554.6	172 735.7
2008	61 330.35	54 223.79			

数据来源：中国国家统计局。

3. 下表是西藏自治区城镇居民消费模型建立所需的数据，对实际人均年消费支出 C 和人均可支配收入 Y（单位：元/人）分别取对数，得到 $\ln C$ 和 $\ln Y$。

年份	人均可支配收入 Y	人均年消费支出 C	年份	人均可支配收入 Y	人均年消费支出 C
2000	7342	5554	2011	17 654	12 503
2001	7869	6069	2012	19 545	13 953
2002	8079	6995	2013	21 427	15 203
2003	8765	8311	2014	23 057	16 410
2004	9106	8617	2015	26 908	18 666
2005	9429	11 083	2016	29 383	21 405
2006	10 348	9393	2017	32 408	23 756
2007	12 376	8673	2018	35 842	26 216
2008	13 941	10 809	2019	39 686	28 850
2009	15 114	11 083	2020	43 640	27 996
2010	16 567	11 687			

数据来源：《拉萨统计年鉴 2021》。

（1）对 $\ln C$ 和 $\ln Y$ 进行平稳性检验。

（2）用 EG 两步检验法对 $\ln C$ 和 $\ln Y$ 进行协整性检验，并建立误差修正模型。

（3）分析该模型的经济意义。

第八章 Stata 数据

第九章

内生性问题处理

前面章节已经讨论了在古典假定完全满足的条件下线性回归模型的估计、检验及预测问题。然而，在现实中最不容易处理的就是解决随机扰动项与解释变量不相关假定，即 $Cov(X_{ji}, \mu_i) = 0$。本章主要介绍如何使用工具变量法处理违反解释变量外生性的古典假设。

工具变量是现代计量经济学估计方法的基石，是计量经济学区别于统计学的最重要特征之一。工具变量的方法起源于 Philip Wright（1915），这一概念最早出现在 Reiersol（1945）的论文中。Phillip Wright（1928），研究了黄油的需求弹性，他收集到的价格和消费既不是需求曲线，也不是供给曲线。那么如何识别需求曲线呢？在识别需求曲线时，需要找到令供给曲线移动的因素。那么什么因素会影响供给曲线？Phillip Wright 认为天气状况会影响供给曲线，进而影响到需求曲线的移动。Stock and Watson 研究了烟草的需求函数，并构建 $\ln D = \alpha + \alpha_l \ln P + \mu$ 的模型，其中被解释变量是烟草的需求数量，解释变量是烟草的价格。由于价格会影响需求，需求也会影响价格，两者会出现联立性问题，因此不能直接去求系数 α_l，如果直接估计参数 α_l 就会出现不一致性的问题。现在若估计需求函数，需要找到可以引起供给曲线移动的因素，比如天气情况、生产成本、生产技术等。Stock and Watson 认为，普通销售税会影响供给，税收变动会影响生产成本，会对产品的价格产生影响，进而影响烟草的需求数量。在一定情况下普通销售税会影响价格，但对其他因素没有影响，因此普通销售税与随机扰动项不相关，同时不会对烟草的需求数量产生直接的影响，所以 Stock and Watson 认为普通销售税是一个合适的工具变量。

为什么使用工具变量法？原因有很多，但主要原因是在经济学研究或者社会学研究中，大多数都是观测数据，观测数据会出现测量偏误等问题，因此内生性问题在观测数据中是一个非常普遍的问题，它会导致估计系数的不一致性，使得模型不具有稳定性和可靠性。因此，在经济学研究或者社会学研究中工具变量就显得尤为重要。

第一节　违反古典假定的三种常见情况

常见违反古典假定的情况主要包括以下三种：内生性问题、遗漏重要解释变量及解释变量的衡量偏误。违反古典假定会导致通过最小二乘法所得到的参数估计不具有一致性，得到的参数估计是有偏的，因此无法通过样本数据反映总体数据的特征，在计量模型中这是一个非常严重的问题。本节主要介绍内生性问题、遗漏变量及衡量偏误是如何导致参数估计不具有一致性的。

一、内生性问题

内生性问题是指解释变量与随机扰动项具有相关关系，即 $Cov(X,\mu)\neq 0$，也就是说，在随机扰动项中存在影响解释变量的因素，违反了解释变量与随机扰动项不相关的古典假定，这就会造成参数估计的不一致性，从而无法通过样本数据反映总体的真实情况，影响计量模型的稳定性和可靠性。因此，内生性问题是值得我们关注、深究和解决的问题。现考虑设定的如下线性模型：

$$\begin{aligned}&Y=\beta_0+\beta_1X_1+\beta_2X_2+\cdots+\beta_kX_k+\mu=\beta X+\mu,\\&E(Y\mid X)=\beta X\end{aligned}\tag{9.1}$$

最小二乘法估计量使得残差平方和最小，即 $\min\sum(Y-X\hat{\beta})^2$，根据一阶条件，可得到最小二乘估计量的表达式如下：

$$\hat{\beta}=(N^{-1}\sum X_i'X_i)^{-1}(N^{-1}\sum X_i'Y_i)^{-1}=\beta+(N^{-1}\sum X_i'X_i)^{-1}(N^{-1}\sum X_i'\mu_i)^{-1}\tag{9.2}$$

要使得最小二乘估计量具有一致性，即 $\hat{\beta}=\beta$，$(N^{-1}\sum X_i'X_i)^{-1}(N^{-1}\sum X_i'\mu_i)^{-1}$ 要趋于 0 或者等于 0。根据大数定律，样本均值收敛到总体期望，所以 $(N^{-1}\sum X_i'X_i)^{-1}=E(X_i'X_i)$，$(N^{-1}\sum X_i'\mu_i)^{-1}=E(X_i'\mu_i)$。如果 $E(X_i'X_i)$ 是一个不为零的常数，那么 $E(X_i'\mu_i)$ 应该是趋于 0 的，这说明解释变量 X 和随机扰动项 μ 是不相关的，也就是说，不存在内生性问题才能保证 $(N^{-1}\sum X_i'X_i)^{-1}$ $(N^{-1}\sum X_i'\mu_i)^{-1}$ 趋于 0。即在线性模型中，要使得最小二乘估计量具有一致性最关键的因素是解释变量与随机扰动项不相关，不存在内生性问题才能保证解释变量与随机扰动项的期望为零。这是一个很严格的假设，在经济学研究和社会学研究中，这一假设往往难以成立，因为观测数据的内生性问题是非常普遍的。因此在构建计量模型时，如果变量是观测数据，那么工具变量在模型中将发挥重要作用。

常见的导致内生性问题的五种情况：遗漏变量、测量误差、解释变量和被解释变量互为因果、自选择偏差及样本选择偏差。

二、遗漏重要解释变量

在计量模型设定时，由于某些变量无法量化或者没有考虑某些重要解释变量对被解释变量的影响，往往无法把所有影响被解释变量的重要解释变量都纳入模型中，但是这些变量对被解释变量产生重要影响，从而导致违反古典假定，使得系数估计结果不一致。现考虑设定的如下线性模型：

$$GDP=\alpha_0+\alpha_1K+\alpha_2L+\mu\tag{9.3}$$

其中，GDP 表示国内生产总值，K 代表资本，L 代表劳动。根据经济理论或实践经验，影响 GDP 的因素除了劳动和资本外，还有很多无法观测、无法衡量的因素，如一个国家的制度、文化、习俗、劳动者的工作偏好等都对 GDP 有重要影响，同时对资本和劳动也会产生影响，这些因素归入随机扰动项 μ 中，但在古典假设中，就要求解释变量不能与随机扰动项存在相关关系。因此在这一模型中，由于遗漏了某些重要解释变量而存在违反古典假设的可能。

假设真实的线性模型为

$$Y = \alpha_0 + \alpha_1 X_1 + \alpha_2 X_2 + \mu \tag{9.4}$$

如果遗漏了重要解释变量 X_2 或 X_2 无法测量，X_2 将对被解释变量 Y 产生非常重要的影响，且假设 X_2 和 X_1 是相关的。为了简化问题，考虑 X_2 和 X_1 是线性关系，设定 X_2 与 X_1 的线性模型如下：

$$X_2 = \delta X_1 + v \tag{9.5}$$

则原来的真实模型变为

$$Y = \alpha_0 + \alpha_1 X_1 + \alpha_2(\delta X_1 + v) + \mu = \alpha_0 + (\alpha_1 + \alpha_2\delta)X_1 + (\alpha_2 v + \mu) \tag{9.6}$$

式（9.6）是实际估计的计量模型。现在实际估计出来的系数为 $\alpha_1 + \alpha_2\delta$，而不是 α_1，$\alpha_2\delta$ 是由于遗漏重要解释变量 X_2 所带来的遗漏偏差，在实践中，遗漏偏差可能为正也可能为负，如果不存在遗漏偏差，则遗漏偏差为 0。如果 δ 和 α_2 均不等于 0，显然，解释变量 X_1 对遗漏变量 X_2 有影响，遗漏变量 X_2 对被解释变量 Y 也有影响，这就说明解释变量 X_1 与随机扰动项 $\alpha_2 v + \mu$ 是相关的，即 $Cov(X_1, \alpha_2 v + \mu) \neq 0$，违反解释变量与随机扰动项不相关的古典假设；如果 δ 为 0，说明 X_1 和 X_2 不相关，不存在遗漏偏差；如果 α_2 为 0，说明 X_2 与 Y 不相关，也就是 X_2 不影响 Y，不存在遗漏偏差。

既然遗漏变量会导致参数估计的不一致性，那么可以把所有变量都加入模型中吗？重要的解释变量可以加入到模型中，但并不是所有的重要解释变量都可以观测或者衡量的，比如基因、天赋、制度等，这些重要的解释变量都难以衡量或观测。在一些文献中，通常把一些无法衡量的重要解释变量使用某些替代指标来衡量，但与此同时，也会导致衡量偏误的问题。下面将介绍由于衡量误差所带来的内生性问题。

三、解释变量的衡量偏误

在收集和处理大样本数据时，往往会出现失误，同时不同数据收集人所收集到的数据也是有偏差的，这也是造成违反古典假设的重要原因。解释变量的衡量偏误会导致估计量的不一致性，而被解释变量的衡量偏误不会导致估计量的不一致性，但会增大估计量的方差。

1. 解释变量的衡量误差

考虑解释变量的衡量偏误。假设真实模型为

$$Y = \beta_0 + \beta_1 X^* + \mu \tag{9.7}$$

如果 X^* 存在衡量误差，且 $X = X^* + v$，那么 $X^* = X - v$。现在我们只能观测到 $X = X^* + v$，那么真实模型即实际估计模型为

$$Y = \beta_0 + \beta_1(X - v) + \mu = \beta_0 + \beta_1 X + (\mu - \beta_1 v) \tag{9.8}$$

因为 X 是关于 v 的线性模型，所以 X 一定与 $\mu-\beta_1 v$ 相关，也就使得 $Cov(X,\mu-\beta_1 v)\neq 0$，违反了解释变量不能与随机扰动项相关的古典假设，那么实际估计模型中 $E(X(\mu-\beta_1 v))=\beta_1^2\sigma v^2$。

2. 被解释变量的衡量误差

考虑被解释变量存在测量误差的情形。假设真实的线性模型为

$$Y^*=\beta_0+\beta_1 X+\mu \tag{9.9}$$

且 Y^* 存在测量误差 $Y=Y^*+v$，真实模型即实际估计模型变为

$$Y=\beta_0+\beta_1 X+\mu+v \tag{9.10}$$

被解释变量存在测量误差不会导致系数估计的不一致性，因为真实模型中估计的参数是 β_1，实际估计模型中的参数也是 β_1，所以被解释变量存在测量误差不会产生内生性问题，但是会改变估计量的方差。因为真实模型中的随机扰动项为 μ，而实际估计模型中的随机扰动项为 $\mu+\lambda$，比真实模型多了 λ，所以被解释变量存在测量误差会增大解释变量与随机扰动项的方差。

第二节　处理方法

解决内生性问题的方法主要有以下四大类：随机试验（自然实验）、面板数据差分或固定效应估计、匹配法（解决模型形式错误设定导致的内生性）、工具变量法。本节主要介绍工具变量法解决内生性问题。

工具变量法的基本思想是，找到影响内生解释变量但不能直接影响被解释变量的工具变量。工具变量影响内生解释变量，进而对被解释变量产生影响。考虑如下的正确线性回归模型：

$$Y_i=\alpha+\rho S_i+\gamma A_i+\mu_i \tag{9.11}$$

其中，Y_i 表示被解释变量，S_i 表示内生解释变量，A_i 表示外生解释变量。现假设 A_i 是无法观测的，且 $V_i=A_i\gamma+\mu_i$，那么式（9.11）就变为

$$Y_i=\alpha+\rho S_i+V_i \tag{9.12}$$

假设存在变量 Z_i，Z_i 与 V_i 不相关的，即 $Cov(V,Z)=0$，式（9.12）左右两边同时求 Z_i 的协方差，得

$$Cov(Y,Z)=\rho Cov(S,Z)+Cov(V,Z) \tag{9.13}$$

由 $Cov(V,Z)=0$，则 $Cov(Y,Z)=\rho Cov(S,Z)$，可以得到 ρ 的表达式如下：

$$\rho=\frac{Cov(Y,Z)}{Cov(S,Z)} \tag{9.14}$$

为了更清晰地了解系数 ρ 的表达含义，将 ρ 表达式中的分子分母同时除以 Z 的方差 $Var(Z)$，可以得到如下的表达式：

$$\rho = \frac{Cov(Y,Z)/Var(Z)}{Cov(S,Z)/Var(Z)} \tag{9.15}$$

从式（9.15）可以看出，工具变量 Z 对内生解释变量 S 有影响，进而对被解释变量 Y 产生影响。其影响路径如下：首先将 $Cov(S,Z)/Var(Z)$ 表示为模型 $S_i = \alpha_1 + \delta_1 Z_i + \xi_{1i}$ 的系数 δ_1，其次将 $Cov(Y,Z)/Var(Z)$ 表示为模型 $Y_i = \alpha_2 + \delta_2 Z_i + \xi_{2i}$ 的系数 δ_2，则 $\rho = \frac{\delta_1}{\delta_2}$。

这里把 Z 称为工具变量，一个变量成为内生解释变量的工具变量需要满足以下三个条件：

第一，工具变量与随机扰动项不相关，称为条件独立性假定，也称正交性假定。只有当工具变量与随机扰动项无关时，$Cov(X,\mu)=0$ 才成立，否则不成立。

第二，工具变量与内生解释变量具有相关性。$\rho = \frac{Cov(Y,Z)}{Cov(S,Z)}$，从系数 ρ 表达式的分母可以看出，只有 S 和 Z 相关，才能保证 $Cov(S,Z) \neq 0$，表达式才有意义。

第三，工具变量只能通过内生解释变量影响被解释变量，而不会通过其他的影响机制直接影响被解释变量。工具变量可能直接影响到内生解释变量，也可能通过其他变量间接影响内生解释变量，如工具变量影响变量 M，再通过变量 M 影响内生解释变量，最终影响被解释变量。

第三节　广义矩估计法

一、原　理

矩指随机变量或随机变量函数的期望或方差。常见的矩主要有两个：随机变量 X 的期望 $E(X)$，也称一阶原点矩；随机变量 X 的方差 $\mathrm{E}(X-E(X))^2$，也称二阶中心矩。

二、矩估计的基本思想

根据大数定律，样本均值收敛于总体的期望，用样本矩方程代替总体矩方程，也就是构建的总体矩方程用样本矩方程来替代。现考虑设定的如下线性模型：

$$Y = \beta_0 + \beta_1 X_1 + \beta_2 X_2 + \mu \tag{9.16}$$

现假设 X_1 和 X_2 都是外生的，与随机扰动项无关，根据古典假设可以写出以下三个总体矩方程：

$$E(X_1\mu)=0, \quad E(X_2\mu)=0, \quad E(\mu)=0 \tag{9.17}$$

其中，$E(X_1\mu)=0$ 表示外生变量 X_1 与随机扰动项 μ 不相关；$E(X_2\mu)=0$ 表示外生变量 X_2 与随机扰动项 μ 不相关；$E(\mu)=0$ 表示随机扰动项 μ 的均值为恒定常数 0。

下面要估计 $\beta_0, \beta_1, \beta_2$ 这三个参数。根据大数定律，样本均值一定会收敛到总体的期望。

同时可以根据总体矩方程写出三个样本矩方程，总体的期望对应的是样本的均值，三个样本均值方程如下：

$$N^{-1}\sum_{i=1}^{N}\left(X_{1i}\mu_i\right)=0\text{，}\ N^{-1}\sum_{i=1}^{N}\left(X_{2i}\mu_i\right)=0\text{，}\ N^{-1}\sum_{i=1}^{N}\mu_i=0 \tag{9.18}$$

根据这三个方程求解三个参数，得出模型存在唯一解。最小二乘法实际上也是一种矩估计，二者不同的是，最小二乘法是运用残差平方和最小求出系数，而矩估计是运用矩的思想求解系数。现在将矩估计的思想延伸，用于解决模型的内生性问题。

假设变量 X_1 是内生解释变量，意味着 $E(X_1\mu)=0$ 是不成立的，同时 $N^{-1}\sum_{i=1}^{N}(X_{1i}\mu_i)=0$ 也是不成立的，这是因为内生变量与随机扰动项是存在相关关系的。由于两个方程无法估计三个未知参数 β_0,β_1,β_2，所以此时模型是不可识别的。

为了求出模型的未知系数，假设 Z 为工具变量，满足与随机扰动项不相关且与内生解释变量 X_1 相关的条件，即满足 $E(Z\mu)=0$ 的条件。此时，有如下三个总体矩方程：

$$E(Z\mu)=0,\quad E(X_2\mu)=0,\quad E(\mu)=0 \tag{9.19}$$

对应的样本均值方程分别为

$$N^{-1}\sum_{i=1}^{N}\left(Z_i\mu_i\right)=0\text{，}\ N^{-1}\sum_{i=1}^{N}\left(X_{2i}\mu_i\right)=0\text{，}\ N^{-1}\sum_{i=1}^{N}\mu_i=0 \tag{9.20}$$

根据三个方程求解三个未知参数 β_0,β_1,β_2，得出模型存在唯一解，恰好识别。现扩展到一般的线性模型，构建如下模型：

$$\boldsymbol{Y}=\beta\boldsymbol{X}+\mu \tag{9.21}$$

其中，$\boldsymbol{X}$ 表示向量，$\boldsymbol{X}=(x_1,x_2,\cdots,x_k)$。假设模型中有 k 个解释变量 x，给解释变量找 k 个工具变量，令 $\boldsymbol{Z}=(z_1,z_2,\cdots,z_k)$ 为工具变量。向量 $\boldsymbol{X}$ 和向量 $\boldsymbol{Z}$ 有重合部分，如 $x_1=z_1$，x_1 满足与随机扰动项不相关的条件，也就是自身作自身的工具变量；当然在向量 $\boldsymbol{X}$ 中也存在内生解释变量，如 x_k 是内生的，就要给 x_k 找一个与 x_k 相关但是与随机扰动项不相关的工具变量 $\boldsymbol{Z}_k$。向量 $\boldsymbol{Z}_k$ 满足与随机扰动项不相关的条件，所以工具变量与随机扰动项的总体期望方程为 $E(\boldsymbol{Z}'\mu)=0$，由于 $\mu=\boldsymbol{Y}-\beta\boldsymbol{X}$，所以 $E(\boldsymbol{Z}'(\boldsymbol{Y}-\boldsymbol{X}\beta))=0$。整理后可以得到 $E(\boldsymbol{Z'Y})=E(\boldsymbol{Z'X}\beta)$，因此 $\beta=E(\boldsymbol{Z'X})^{-1}E(\boldsymbol{Z'Y})$。根据大数定律，样本均值的表达式为 $\hat{\beta}=[N^{-1}\sum(\boldsymbol{ZX})]^{-1}[N^{-1}\sum(\boldsymbol{ZY})]$。

根据工具变量个数与内生解释变量的个数，模型识别可以分为恰好识别、过度识别、识别不足三种情况。如果构造的矩方程个数恰好等于需要估计参数的个数，称为恰好识别；构建的矩方程的个数小于需要估计参数的个数，称为识别不足；构建的矩方程的个数大于需要估计参数的个数，称为过度识别。

三、案例分析

以 auto.dta 数据为例，被解释变量为汽车的价格（price），解释变量为汽车的耗油量（mpg）、汽车的重量（weight）。一般而言，汽车的重量与汽车的长度（length）和汽车的空间（headroom）是有关的，但是汽车的长度和空间又不直接影响汽车的价格，这些变量被放在随机扰动项中，因此有理由怀疑汽车的重量会是模型中的内生解释变量。现在用广义矩估计检验是否为内生解释变量。

【Stata 实现】

```
. sysuse auto.dta,clear
. ivregress gmm price mpg （weight = length headroom）
```

得到回归结果如图 9.1 所示。

```
Instrumental variables (GMM) regression         Number of obs   =         74
                                                Wald chi2(2)    =      24.01
                                                Prob > chi2     =     0.0000
                                                R-squared       =     0.2605
GMM weight matrix: Robust                       Root MSE        =     2519.3

------------------------------------------------------------------------------
             |               Robust
       price |      Coef.   Std. Err.      z    P>|z|     [95% Conf. Interval]
-------------+----------------------------------------------------------------
      weight |   .5818793   .7009908     0.83   0.406    -.7920375    1.955796
         mpg |  -171.5271   102.2457    -1.68   0.093     -371.925    28.87082
       _cons |   8045.068    4154.88     1.94   0.053    -98.34618    16188.48
------------------------------------------------------------------------------
Instrumented:  weight
Instruments:   mpg length headroom
```

图 9.1 广义矩估计回归结果

从图 9.1 可以看出，被怀疑的内生解释变量 weight 的系数约为 0.58，其 p 值为 0.406，大于 0.05，所以无法拒绝 H_0 的原假设。因此，可以认为该模型可能存在内生性问题，内生变量可能是 weight，故使用普通最小二乘法得到的参数估计很有可能是不一致的。

第四节 两阶段最小二乘法

一、两阶段最小二乘法的原理

第三节中已经说明了恰好识别、识别不足及过度识别的相关概念，现在考虑过度识别的情况。假设总体模型为

$$Y = \beta_0 + \beta_1 X_1 + \beta_2 X_2 + \mu \tag{9.22}$$

模型中有三个待估参数 $\beta_0, \beta_1, \beta_2$。式中，$X_1$ 为外生解释变量，X_2 为内生解释变量。能够为内生解释变量 X_2 找到两个工具变量，分别为 Z_1，Z_2，根据工具变量的正交性条件得 $E(Z_1\mu)=0$，$E(Z_2\mu)=0$。因此，总体矩方程如下：

$$E(Z_1\mu)=0,\quad E(Z_2\mu)=0,\quad E(X_1\mu)=0,\quad E(\mu)=0 \tag{9.23}$$

根据大数定律，样本均值趋向于总体期望，所以总体矩方程对应的样本矩方程如下：

$$N^{-1}\sum_{i=1}^{N}(Z_{1i}\mu_i)=0，\quad N^{-1}\sum_{i=1}^{N}(Z_{2i}\mu_i)=0，\quad N^{-1}\sum_{i=1}^{N}(X_{1i}\mu_i)=0，\quad N^{-1}\sum_{i=1}^{N}\mu_i=0 \tag{9.24}$$

模型中有三个待估参数，而现在对应有四个方程，在数学上是无解的，意味着通过三个方程所得到的解带到第四个方程中是不一定成立的。任意选择三个方程所得到的解是具有一致性的估计量，四个方程中选择三个方程作为一个组合，总共能找到四种组合，既能够找到四组一致的估计量，模型处于过度识别状态。那么哪个解才是最好的解呢？怎么解决过度识别的问题呢？常用的方法就是使用两阶段最小二乘法。

总体矩方程 $E(Z_1\mu)=0$，$E(Z_2\mu)=0$ 和样本矩方程 $N^{-1}\sum_{i=1}^{N}(Z_{1i}\mu_i)=0$，$N^{-1}\sum_{i=1}^{N}(Z_{2i}\mu_i)=0$，这两组方程是通过工具变量得到的方程组，那么能否用一个方程把它们表示出来呢？显然，答案是能够用一个方程表示的。既然 Z_1，Z_2 是合适的工具变量，那么 Z_1，Z_2 的线性组合 $\alpha_1 Z_1+\alpha_2 Z_2$ 也应该是一个合适的工具变量，因此 $E(Z_1\mu)=0$；$E(Z_2\mu)=0$ 或 $N^{-1}\sum_{i=1}^{N}(Z_{1i}\mu_i)=0$，$N^{-1}\sum_{i=1}^{N}(Z_{2i}\mu_i)=0$ 可以凝聚成一个方程来替代这两组方程。这就是两阶段最小二乘法的基本思路。

把所有的工具变量与模型中的外生变量 X_1 合成一个新的工具变量 Z：

$$Z=\alpha_0+\alpha_1 Z_1+\alpha_2 Z_2+\alpha_3 X_1 \tag{9.25}$$

因为工具变量与内生解释变量具有相关性，且相关性越强越好，工具变量的有效性越好，所以通过 $Z=\alpha_0+\alpha_1 Z_1+\alpha_2 Z_2+\alpha_3 X_1$ 模型得到的待估参数 $\alpha_0, \alpha_1, \alpha_2, \alpha_3$，要使得 $Corr(Z, X_2)$ 最大。而通过如下线性回归模型

$$X_2=\alpha_0+\alpha_1 Z_1+\alpha_2 Z_2+\alpha_3 X_1+v \tag{9.26}$$

得到的 $\hat{X}_2=\hat{\alpha}_0+\hat{\alpha}_1 Z_1+\hat{\alpha}_2 Z_2+\hat{\alpha}_3 X_1$ 与 X_2 的相关系数在所有的线性组合中是最大的。

现在考虑两阶段最小二乘法在一般的线性回归模型中的应用。假设模型如下：

$$Y=\beta X+\mu \tag{9.27}$$

其中，$Y=(y_1, y_2, \cdots, y_k)$，代表被解释变量；$X=(x_1, x_2, \cdots, x_k)$，代表解释变量。存在内生解释变量 x_j，工具变量为 $Z=(z_1, z_2, \cdots, z_i)$，工具变量的个数比解释变量的个数多，即 i 大于 k。因为 Z 为工具变量，则其与随机扰动项是无关的，所以 $E(Z'\mu)=0$。在一般模型中有 k 个参数，有 l 个工具变量，把 l 个工具变量组合成 k 个工具变量，因此用 X 与 Z 做回归。这是两阶段最小二乘法中的第一阶段，即用解释变量与工具变量做回归，其回归模型如下：

$$X=\pi Z+\gamma \tag{9.28}$$

在模型两边同时乘上 Z' 得

$$Z'X=\pi Z'Z+Z'\gamma \tag{9.29}$$

求期望得

$$E(Z'X)=E(\pi Z'Z)+E(Z'\gamma) \tag{9.30}$$

由于 Z' 与 γ 是不相关的，即

$$E(Z'\gamma)=0 \tag{9.31}$$

整理得

$$\pi = (E(Z'Z))^{-1} E(Z'X) \tag{9.32}$$

所以

$$X^* = \pi Z = (E(Z'Z))^{-1} E(Z'X) Z \tag{9.33}$$

由于 Z 是工具变量，是外生的，则 X^* 也是外生的，所以 X^* 是一个合适的工具变量。

对于每一个解释变量 X_j，都有 $X_j = \pi Z + \gamma_j = X^* + \gamma_j$。如果解释变量 X_j 作为自身的工具变量，那么 $X_k^* = X_j$。

用 X^* 作为工具变量与被解释变量 Y 做回归，回归模型如下：

$$Y = \beta X^* + \mu \tag{9.34}$$

可得，总体待估参数表达式为

$$\beta = E(X^{*\prime} X)^{-1} (X^{*\prime} Y) \tag{9.35}$$

样本待估参数表达式为

$$\hat{\beta} = \left[\sum_{i=1}^{N} (\hat{X}_i' X_i)\right]^{-1} \sum_{i=1}^{N} (\hat{X}_i' Y_i) = \left[\sum_{i=1}^{N} (\hat{X}_i' \hat{X}_i)\right]^{-1} \sum_{i=1}^{N} (\hat{X}_i' Y_i) \tag{9.36}$$

从上面的分析可知，两阶段最小二乘法的总体思路分两阶段：第一阶段，用内生解释变量 X 与工具变量 Z 做回归，得到内生解释变量 X 的拟合值 X^*，X^* 可以作为外生解释变量。这一阶段消除了潜在内生解释变量的内生性，通过外生变量的预测回归，得到外生解释变量 X^*。第二阶段，用被解释变量 Y 与在第一阶段得到的拟合值 X^* 替代原来的内生性变量做回归，进而消除偏误。下面在 Stata 中实现两阶段最小二乘法回归。

【Stata 代码】

```
. qui reg X2 Z2 X1// 两阶段最小二乘法的第一阶段的回归
. qui ivregress 2sls Y （X2 = Z2） X1 // 两阶段最小二乘法的第二阶段
```

第一阶段，内生解释变量与所有的工具变量和模型中原来的外生解释变量进行回归，同时预测出 X_2 的拟合值。其中 X_2 表示内生解释变量，Z_2 表示工具变量，X_1 表示模型中原有的外生变量。

第二阶段，用被解释变量 Y 与工具变量和模型中原来的外生变量进行回归。

二、案例分析

以 auto.dta 数据为例，检验汽车的油耗量（mpg）与汽车的重量（weight）是否会影响汽车的价格（price）。假设模型为

$$price = \beta_0 + \beta_1 mpg + \beta_2 weight + \mu$$

显然，这一模型存在内生性问题，因为汽车的长度（length）和汽车的空间（headroom）会影响汽车的重量，但它们被放在随机扰动项中，同时这些变量与汽车的价格不相关，所以可以选择汽车的长度（length）和空间（headroom）作为汽车重量的工具变量，进行两阶段回

归。下面在 Stata 中实现两阶段最小二乘法回归。

【Stata 实现】

```
. sysuse auto.dta,clear // 导入数据
. ivregress 2sls price mpg （weight = length headroom）, first // 进行两阶段最小二乘法回归
```

在上面的代码中，如果不输入 first，那么 Stata 只会汇报最后的结果，而不会汇报第一阶段的结果。在输入上述代码后，可以看到如下两个回归结果（见图 9.2~图 9.3）。

```
First-stage regressions
-----------------------

                                          Number of obs     =         74
                                          F(   3,      70)  =     217.29
                                          Prob > F          =     0.0000
                                          R-squared         =     0.9030
                                          Adj R-squared     =     0.8989
                                          Root MSE          =   247.1499
```

weight	Coef.	Std. Err.	t	P>|t|	[95% Conf.	Interval]
mpg	-19.92018	8.256361	-2.41	0.018	-36.38698	-3.453391
length	29.03371	2.280422	12.73	0.000	24.48555	33.58187
headroom	-6.76503	39.92605	-0.17	0.866	-86.39503	72.86497
_cons	-1992.421	554.7279	-3.59	0.001	-3098.791	-886.051

图 9.2　两阶段最小二乘法的第一阶段回归结果

图 9.2 为两阶段最小二乘法的第一阶段回归结果，是内生解释变量汽车重量与汽车长度、汽车空间及外生解释变量汽车耗油量的回归结果。

```
Instrumental variables (2SLS) regression          Number of obs   =        74
                                                  Wald chi2(2)    =     23.23
                                                  Prob > chi2     =    0.0000
                                                  R-squared       =    0.2693
                                                  Root MSE        =    2504.2
```

price	Coef.	Std. Err.	z	P>|z|	[95% Conf.	Interval]
weight	.7485195	.7519825	1.00	0.320	-.7253392	2.222378
mpg	-157.7312	95.99462	-1.64	0.100	-345.8772	30.41479
_cons	7264.381	4160.039	1.75	0.081	-889.1455	15417.91

```
Instrumented:  weight
Instruments:   mpg length headroom
```

图 9.3　两阶段最小二乘法的第二阶段回归结果

图 9.3 为两阶段最小二乘法的第二阶段回归结果，内生解释变量汽车重量的系数约为 0.75，p 值为 0.320，是不显著的，这是使用工具变量解决内生性后的模型结果。

第五节　工具变量的有效性

工具变量解决模型中的内生性问题，在工具变量选择时要满足一些条件。工具变量与内生性解释变量存在相关性，同时与随机扰动项不相关，因此选择的工具变量必须满足正交性条件，同时满足与随机扰动项的相关系数为零的条件。首先要考虑解释变量是否存在内生性问题，只有某一变量存在内生性问题才能使用工具变量，当然不存在内生性问题的解释变量也可以做自身的工具变量。在理论上我们怀疑某一变量存在内生性问题，但是实际数据是否支持这一结论，需要进行实证检验。这时，首先要进行内生性检验，然后检验所选择的工具变量是否满足正交性和外生性的条件。

一、内生性检验

（一）豪斯曼检验

1. 基本原理

在实证分析中，内生性检验是一个非常核心的内容。在内生性检验中，豪斯曼（Hausman）检验是比较常用的方法。豪斯曼检验也可以用来检验是选择使用最小二乘法还是使用工具变量法。在豪斯曼检验中，原假设 H_0：解释变量是外生的，与解释变量随机扰动项不相关，因此在最小二乘法估计下，所得到的参数估计是具有一致性；同时在工具变量估计下，所得到的参数也具有一致性。因此如果解释变量是外生的，在大样本的条件下，通过最小二乘法得到的参数和通过工具变量法得到的参数是非常接近的，也就是说它们的差非常接近于零。豪斯曼检验中，备择假设 H_1：解释变量是内生的，在最小二乘法估计下，所得到的参数不具有一致性；但是在工具变量估计下，所得到的参数具有一致性。因此如果解释变量是内生的，在大样本的条件下，通过最小二乘法得到的参数与通过工具变量法得到的参数是不一样的，也就是说它们的差不趋向于零，如果差很大，解释变量的外生性是不满足的。

豪斯曼的统计量为

$$H=(\hat{\beta}_{\text{ols}}-\hat{\beta}_{\text{iv}})'[Var(\hat{\beta}_{\text{iv}})-Var(\hat{\beta}_{\text{ols}})]^{-1}(\hat{\beta}_{\text{iv}}-\hat{\beta}_{\text{ols}})'$$

这一估计量服从卡方分布 $\chi^2(df)$。其中，$\hat{\beta}_{\text{ols}}$ 表示通过最小二乘法得到的参数；$\hat{\beta}_{\text{iv}}$ 表示通过工具变量法得到的参数；$Var(\hat{\beta}_{\text{ols}})$ 表示通过最小二乘法得到的参数的方差；$Var(\hat{\beta}_{\text{iv}})$ 表示通过工具变量法得到的参数的方差；df 表示卡方分布的自由度，同时表示工具变量过度识别的个数。

2. 案例分析

以 auto.dta 数据为例，首先完成两阶段最小二乘法回归。

【Stata 实现】

. estat endog

在输入上述代码后，会得到图 9.4 所示的回归结果。

```
Tests of endogeneity
Ho: variables are exogenous

Durbin (score) chi2(1)          =  6.54593  (p = 0.0105)
Wu-Hausman F(1,70)              =    6.793  (p = 0.0112)
```

图 9.4　检验回归模型内生性问题

从图 9.4 可以看出，无论是卡方分布还是 F 检验，其对应的 p 值都比较小，且均小于 0.05，说明模型可能存在内生性问题，因此可以使用工具变量法。如果实证分析中得到的 p 值都大于 0.05，那么可以使用最小二乘法来估计参数。

除了使用上述代码进行内生检验外，也可以通过做两次回归进行检验：首先使用最小二乘法进行回归，保存得到的参数结果为 $\hat{\beta}_{ols}$；然后使用工具变量法进行回归，保存得到的参数结果为 $\hat{\beta}_{iv}$。比较 $\hat{\beta}_{ols}$ 和 $\hat{\beta}_{iv}$ 的大小，如果这两个值非常接近，说明解释变量是外生的，因为只有在解释变量是外生的时，通过最小二乘法得到的参数与通过工具变量法得到的参数具有一致性；如果这两个值差距非常大，说明解释变量是内生的。

首先，进行普通最小二乘法回归。

【Stata 实现】

. reg　price mpg weight

在输入上述代码后，得到图 9.5 所示的回归结果。

```
. reg  price mpg weight

      Source |       SS           df       MS      Number of obs   =        74
-------------+----------------------------------   F(2, 71)        =     14.74
       Model |   186321280         2  93160639.9   Prob > F        =    0.0000
    Residual |   448744116        71  6320339.67   R-squared       =    0.2934
-------------+----------------------------------   Adj R-squared   =    0.2735
       Total |   635065396        73  8699525.97   Root MSE        =      2514

------------------------------------------------------------------------------
       price |      Coef.   Std. Err.      t    P>|t|     [95% Conf. Interval]
-------------+----------------------------------------------------------------
         mpg |  -49.51222   86.15604    -0.57   0.567    -221.3025     122.278
      weight |   1.746559   .6413538     2.72   0.008      .467736    3.025382
       _cons |   1946.069    3597.05     0.54   0.590    -5226.245    9118.382
------------------------------------------------------------------------------
```

图 9.5　回归结果

其次，进行两阶段最小二乘法回归。

【Stata 实现】

. ivregress 2sls price mpg （weight = length headroom）

在输入上述代码后，得到图 9.6 所示的回归结果。

```
Instrumental variables (2SLS) regression          Number of obs   =         74
                                                  Wald chi2(2)    =      23.23
                                                  Prob > chi2     =     0.0000
                                                  R-squared       =     0.2693
                                                  Root MSE        =     2504.2

------------------------------------------------------------------------------
       price |      Coef.   Std. Err.      z    P>|z|     [95% Conf. Interval]
-------------+----------------------------------------------------------------
      weight |   .7485195   .7519825     1.00   0.320    -.7253392    2.222378
         mpg |  -157.7312   95.99462    -1.64   0.100    -345.8772    30.41479
       _cons |   7264.381   4160.039     1.75   0.081    -889.1455    15417.91
------------------------------------------------------------------------------
Instrumented:  weight
Instruments:   mpg length headroom
```

图 9.6　工具变量法最小二乘回归结果

通过最小二乘法和工具变量法得到的估计参数分别为 1.76 和 0.75，这两个值的大小不一致，故可以认为在这一模型中存在内生性问题，weight 是内生解释变量。因此，使用工具变量会比直接使用最小二乘法得到的结果更好。

（二）控制函数法

1. 基本原理

内生性检验的另一方法是控制函数法。假设原模型如下：

$$Y=\alpha_0+\alpha_1X_1+\alpha_2X_2+\alpha_3X_3+\mu \tag{9.37}$$

其中，X_1为内生变量，与μ相关。给内生变量X_1找的工具变量为Z_1,Z_2，在两阶段最小二乘法中的第一阶段，用内生变量与工具变量和外生变量进行回归，回归结果如下：

$$X_1=\beta_0+\beta_1Z_1+\beta_2Z_2+\beta_3X_2+\beta_4X_3+\nu \tag{9.38}$$

假定Z_1,Z_2,X_2,X_3是外生的，则Z_1,Z_2,X_2,X_3与μ和ν都不相关。由于X_1与μ是相关的，而且X_1是关于Z_1,Z_2,X_2,X_3,ν的线性组合，所以ν一定与μ是相关的。为了简单分析，假设ν和μ是线性关系，线性模型如下：

$$\mu=\delta\nu+\xi \tag{9.39}$$

把μ的表达式代入Y中，得到如下模型：

$$Y=\alpha_0+\alpha_1X_1+\alpha_2X_2+\alpha_3X_3+\delta\nu+\xi \tag{9.40}$$

由于ν与ξ不相关，ξ与Z_1,Z_2,X_2,X_3不相关，则ξ与X_1不相关，故上述模型不存在内生性问题，可以直接进行最小二乘法估计。但是在这个模型中，ν是随机扰动项，没有办法观测到，因此要首先通过模型衡量出残差ν的拟合值$\hat{\nu}$，然后将$\hat{\nu}$代入上述模型中进行最小二乘法回归。

控制函数法的原假设和备择假设分别为：

H_0：$\delta=0$

H_1：$\delta\neq0$

第一步：估计 X_1 的简化模型，得到残差 v 的拟合值 $\hat{v}$。

第二步：把残差的拟合值 $\hat{v}$ 代入 Y，检验 δ 是否为 0。如果为 0，说明变量 X_1 是外生的；如果不为 0，说明变量 X_1 是内生的。

第一步，通过模型 $X_1=\beta_0+\beta_1 Z_1+\beta_2 Z_2+\beta_3 X_2+\beta_4 X_3+v$ 求出 $\hat{v}$，在这一模型中 X_1 是内生解释变量。在 Stata 中实现控制函数法代码如下：

【Stata 实现】

```
. qui  reg  X1  Z1  Z2  X2  X3 // 回归
. predict  res,  res // 预测 v̂
```

第二步，将第一步中得到的残差值 $\hat{v}$，代入模型 $Y=\alpha_0+\alpha_1 X_1+\alpha_2 X_2+\alpha_3 X_3+\mu$，然后进行回归。

【Stata 代码】

```
. reg  Y  X1  X2  X3  res
```

2. 案例分析

以 auto.dta 数据为例。

【Stata 实现】

```
. sysuse auto.dta,clear
. reg weight length headroom mpg
. predict res,res
. reg price weight mpg res
```

在依次输入上述代码后可得到图 9.7 所示回归结果。

```
      Source |       SS           df       MS      Number of obs   =        74
-------------+----------------------------------   F(3, 70)        =     12.89
       Model |   226016535         3    75338845   Prob > F        =    0.0000
    Residual |   409048861        70  5843555.16   R-squared       =    0.3559
-------------+----------------------------------   Adj R-squared   =    0.3283
       Total |   635065396        73  8699525.97   Root MSE        =    2417.3

------------------------------------------------------------------------------
       price |      Coef.   Std. Err.      t    P>|t|     [95% Conf. Interval]
-------------+----------------------------------------------------------------
      weight |   .7485196   .7259055     1.03   0.306    -.6992533    2.196292
         mpg |  -157.7312   92.66575    -1.70   0.093    -342.5472     27.0848
         res |   3.586525   1.376078     2.61   0.011     .8420235    6.331027
       _cons |   7264.381   4015.778     1.81   0.075    -744.8365     15273.6
------------------------------------------------------------------------------
```

图 9.7　OLS 回归结果

从图 9.7 可以看出，*weight* 的系数约为 0.75，其 p 值为 0.306，大于 0.05，因此无法拒绝其为 0 的原假设，所以 *weight* 很有可能是内生解释变量，模型存在内生性问题。总体而言，使用工具变量法得到的结果会比使用最小二乘法得到的结果更可靠。

二、过度识别约束检验

1. 基本原理

过度识别约束检验是指如何判断工具变量的有效性。如果模型是恰好识别的，也就是说内生变量个数与工具变量个数是一样的，方程有唯一解，那么此时无法判断工具变量的有效性。工具变量要满足两个条件：工具变量与随机扰动项是无关的；工具变量与内生解释变量是有关的。第二个条件是比较容易判断的，因为工具变量和内生解释变量是实实在在存在数据的；第一个条件是比较难判断的，因为模型的误差项也就是随机扰动项是看不到的。如果存在内生性问题，就无法通过最小二乘法获得误差项的拟合值，从而无法将工具变量与随机扰动项进行回归。前面已经介绍过如果存在内生性问题，可以通过使用工具变量法解决内生性问题，但是在模型恰好识别的情况下，并不知道工具变量是否恰当，所以在恰好识别的模型中，目前还没有一个非常好的方法判断工具变量的有效性，只能进行定性讨论或者依赖专家的意见。定性讨论的逻辑是，如果工具变量是外生的，那么工具变量影响被解释变量的唯一路径就是通过内生解释变量，除此之外没有其他路径。与恰好识别的模型不同，在过度识别模型中，可以使用 Sardan 检验工具变量的有效性。

Sardan 检验的原假设为所有的工具变量与模型的误差项 μ_1 是不相关的，在两阶段最小二乘法中得到的误差项 $\hat{\mu}_1$ 与工具变量也是不相关的，因此用 $\hat{\mu}_1$ 与所有的工具变量 Z 做回归，判断 Z 系数的联合显著性。如果某些工具变量是显著的，或者整个方程的 F 统计量的值非常大，非常显著，这意味着某些工具变量能够解释通过最小二乘法得到的残差项 $\hat{\mu}_1$，说明工具变量与残差项 $\hat{\mu}_1$ 是相关的。Sardan 检验只能适用于工具变量比内生解释变量个数多的模型，因此也称为过度识别约束检验。在 Sardan 检验中通过最小二乘法获得的 $\hat{\mu}_1$ 没有考虑工具变量的有效性。它的具体思路如下：

假设模型如下：

$$Y = \beta X + \alpha_1 X_1 + \mu \tag{9.41}$$

现在有一个内生解释变量 X，有两个工具变量 Z_1, Z_2，它们的估计量分别为 $\hat{\beta}_1$，$\hat{\beta}_2$。如果这两个工具变量是恰当的，那么得到的系数都是一致的，即 $\hat{\beta}_1$，$\hat{\beta}_2$ 是比较接近的，趋向于 β。如果这两个工具变量是不恰当的，那么得到的系数是不一致的，即 $\hat{\beta}_1$，$\hat{\beta}_2$ 差别比较大，不趋向于 β。过度识别检验就是通过比较 $\hat{\beta}_1$，$\hat{\beta}_2$ 的差别来判断工具变量是否有效：如果这两个值比较接近，或者这两个值的差趋向于 0，就可以认为残差项与这两个工具变量 Z_1, Z_2 是不相关的，这两个工具可能是有效的。但同时也会出现如下情况，可能 Z_1, Z_2 都是无效的，只是 $\hat{\beta}_1$，$\hat{\beta}_2$ 恰好比较接近。如果这两个值相差比较大，或者这两个值之差不趋向于 0，就可以认为残差项与这两个工具变量 Z_1, Z_2 有可能是相关的，那么在这两个工具变量中，至少有一个不是恰当的工具变量。可以看出，Sardan 检验并没有严格去证明两个工具变量都是恰当的，它只是比较 $\hat{\beta}_1$，$\hat{\beta}_2$ 这两个系数的差别来判断工具变量是否是有效的。

Sardan 检验的原假设和备择假设分别为：

H_0：工具变量是有效的

H_1：工具变量是无效的

在 Stata 中实现过度识别约束检验的代码如下：

第一步，进行两阶段最小二乘法回归。

【Stata 代码】

```
. qui  ivregress  2sls  Y  (X = Z1  Z2)  X1
```

其中，Y 表示被解释变量，X 表示内生解释变量，Z1 和 Z2 表示工具变量，X1 表示外生变量。

第二步，进行检验。

【Stata 代码】

```
. estat overid
```

如果 Sardan 统计量的 p 值小于 0.05，就拒绝了工具变量有效性的原假设，意味着至少一个工具变量是无效的。在判断出有一个无效的工具变量后，就要找出这个无效的工具变量；如果 p 值大于 0.05，就无法拒绝工具变量有效性的原假设。

2. 案例分析

以 auto.dta 数据为例，内生解释变量有 1 个，工具变量有 2 个，满足模型过度识别的要求。在 Stata 中，首先进行两阶段最小二乘法的回归，然后进行检验。

【Stata 实现】

```
. estat overid
```

在输入上述代码后，可以得到图 9.8 所示结果。

```
Tests of overidentifying restrictions:

Sargan (score) chi2(1) =  1.62236  (p = 0.2028)
Basmann chi2(1)        =  1.56906  (p = 0.2103)
```

图 9.8 过度识别约束检验结果

从图 9.8 可以看出，两个 p 值分别为 0.2028 和 0.2103，都大于 0.05，无法拒绝原假设。在过度识别检验中，原假设为工具变量都是有效的，无法拒绝工具变量的有效性，因此在本案例中，工具变量通过了过度识别检验，两个工具变量都是有效的。

三、弱工具变量

1. 基本原理

弱工具变量是指工具变量与内生解释变量相关但只是弱相关，相关程度比较低。使用内生解释变量 X_1 与工具变量 Z_1 做回归，回归模型为：$X_1 = \alpha_0 + \alpha_1 Z_1 + \mu$，可以用系数 α_1 的显著性判断内生解释变量与工具变量是否相关。但是按照原来意义上的 t 分布或 F 分布去判断相关性是远远不够的，如果内生解释变量与工具变量的相关性比较弱，就会导致工具变量法得到的系数偏差可能比最小二乘法得到的系数偏差还要大。

假设简单的线性回归模型如下：

$$Y = \beta_0 + \beta_1 X + \mu \tag{9.42}$$

通过最小二乘法可以得到

$$\hat{\beta} = \beta_1 + Corr(X,\mu)\frac{\delta_\mu}{\delta_X}$$

其中，$Corr(X,\mu)$ 表示 X 与 μ 的相关系数；$\frac{\delta_\mu}{\delta_X}$ 表示 μ 的标准差和 X 的标准差之比。如果 X 是外生的，则 $Corr(X,\mu)=0$，通过最小二乘法得到的估计参数是一致的。

通过工具变量法得到

$$\hat{\beta} = \beta_1 + \frac{Corr(Z,\mu)}{Corr(Z,X)}\frac{\delta_\mu}{\delta_X}$$

其中，$\frac{Corr(Z,\mu)}{Corr(Z,X)}$表示 Z 与 μ 的相关系数、Z 与 X 的相关系数之比。如果 Z 与 μ 不相关，那么 $Corr(Z,\mu)$ 趋近于 0，通过工具变量得到的估计参数是一致的。

如果工具变量完全是外生的，$Corr(Z,\mu)=0$ 是成立的，那么工具变量法所得到的估计参数是没有偏差的；如果工具变量不是完全外生的，与内生解释变量 X 存在弱相关，那么工具变量法所得到的估计参数的偏差可能比最小二乘法得到的估计参数的偏差要大。所以，在工具变量法估计中要求工具变量与内生解释变量要有强相关性。

Staiger 和 Stock 在 1997 年提出了经验准则，在第一阶段工具变量显著性检验的 F 统计量应该大于 10，并在后面的研究中发现这个经验准则还是比较准的，但它只适合于模型中只有一个内生解释变量的情况。

在 Stata 中完成两阶段最小二乘法后，可以使用代码“estat firststage”检验弱工具变量。如果发现存在弱工具变量，解决弱工具变量的思路主要有三个：一是减少工具变量的个数。工具变量的个数越多，对第一阶段的 F 统计量要求就越高；二是采用有限信息极大似然估计法，有限信息极大似然估计法对估计和推断偏差没有两阶段最小二乘法敏感；三是寻找更强的工具变量。

2. 案例分析

以 auto.dta 数据为例，首先进行两阶段最小二乘法的回归，然后在 Stata 检验弱工具变量。

【Stata 实现】

```
. estat firststage
```

在输入上面的代码后，会得到图 9.9 所示的结果。

```
First-stage regression summary statistics

              |            Adjusted      Partial
     Variable |   R-sq.       R-sq.        R-sq.       F(2,70)   Prob > F
--------------+-----------------------------------------------------------
       weight |  0.9030      0.8989       0.7217       90.7749    0.0000


Minimum eigenvalue statistic = 90.7749

Critical Values                      # of endogenous regressors:    1
Ho: Instruments are weak             # of excluded instruments:     2
------------------------------------+--------------------------------
                                    |    5%     10%     20%     30%
2SLS relative bias                  |         (not available)
------------------------------------+--------------------------------
                                    |   10%     15%     20%     25%
2SLS Size of nominal 5% Wald test   | 19.93   11.59    8.75    7.25
LIML Size of nominal 5% Wald test   |  8.68    5.33    4.42    3.92
------------------------------------+--------------------------------
```

图 9.9　回归模型第一阶段统计量结果

在检验弱工具变量时，主要关注偏 R^2（Partial R-sq）和 F 值。偏 R^2 是第一阶段中，由工具变量所解释的被解释变量波动的比例，没有明确的临界值划分强弱工具变量。F 值是检验第一阶段中是否所有工具变量的系数都显著区别于 0。如果模型中只有一个内生解释变量，那么 F 值和 Minimum eigenvalue statastic 的值是一样的；如果模型中有多个内生解释变量，在第一阶段中有可能不会报 F 值。在本案例中，F 值为 90.7749，大于 10，且其 p 值为 0.0000，但不足以说明所有工具变量都是强工具变量。根据两阶段最小二乘法的 Wald 检验的临界值，如果能够接受弱工具变量的偏差为 10%，那么 F 值应该大于 19.93。因为 F 值为 90.7749，所以偏差在 10%以内，可以认为是强工具变量。

第六节　如何找工具变量

一、选择工具变量的原则

选择工具变量，首先从工具变量的定义出发。工具变量影响内生解释变量但不直接影响被解释变量，即是影响内生解释变量的外生变量。根据工具变量的定义，选择工具变量要满足两大条件：正交性和相关性。正交性指工具变量与模型中的随机扰动项不相关；相关性指工具变量要与内生解释变量相关，而且工具变量只能通过内生解释变量影响被解释变量。所以，工具变量需要满足如下条件：

首先，工具变量的外生性。在构建模型时，要考虑在随机扰动项中包含了哪些非常重要但是无法观测的变量，如个人偏好、个人基因、国家政策、民族文化等因素，同时要考虑工具变量与这些因素是不相关的。

其次，工具变量的强度。工具变量不仅要与内生解释变量有相关性，而且为了避免弱工具变量的问题，工具变量与内生解释变量要有强相关性。在两阶段最小二乘法估计的第一阶段中，F 统计量的值要比较高。

最后，排除约束。工具变量不能直接影响被解释变量，只能通过影响内生解释变量来影响被解释变量。

二、常见工具变量的选择

常见工具变量的选择主要有以下几个方面：经济理论、国家政策或制度、外生冲击（如天气、灾害等意外事件）、地理变量（空间距离、地理位置等）、历史变量、时间或空间的滞后变量。

1. 理论

在经济学原理中已经学习了需求函数，在需求模型中，被解释变量是商品的需求数量，解释变量是商品的价格，同时价格也可能是内生解释变量。如果价格是内生解释变量，从理论上讲，合适的工具变量是影响供给变动的因素，比如天气、生产成本、政策、利润空间等因素。工具变量通过对内生解释变量价格的影响，进而影响被解释变量商品的需求数量。

2. 政策或者制度

以工资函数为例子，设定模型为

$$wage = \alpha_0 + \alpha_1 edu + \mu$$

其中，*wage* 表示工资收入；*edu* 表示受教育程度，是内生解释变量。

给 *edu* 找的工具变量要求其与 *edu* 相关，但是不能直接影响被解释变量 *wage*，那么此时可以找一些政策或者制度性的因素，如对贫困地区的教育补贴。教育补贴可以使得本来无法上学的学生接受更好更高的教育。教育补贴可以提高受助人的教育程度，进而影响到其未来的收入，但是当前的教育补贴对现在的收入是没有影响的，因此在分析教育程度对工资影响的分析中，教育补贴政策是一个合适的工具变量。教育补贴包括是否获得国家助学金、助学贷款等。

3. 外生冲击

外生冲击因素的外生性是非常强的，如天气、地震、洪水、移民等因素可以作为外生变量，这些外生变量由于没有受到经济变量的影响，其外生性非常强。如一个班级的规模或一个学期的时间长短对学生成绩的影响，构建如下模型：

$$score = \alpha_0 + \alpha_1 size + \mu$$

假设现有天气情况需要某些班级合并，导致有些班级的规模变大，另外一些班级的规模没有发生改变。天气情况影响到班级规模进而影响到学生的成绩，但天气情况并没有直接影响学生成绩。

4. 地理位置

在经济研究中有很多以地理位置作为中介变量的应用，如《奴隶贸易如何影响当前的社会信任》。在这篇文章中，被解释变量是当前的社会信任，解释变量是当年的奴隶贸易，在奴隶贸易盛行的地区社会信任程度普遍偏低。给奴隶贸易找的工具变量是影响奴隶贸易但是又不直接影响社会信任的因素，因此找的工具变量是非洲各个地区离海岸线的距离，因为奴隶贸易要通过海岸运输，离海岸线越近的地区奴隶贸易会越盛行。

三、工具变量选择的例子

1. 家长吸烟对婴儿体重的影响

构建如下模型：

$$weight = \alpha_0 + \alpha_1 cigi + \mu$$

其中，*weight* 是被解释变量，代表婴儿的体重；*cigi* 是解释变量，代表家长是否吸烟。

是否吸烟和婴儿的体重可能都受到母亲或者父亲的基因、偏好的影响，在随机扰动项中可能存在着影响是否吸烟的解释变量和婴儿体重的因素，是否吸烟可能是一个内生解释变量。按照工具变量需要满足的条件，在这个模型中可以选择烟的价格作为工具变量。

2. 教育回报率

假设教育对工资有影响，构建如下模型：

$$wage = \alpha_0 + \alpha_1 edu + \mu$$

其中，*wage* 表示工资；*edu* 表示受教育程度。

工资和受教育程度可能与个人的能力和家庭背景等因素相关，所以在随机扰动项中可能存在着影响被解释变量和解释变量的因素，可以认为受教育程度可能是一个内生性解释变量。教育补助贷款只会影响教育程度，而不会直接影响工资，因此教育补助可能是一个相对比较好的工具变量。在一些文献中父母的教育背景、兄弟姐妹的个数、是否为学区房、是否为长子等也被用作受教育程度的工具变量。

3. 高速公路网的工具变量——最小生成树

经济学家 Benjamin Faber2012 年在 Working Paper 上发表论文 *Trade Integration, Market Size, And Industrialization: Evidence From China's National Trunk Highway System*，使用了最小生成树这个工具变量。

修建高速公路是否有助于边缘城市的发展并缩小区域间的经济不平等？研究某个城市纳入高速网的概率是否影响该城市的经济发展绩效？有学者认为，某个地区纳入高速网，修建了高速路，从而带动该地区经济发展，同时也有学者认为本来该地区的经济发展好，所以才修建高速公路。那么是纳入高速网影响经济发展，还是经济发展推动纳入高速网，在理论上很难解释。这是因为纳入高速网的概率和经济发展绩效同时受到随机因素的影响。

Faber 认为，纳入高速网的概率是一个内生性的解释变量，因此将运筹学中概念“最小生成树”作为纳入高速网的概率的工具变量。Faber 给定一些确定的点，50 万人口以上的城市必须纳入高速网，理论上可以计算出对应的“最小生成树”，使得铺设高速公路的成本最低。如果一个地区处于最小生成树上就取 1，否则取 0。在其他条件不变的前提下，如果一个边缘城市的地理位置恰好处于“最小生成树”上，那么它纳入高速网的概率就比其他的边缘城市高，而这种概率的差异是由算法结果客观决定的，不受其他人为因素的影响。不同的边缘城市是否处于“最小生成树”上只会影响其纳入高速网的概率，而不会影响该地区的经济发展绩效，因此 Faber 认为“最小生成树”是纳入高速网的概率的合适工具变量。

课后练习题

1. 如果“工具变量”与随机扰动项相关，那么通过工具变量法所得到的参数是否一致？

2. 考虑一个简单模型：$wage = \alpha_0 + \alpha_1 edu + \mu$，试估计受教育程度对个人工资的影响。

（1）为什么个人受教育程度与随机扰动项 μ 相关？

（2）个人受教育程度有可能与个人的基因有关吗？如果有关，这是否意味着个人基因是受教育程度的合适工具变量？为什么？

（3）还有哪些变量能够作为受教育程度的工具变量？

3. 通过数学推导，解释为什么内生性问题会导致参数估计是有偏的。

4. 如果所使用的工具变量与内生解释变量的相关性比较弱，会导致什么样的后果？

第九章 Stata 数据

面板数据模型

第一节　面板数据的定义

一、定　义

面板数据是指固定一组调查对象在等间隔时点连续观测得到的数据，即具有截面和时间两个特征的数据，也即截面上的个体在不同时点的重复观测数据。时间序列数据或截面数据都是一维数据，面板数据是在时间和截面上取得的二维数据。

面板数据按特征分为两种。一种是截面上个体数较少，而每个个体的时间跨度长，这种面板数据称为“长面板”；另一种是截面上个体数较多，而每个个体的时间跨度短，这种面板称为“短面板”。

在面板模型中，如果解释变量包含被解释变量的滞后值，称为“动态面板”，反之则称为“静态面板”。

在面板数据中，如果每个时期在样本中的个体完全一样，称为“平衡面板”，反之则称为“非平衡面板”。

二、优　点

利用面板数据建立模型的主要优点有：

（1）由于样本容量的增大且同时有截面维度和时间维度，可以增加估计的精确度。

（2）利用面板数据可以建立动态模型，相比单纯截面数据建模可以获得动态信息。

（3）对于固定效应模型，如果估计方法恰当，可以得到参数的一致估计量，甚至是有效估计量。

第二节　面板数据模型分类和估计方法

面板数据模型通常分为三类，即混合模型、固定效应模型和随机效应模型。固定效应模型可分为个体固定效应模型、时间固定效应模型和个体时间双固定效应模型。

估计面板数据时，常将其看成是截面数据而进行混合回归或为每位个体估计一个单独的回归方程，但混合回归忽略了个体不可观测的异质性，该异质性可能与解释变量相关从而导致估计不一致，分别单独回归则忽略了个体的共性。基于以上问题，实践中常假定个体的回归方程具有相同的斜率，但可以有不同的截距项，来捕捉异质性，这种模型称为“个体效应模型”，即

$$y_{it}=\boldsymbol{x}_{it}'\boldsymbol{\beta}+\boldsymbol{z}_i'\boldsymbol{\delta}+u_i+\varepsilon_{it}\ (i=1,\cdots,n;\ t=1,\cdots,T) \tag{10.1}$$

式中，$\boldsymbol{z}_i$为不随时间而变化的个体特征，比如性别；而$\boldsymbol{x}_{it}$可以随个体和时间而变化。复合扰动项由$u_i+\varepsilon_{it}$构成。其中，不可观测的随机变量u_i表示“个体效应”，代表个体异质性的截距项；ε_{it}为随个体与时间而变化的扰动项。一般假设$\{\varepsilon_{it}\}$为独立同分布，且与u_i不相关。

一、混合模型和估计方法

如果所有个体都有完全一样的回归方程，则$u_1=u_2=\cdots=u_n$。将这些相同的个体效应统一记为α，则方程（10.1）可写为

$$y_{it}=\alpha+\boldsymbol{x}_{it}'\boldsymbol{\beta}+\boldsymbol{z}_i'\boldsymbol{\delta}+\varepsilon_{it} \tag{10.2}$$

其中，$\boldsymbol{x}_{it}$不包括常数项。此时可把所有数据放在一起，像对待横截面数据那样进行OLS回归，因此称为“混合回归”。其基本假设是不存在个体效应，对此假设需进行统计检验。

由于面板数据的特点，虽然通常可以假设不同个体之间的扰动项相互独立，但同一个体在不同时期的扰动项之间往往存在自相关。此时每位个体不同时期的所有观测值即构成一个“聚类”。这样样本观测值可以分为不同的聚类，在同一聚类里的观测值互相相关，而不同聚类之间的观测值则不相关，称为“聚类样本”。对于聚类样本仍可进行OLS估计，但需要使用“聚类稳健的标准误”。对于样本容量为nT的平衡面板，使用聚类稳健标准误的前提是聚类中的观测数目T较小，而聚类数目n较大（$n\to\infty$），此时聚类稳健标准误是真实标准误的一致估计，因此聚类稳健标准误更适用于短面板。

二、固定效应模型和估计方法

1. 个体固定效应模型

如果一个面板数据模型定义为

$$y_{it}=\boldsymbol{x}_{it}'\boldsymbol{\beta}+\boldsymbol{z}_i'\boldsymbol{\delta}+u_i+\varepsilon_{it}\ (i=1,\cdots,n;\ t=1,\cdots,T) \tag{10.3}$$

其中，u_i是随机变量，与某解释变量相关，随个体变化但不随时间变化。可将u_i视为模型截距项，表示对于n个个体有n个不同的截距项，称此模型为个体固定效应模型。个体固定效应模型可以解决不随时间而变但随个体而异的遗漏变量问题。但u_i与某解释变量相关有OLS不一致的问题，解决方法是通过模型转换消掉个体效应u_i。在方程（10.3）中给定个体i，方程两边同时对时间取平均，得

$$\overline{y}_i=\overline{\boldsymbol{x}}_i'\boldsymbol{\beta}+\boldsymbol{z}_i'\boldsymbol{\delta}+u_i+\overline{\varepsilon}_i \tag{10.4}$$

其中，$\bar{y}_i \equiv \frac{1}{T}\sum_{t=1}^{T} y_{it}$，$\bar{\boldsymbol{x}}_i$ 与 $\bar{\varepsilon}_i$ 的定义类似，而 z_i 与 u_i 不随时间而变，因此对时间取平均后仍不变。将式（10.3）减去式（10.4），可得模型的离差形式：

$$y_{it} - \bar{y}_i = (\boldsymbol{x}_{it} - \bar{\boldsymbol{x}}_i)'\boldsymbol{\beta} + (\varepsilon_{it} - \bar{\varepsilon}_i) \tag{10.5}$$

定义 $\tilde{y}_{it} \equiv y_{it} - \bar{y}_i$，$\tilde{\boldsymbol{x}}_{it} \equiv \boldsymbol{x}_{it} - \bar{\boldsymbol{x}}_i$，$\tilde{\varepsilon}_{it} \equiv \varepsilon_{it} - \bar{\varepsilon}_i$，则

$$\tilde{y}_{it} = \tilde{\boldsymbol{x}}_{it}'\boldsymbol{\beta} + \tilde{\varepsilon}_{it} \tag{10.6}$$

由于式（10.6）中已将 u_i 消去，只要新的扰动项 $\tilde{\varepsilon}_{it}$ 与新的解释变量 $\tilde{\boldsymbol{x}}_{it}$ 不相关，则可用 OLS 一致地估计 $\boldsymbol{\beta}$，称为“固定效应估计量”，记为 $\hat{\boldsymbol{\beta}}_{FE}$。由于 $\hat{\boldsymbol{\beta}}_{FE}$ 主要使用了每位个体的组内离差信息，也称为“组内估计量”。因此，面板数据的一大优势为，即使个体特征 u_i 与解释变量 $\boldsymbol{x}_{it}$ 相关，只要使用组内估计量即可得到一致估计。考虑到可能存在组内自相关，应该使用以每位个体为聚类的聚类稳健标准误。

然而在作离差变换的过程中，$\boldsymbol{z}_i'\boldsymbol{\delta}$ 也被消掉，导致无法估计 $\boldsymbol{\delta}$，意味着 $\hat{\boldsymbol{\beta}}_{FE}$ 无法估计不随时间而变的变量的影响。另外，为保证（$\varepsilon_{it} - \bar{\varepsilon}_i$）与（$\boldsymbol{x}_{it} - \bar{\boldsymbol{x}}_i$）不相关，需要假定个体 i 满足严格外生性，即 $E(\varepsilon_{it} \mid \boldsymbol{x}_{i1}, \cdots, \boldsymbol{x}_{iT}) = 0$，因为 $\bar{\boldsymbol{x}}_i$ 中包含了所有($\boldsymbol{x}_{i1}, \cdots, \boldsymbol{x}_{iT}$)的信息。

此外，还可对原方程（10.3）两边进行一阶差分，以消去个体效应 u_i（但同时也把 $\boldsymbol{z}_i'\boldsymbol{\delta}$ 消掉了）：

$$y_{it} - y_{i,t-1} = (\boldsymbol{x}_{it} - \boldsymbol{x}_{i,t-1})'\boldsymbol{\beta} + (\varepsilon_{it} - \varepsilon_{i,t-1}) \tag{10.7}$$

对方程（10.7）使用 OLS 即得到“一阶差分估计量”，记为 $\hat{\boldsymbol{\beta}}_{FD}$。由于 u_i 不再出现在方程中，只要扰动项的一阶差分（$\varepsilon_{it} - \varepsilon_{i,t-1}$）与解释变量的一阶差分（$\boldsymbol{x}_{it} - \boldsymbol{x}_{i,t-1}$）不相关，则 $\hat{\boldsymbol{\beta}}_{FD}$ 一致。如果 $T = 2$，则 $\hat{\boldsymbol{\beta}}_{FD} = \hat{\boldsymbol{\beta}}_{FE}$，但对于 $T > 2$，如果$\{\varepsilon_{it}\}$为独立同分布的，则组内估计量 $\hat{\boldsymbol{\beta}}_{FE}$ 比一阶差分估计量 $\hat{\boldsymbol{\beta}}_{FD}$ 更有效率，因此在实践中主要使用 $\hat{\boldsymbol{\beta}}_{FE}$ 而较少使用 $\hat{\boldsymbol{\beta}}_{FD}$。

对于方程（10.3）中的个体固定效应 u_i（可视 u_i 为个体 i 的截距项），可将 n 位个体的 n 个不同截距项通过引入 $n-1$ 个个体虚拟变量来体现（如果没有截距项，则引入 n 个虚拟变量）。因此，个体固定效应模型也可表示为

$$y_{it} = \alpha + \boldsymbol{x}_{it}'\boldsymbol{\beta} + \boldsymbol{z}_i'\boldsymbol{\delta} + \sum_{i=2}^{n} \gamma_i D_i + \varepsilon_{it} \tag{10.8}$$

其中 $$D_i \begin{cases} 1, \text{如果属于第}i\text{个个体} \\ 0, \text{其他} \end{cases} \quad (i = 1, 2, \cdots, n)$$

常数项 α 表示被遗漏虚拟变量 D_1 所对应的个体 1 的截距项，而个体 i $(i > 1)$的截距项则为 $\alpha + \gamma_i$。

用 OLS 估计方程（10.8），称为最小二乘虚拟变量法（Least Square Dummy Variable，简记 LSDV）。线性回归与离差形式的回归在某种意义上是等价的，因此 LSDV 法的估计结果与上述组内估计量 FE 完全相同。但是如果做完 LSDV 后发现某些个体的虚拟变量不显著而删去，则 LSDV 的结果就不会与组内估计量 FE 相同。LSDV 法的优点是可以得到对个体异质性 u_i 的估计，缺点是如果 n 很大，则需要在回归方程中引入很多的虚拟变量，可能超出 Stata 所

允许的变量个数。

2. 时间固定效应模型

如果一个面板数据模型的定义为

$$y_{it} = \boldsymbol{x}_{it}'\boldsymbol{\beta} + \boldsymbol{z}_i'\boldsymbol{\delta} + \lambda_t + \varepsilon_{it} \ (i=1,\cdots,n;\ t=1,\cdots,T) \tag{10.9}$$

其中，λ_t是随机变量、与某解释变量相关、随时间变化但不随个体变化。可将λ_t视为模型截距项，表示对于T个截面有T个不同的截距项，称此模型为时间固定效应模型，称$\{\lambda_1,\cdots,\lambda_t\}$为时间固定效应。时间固定效应模型可以解决不随个体而变但随时间而变的遗漏变量问题，比如企业经营的宏观经济环境。

时间固定效应模型也可以使用 LSDV 法估计，即对每个时期定义一个虚拟变量，然后把T-1 个时间虚拟变量包含在回归方程中（未包含的时间虚拟变量即基期），用虚拟变量形式表示如下：

$$y_{it} = \alpha + \boldsymbol{x}_{it}'\boldsymbol{\beta} + \boldsymbol{z}_i'\boldsymbol{\delta} + \sum_{t=2}^{T}\gamma_t D_t + \varepsilon_{it} \tag{10.10}$$

其中 $D_i \begin{cases} 1,\ \text{如果属于第}t\text{截面} \\ 0,\ \text{其他} \end{cases} \quad (t=1,2,\cdots,T)$

常数项α表示被遗漏虚拟变量D_1所对应的第 1 期的截距项，而第t期（t>1）的截距项则为$\alpha+\gamma_t$。

3. 个体时间双固定效应模型

如果一个面板数据模型的定义为

$$y_{it} = \boldsymbol{x}_{it}'\boldsymbol{\beta} + \boldsymbol{z}_i'\boldsymbol{\delta} + \lambda_t + u_i + \varepsilon_{it} \ (i=1,\cdots,n;\ t=1,\cdots,T) \tag{10.11}$$

其中，u_i是随机变量、与某解释变量相关、随个体变化但不随时间变化，λ_t是随机变量、与某解释变量相关、随时间变化但不随个体变化。方程（10.11）既考虑了个体固定效应，又考虑了时间固定效应，因此称为“双向固定效应”。

有时为节省参数（比如时间维度T较大），可引入一个时间趋势项，以替代上述T-1 个时间虚拟变量：

$$y_{it} = \boldsymbol{x}_{it}'\boldsymbol{\beta} + \boldsymbol{z}_i'\boldsymbol{\delta} + \gamma t + u_i + \varepsilon_{it} \tag{10.12}$$

式（10.12）隐含的假定是，每个时期的时间效应相等，即每期均增加γ。如果此假定不太可能成立，则应在方程中加入时间虚拟变量。可通过检验这些时间虚拟变量的联合显著性来判断是否应使用双向固定效应模型。

三、随机效应模型和估计方法

如果一个面板数据模型的定义为

$$y_{it} = \boldsymbol{x}_{it}'\boldsymbol{\beta} + \boldsymbol{z}_i'\boldsymbol{\delta} + u_i + \varepsilon_{it} \ (i=1,\cdots,n;\ t=1,\cdots,T) \tag{10.13}$$

其中，u_i 是随机变量且与 $\{\boldsymbol{x}_{it},\boldsymbol{z}_i\}$ 均不相关，则其 OLS 一致，称此模型为随机效应模型。但是由于其扰动项由（$u_i+\varepsilon_{it}$）组成，不是球形扰动项，所以 OLS 不是最有效率的。假设不同个体之间的扰动项互不相关，由于 u_i 的存在，同一个体不同时期的扰动项之间存在自相关，即

$$Cov(u_i+\varepsilon_{it},\ u_i+\varepsilon_{is})=\begin{cases}\sigma_u^2, & t\neq s\\ \sigma_u^2+\sigma_\varepsilon^2, & t=s\end{cases} \tag{10.14}$$

其中，σ_u^2 为 u_i 的方差（不随 i 变化），而 σ_ε^2 为 ε_{it} 的方差（不随 i,t 变化）。当 $t\neq s$ 时，其自相关系数为

$$\rho\equiv Corr(u_i+\varepsilon_{it},\ u_i+\varepsilon_{is})=\frac{\sigma_u^2}{\sigma_u^2+\sigma_\varepsilon^2} \tag{10.15}$$

显然，同一个体不同时期的扰动项之间的自相关系数 ρ 不随时间距离（$t-s$）而改变，因此随机效应模型也被称为“等相关模型”或“可交换扰动项模型”。ρ 越大，则复合扰动项（$u_i+\varepsilon_{it}$）中个体效应的部分（u_i）越重要。由于方程（10.13）的扰动项（$u_i+\varepsilon_{it}$）存在组内自相关，故 OLS 不是最有效率的。可使用广义最小二乘法（GLS）对原模型进行转换，使得变换后的扰动项不再具有自相关。

具体来说，首先定义

$$\theta\equiv 1-\frac{\sigma_\varepsilon}{(T\sigma_u^2+\sigma_\varepsilon^2)^{1/2}} \tag{10.16}$$

其中，T 为面板数据的时间维度。显然，$0\leqslant\theta\leqslant 1$。给定个体 i，将方程（10.13）两边同时对时间进行平均，然后同乘以 θ 可得

$$\theta\overline{y}_i=\theta\overline{\boldsymbol{x}}_i'\boldsymbol{\beta}+\theta\boldsymbol{z}_i'\boldsymbol{\delta}+\theta u_i+\theta\,\overline{\varepsilon}_i \tag{10.17}$$

将原方程（10.13）减去方程（10.17），可得“广义离差”模型：

$$y_{it}-\theta\overline{y}_i=(x_{it}-\theta\overline{\boldsymbol{x}}_i)'\boldsymbol{\beta}+(1-\theta)\boldsymbol{z}_i'\boldsymbol{\delta}+[(1-\theta)u_i+(\varepsilon_{it}-\theta\,\overline{\varepsilon}_i)] \tag{10.18}$$

由于 $0\leqslant\theta\leqslant 1$，$y_{it}-\theta\overline{y}_i$ 只是减去平均值 $\overline{y}_i$ 的一部分，被称为“广义离差”。方程（10.18）的扰动项 $[(1-\theta)u_i+(\varepsilon_{it}-\theta\overline{\varepsilon}_i)]$ 不再具有自相关，对此方程进行 OLS 估计即 GLS 估计量。然而，θ 通常未知，因此需要先估计 $\hat{\theta}$，再进行可行广义最小二乘法估计（FGLS）。具体如下：

$$\hat{\theta}=1-\frac{\hat{\sigma}_\varepsilon}{(T\hat{\sigma}_u^2+\hat{\sigma}_\varepsilon^2)^{1/2}} \tag{10.19}$$

其中，$\hat{\sigma}_u$ 与 $\hat{\sigma}_\varepsilon$ 分别为 σ_u 与 σ_ε 的样本估计值。对于随机效应模型，OLS 是一致的，且其扰动项为（$u_i+\varepsilon_{it}$），因此可以用 OLS 的残差来估计（$\sigma_u^2+\sigma_\varepsilon^2$）。此外，FE 也是一致的，且其扰动项为（$\varepsilon_{it}-\overline{\varepsilon}_i$），因此可以用 FE 的残差来估计 σ_ε^2。由此得到 $\hat{\theta}$，再使用 FGLS 估计原模型，即可得到“随机效应估计量”，记为 $\hat{\boldsymbol{\beta}}_{RE}$。对于随机效应模型，如果假设扰动项服从正态分布，则可写出样本的似然函数，然后进行最大似然估计。

对于随机效应模型，还可以使用“组间估计量”。如果每位个体的时间序列数据较不准确或噪声较大，可对每位个体取时间平均值，然后用平均值进行横截面回归：

$$\overline{y}_i = \overline{\boldsymbol{x}}_i'\boldsymbol{\beta} + \boldsymbol{z}_i'\boldsymbol{\delta} + u_i + \overline{\varepsilon}_i \quad (i=1, \cdots, n) \tag{10.20}$$

对式（10.20）使用 OLS 即得“组间估计量”，记为 $\hat{\boldsymbol{\beta}}_{BE}$。由于$\{\overline{\boldsymbol{x}}_i, \overline{\boldsymbol{z}}_i\}$中包含了$\{\boldsymbol{x}_{it}, \boldsymbol{z}_i\}$的信息，如果 u_i 与解释变量$\{\boldsymbol{x}_{it}, \boldsymbol{z}_i\}$相关，则 $\hat{\boldsymbol{\beta}}_{BE}$ 不一致。因此，不能在固定效应模型下使用组间估计法。即使在随机效应模型下，由于面板数据被压缩为截面数据，损失了较多信息量，组间估计法也不常用。

四、拟合优度的度量

用 OLS 法估计回归模型中的参数时，回归函数对数据拟合的优劣是使用可决系数 R^2，即回归平方和与总平方和的比值来评价的。R^2 越接近 1，说明拟合的效果越好。在评价面板数据模型的拟合优度时，定义的是面板数据实际观测值与其拟合值相关系数的平方。这样定义的优点是，无论面板数据模型是用何种方法估计的，上述相关系数的平方取值都在[0, 1]之间。因此对于面板模型，如果进行混合回归，则可直接用混合回归的 R^2 衡量拟合优度。但是如果使用固定效应模型或者随机效应模型，拟合优度的度量则略复杂。

对于有常数项的线性回归模型，其拟合优度 R^2 等于被解释变量 y 与预测值 $\hat{y}$ 之间相关系数的平方，即 $R^2 = [Corr(y, \hat{y})]^2$。因此对于上述模型，可分别使用以下方法衡量各自的拟合优度：

对应于原模型（10.1），称$[Corr(y_{it}, \boldsymbol{x}_{it}'\hat{\boldsymbol{\beta}} + \boldsymbol{z}_i'\hat{\boldsymbol{\delta}})]^2$为“整体 R^2”，衡量估计量$(\hat{\boldsymbol{\beta}}, \hat{\boldsymbol{\delta}})$对原模型的拟合优度。

对应于原模型（10.6），称$[Corr(\tilde{y}_{it}, \tilde{\boldsymbol{x}}_{it}'\hat{\boldsymbol{\beta}})]^2$为“组内 R^2”，衡量估计量$(\hat{\boldsymbol{\beta}}, \hat{\boldsymbol{\delta}})$对组内模型的拟合优度。

对应于原模型（10.20），称$[Corr(\overline{y}_i, \overline{\boldsymbol{x}}_i'\hat{\boldsymbol{\beta}} + \boldsymbol{z}_i'\hat{\boldsymbol{\delta}})]^2$为“组间 R^2”，衡量估计量$(\hat{\boldsymbol{\beta}}, \hat{\boldsymbol{\delta}})$对组间模型的拟合优度。

因此，对于固定效应模型，建议使用组内 R^2；对于组间回归模型，建议使用组间 R^2。对于随机效应模型，这三种 R^2 都只是相应的相关系数的平方（并非随机效应模型的 OLS 回归的 R^2）。

五、非平衡面板

在面板数据中，如果有时某些个体的数据可能缺失（比如企业倒闭、个体不再参与调查、新个体在调查开始后期才参与进来等），则每个时期观测到的个体不完全相同，称为“非平衡面板”或“不完全面板”。

非平衡面板数据并不影响计算离差形式的组内估计量，因此固定效应模型的估计可以照常进行。对于随机效应模型而言，非平衡面板数据没有实质性影响。假设个体 i 的时间维度为 T_i，则只要做广义离差变换时，为每个个体定义

$$\hat{\theta}_i = 1 - \frac{\hat{\sigma}_\varepsilon}{(T_i\hat{\sigma}_u^2 + \hat{\sigma}_\varepsilon^2)^{1/2}} \tag{10.21}$$

则可以照常进行 FGLS 估计。非平衡面板可能出现的最大问题是，那些原来在样本中但是后来丢掉的个体，如果其“丢掉”的原因是内生的（即与扰动项相关），则会导致样本不具有代

表性（不再是随机样本），从而导致估计量不一致。如果从非平衡面板数据中提取一个平衡面板数据子集，然后进行数据处理，则必然会损失样本容量，降低估计效率。更进一步，如果人为“丢掉”的个体并非完全随机，则同样会破坏样本的随机性。

六、模型选择：豪斯曼检验

在处理面板数据时，如何确定应选择固定效应模型还是随机效应模型是一个根本问题。因此，需要检验原假设“$H_0: u_i$ 与 $\boldsymbol{x}_{it}, \boldsymbol{z}_i$ 不相关”（即随机效应模型为正确的模型）。无论原假设成立与否，FE 都是一致的。如果原假设成立，则 RE 一致且比 FE 更有效率；如果原假设不成立，则 RE 不一致。因此，如果 H_0 成立，则 FE 和 RE 估计量将共同收敛于真实的参数值，二者的差距将在大样本下消失，因此 $(\hat{\boldsymbol{\beta}}_{FE} - \hat{\boldsymbol{\beta}}_{RE}) \xrightarrow{\text{P}} \mathbf{0}$，反之，如果二者的差距过大，则倾向于拒绝原假设。

以二次型度量此距离，豪斯曼检验（Hausman，1978）的统计量为

$$(\hat{\boldsymbol{\beta}}_{FE} - \hat{\boldsymbol{\beta}}_{RE})'[\widehat{Var(\hat{\boldsymbol{\beta}}_{FE} - \hat{\boldsymbol{\beta}}_{RE})}]^{-1}(\hat{\boldsymbol{\beta}}_{FE} - \hat{\boldsymbol{\beta}}_{RE}) \xrightarrow{\text{d}} \chi^2(K) \quad (10.22)$$

其中，K 为 $\hat{\boldsymbol{\beta}}_{FE}$ 的维度，即 $\boldsymbol{x}_{it}$ 所包含的随时间而变的解释变量个数（因为 $\hat{\boldsymbol{\beta}}_{FE}$ 无法估计不随时间而变的解释变量系数）。如果该统计量大于临界值，则拒绝 H_0。该检验的缺点是，为了计算 $\widehat{Var(\hat{\boldsymbol{\beta}}_{FE} - \hat{\boldsymbol{\beta}}_{RE})}$，假设在 H_0 成立的情况下，$\hat{\boldsymbol{\beta}}_{RE}$ 是最有效率的。然而，如果扰动项存在异方差，则 $\hat{\boldsymbol{\beta}}_{RE}$ 并非最有效率的估计量。因此，传统的豪斯曼检验并不适用于异方差的情况，需使用异方差稳健的豪斯曼检验。

第三节　面板数据建模案例分析——中国城乡收入差距

一、研究目的

自 1978 年实行改革开放政策以来，我国的城乡居民人均可支配收入比总体呈上升趋势，表明城乡收入差距逐渐扩大，2009 年后城乡人均可支配收入比转而呈现下降趋势，但是从人均可支配收入绝对值的角度来看，城镇居民和农村居民的人均可支配收入仍相差很大且在不断扩大。中国统计年鉴数据显示，截至 2021 年，我国的城乡居民人均可支配收入之比为 2.50，从绝对值看，中国城乡居民人均可支配收入差距由 2011 年的 14 033 元扩大至 2021 年的 28 481 元，由此可见，城乡居民间的收入差距较大问题仍然突出。为了研究影响中国城乡收入差距的主要因素，需要建立计量经济模型。

影响中国城乡收入差距的因素很多，据分析，主要因素可能有：① 经济发展水平。从宏观经济看，经济发展水平是城乡收入差距增长的基本源泉。② 财政支农力度。中国各地区的财政政策偏向性可能对城市和农村具有不同的影响，从而影响城乡居民收入。③ 受教育水平。农村居民通过接受教育可以获得更多的知识技能，能够更好地掌握现代化和科技化的生产生

活方式，从而提高其收入水平。④ 产业结构。越来越多的居民选择从事第二产业和第三产业的工作，从而影响城乡居民的收入。⑤ 对外开放程度。随着中国对外开放程度逐渐提高，城乡居民可以选择从事国内外贸易从而影响其收入水平。

二、模型设定

为全面反映城乡收入差距及其影响因素，选择城镇居民与农村居民的人均可支配收入之比来衡量城乡收入差距，采用各省人均地区生产总值的对数来衡量经济发展水平，采用各省份地方农林水务支出代表政府财政支农支出与一般性财政支出代表政府财政总支出的比值来衡量财政支农力度，采用“(小学人口×6+初中人口×9+高中人口×12+大专及以上人口×16) ÷ 6 岁及 6 岁以上人口数”来衡量受教育水平，选取第二、三产业增加值之和与各省份的地区生产总值的比值衡量产业结构，采用各省份的进出口总额与各省份的地区生产总值的比值来衡量对外开放程度。以上数据均来源于中国统计年鉴。

因使用的数据随时间改变，有必要在固定个体效应的基础上考虑固定时间效应，因此设定的双向固定效应模型为

$$Y_{it} = \beta_1 + \beta_2 X_{2it} + \beta_3 X_{3it} + \beta_4 X_{4it} + \beta_5 X_{5it} + \beta_6 X_{6it} + \lambda_t + u_i + \varepsilon_{it} \tag{10.23}$$

三、面板模型的 Stata 命令及实证结果分析

利用 Stata 进行实证分析，首先导入数据 gap.dta，数据中共有 6 列变量，分别为城乡居民收入差距（Y）、经济发展水平（X2）、财政支农力度（X3）、受教育水平（X4）、产业结构（X5）和对外开放程度（X6）。

1. 面板数据的设定

首先，设定 province 与 year 为面板（个体）变量与时间变量。

【Stata 实现】

```
. use gap.dta,clear
. xtset id year,yearly // id 表示个体，year 表示时间，yearly 表示时间间隔为年
```

其次，把数据设置为面板数据。

【Stata 实现】

```
. xtset province year,yearly
```

结果如图 10.1 所示，表明这是一个平衡的面板数据。

```
Panel variable: province (strongly balanced)
 Time variable: year, 2011 to 2021
         Delta: 1 year
```

图 10.1　平衡面板数据

再次，显示数据集的结构。

【Stata 实现】

```
. xtdes
```

结果如图 10.2 所示，$n = 30$，$T = 11$，表明这是一个短面板。

```
province:  1, 2, ..., 30                                    n =        30
    year:  2011, 2012, ..., 2021                            T =        11
           Delta(year) = 1 year
           Span(year)  = 11 periods
           (province*year uniquely identifies each observation)

Distribution of T_i:   min      5%     25%       50%       75%     95%     max
                        11      11      11        11        11      11      11

     Freq.  Percent    Cum. |  Pattern
 ---------------------------+-------------
       30    100.00  100.00 |  11111111111
 ---------------------------+-------------
       30    100.00         |  XXXXXXXXXXX
```

图 10.2　面板数据基本信息

最后，显示数据集中以上变量的统计特征。

【Stata 实现】

. xtsum　Y　X2　X3　X4　X5　X6

如图 10.3 所示，所有变量的观测样本均为 30×11 = 330。

Variable		Mean	Std. dev.	Min	Max	Observations	
Y	overall	2.568224	.3781523	1.842	3.672	N =	330
	between		.3643216	1.880273	3.441182	n =	30
	within		.1195966	2.200406	2.903406	T =	11
X2	overall	10.87515	.4439812	9.705829	12.12258	N =	330
	between		.3851909	10.2453	11.69811	n =	30
	within		.230775	10.21391	11.43778	T =	11
X3	overall	.1141929	.0331457	.0410966	.2038405	N =	330
	between		.0315542	.0480174	.1622303	n =	30
	within		.0115429	.080742	.1639241	T =	11
X4	overall	9.290133	.8955665	7.513753	12.68113	N =	330
	between		.8644385	8.013404	12.19573	n =	30
	within		.2783852	8.649372	10.01127	T =	11
X5	overall	.9027653	.0518127	.7386766	.9976867	N =	330
	between		.0509416	.7745723	.9957385	n =	30
	within		.0129762	.840667	.9564317	T =	11
X6	overall	.265542	.2911944	.0076367	1.548163	N =	330
	between		.2840398	.0285558	1.116175	n =	30
	within		.0810422	-.0946942	.8106084	T =	11

图 10.3　变量的观测样本

2. 混合回归

作为参照系，首先进行混合回归，以 province 为聚类变量来计算聚类稳健的标准误。

【Stata 实现】

. reg　Y　X2　X3　X4　X5　X6,　vce(cluster province)

回归结果如图 10.4 所示。

Linear regression

Number of obs	=	330
F(5, 29)	=	8.27
Prob > F	=	0.0001
R-squared	=	0.4613
Root MSE	=	.27969

(Std. err. adjusted for 30 clusters in province)

Y	Coefficient	Robust std. err.	t	P>|t|	[95% conf.	interval]
X2	-.5443112	.1260407	-4.32	0.000	-.8020933	-.286529
X3	4.558022	1.663827	2.74	0.010	1.155114	7.96093
X4	-.0891226	.0967258	-0.92	0.364	-.2869491	.108704
X5	3.015533	1.088258	2.77	0.010	.7897957	5.24127
X6	.3132012	.1710119	1.83	0.077	-.0365574	.6629598
_cons	5.989668	1.186154	5.05	0.000	3.56371	8.415626

图 10.4　聚类稳健标准误的混合回归结果

其次，将此结果储存，并记为“OLS”。

【Stata 实现】

. estimates store OLS　　　//将此结果储存，并记为“OLS”

若要使用普通标准误，则可输入如下命令。

【Stata 实现】

. reg　Y　X2　X3　X4　X5　X6

回归结果如图 10.5 所示。

Source	SS	df	MS
Model	21.7011118	5	4.34022237
Residual	25.3456196	324	.078227221
Total	47.0467314	329	.142999184

Number of obs	=	330
F(5, 324)	=	55.48
Prob > F	=	0.0000
R-squared	=	0.4613
Adj R-squared	=	0.4530
Root MSE	=	.27969

Y	Coefficient	Std. err.	t	P>|t|	[95% conf.	interval]
X2	-.5443112	.0633806	-8.59	0.000	-.6690006	-.4196218
X3	4.558022	.7584442	6.01	0.000	3.065925	6.050119
X4	-.0891226	.0282745	-3.15	0.002	-.1447473	-.0334978
X5	3.015533	.4900941	6.15	0.000	2.051365	3.979701
X6	.3132012	.0851481	3.68	0.000	.1456883	.480714
_cons	5.989668	.5675673	10.55	0.000	4.873086	7.106251

图 10.5　普通标准误的混合回归结果

对比聚类稳健的标准误和普通标准误可知，前者均大于后者。由于同一省不同年份之间的扰动项一般存在自相关，而默认的普通标准误计算方法假设扰动项为独立同分布，所以普通标准误的估计并不准确。

3. 固定效应

由于每个省的情况不同，可能存在不随时间而变的遗漏变量，所以考虑使用固定效应模型。

【Stata 实现】

. xtreg　Y　X2　X3　X4　X5　X6,　fe　r

其中，“fe”表示固定效应估计量，默认“re”表示随机效应估计量，“r”表示使用聚类稳健标准误，对于“r”使用“vce(cluster id)”可以达到完全相同的效果。

【Stata 实现】

. estimates store FE_robust　　　//将此结果储存，并记为“FE_robust”

估计结果如图 10.6 所示。

```
Fixed-effects (within) regression               Number of obs     =        330
Group variable: province                        Number of groups  =         30

R-squared:                                      Obs per group:
     Within  = 0.8112                                         min =         11
     Between = 0.2898                                         avg =       11.0
     Overall = 0.3403                                         max =         11

                                                F(5,29)           =      84.51
corr(u_i, Xb) = -0.1072                         Prob > F          =     0.0000

                             (Std. err. adjusted for 30 clusters in province)
------------------------------------------------------------------------------
             |               Robust
           Y | Coefficient  std. err.      t    P>|t|     [95% conf. interval]
-------------+----------------------------------------------------------------
          X2 |  -.4372096   .0348194   -12.56   0.000    -.5084232    -.365996
          X3 |  -.8167103   .3140144    -2.60   0.014    -1.458942   -.1744787
          X4 |  -.1078325   .0203083    -5.31   0.000    -.1493677   -.0662974
          X5 |   2.309797   .4237328     5.45   0.000     1.443166    3.176428
          X6 |  -.3150169   .0605696    -5.20   0.000    -.4388956   -.1911382
       _cons |   6.416429   .3921246    16.36   0.000     5.614444    7.218414
-------------+----------------------------------------------------------------
     sigma_u |   .3091955
     sigma_e |  .05487215
         rho |  .96946692   (fraction of variance due to u_i)
------------------------------------------------------------------------------
```

图 10.6　保存估计结果到 FE_robust

图 10.6 所示的输出结果包括一个常数项（_cons），这是所有个体效应 u_i 的平均值。图 10.6 中最后一行显示“rho=0.969”，因此复合扰动项（$u_i+\varepsilon_i$）的方差主要来自个体效应 u_i 的变动。

在使用命令“xtreg,fe”时，如果不加“r”，则输出结果还包含一个 F 检验，其原假设为“H_0:所有 $u_i=0$”，即混合回归是可以接受的。

【Stata 实现】

. xtreg　Y　X2　X3　X4　X5　X6,　fe

. estimates store FE　　　//将此结果储存，并记为“FE”

估计结果如图 10.7 所示。

```
Fixed-effects (within) regression               Number of obs     =        330
Group variable: province                        Number of groups  =         30

R-squared:                                      Obs per group:
     Within  = 0.8112                                         min =         11
     Between = 0.2898                                         avg =       11.0
     Overall = 0.3403                                         max =         11

                                                F(5,295)          =     253.58
corr(u_i, Xb) = -0.1072                         Prob > F          =     0.0000

------------------------------------------------------------------------------
           Y | Coefficient  Std. err.      t    P>|t|     [95% conf. interval]
-------------+----------------------------------------------------------------
          X2 |  -.4372096   .0261154   -16.74   0.000    -.4886057   -.3858136
          X3 |  -.8167103   .2698242    -3.03   0.003    -1.347735   -.2856859
          X4 |  -.1078325   .0185038    -5.83   0.000    -.1442486   -.0714164
          X5 |   2.309797   .2942994     7.85   0.000     1.730605     2.88899
          X6 |  -.3150169   .0408431    -7.71   0.000    -.3953977   -.2346361
       _cons |   6.416429   .2242811    28.61   0.000     5.975035    6.857823
-------------+----------------------------------------------------------------
     sigma_u |   .3091955
     sigma_e |  .05487215
         rho |  .96946692   (fraction of variance due to u_i)
------------------------------------------------------------------------------
F test that all u_i=0: F(29, 295) = 280.10                   Prob > F = 0.0000
```

图 10.7　保存估计结果到 FE

由于图 10.7 中最后一行 F 检验的 p 值为 0.0000，则强烈拒绝原假设，即认为 FE 明显优于混合回归，应该允许每个个体有自己的截距项。然而由于并未使用聚类稳健标准误，此 F 检验并非有效，因为普通标准误均小于聚类稳健标准误。更进一步，通过 LSDV 法来考察。

【Stata 实现】

```
. reg   Y   X2   X3   X4   X5   X6   i.province , vce(cluster province)
. estimates store LSDV          //将此结果储存，并记为“LSDV”
```

其中，“province”表示用来确定个体的变量，“i.province”表示根据变量 province 而生成的虚拟变量，“vce(cluster province)”表示聚类稳健的标准误。

估计结果如图 10.8 所示。

```
Linear regression                               Number of obs     =        330
                                                F(4, 29)          =          .
                                                Prob > F          =          .
                                                R-squared         =     0.9811
                                                Root MSE          =     .05487

                               (Std. err. adjusted for 30 clusters in province)
```

Y	Coefficient	Robust std. err.	t	P>|t|	[95% conf.	interval]
X2	-.4372096	.0364907	-11.98	0.000	-.5118415	-.3625777
X3	-.8167103	.3290873	-2.48	0.019	-1.489769	-.1436513
X4	-.1078325	.0212831	-5.07	0.000	-.1513614	-.0643037
X5	2.309797	.4440722	5.20	0.000	1.401568	3.218027
X6	-.3150169	.0634769	-4.96	0.000	-.4448418	-.185192
province						
2	-1.063373	.0488266	-21.78	0.000	-1.163235	-.9635113
3	-.9966832	.1018582	-9.79	0.000	-1.205007	-.7883597
4	-.7629583	.0972539	-7.85	0.000	-.9618649	-.5640517
5	-.336926	.0987668	-3.41	0.002	-.5389268	-.1349253
6	-.6279933	.0772337	-8.13	0.000	-.7859539	-.4700327
7	-1.081125	.0962234	-11.24	0.000	-1.277924	-.8843259
8	-.9984887	.1106154	-9.03	0.000	-1.224723	-.7722549
9	-.4206458	.0213431	-19.71	0.000	-.4642974	-.3769943
10	-.7048873	.0703179	-10.02	0.000	-.8487035	-.5610711
11	-1.039277	.0747032	-13.91	0.000	-1.192062	-.8864914
12	-.9204769	.1051153	-8.76	0.000	-1.135462	-.7054919
13	-.7373171	.0853444	-8.64	0.000	-.911866	-.5627683
14	-1.029429	.1009779	-10.19	0.000	-1.235952	-.8229058
15	-.7690469	.0896937	-8.57	0.000	-.9524911	-.5856026
16	-1.050487	.1028417	-10.21	0.000	-1.260822	-.8401521
17	-.9207186	.0954812	-9.64	0.000	-1.116	-.7254377
18	-.6910356	.1002356	-6.89	0.000	-.8960404	-.4860308
19	-.4356177	.0534385	-8.15	0.000	-.5449118	-.3263237
20	-.5941785	.1085194	-5.48	0.000	-.8161256	-.3722314
21	-.5656399	.1135073	-4.98	0.000	-.7977884	-.3334915
22	-.6974333	.0884622	-7.88	0.000	-.8783588	-.5165079
23	-.8414284	.1083971	-7.76	0.000	-1.063125	-.6197315
24	-.1995996	.1253759	-1.59	0.122	-.456022	.0568228
25	-.2846845	.1214525	-2.34	0.026	-.5330827	-.0362862
26	-.2627019	.0948348	-2.77	0.010	-.4566609	-.0687429
27	-.0914347	.120393	-0.76	0.454	-.337666	.1547965
28	-.4451287	.1232606	-3.61	0.001	-.697225	-.1930324
29	-.650961	.1091121	-5.97	0.000	-.8741202	-.4278018
30	-.491883	.1059646	-4.64	0.000	-.708605	-.275161
_cons	7.073481	.4706914	15.03	0.000	6.110809	8.036153

图 10.8　保存估计结果到 LSDV

由图 10.8 可知，不少个体虚拟变量在 1%的水平上显著，则可以放心地拒绝“所有个体虚拟变量的系数都为 0”的原假设，即认为存在个体固定效应，不应使用混合回归。

也可以在固定效应模型中考虑时间效应，即双向固定效应，以捕捉技术进步等效应。其中，“i.year”表示根据变量 year 的不同取值来生成年度虚拟变量。

【Stata 实现】

. xtreg Y X2 X3 X4 X5 X6 i.year, fe r

回归结果如图 10.9 所示。

```
Fixed-effects (within) regression               Number of obs     =        330
Group variable: province                        Number of groups  =         30

R-squared:                                      Obs per group:
     Within  = 0.8779                                         min =         11
     Between = 0.1867                                         avg =       11.0
     Overall = 0.2443                                         max =         11

                                                F(15,29)          =      44.13
corr(u_i, Xb) = 0.1110                          Prob > F          =     0.0000

                             (Std. err. adjusted for 30 clusters in province)
------------------------------------------------------------------------------
             |               Robust
           Y | Coefficient  std. err.      t    P>|t|     [95% conf. interval]
-------------+----------------------------------------------------------------
          X2 |  -.2204802   .0642738    -3.43   0.002    -.3519348   -.0890256
          X3 |   -.573289   .3075197    -1.86   0.072    -1.202237    .0556594
          X4 |  -.0063165   .0184547    -0.34   0.735    -.0440606    .0314276
          X5 |    1.79987   .5547773     3.24   0.003     .6652229    2.934517
          X6 |  -.2895356   .0525042    -5.51   0.000    -.3969188   -.1821524
             |
        year |
       2012  |  -.0046673   .0077427    -0.60   0.551     -.020503    .0111683
       2013  |  -.0395791   .0145481    -2.72   0.011    -.0693334   -.0098248
       2014  |  -.1015932    .019132    -5.31   0.000    -.1407225   -.0624639
       2015  |  -.1133515   .0242926    -4.67   0.000    -.1630355   -.0636675
       2016  |  -.1184971   .0294773    -4.02   0.000     -.178785   -.0582092
       2017  |  -.1266127   .0348272    -3.64   0.001    -.1978422   -.0553832
       2018  |  -.1363173   .0392594    -3.47   0.002    -.2166117   -.0560229
       2019  |  -.1614967   .0437144    -3.69   0.001    -.2509026   -.0720907
       2020  |  -.2231668   .0512743    -4.35   0.000    -.3280345   -.1182992
       2021  |  -.2574178   .0608877    -4.23   0.000    -.3819472   -.1328884
             |
       _cons |   3.658758    .819872     4.46   0.000     1.981931    5.335585
-------------+----------------------------------------------------------------
     sigma_u |  .33320336
     sigma_e |  .04490969
         rho |  .98215803   (fraction of variance due to u_i)
------------------------------------------------------------------------------
```

图 10.9 双向固定效应模型回归结果

4. 随机效应

以上检验已基本确定个体效应的存在，但个体效应仍可能以随机效应的形式存在，因此应进行随机效应的估计。

【Stata 实现】

. xtreg Y X2 X3 X4 X5 X6, re r theta

. estimates store RE_robust //将此结果储存，并记为“RE_robust”

其中，“re”为默认选项（可省略），“r”表示聚类稳健标准误，“theta”表示显示用于进行广义离差变换的 θ 值。

估计结果如图 10.10 所示。

```
Random-effects GLS regression                   Number of obs     =        330
Group variable: province                        Number of groups  =         30

R-squared:                                      Obs per group:
     Within  = 0.8112                                         min =         11
     Between = 0.2920                                         avg =       11.0
     Overall = 0.3425                                         max =         11

                                                Wald chi2(5)      =     433.47
corr(u_i, X) = 0 (assumed)                      Prob > chi2       =     0.0000
theta        = .94101588

                            (Std. err. adjusted for 30 clusters in province)
------------------------------------------------------------------------------
             |               Robust
           Y | Coefficient  std. err.      z    P>|z|     [95% conf. interval]
-------------+----------------------------------------------------------------
          X2 |  -.4387345   .0346833   -12.65   0.000    -.5067126   -.3707564
          X3 |  -.7785964   .2951062    -2.64   0.008    -1.356994   -.2001989
          X4 |  -.1053913   .0221153    -4.77   0.000    -.1487365   -.0620461
          X5 |   2.317158   .4030454     5.75   0.000     1.527203    3.107112
          X6 |  -.3045885   .0598474    -5.09   0.000    -.4218872   -.1872898
       _cons |   6.396567   .4005088    15.97   0.000     5.611584     7.18155
-------------+----------------------------------------------------------------
     sigma_u |  .28000371
     sigma_e |  .05487215
         rho |  .96301632   (fraction of variance due to u_i)
------------------------------------------------------------------------------
```

图 10.10　保存估计结果到 RE_robust

图 10.10 最后三行显示，$\sigma_u = 0.280\,003\,71$，$\sigma_\varepsilon = 0.054\,872\,15$，而 $\rho \equiv \dfrac{\sigma_u^2}{\sigma_u^2 + \sigma_\varepsilon^2} = 0.963\,016\,32$。那么应使用混合回归还是个体随机效应模型？可以对个体随机效应进行 LM，其原假设为 $H_0 : \sigma_u^2 = 0$，而备择假设为 $H_1 : \sigma_u^2 \neq 0$，如果拒绝 H_0，则说明原模型中应包括反映个体特性的随机扰动项 u_i，而不应该使用混合回归。

【Stata 实现】

. xttest0

检验结果如图 10.11 所示。

```
Breusch and Pagan Lagrangian multiplier test for random effects

        Y[province,t] = Xb + u[province] + e[province,t]

        Estimated results:
                         |       Var     SD = sqrt(Var)
                ---------+-----------------------------
                       Y |   .1429992       .3781523
                       e |    .003011       .0548722
                       u |   .0784021       .2800037

        Test: Var(u) = 0
                             chibar2(01) =  1248.42
                          Prob > chibar2 =   0.0000
```

图 10.11　面板数据的 LM 检验

图 10.11 显示，LM 检验强烈拒绝“不存在个体随机效应”的原假设（p 值为 0.0000），即

认为在随机效应和混合回归二者之间，应该选择随机效应。

接下来使用普通标准误进行随机效应的估计。

【Stata 实现】

. xtreg Y X2 X3 X4 X5 X6, re

. estimates store RE //将此结果储存，并记为“RE”

估计结果如图 10.12 所示。

```
Random-effects GLS regression                   Number of obs     =        330
Group variable: province                        Number of groups  =         30

R-squared:                                      Obs per group:
     Within  = 0.8112                                         min =         11
     Between = 0.2920                                         avg =       11.0
     Overall = 0.3425                                         max =         11

                                                Wald chi2(5)      =    1257.88
corr(u_i, X) = 0 (assumed)                      Prob > chi2       =     0.0000

------------------------------------------------------------------------------
           Y | Coefficient  Std. err.      z    P>|z|     [95% conf. interval]
-------------+----------------------------------------------------------------
          X2 |  -.4387345   .0259952   -16.88   0.000    -.4896842   -.3877848
          X3 |  -.7785964   .2694869    -2.89   0.004    -1.306781   -.2504118
          X4 |  -.1053913    .018125    -5.81   0.000    -.1409156    -.069867
          X5 |   2.317158   .2901481     7.99   0.000     1.748478    2.885838
          X6 |  -.3045885   .0400887    -7.60   0.000     -.383161    -.226016
       _cons |   6.396567   .2262007    28.28   0.000     5.953222    6.839912
-------------+----------------------------------------------------------------
     sigma_u |  .28000371
     sigma_e |  .05487215
         rho |  .96301632   (fraction of variance due to u_i)
------------------------------------------------------------------------------
```

图 10.12 保存估计结果到 RE

5. 固定效应还是随机效应：豪斯曼检验

在处理面板数据时，应使用固定效应模型还是随机效应模型，可通过豪斯曼检验来确定。

【Stata 实现】

. xtreg y x1 x2 x3,fe //固定效应估计

. estimates store FE //存储固定效应估计结果

. xtreg y x1 x2 x3,re //随机效应估计

. estimates store RE //存储随机效应估计结果

. hausman FE RE,constant sigmamore //豪斯曼检验

其中，“constant”表示在比较系数估计值中包含常数项（默认不含常数项），“sigmamore”表示统一使用更有效率的那个估计量（即随机效应估计量）的方差估计。由于传统的豪斯曼检验假设球形扰动项，在进行固定效应和随机效应的估计时，均不使用异方差或聚类稳健的标准误。前面已存储相应的估计结果，下面可直接进行豪斯曼检验。

【Stata 实现】

. hausman FE RE,constant sigmamore

检验结果如图 10.13 所示。

```
                 ---- Coefficients ----
             |      (b)          (B)            (b-B)     sqrt(diag(V_b-V_B))
             |       FE           RE         Difference       Std. err.
-------------+----------------------------------------------------------------
          X2 |   -.4372096    -.4387345        .0015249        .0043784
          X3 |   -.8167103    -.7785964       -.0381139        .0394972
          X4 |   -.1078325    -.1053913       -.0024412        .0045117
          X5 |    2.309797     2.317158       -.0073606        .0637623
          X6 |   -.3150169    -.3045885       -.0104284        .0096244
       _cons |    6.416429     6.396567        .0198621        .0093479
------------------------------------------------------------------------------
                          b = Consistent under H0 and Ha; obtained from xtreg.
           B = Inconsistent under Ha, efficient under H0; obtained from xtreg.

Test of H0: Difference in coefficients not systematic

    chi2(6) = (b-B)'[(V_b-V_B)^(-1)](b-B)
            =  10.93
Prob > chi2 = 0.0907
(V_b-V_B is not positive definite)
```

图 10.13　面板数据的豪斯曼检验

传统的豪斯曼检验假定，在 H_0 成立的情况下，随机效应模型最有效率。这意味着，扰动项必须是同方差的，在异方差的情况下并不适用。因此，可以下载非官方命令 xtoverid 来进行稳健的豪斯曼检验。

【Stata 实现】

. ssc install xtoverid　　　　　　　　//下载安装命令 xtoverid

在使用命令 xtoverid 之前，需先以稳健标准误来执行命令 "xtreg,re"。

【Stata 实现】

. quietly xtreg　Y　X2　X3　X4　X5　X6,　r

. xtoverid

检验结果如图 10.14 所示。

```
Test of overidentifying restrictions: fixed vs random effects
Cross-section time-series model: xtreg re  robust cluster(province)
Sargan-Hansen statistic  20.403  Chi-sq(5)    P-value = 0.0010
```

图 10.14　面板数据的 Sargan 检验

图 10.14 显示，$\chi^2(7)$ 统计量为 20.403，p 值为 0.0010，因此强烈拒绝随机效应的原假设。

6. 组间估计量

为了演示目的，下面进行组间估计。

【Stata 实现】

. xtreg　Y　X2　X3　X4　X5　X6,　be

回归结果如图 10.15 所示。

```
Between regression (regression on group means)  Number of obs     =       330
Group variable: province                        Number of groups  =        30

R-squared:                                      Obs per group:
     Within  = 0.4778                                         min =        11
     Between = 0.5094                                         avg =      11.0
     Overall = 0.4378                                         max =        11

                                                F(5,24)           =      4.98
sd(u_i + avg(e_i.)) = .2804921                  Prob > F          =    0.0029

------------------------------------------------------------------------------
           Y | Coefficient  Std. err.      t    P>|t|     [95% conf. interval]
-------------+----------------------------------------------------------------
          X2 |  -.7692442   .3135497    -2.45   0.022    -1.416379   -.1221094
          X3 |   7.250474   3.153831     2.30   0.031     .7412869    13.75966
          X4 |  -.0967246   .1001594    -0.97   0.344    -.3034435    .1099943
          X5 |   3.958275   1.794562     2.21   0.037     .2544798     7.66207
          X6 |   .7572808   .3701958     2.05   0.052    -.0067658    1.521327
       _cons |   7.230017   2.935527     2.46   0.021     1.171388    13.28865
------------------------------------------------------------------------------
```

图 10.15　面板数据回归结果

由于豪斯曼检验选择了固定效应，而组间估计量仅在随机效应成立的情况下才一致，所以组间估计的结果并不可信。

下面列出以上各主要方法的回归系数及标准误。

【Stata 实现】

. esttab　OLS　FE_robust　FE　RE,　b　se　mtitle

OLS、FE_robust、FE、RE 四个回归模型结果对比如图 10.16 所示。

	(1) OLS	(2) FE_robust	(3) FE	(4) RE
X2	-0.544*** (0.126)	-0.437*** (0.0348)	-0.437*** (0.0261)	-0.439*** (0.0260)
X3	4.558* (1.664)	-0.817* (0.314)	-0.817** (0.270)	-0.779** (0.269)
X4	-0.0891 (0.0967)	-0.108*** (0.0203)	-0.108*** (0.0185)	-0.105*** (0.0181)
X5	3.016** (1.088)	2.310*** (0.424)	2.310*** (0.294)	2.317*** (0.290)
X6	0.313 (0.171)	-0.315*** (0.0606)	-0.315*** (0.0408)	-0.305*** (0.0401)
_cons	5.990*** (1.186)	6.416*** (0.392)	6.416*** (0.224)	6.397*** (0.226)
N	330	330	330	330

Standard errors in parentheses
* p<0.05, ** p<0.01, *** p<0.001

图 10.16　OLS、FE_robust、FE、RE 四个回归模型结果对比

从图 10.16 可知，无论使用何种方法，经济发展水平（X_2）均在 1%的显著性水平上对城乡收入差距（Y）有显著的负效应。从经济意义上解释，使用聚类稳健标准误的固定效应模型的回归结果说明，在控制其他变量对城乡收入差距的影响下，经济发展水平每上升 1%，城乡收入差距下降 0.437%。这说明随着经济发展水平的提高，农村居民的收入水平相对城镇居民上升速度更快，从而缩小了城乡收入差距。

课后练习题

为估计公共资本对经济增长的贡献，使用数据集 task.dta 进行以下回归：

$$\ln y_{it} = \beta_0 + \beta_1 \ln k_{1,it} + \beta_2 \ln k_{2,it} + \beta_3 \ln labor_{it} + \beta_4 unemp_{it} + u_i + \varepsilon_{it} \tag{10.24}$$

其中，y_{it} 为州产值，$k_{1,it}$ 为公共资本，$k_{2,it}$ 为私人资本存量，$labor_{it}$ 为非农劳动力，$unemp_{it}$ 为州失业率。面板变量为 *state*（州），时间变量为 *year*（年份）。

（1）进行混合回归，分析 $\ln k_{1,it}$ 的系数符号、显著性与经济意义。

（2）对随机效应模型进行 FGLS 估计，$\ln k_{1,it}$ 的系数符号与显著性是否有变化？检验是否存在个体随机效应？

（3）对固定效应模型进行组内估计，$\ln k_{1,it}$ 的系数符号与显著性是否有变化？

（4）对固定效应模型进行 LSDV 估计，检验是否存在个体固定效应。

（5）进行传统的豪斯曼检验。

（6）进行稳健的豪斯曼检验。

第十章 Stata 数据

第十一章

实证项目的计量经济研究——课程论文分析

前面各章分别从不同的角度讨论了计量经济学的基本理论和方法，这些理论方法具有很强的针对性，都是从对实际经济问题的计量研究中提出来的。这些理论方法之所以具有生命力，也完全在于能够用于对实际经济问题的分析。运用计量经济学的基本理论和方法对实际经济管理问题作具体的计量研究，是学习计量经济学的根本目的，也是计量经济学重要的教学环节。计量经济学的应用领域十分广泛，研究的方法也多种多样，不可能在本书中一一列举，但是如何运用计量经济方法作实证项目研究，还是有某些规律可循的。

目前，一些学校要求学生在学习计量经济理论与方法的同时，以课程论文的形式对实证项目做一些具体的计量经济研究，并将其作为计量经济学教学的组成部分，这对于提高学生的素质和能力是非常有效的。对于计量经济学的初学者来说，以实证项目研究为内容的计量经济学课程论文，往往不知该从何处着手。本章以完成一个学期的计量经济学课程论文为例，对实证项目的计量经济研究的构成要素、基本步骤等提出建议，包括对一般性原则和常用方法、有关选题、文献综述与评价、数据搜集、论文写作以及一些具体的计量经济建模分析技术等方面的内容展开讨论。本章最后给出了一篇作为本科学生课程论文的实证项目计量研究的案例，供读者参考。应当强调的是，对实际经济问题计量研究的方式并不是唯一的，也不存在什么万能或统一的神奇模式，熟能生巧，实践才是学习实证项目计量经济研究的唯一方法。

第一节　实证项目研究的选题

一、问题的提出

计量经济实证研究首要的问题是选题，选题是确定“做什么和如何开始”的问题。当然，不同岗位或不同专业的读者关于选题可能有着不同的想法。选题应从实际需要出发，这取决于你的研究项目的要求，或者你所从事工作的需要，或者上级对你的安排。计量经济实证研究要对所分析的经济问题得出数量上的结论，需要事先对所研究的目标和内在的经济联系有相当的认识，也就是说要有一定的理论准备和调查研究。作为计量经济学的初学者，可以结合已经学习过的经济管理课程，选择需要作实证分析的题目；或许你接触到经济或管理中有值得从数量上加以实证估计和检验的问题；或者虽然别人已经做过理论上的研究，但缺乏数量上的概念和界线，而你对这方面的数量结论感兴趣。这些都可能成为你选题的目标。

选题是一个不断探索、逐步深化认识的过程，一般而言，“做什么和如何开始”的问题可从两个层面去考虑：首先应确定自己感兴趣的研究领域，例如“关于中国利率的研究”；然后在所感兴趣的研究领域中选定感兴趣的具体题目，例如“关于提高住房贷款利率对北京房地产市场的影响分析”。这是两个不同层面的选题，前者只是在金融问题中的利率研究方面确定了一个总的领域，而后者则是具体化地明确一个真正的研究问题。

这里强调“感兴趣的领域”和“感兴趣的具体题目”，因为“兴趣是最好的老师”，在你真正对一个问题产生兴趣的时候，是你对它已经有了相当了解，有了从数量上深究愿望的时候。显然，研究领域要依据自身专业，或者结合自己在经济学、管理学、社会学等方面的知识结构，去选择感兴趣的领域。一般，界定自己感兴趣的领域应当说不是一件太难的事情，而困惑的往往是如何从这些领域中选择自己感兴趣的具体题目。表面上看具体的研究题目从性质上分为两种类型：一类是关于理论验证方面的研究，另一类是关于实证应用分析方面的研究，或者是两者的结合。对理论的验证，主要是指对某些已有的观点、理论、命题等，采用定量分析的手段进行具体验证，看这些理论是否符合观测到的现实。这里强调的是定量分析的验证，而不是对理论本身的定性分析。例如，在经济学或金融学的相关课程中，曾学习过有关经济代理行为以及经济变量之间关系的理论、消费的收入决定理论、投资的决定理论；或者学习过诸如“奥肯定律”以及 $MV=TP$ 的数量表达式等。选择题目时要分析，在这些理论关系中是否存在需要用定量分析手段进行验证的问题？哪些理论是值得进行定量验证的，以及在定量验证过程中对哪些理论有进一步完善的可能。实证应用分析研究，主要指针对现实经济生活中已存在的一些看法和观点，运用计量经济分析方法来阐释自己的观点，或者去发现新的结论。例如，关于中国农村经济问题的讨论中，存在着不同的观点和不同的研究方法，可以运用某地区农村经济的相关数据进行计量经济研究，并将其结果与已有的观点和方法进行比较分析。

二、研究题目的选择

如上所述，课程论文的选题具有多样性和灵活性，尽管不存在万能或神奇的方法和公式，但研究题目的选择应从如下方面着手，以供参考：

（1）要尽量选择在经济和社会领域中受到广泛关注的问题。所研究问题的题目要具体化，不宜空洞。题目应当体现出对所要研究问题的了解程度，要明确究竟是要对理论作验证，还是要对现实经济活动作实证分析。这是进行计量经济学建模的前提。

（2）要明确研究的范围。研究的范围可以是宏观经济领域，例如国民经济的运行、经济政策的传导评价等；也可以是微观层面的，例如对某企业的管理、财务分析，或对一所大学的学生管理工作的研究。研究的范围决定了收集数据的范围。

（3）所选题目的大小要适中。应当充分考虑研究的条件和现实可能性，包括理论把握的程度、数据获得的难易、计量分析方法的条件、完成项目研究的人力和时间的条件，等等。作为课程论文，特别是要考虑完成实证项目的时间约束。题目不能选得太大或过于综合，否则工作量太大，在半个学期的时间内是难以完成的。

（4）要充分考虑数据来源的可能性。没有变量数据来源的模型是不可能进行具体计量研究的。

（5）经过上述各方面的工作后，对所研究的问题就会有大致的了解，对计量经济实证项目的选题就会有大致的判断。这时需要整理自己的思路，对选题所研究的问题进行较为清晰地说明，从而确定具体的题目。

研究题目的选择是指确定研究的内容，为实证研究项目或课程论文具体定位。社会经济的计量选题不可能一一列举，作为举例，这里对某些实证研究的选题提出一些建议：

（1）宏观经济方面，例如研究 GDP 的增长与固定资产投资增长之间的关系；研究税收对利率的影响；研究消费函数、投资函数、货币需求函数；研究财政金融政策的效应等。在宏观经济中选择题目作计量研究，其好处在于相关数据易于从各种年鉴中获得；其不足在于宏观经济问题往往较为综合，影响因素众多，涉及诸多方面的知识，需要花费较多的时间和力量，作为本科课程论文要求在较短时间内完成有相当的难度，通常只能研究其中一个问题的某个方面。

（2）微观经济方面，例如估计公司的生产、财务成本、供给和需求函数；公司的原材料和产品市场的分析；投资决策分析；股票市场交易制度对股价的效应；商业银行绩效分析，等等。一般来说，微观方面的研究，题目比较具体化，针对性强，适合短期研究。其不足是微观经济的数据收集有相当的难度。

（3）城市和区域经济方面，例如估计中心城市、城镇、农村等对住房、交通和其他公共设施等的需求；产业结构、行业布局分析；不同区域的财政收支、教育发展、全要素生产率、能源价格、科技进步、人力资本的数量分析，等等。

（4）国际经济贸易方面，例如估计国家的进出口函数；研究汇率以及汇率决定因素之间的关系；研究国外直接投资（FDI）的效应。

（5）发展经济学方面，例如度量国家、省市自治区、不同经济发展区域（如东中西部）的人均 GNI、人均 GDP 的决定因素，投资、消费等对经济的拉动等。

（6）市场营销或产业组织方面，例如度量广告对销售额、利润或市场份额的影响；估计研究与开发（R&D）支出和人力资本生产力之间的关系；研究由于产权调整、兼并、合并与市场份额及利润率之间的关系。

（7）公共财政方面，例如估计中央或地方财政收入、财政支出与其特点；研究经济活动与财政政策变量之间的依存关系；研究农业税减免的效应；研究医疗卫生、道路、教育等与其决定因素之间的关系。

（8）人口、社会学方面，例如解释城市和农村在犯罪、贫困、离婚率、家庭人口、就业等方面的成因，研究人口出生率、居民生活质量及比较差异等。

三、文献资料的利用、综述与评价

在选题过程中除了自己作深入研究以外，要充分借鉴他人的研究成果，包括图书、期刊等文献，也包括 Internet 网络资源。充分有效地利用各种文献和互联网提供的信息，可以避免重复别人已经完成的工作，也可以从中发现自己可能的创新之处。

目前，可供利用的图书资料和文献很多，例如可利用 *Journal of Economic Literature*（*JEL*）采用的分类系统和一些优秀期刊的信息。*Journal of Economic Literature* 是国内外大多数大学图书馆必定的季刊，主要提供经过分类的上一季度出版的书籍和期刊文章清单，对每一篇论文确认一组编号并归类于经济学的某一子领域，按照题目进行编排，甚至包括文章的摘要。例如研究劳动力流动性问题，首先要在领域分类代码为 J 的“劳动和人口经济”下查找对应项，可以看到相关分类号码为 J6 的“流动性、失业和空位”，翻到“本期期刊文章主题索引”，该项内容为经过分类的最近发表文章的详细列表，依据此表就可以把自己感兴趣的内容进行摘录，帮助选题研究。另外，该期刊也列出了本期期刊的内容，并给出了一些书籍和文章的摘要，仔细阅读这些摘要，有助于对题目有更多的了解。

国外的一些杂志，例如《应用经济学》（*Applied Economics*）、《应用计量经济学》（*Journal of Applied Econometrics*）、《牛津经济学和统计学评论》（*Oxford Bulletin of Economics and Statistics*）、《国际货币基金成员报告》（*International Monetary Fund Staff Papers*）等期刊，具有极强的应用性导向，比较适合作为选题参考。如果在选题初期只考虑了一个大概范围，那么这些专业杂志可能有助于缩小论文选题的范围。

大多数学生已非常熟悉利用 Internet 进行查询，通过键入关键词、主题等，可以查询到与关键词或主题相关的内容。在选题过程中，要特别注意搜索引擎的专业化和搜索查询的效率。一般使用较多的搜索引擎是 www.google.com。从专业化的角度看，网上经济文献分类体系是很好的关于经济学和其他社会科学分类的搜索引擎。目前常用的包括 www.econlit.org 和 www.isinet.com/products/citation/ssci/。前者简称为 EconLit，后者简称为 SSCI（Social Science Citation Index）。EconLit 在选题或寻找相关著作时，可以在线按照题目、作者或关键词的方式从大量的刊物文章中进行所需信息的搜索；SSCI 主要提供曾引用过某一研究工作内容的期刊、书籍等的清单（通常根据作者姓名查找），在寻找与社会科学领域相关的论文时非常有用，其中包括那些引用率较高的论文。

注意对收集到的相关文献进行整理。在相关文献的综述过程中，进一步明确别人的主要观点和分歧，对那些与自己所选题目相似或密切相关的文献，应当特别关注建立计量经济学模型的基本思路，被解释变量和解释变量是如何确定的，采用的数据是哪些类型、数据来源以及测度方法是什么、使用了哪些估计和假设检验方法等。

对相关文献应当有总结性的文字材料，以利于梳理思路。拉姆·拉玛纳山（Ramu Ramanathan）建议至少写 4 篇总结性的书面文字材料，每篇文字材料应当有 3~5 页①。文字材料通常由文献回顾性综述和文献评价两个部分组成。回顾性综述主要是交代所研究问题的理论研究与实证分析的发展沿革，回顾主要研究流派的观点、论点、命题以及支撑这些观点的理论与实证研究方法等。通常对文献的评价可从理论和方法论两个方面展开。从理论方面，主要是对理论的前提、理论命题或立论的准确性、论证推理的逻辑性等方面进行评价。从方法论方面，主要考证方法的假设条件、应用范围、应用对象以及实证衡量标准等。对文献的评价具有相当难度，需要综合运用所学知识和社会实践经验，对相关文献的现有研究成果给出自己的判定和评价，指出现有研究成果中存在的不足，发现其他尚未涉足的研究领域和内

① Ramu Ramanathan：《应用计量经济学》，薛菁睿译，机械工业出版社 2003 年版。

容。对相关文献的评价是一种基本的训练，也有利于发现实证研究项目可能的创新之处。

相关文献的回顾性综述是论文不可缺少的组成部分。从课程论文的写作看，文献综述要考虑研究目的、个人写作偏好、论文的长短等因素。有些人习惯于在专门的一章内，对与课程论文相关的文献进行综述，表明作者对所研究问题的国内外发展现状的系统把握；也有人将文献综述作为某章（一般是引言或概论的章节）的一部分，以保持整个课程论文在结构上的连贯性。不过关键不在于形式，而是要注意文献综述的内容与实质。

第二节　模型设定与数据处理

一、建模的基本思路

常用的建模思路主要有结构模型方法和动态建模方法。

第一章已介绍了一般的建模步骤，这是被称为“结构模型方法论”的传统计量经济学主导的建模思路。其基本要点是：从先验经济理论出发，在理论模型右边加上一个满足古典假设的误差项，然后采用某种统计方法，如普通最小二乘法，进行估计和检验。如果模型通不过检验，则通过增加变量、删除变量、更换变量、改变函数形式等方式修改模型，重新进行估计和检验，直到模型通过各种检验为止。这种从少数方程和变量的简单模型入手，经过不断修改和补充，直至得到一个更为一般的模型，这种建模方法又被称为从“特殊到一般”的建模方法过程（simple-to-general approach）。从建模思路上看，这是一种以先验经济理论为建立模型的出发点，重点关注模型参数的估计，并将参数估计值与其理论预期值是否一致作为判断标准，以进行不同层次的检验和修正的思路，也称为“理论驱动型”建模思路。这在建模中得到普遍应用。

动态建模方法是针对“特殊到一般”建模思路提出的一种建模方法论，将计量经济模型研究的重心从模型估计和检验转向模型设定方法的探讨，从统计理论和经济理论两个方面，强调逻辑上的一致性。从统计理论角度，分析设定的计量经济模型是否与实证数据具有一致性；从经济理论角度，分析设定的计量经济模型是否与经济理论保持了一致性。因此，模型设定过程中的一致性问题是计量经济学研究的中心环节。动态计量经济学的建模过程，是一个“从一般到特殊”的动态建模过程。首先，建立一个包含所有信息的最一般模型，以保证随机扰动项为独立同分布的正态变量；其次，改变模型参数使其向经济理论靠近，并依据各种类型的检验结果，将模型简化为变量和参数都较少的节俭模型；再次，进一步对模型进行严格检验；最后，求出模型中内含的长期稳态解，用于检验经济理论、评价政策和预测未来等。这里需要强调的是，动态建模有着双重含义：一是对数据分布信息的动态挖掘；二是建模过程中有个不断反思与改进的过程。

二、模型设定的要求

模型的建立有理论问题，更为重要的是实践问题。关于建模的依据、变量的选择、模型形式的选择等在第一章和第七章已经讨论过，只有根据这些原则进行反复调整、反复检验，才能得到较为理想的模型。

一般说来，判别模型优良程度有一定的标准，可供参考的标准主要有以下几个方面：

（1）模型应当与数据所表现的现实相一致，这是建模的一条基本准则。

（2）模型应当与经济理论相一致，当存在若干相矛盾的理论时，一个模型至少应与一种理论相一致。

（3）模型必须有外生变量构成其回归变量，并且模型中含有明确的因果关系。

（4）模型中的参数应当具有相对稳定性，这是模型能用于预测和政策分析的必备条件，即估计出的模型参数必须可靠，并具有时不变性，即使将来新数据的协方差与原估算时用的样本数据的协方差不同，参数的估计值也应不受影响。

（5）模型必须具有对数据的代表性和优良的拟合性，即由模型算出的内生变量估计值与实际观测值之差，只是随机误差。所谓随机，是指误差值无法由历史数据预测出来，否则就一定存在强于现有模型的设定形式。例如，随机误差出现序列相关，除了采用某些变通的估计方法处理序列相关问题以外，还应把序列相关视为模型设定有误的征兆，通常采用扩充滞后回归变量、重新设定模型的方法来解决。

（6）模型应当具有尽可能大的包容性。当一个模型能够完全解释另一个模型的结论时，称前者包容后者。包容性是衡量模型优劣的一条重要标准。一个成功的模型，应当不仅仅能反映数据中所含的规律性，而且应能解释其他运用同样数据的对立模型的长处与不足。包容性较强的计量经济模型一般能较好地揭示更普遍的经济规律。

（7）模型的简洁性。从实践上考虑，模型越简洁，其自由度也就越大；从认识论上考虑，模型越复杂，人们全盘把握它的困难程度就越大，而且，复杂的设计常常能掩盖设计方案中的纰漏。简洁性准则迫使模型设计者采取科学的诚实态度。

能满足上述标准的模型，可称为与理论和数据保持一致性的模型。总而言之，计量经济模型的设定过程，是一个综合考虑经济理论、样本数据、模型特征、使用要求等因素，依据前述标准进行科学性创作的过程。

三、模型变量与函数形式的设定

设定计量经济模型，首先要确定模型中的变量。正如第一章已经讨论的，模型变量的选择，要根据模型的研究目的，要以经济理论为指导，通常不可能把所有的因素都列入模型，而只能抓住主要影响因素和主要特征，而不得不舍弃某些因素。因此根据研究的需要，对变量有取舍的问题，为避免出现对变量的设定误差，对模型中变量是否恰当需要加以检验。

回归模型的设定除了选择模型中的变量以外，另一重要方面是要使所设定的变量间函数形式能够体现变量间的基本关系。第二章已经说明了总体回归模型是对总体回归函数的描述，总体回归函数正是计量经济要去估计的目标。但其真实的函数形式事先并不知道。所谓模型函数形式的设定，是指根据对变量间相互关系的已有认识，把 Y 的条件期望设定为解释变量 X 的某种函数。总体条件期望函数 $E(Y \mid X_i) = f(X_i)$ ，可以设定为各种具体的函数形式。在计量经济学的实践中，通常把总体回归函数的具体函数形式设定为初等函数，应当注意的是不同函数形式中参数的经济意义有较大差异。常用的函数形式如表 11.1 所示。

表 11.1　不同函数形式及参数的意义

设定	函数形式	边际效应 $(\mathrm{d}Y/\mathrm{d}X)$	弹性系数 $\left(\dfrac{\mathrm{d}Y/Y}{\mathrm{d}X/X}\right)$	参数 β_2 的意义
线性函数	$Y=\beta_1+\beta_2 X$	β_2	$\beta_2\dfrac{X}{Y}$	$\dfrac{\mathrm{d}Y}{\mathrm{d}X}$
线性对数	$Y=\beta_1+\beta_2\ln X$	$\dfrac{\beta_2}{X}$	$\dfrac{\beta_2}{Y}$	$\dfrac{\mathrm{d}Y}{\mathrm{d}X/X}$
倒数	$Y=\beta_1+\beta_2\left(\dfrac{1}{X}\right)$	$-\dfrac{\beta_2}{X^2}$	$-\dfrac{\beta_2}{XY}$	$-X^2\dfrac{\mathrm{d}Y}{\mathrm{d}X}$
多项式（二次函数）	$Y=\beta_1+\beta_2 X+\beta_3 X^2$	$\beta_2+2\beta_3 X$	$(\beta_2+\beta_3 X)\dfrac{X}{Y}$	$\dfrac{\mathrm{d}Y}{\mathrm{d}X}-2\beta_3 X$
交互作用	$Y=\beta_1+\beta_2 X+\beta_3 XZ$	$\beta_2+\beta_3 Z$	$(\beta_2+\beta_3 Z)\dfrac{X}{Y}$	$\dfrac{\mathrm{d}Y}{\mathrm{d}X}-\beta_3 Z$
对数线性	$\ln Y=\beta_1+\beta_2 X$	$\beta_2 Y$	$\beta_2 X$	$\dfrac{\mathrm{d}Y/Y}{\mathrm{d}X}$
对数倒数	$\ln Y=\beta_1+\beta_2\left(\dfrac{1}{X}\right)$	$-\dfrac{\beta_2 Y}{X^2}$	$-\dfrac{\beta_2}{X}$	$-X\dfrac{\mathrm{d}Y/Y}{\mathrm{d}X/X}$
对数多项式（对数二次函数）	$\ln Y=\beta_1+\beta_2 X+\beta_3 X^2$	$Y(\beta_2+2\beta_3 X)$	$X(\beta_2+2\beta_3 X)$	$\dfrac{\mathrm{d}Y/Y}{\mathrm{d}X}-2\beta_3 X$
双对数（对数对数）	$\ln Y=\beta_1+\beta_2\ln X$	$\beta_2\dfrac{Y}{X}$	β_2	$\dfrac{\mathrm{d}Y/Y}{\mathrm{d}X/X}$
对数曲线	$\ln\left(\dfrac{Y}{1-Y}\right)=\beta_1+\beta_2 X$	$\beta_2 Y(1-Y)$	$\beta_2 X(1-Y)$	$\left(\dfrac{1}{1-Y}\right)\dfrac{\mathrm{d}Y/Y}{\mathrm{d}X}$

表 11.1 中，许多被解释变量与解释变量的关系都是非线性的。其中有的虽然变量间关系为非线性的，但对参数而言却是线性的，则可直接按对参数为线性的回归模型去估计与检验；有的通过初等函数变换就可得到对参数为线性的回归模型。例如：

1. 双对数模型

如果设定的非线性模型为

$$Y_i=\beta_1 X^{\beta_2}\mathrm{e}^{u_i} \tag{11.1}$$

取自然对数，得

$$\ln Y_i=\ln\beta_1+\beta_2\ln X_i+u_i \tag{11.2}$$

变换后的模型的被解释变量和解释变量都是对数形式，斜率系数 β_2 衡量的是被解释变量 Y 关于解释变量 X 的弹性，即当 X 每变动百分之一时，Y 的均值变动的百分比。

2. 半对数模型

如果设定的非线性模型为

$$\ln Y_i = \alpha_1 + \alpha_2 X_i + u_i \tag{11.3}$$

或者

$$Y_i = \beta_1 + \beta_2 \ln X_i + v_i \tag{11.4}$$

这种模型称半对数模型，也称不变百分率增长模型。其中，斜率系数 α_2 衡量的是当变量 X 的绝对量每发生单位变动时，引起被解释变量 Y 平均值的相对变动比率。斜率系数 β_2 衡量的是当变量 X 每变动百分之一时，Y 的均值变动的绝对量。

3. 倒数变换模型

如果设定的非线性模型为

$$Y_i = \beta_1 + \beta_2 (1/X_i) + u_i \tag{11.5}$$

这种模型表示随着 X 的递增，Y 将呈现非线性的递减，但最终以 β_1 为渐近线。

对于上述可变换为对参数线性的非线性模型，都可以方便地用线性回归的方法去估计和检验模型。除此以外，还有一些通过初等函数不能变换为对参数为线性的回归模型，这类模型参数的估计面临一些更为复杂的问题，需要探索专门的方法，例如在满足一定的条件下，可借助于泰勒级数展开来近似线性化，但这已经超出了本书的范围。

四、数据的收集与处理

1. 数据来源

最基本的数据主要来自各种统计年鉴、月报、季报等，如《中国统计年鉴》及各地区或各部门编制的年鉴、报告等。一些信息类的报刊也经常提供经济数据。

现在许多年鉴等数据报告已经通过网络对公众开放，这里仅列举出我国最常用的一些网上数据来源：

（1）中国经济信息网（简称中经网，http://www.cei.gov.cn）。

（2）中国经济统计数据库（WEB 版）：http://db.cei.gov.cn。这是一个综合、有序的庞大经济数据库群，内容涵盖宏观经济、产业经济、经济专题、区域经济、行业经济以及世界经济等各个领域，是一个拥有 15 万指标量，面向社会各界用户提供权威、全面、及时的经济类数据信息的基础资料库。

（3）国家统计局统计数据网页：http://www.stats.gov.cn/tjsj/。

（4）中国人民银行统计数据网页：http://www.pbc.gov.cn/diaochatongji/tongjishuju/。

（5）中国证券监督管理委员会统计数据网页：http://www.csrc.gov.cn/cn/statinfo/。

当所研究的问题无法从公众信息渠道获得时，则需要通过专门组织的调查去获取数据，这当然会面对很多特别的困难。

从各种渠道获取的数据，不能不加分析地拿来就用，应认真分析这些数据的内涵、数据包含的范围、数据的计算方法、数据所说明的问题、与其他数据的关系等。如果数据与模型中变量的要求不一致，则应当对数据作必要的加工或调整，或者应当重新寻求符合模型要求的数据。

2. 数据类型

经济数据的类型有多种，不同的数据类型有其自身的性质，需要采用有针对性的估计方法。在实证项目计量研究中，常用的数据类型包括横截面数据、时间序列数据、混合横截面数据、面板数据、虚拟变量数据等。

（1）横截面数据。

横截面数据在经济学和其他社会科学领域中得以广泛应用，特别适用于对不同类型经济活动作比较研究。在经济学中，横截面数据分析主要与应用经济领域密切相关，例如地方公共财政、产业组织理论、城市经济学、劳动经济学、人口与健康经济学等。在检验微观经济假设或评价微观经济政策时，有关个人、家庭、企业、城市等的数据都是至关重要的。

（2）时间序列数据。

时间序列数据的重要特征是其与时间的相关性，很少假设经济数据的观测独立于时间。特别适用于研究经济活动发展变化的规律性。应当注意，大多数的经济或其他社会科学的时间序列数据都存在着近期的相关性，例如，本期 GDP 与上期 GDP 之间在增长趋势上总是存在着相关性，对上期 GDP 增长稳定性的一些了解，会提示本期 GDP 增长趋势的一定范围。考虑到时间序列数据的时间相关性，要设定时间序列数据模型事先有许多工作要做，包括平稳性检验、协整分析等，以便更好地解释和利用经济时间序列数据的相互依赖性。

（3）混合横截面数据与面板数据。

混合横截面数据集（pooled cross section data set）是指既有横截面数据特点又有时间序列数据特征的数据集。面板数据集（panel data set）是不同指标在不同时间的表现形式，即由横截面数据集中每个数据的一个时间序列组成。

（4）虚拟变量数据。

正如第八章所讨论过的，虚拟变量数据由若干人工变量数据组成，包括两水平数据（0 和 1）、多水平数据（1，2，3，4）等。虚拟变量数据可以为解释变量数据，也可以为被解释变量数据。不同的虚拟变量数据有着不同的特征和不同的分析方法。

3. 数据处理

在实际使用数据估计模型之前，需要对数据作预处理，对数据进行一些初步检查和分析，初步把握样本数据的一些统计特征，包括描述性统计、平稳性检验、协整分析和因果关系分析等。

（1）数据的描述性统计。

描述性统计主要分为图解、基本统计量和若干相关性的分析。

图解分析是指对数据的观测值绘制图形，从图形中可以得到一些有价值的信息，例如识别数据非正常值；识别被解释变量和解释变量之间的依存关系等。若为时间序列图形，可以了解到变量的时间路径和基本增长率；若为被解释变量和解释变量之间的散布图，则可查看是否存在非线性关系，以初步选择条件期望方程的具体形式。应当指出的是，图解分析虽然直观，但也可能会产生误导，原因在于图解分析只是建立在样本数据的基础上，图形中的形状并不能保证两个变量之间依存关系的真实性。例如，若图形显示两个变量为非线性关系，但这种非线性的关系可能并不真实，因为图形的非线性可能是由第三个变量的变动引起的。也就是说，没有在其他变量保持不变的条件下来观测两个变量之间的图形。因此，图解法只是对变量所进行的初步了解，而更重要的是根据相关理论去设定总体回归函数，并进行相应的模型设定检验。

数据的基本统计量，包括最小值、最大值、均值、标准差、峰度、偏态、变异系数、相关系数等。这些统计量在计量经济分析中常有其特定的作用，例如，变异系数描述了变量均值与标准差的比例，若将变异系数较小的变量作为解释变量，这些解释变量的变化不大，可能会表现出非显著性的特征；又如，峰度、偏态等对分布函数的描述有着特殊的图示作用；再如，在灵敏度分析中通常会采用解释变量的一个标准差变化会引起被解释变量多少个标准差的变化。

相关系数矩阵通常用以分析模型中相联系变量的相关程度。理想情形是被解释变量与某一解释变量之间的相关系数的数值较高，而两个解释变量之间的相关系数的数值较低。但也应注意，虽然解释变量之间相关系数较高会形成多重共线性，而较小的相关系数并不意味着一定不产生多重共线性问题；若解释变量间的相关系数较高时，应事前予以注意。

（2）时间序列数据的处理。

如果经济变量采用的数据是时间序列数据，为了避免“伪回归”，应该按第十章的要求对时间序列变量的平稳性进行单位根检验。如果检验结果表明变量是平稳的，才可以用最小二乘法去估计模型。如果检验结果表明时间序列变量为非平稳，则应进行协整分析，若它们之间存在协整关系，即两者的线性组合存在平稳关系，说明它们之间存在一个长期稳定的比例关系。需特别强调，对变量的平稳性检验和对变量之间的协整检验，是利用时间序列变量建立计量经济模型的先决条件。

在时间序列变量平稳性检验的基础上，还可以运用 Granger 因果检验等方法，对变量间的因果关系进行检验，进一步验证所建模型对变量间因果关系的设定是否合理。

第三节　计量经济分析

一、模型的估计

设定的模型确定以后，即可用收集的数据去估计模型中的参数。在本书讨论的范围内，所用的估计方法主要是最小二乘法。事实上 OLS 不仅简便易用，而且在很多情形下都是既简便又适用的估计方法。模型中参数的估计与模型的检验通常是个反复的过程，如果模型估计和检验的结果表明模型完全满足古典假定的要求，模型也通过了各项检验，则参数的估计值就是计量的结果。如果经检验发现某些古典假定不能满足，则应按前几章所讨论的方法对模型加以适当调整，或采用其他估计方法，如加权最小二乘（WLS）、广义差分、工具变量等方法去估计模型中的参数。

二、模型的检验

如第一章已说明的，计量经济模型的检验主要包括经济意义的检验、统计推断检验、计量经济学检验、模型预测检验。此外还有模型的诊断性检验，主要包括对变量的检验、残差检验和稳定性检验。对变量的检验包括参数约束、遗漏变量、包含多余变量的检验。残差检验包括正态性、ARCH、White 等检验。模型的诊断性检验中，除了第九章介绍的对设定误差的几种检验以外，有的检验已超出本书的研究范围，这里只对与其他检验有交叉的内容，不加区分地进行讨论。

对计量经济模型的检验，首先要检验所估计的模型参数的数值和符号是否符合特定的经济意义。如果所估计的参数与经济理论或实际经验的结论不符合，应当分析模型设定是否有问题，分析是否违反了基本假定。在确认模型、数据、假定、估计方法均无问题的情况下，应当反思经济理论和经验是否不完备，或许你还会发现理论与经验有某些可能的创新之处。

对模型的统计推断检验，主要是可决系数的分析、t 检验、F 检验，通过检验分析模型和各个变量是否显著。若模型或某些变量不显著，应认真分析其原因，特别是要分析其是否违反了某种基本假定条件。估计模型并分析，F 统计量、R^2 等可以捕获对被解释变量中变动百分比的解释信息，t 统计量可能表明所选变量显著性的信息，回归系数的符号可能提供估计值的经济背景合理与否的信息。

对模型的计量经济学检验，主要是对多重共线性、异方差性、自相关以及设定误差的检验。在对模型的检验中，除了例行的计量经济检验，要特别注意解释变量与随机扰动项相关关系的检验，因为在选定了 OLS 作为估计方法后，解释变量与随机扰动项的相关关系将使参数的 OLS 估计具有不一致性。对解释变量与随机扰动项是否相关的检验，可从模型设定误差检验入手，因为如第七章所讨论的，各种模型设定误差的最终表现，均为随机扰动项与解释变量相关。此外，还可检验解释变量的测量误差和联立方程偏倚是否严重，因为解释变量的测量误差和联立方程偏倚也表现为解释变量与随机扰动项的相关性。若测量误差和联立方程偏倚问题不严重，则表明解释变量与随机扰动项的相关程度较弱，不会导致参数估计量较为严重的不一致性。

此外，模型的计量经济学检验中还应考虑对总体回归函数设定的检验，分析设定的条件期望方程的具体函数形式是否恰当，某些变量是否应该表述为对数形式？某些变量只取水平值还是取其平方值？定性因素的引入方式是什么？虚拟变量的选择是否足够？交互效应的数量分析是否需要？等等。

在模型的计量经济学检验中，对于不同数据类型的模型，通常残差统计检验所关注的重点有所差异。一般说来，对横截面数据应当着重考证异方差性是否存在；对时间序列数据应当特别考证自相关性是否存在。但这并不意味着截面数据不会产生自相关，也不表明时间序列数据不会产生异方差。应当警惕在某些情况下时间序列数据的异方差性，可能比截面数据更为严重。对时间序列数据的进一步应用需要格外注意。例如，关于方程的估计，所采用的样本数据是水平值还是差分值？若为水平值，是否需要时间趋势变量？或者采用数据的差分形式是否更为合适？时间序列数据是否需要考虑季节性因素？从动态角度考虑，在分布滞后模型中滞后期应当如何选择？

显然，在模型检验中不存在可以遵照执行的“通行的模式”，因为在模型检验的每个阶段都需要进行大量判断，并且不同的人所使用的检验方法也不尽相同。鉴于此，某些一般性的建议和指导原则，可能对于完成实证分析是很有益的。首先，要避免在没有对模型进行更多分析之前就仓促地给出结论。建议先依据一些经济理论框架或对一些基本经济行为的理解去分析模型。其次，运用本书各章介绍的方法对所建模型进行一连串的诊断性检验，以确保所得结论对模型设定的改变不是太敏感。例如，检验是否应当在模型中加入省略变量、检验是否非线性、检验是否存在滞后被解释变量等。最后，在若干类似的模型中，运用所选择统计量的数值来判断某个模型是否优于其他模型。

三、模型的调整

模型的调整，是指对模型检验提出的问题如何予以解决，包括多重共线性、异方差性、自相关性以及模型设定误差、测量误差等。本书对多重共线性、异方差性、自相关性等的弥补措施进行了详尽地讨论，需要考虑在实证分析中如何灵活运用的问题。例如，若发现时间序列数据的模型中存在自相关，则重新建立模型，或采用科克伦-奥克特等方法进行校正弥补；若发现在横截面数据模型中存在异方差性，则可采用加权最小二乘法进行参数估计；若发现解释变量与随机扰动项之间存在相关性，则应采用工具变量法或二段最小二乘法估计参数，以避免参数估计的不一致性。

值得注意的是，模型的检验与调整并不是截然分离的，这里只是为了论证方便，人为地将其分为两个阶段去说明。模型的估计、检验和调整通常是一个统一体中的不同侧面，相辅相成；模型的估计、检验和调整要进行若干次的重复，即所谓的重新估计、重新检验和重新调整，至到模型满意为止。

四、模型计量结果的分析

经过检验证明所估计的模型是符合要求的，最后应对模型所提供的数量信息作具体分析。根据建立模型的目的，可能是经济结构分析、经济预测、政策评价，其中经济预测和政策评价都要以所确立的经济结构为基础。所谓经济结构分析，主要指模型中变量间的数量关系，这种数量关系是由所估计的参数体现的，所以应对所估计的参数数值与符号的经济意义作具体研究和评价。对实证分析结果的解释力度作出说明，主要体现在对回归系数的符号、大小以及检验结果的解释方式上。除了一般性的解释，例如回归系数的符号、大小和统计显著性等，还可从灵敏度分析、弹性分析等多个角度，对回归系数的经济意义进行说明，也可从不同估计方法差异性比较的角度进行解释。

五、研究结果的报告

实证项目的计量经济研究的结论得到以后，为了让别人了解研究的成果，应形成研究报告（或课程论文）。研究报告并没有固定的格式，这里对通常涵盖的内容提供一些建议。

1. 引言

引言包含对所研究问题或研究基本目标的陈述，并说明所研究项目的理论意义或应用价值。它还可包括相关文献综述及评论，以及本项目研究中所得主要结论的简单描述。

2. 理论分析与研究思路

主要对所要研究的问题作简要的理论描述，一般没有必要对经济理论进行完整陈述，只需说明理论上对所研究问题给出结论，对所提出的有关概念、范畴给出明确的界定和解释。并且从理论上对计量分析的前提条件、基本思路和预计达到的目标作简要说明。

3. 计量经济模型与估计方法

对自己所建的计量经济学模型进行系统全面的论述。主要包括两个方面的内容：一是关于模型的描述，对整个建模思路进行说明，特别是研究的主要对象（被解释变量）的确定、影响因素的分析及解释变量的选择、模型函数形式的假设等。二是关于推断方法的描述，主要是所选择的估计和假设检验的方法，指出所用方法与他人在研究类似问题时所使用的方法有何差别等。

4. 数据及处理

说明数据的来源及对数据所做的加工处理。如果采用了代用数据，应说明代用的理由和处理方式。另外，关于数据的初步挖掘分析也应加以说明，它包括对数据的描述性统计分析、平稳性检验、协整分析等，这些关于数据的初步挖掘分析有利于对所设定的模型形式进行改进和完善。

5. 结果分析

结果分析包括按照第二章给出的规范格式报告回归分析计算的结果，以及估计和假设检验结果经济意义的解释，还可包括关于模型解释力度的讨论等。对估计和假设检验结果的解释，应当对估计和检验的每个阶段进行详细的说明。建议将重点放在陈述所得结果的多种特征，并与建模前对所研究问题的若干假设和期望值的认识进行比较分析，若出现了意料之外的结果，则应给出相应的解释。模型的估计（重新估计）、检验（重新检验）和调整（重新调整）的所有步骤和结果都应当在此部分有所记录，包括中间的失败经历。

6. 结论

主要是对实证项目研究的结论和观点等进行总结，或者根据计量分析结果提出政策建议。另外，在结论部分应当包含本项研究的局限性和进一步应当做的工作。对研究的局限性，还应提出相应的建议和打算。

六、实证过程案例

一篇学术论文的实证部分主要包括展示变量的基本统计量、变量间相关性统计、回归结果列表等，这里提供实证过程实现的基本模块，读者可根据实际需要进一步完善代码。

[Stata 代码]

```
* 变量的基本统计量
.sysuse auto, clear
.sum price weight length gear turn
.tabstat price weight length gear turn ,                    ///
             stat(mean sd p5 p25 med p75 p95 min max) ///
             format(%6.2f) c(s)
*-----------------
* 变量的相关矩阵
.use educ3, clear
.pwcorr   crimes empgovt osigind popcol perhspls
.pwcorr   crimes empgovt osigind popcol perhspls, sig
.pwcorr   crimes empgovt osigind popcol perhspls, star(.01)
.pwcorr   crimes empgovt osigind popcol perhspls, star(.05)
.help pwcorr_a   //该命令得到的结果比较符合学术论文要求
.pwcorr_a crimes empgovt osigind popcol perhspls, star1(0.01) star5(0.05) star10(0.1)
*--------------------
* 引用 Stata 的返回值
.sysuse auto, clear
.reg price weight length turn
.eret list //展示回归后的返回值
*----------------
* 回归结果的呈现
.sysuse nlsw88, clear
.reg wage age race married grade
.est store m_1
.reg wage age race married grade collgrad smsa industry
.est store m_2
.reg wage age race married grade collgrad smsa industry occupation ttl_exp tenure
.est store m_3
* 用 esttab 命令，把回归结果处理成 Word 表格(作者需要下载 esttab 命令：findit esttab)
. esttab m_1 m_2 m_3
.esttab m_1 m_2 m_3, scalar(r2 r2_a N F) star(* 0.1 ** 0.05 *** 0.01) compress
.esttab m_1 m_2 m_3, scalar(r2 r2_a N F) compress   ///
                     star(* 0.1 ** 0.05 *** 0.01)  ///
                     b(%6.3f) t(%6.3f)             ///
                     mtitles(回归(1)  回归(2)  回归(3))
```

主要参考文献

[1] 古扎拉蒂, 费剑平. 计量经济学基础[M]. 北京: 中国人民大学出版社, 2005.
[2] J. M. 伍德里奇. 计量经济学导论: 现代观点[M]. 北京: 中国人民大学出版社, 2003.
[3] 李子奈, 潘文卿. 计量经济学[M]. 2 版. 北京: 高等教育出版社, 2005.
[4] 庞皓. 计量经济学学习辅导[M]. 北京: 科学出版社, 2011.
[5] 白砂堤津耶. 通过例题学习计量经济学[M]. 北京: 中国人民大学出版社, 2012.
[6] 王群勇. STATA 在统计与计量分析中的应用[M]. 天津: 南开大学出版社, 2007.
[7] 杨菊华. 社会统计分析与数据处理技术: STATA 软件的应用[M]. 北京: 中国人民大学出版社, 2008.
[8] 陈强. 计量经济学及 Stata 应用[M]. 北京: 高等教育出版社, 2015.
[9] 孙敬水. 计量经济学教程[M]. 上海: 复旦大学出版社, 2004.
[10] 张晓峒. 计量经济学基础[M]. 天津: 南开大学出版社, 2005.
[11] 劳伦斯・汉密尔顿. 应用 STATA 做统计分析[M]. 郭志刚, 译. 重庆: 重庆大学出版社, 2011.
[12] Becketti S. Introduction to time series using stata[M]. StataCorp LP, 2013.
[13] StataCorp. Stata base reference manual[M]. Stata Press/StataCorp, 2011.